四川省哲学社会科学基金后期资助项目

西华师范大学学术著作出版资助项目

嘉陵江流域现代产业高质量发展研究中心资助项目

成渝地区双城经济圈

发展战略背景下川渝协同创新研究

邱 爽 著

Research on Sichuan-Chongqing collaborative innovation
under the development strategy of Chengdu-Chongqing double City Economic Circle

人民出版社

序

推进成渝地区双城经济圈建设是习近平总书记亲自谋划的国家重大区域协调发展战略，是我国继京津冀协同发展、长三角一体化发展、粤港澳大湾区建设等重大区域战略之后的又一个区域发展规划大手笔。该战略旨在打造西部高质量发展的重要增长极和新的动力源，巩固我国西南大后方，实现区域协调平衡发展，助力中华民族的伟大复兴。成渝地区双城经济圈作为中国区域发展规划"四极"中唯一一个处于西部内陆的双城经济圈，在当今世界正经历百年未有之大变局的新形势下，中央赋予了其更大的责任和使命。

创新是发展的第一驱动力。党的二十大报告指出"加快实施创新驱动发展战略"，强调"必须坚持科技是第一生产力、人才是第一资源、创新是第一动力"。成渝地区双城经济圈建设必须坚持创新驱动，把创新作为发展的第一驱动力，而协同创新是最重要的创新模式和路径。当前，协同创新已成为科技创新模式演化发展的新趋势。川渝地区拥有良好的经济基础和科教资源，成渝城市群是全国重要的城市群；川渝地区山水相连、情感相依，历史上长期是一个整体。因此，川渝地区具有优越的协同创新基础和条件。

成渝地区双城经济圈战略实施以来，川渝两省市积极贯彻落实习近平总书记的重要指示精神和《成渝地区双城经济圈建设规划纲要》，两地党委政府周密安排部署，两地科技部门积极沟通对接，围绕建设具有全国影响力的科技创新中心目标，扎实推进协同创新工作，取得了积极进展。

基于上述，邱爽教授所著《成渝地区双城经济圈发展战略背景下川渝协同创新研究》一书，结合国家重大战略需求和时代特点，对川渝协同创新进行了全面、深刻、细致的剖析，有助于为新时代川渝两地推进协同创新提供理论思路和应用方法，为党和政府制定相关政策提供决策依据，具有重要的学术价值和应用价值。本书取材广博，分析缜密，不仅为川渝协同创新提供了案例和范本，也为其他区域协同创新提供了经验、借鉴与启示，同时也为区域协同发展提供了新思路、新视野。

具体而言，该书在以下几个方面有贡献。

一是进一步丰富完善了协同创新理论体系。本书全面、系统地梳理了协同创新的理论基础；分析了协同创新效应，论述了协同创新系统中各个主体功能，进一步深化了协同创新的理论认识。

二是进一步拓展了成渝地区双城经济圈发展战略的研究视角。成渝地区双城经济圈发展战略是一个复杂的系统工程，本书结合川渝地区协同创新资源环境要素的现状分析，基于复合系统协同度模型的实证测评，为川渝地区协同创新体系的建设与完善、为进一步增强协同效应提供了理论支撑。

三是构建了一个区域协同创新的理论研究框架。本书立足成渝地区双城经济圈发展战略，在厘清成渝地区双城经济圈发展战略与川渝协同创新之间的内在逻辑关系基础上，构建了川渝协同创新现状——川渝协同创新 SWOT 分析——川渝协同创新运行机制及模式——川渝协同创新水平及绩效测度——问题及对策的研究框架，丰富和拓展了现行区域协同创新的研究思路。

四是为科学构建川渝地区协同创新体系，提升协同创新水平提供决策依据。本书在探讨川渝地区协同创新效应的实现机理、特征、现状以及实证评价的基础上，有针对性地提出增强川渝地区协同创新效应的方向与优化对策，为川渝地区推进协同创新工作提供了借鉴和参考。

本书是邱爽教授主持的四川省哲学社会科学基金后期资助项目成果。该同志长期从事经济学、财经类等课程的教学与研究。自成渝地区双城经济圈战略出台以来，她持续关注成渝地区双城经济圈建设和发展的研究，并已完成了一些相关理论成果。身为一个土生土长的川渝人，邱爽以责无旁贷的主人翁精神，对成渝地区双城经济圈发展战略背景下川渝协同创新给予了更多、更深入的思考，并开展了较为系统的研究。

本书的出版可为川渝地区行政部门、企事业单位以及广大创新、创业者进行相关决策、从事相关工作提供参考。

当然，区域协同创新是一项复杂的系统工程，对其研究仍需深入。总体来看，"成渝双城经济圈"发展战略背景下川渝协同创新研究还是一个崭新的领域，随着战略的推进实施，协同创新无论在机制、模式还是成果、绩效上都将呈现更新、更多元的表现形式，区域协同创新理论也将推陈出新。构建川渝协同创新新格局，促进双城经济圈高质量发展，美好未来值得期待。

希望邱爽教授能够以此书出版作为新的研究起点，再接再厉，并有更多的新成果问世。

是为序。

四川大学　蒋永穆教授

新时代　新川渝（代前言）

2020年1月，中央财经委员会第六次会议提出，要推动成渝地区双城经济圈建设，在西部形成高质量发展的重要增长极。5月22日，全国人大十三届三次会议将推动成渝地区双城经济圈建设写入了政府工作报告。建设成渝地区双城经济圈上升为国家战略。

成渝地区双城经济圈发展战略，是国家继提出长三角、粤港澳、京津冀协同发展战略之后，国家区域协调发展战略的又一次大手笔。旨在形成西部地区高质量发展的重要增长极和新的动力源，使成渝地区成为具有全国影响力的重要经济中心、科技创新中心、改革开放新高地、高品质生活宜居地。

对成渝地区而言，这是继2011年"成渝经济区"和2016年"成渝城市群"之后战略定位的又一次升级，是继京津冀协同发展、粤港澳大湾区建设、长三角区域一体化后，国家区域发展又一个重要的增长极，也是成渝地区区域整体上升发展的一个重大标志。成渝地区双城经济圈发展战略的实施，为川渝地区发展带来了新的历史机遇，也赋予了川渝更大的时代重任。

创新是发展的第一驱动力。走创新之路，是建设成渝地区双城经济圈的必然要求。当前，技术创新模式已经从传统的、单一的直线型创新模式逐步向系统化、融合化的协同创新模式转变。在信息经济时代，协同创新是促进国家和区域经济发展的重要推动力。川渝地区历史上长期同属同一省级行政区域，山水相连、情感相依，具有良好的协同创新基础和条件。

《成渝地区双城经济圈建设规划纲要》指出，成渝地区双城经济圈将坚定实施创新驱动发展战略，瞄准突破共性关键技术尤其是"卡脖子"技术，强化战略科技力量，深化新一轮全面创新改革试验，增强协同创新发展能力，增进与"一带一路"沿线国家等创新合作，合力打造科技创新高地，为构建现代产业体系提供科技支撑。

在新的时代形势下，川渝地区要牢固树立"一盘棋"思维和一体化发展理念，以创新发展为引领，加强协同创新，强化川渝互动、极核带动、区域联动，推动成渝地区双城经济圈建设成势见效，在发展态势、创新动能、开放能级、融合融通等方面取得更大成效。美好新川渝，未来定可期。

目　　录

第一章　绪　论

第一节　研究背景及意义

一、研究背景

创新是发展的第一驱动力。改革开放以来，经过 40 多年的高速发展，我国成为全球第二大经济体，但同时自然灾害、环境污染、恶劣天气等问题不断耗损着社会福利，高投入、高污染的发展方式已经难以为继。随着经济发展进入新常态，创新被赋予了新的内涵与使命。进入新时代，党的十八届五中全会把创新作为五大发展理念之首，提出创新是推动发展的第一引擎；党的十九大、二十大进一步强调创新驱动的重要作用。二十大报告更是提出要加快实施创新驱动发展战略，实现中国式现代化。当前，新发展理念已成为社会共识，只有以创新为引领，加快培育经济新动能、推进供给侧结构性改革才能破解我国资源、环境、经济发展面临的困境和瓶颈，从而推动区域经济社会协调发展，建成现代化经济体系，最终实现中国式现代化。

创新是成渝地区双城经济圈发展的第一驱动力。成渝地区双城经济圈发展战略是新时代川渝地区发展的新机遇，旨在形成西部地区高质量发展的重要增长极，使成渝地区成为重要的具有全国影响力的经济中心、科技创新中心、改革开放新高地、高品质生活宜居地（以下简称"两中心两地"）。成都、重庆作为川渝地区的核心城市，是双城经济圈建设的主战场，同时也为整个川渝地区的发展带来了重大机遇。作为中国西部经济最发达、资源禀赋和要素集聚最优、产业体系最全的地区，川渝地区在引领西部大开发、推动国内国际双循环格局下对我国创新发展具有重要作用。自 2021 年 10 月《成渝地区双城经济圈建设规划纲要》（以下简称《规划纲要》）颁布以来，成渝地区双城经济圈建设已成为西部创新发展的重要实施战略。当前，城市群是经济活动的主要空间载体，也是打造区域创新高地的重要依托。以成都、重庆两大城市为核心引领，带动区域城市群协同发展，促进川渝地区产业链合理分工，构建以二核为中心、层次分明的成都都市圈和重庆都市圈"双螺旋"发展结构，成为我国"十四五"时期的区域创新源泉、西部发展枢纽和创新驱动引擎。

协同创新是区域创新发展最重要的模式和路径，也是成渝城市群创新发展的必由之路。党的十九大报告指出："要建立以企业为主体、市场为导向、产学研深度融合的技术创新体系，提高企业、政府、高校及相关科研机构等创新主体联结协同创新的能力。"二十大报告强调："加强企业主导的产学研深度融合，强化目标导向，提高科技成果转化和产业化水平……推动创新链产业链资金链人才链深度融合。"当前，协同创新已成为科技创新模式演变的新趋势。世界范围内的创新竞争呈现集群化、网络化、协同化的发展态势。城市群协同创新共同体是国家创新体系的空间组织形式。在新时代背景下，作为创新要素资源的主要集聚地，城市群要实现经济一体化的高质量发展，不仅要增强区域经济协调性，更应充分发挥创新"第一动力"作用，着力打造协同创新共同体。加强城市群范围内的协同创新，既能高效融合各城市的比较优势、集聚创新要素和科技资源、优化城市群的空间结构、促进城市间更平衡更充分的发展，也是打造区域创新增长极、提升城市群全球竞争力的重要举措。川渝地区有着良好的经济基础和科技创新基础，成渝城市群是西部地区、长江流域乃至全国重要的城市群。川渝地区山水相连、情感相依，历史上曾长期是一个整体。因此，川渝地区具有良好的协同创新基础和条件。

正是基于上述背景，本书结合时代特点研究川渝地区协同创新的机制、绩效和路径，以期为川渝地区创新发展和成渝地区双城经济圈建设提供思路和方法，为党和政府制定相关政策提供决策依据。

二、研究意义

（一）理论意义

1. 进一步丰富完善协同创新理论体系。本书全面、系统地梳理了协同创新的理论基础；分析了协同创新效应，论述了协同创新系统中各个主体功能，进一步深化了协同创新的理论认识。

2. 构建了一个区域协同创新的理论研究框架。本书立足成渝地区双城经济圈发展战略，在厘清成渝地区双城经济圈发展战略与川渝协同创新之间的内在逻辑关系基础上，构建一个川渝协同创新现状——川渝协同创新 SWOT 分析——川渝协同创新运行机制及模式——川渝协同创新水平及绩效测度——问题及对策的研究框架，丰富和拓展了现行区域协同创新的研究思路。

3. 进一步拓展了成渝地区双城经济圈发展战略的研究视角。成渝地区双城经济圈发展战略是一个复杂的系统工程，本书结合川渝地区协同创新资源环境要素的现状分析，基于复合系统协同度模型的实证测评，为川渝地区协同创新体系的建设与完善、进一步增强协同效应提供了理论支撑。

（二）现实意义

1. 有利于系统分析川渝创新发展存在的问题及原因。本书从政策协同、产业协作、要素流动、协同工具、协同水平、协同程度、协同模式、协同动力等方面对川渝地区创新发展存在的问题进行了剖析，并从思想观念、创新能力、行政体制、利益冲突、协同机制、创新环境等方面分析其原因。这对优化川渝创新具有现实意义。

2. 有利于对川渝创新发展进行水平测度和绩效评价。本书构建了包括协同创新基础和协同创新水平两个维度的指标体系对川渝地区协同创新水平进行测度，并运用 DEA-BCC 模型对川渝地区协同创新进行绩效评价。为了解川渝地区协同创新水平和客观评价川渝协同创新效率提供了依据。

3. 为科学构建川渝地区协同创新体系，提升协同创新水平提供决策依据。目前川渝地区的协同创新存在着诸多障碍，其协同创新的进程处于探索阶段。本书在探讨川渝地区协同创新效应的实现机理、特征、现状以及实证评价的基础上，有针对性地提出增强川渝地区协同创新效应的方向与优化对策，为川渝地区推进协同创新工作提供参考借鉴。由此强化四川、重庆创新子系统间的密切联系和相互作用，在更高的层级上实现川渝地区创新资源的有效整合，提高其创新效率，形成引领川渝、服务西部、助力全国的高质量发展动力源。

第二节　国内外研究综述

一、协同创新内涵研究

1957 年，战略管理鼻祖安索夫在《多元化策略》（*Strategies for Diversification*）中提出协同的概念。他指出，协同是指在企业资源共享的基础上实现企业之间共生共长的一种关系，协同效应是一个系统的整体效应大于部分效应的简单加和过程，并提出"2+2＝5"的协同公式，表明企业整体的价值大于企业各独立组成部分价值的总和。著名物理学家、德国斯图加特大学教授哈肯（Hermann Haken）（1971）则系统地阐述了协同理论。他指出，在复杂系统中，各子系统间的协调、同步与合作，通过非线性作用产生协同现象和协同效应，使系统形成有一定功能的空间、时间或时空的自组织结构。这种自组织结构有助于促使系统各子系统之间实现有序化发展，并产生一定具有稳定结构的结果，达到整体大于局部之和的效果，即"1+1>2"。

此后，创新理论及协同理论的引入和广泛应用，使协同创新研究具有时代意义和现实意义。现有研究主要从组织视角、创新主体视角、区域视角、创新生态系统视角、国家视角等对协同创新进行内涵定义，并提出各自的观点与见解。

国外学者 Nonaka I 和 Takeuchi H（1995）认为，协同创新系统可以增加组织内部之间和组织与组织之间的多种联系方式，提高组织创新能力。Chesbrough H W（2003）认为一个组织可以通过外部和内部同时获得有价值的资源，使自己获得协同创新优势。Persaud Ajax（2005）认为协同创新是区域创新主体共同参与创新活动的过程，以共同研发、提高创新能力为目的，鼓励创新主体共同进行创新。Peter A. Gloor（2005）认为协同创新是以技术创新为目的，引导各创新主体进行交流与合作，整合各创新主体的创新要素来实现技术创新的过程。Ketchen（2007）等基于组织视角，将协同创新界定为"创新组织为了持续创新而推动专门技术、思想和知识等资源跨组织转移与共享的过程"。

库克（1992）创造性地提出区域创新体系的概念，将协同创新从组织层面上升到区域层面。区域创新体系强调系统间通过垂直或水平模式相互影响、相互作用。他认为，区域创新系统是指"企业及其他机构经由以根植性为特征的制度环境系统地从事交互学习"。Kuhlmarm（2004）从制度的视角上分析，考虑了行政、产业、教育、研究和创新环境等五大要素，从而构筑了区域协同创新体系。Veroniea Serrano（2007）认为区域协同创新应当致力于系统性优化区域，其重点在于实现某一区域里的活动与系统的协同完全匹配，促进区域内要素的自由流动。

城市群协同创新是区域协同创新的重要空间表现形式。Meijers（2005）对城市群协同创新作出诠释：城市群协同创新体系由系统内的企业、科研机构和高校等节点，各节点之间形成的关系网络，以及人才、信息、资本等资源流动所构成。城市群协同创新体系在形成过程中并不是多个城市简单的聚集，而是依靠各城市间形成协作，破除创新要素流动与创新效应扩散的屏障，产生"1+1+1>3"的协同效应。推动区域技术多样性发展，进而提高区域的知识生产力，强化创新。

梅特卡夫（1995）进一步将协同创新从区域上升到国家层面。他认为，国家创新体系强调各参与主体构成网络机构，以启发、引进和扩散新技术来实现一系列共同的社会和经济目标。

埃茨科威兹（Henry Etzkowitz）（1995）在前人研究基础上提出著名的三螺旋理论，即企业、政府与高校是构成社会内部创新制度环境的三大重要因素，它们在创新过程中密切合作，形成三种力量相互交叉、互为影响的三螺旋关系。这一理论的提出为研究协同创新提供了新范式，弥补了传统协同创新研究理论的不足。

2000年后，国内学者对协同创新的研究日益增多。许庆瑞（2004）认为协同创新实质就是通过制度、技术要素相互作用形成的创新行为。胡恩华、刘洪（2007）从企业与外部环境的视角，通过分析集群外环境如何对产业集聚企业产生影响，指出协同创新就是集群创新企业与群外环境之间既相互竞争、制约，又相互协同、受益，通过复杂的非线性相互作用产生企业自身所无法实现的整体协同效应的过程。全利平和蒋晓阳（2011）认为协同创新就是协同学的思想应用于技术创新领域的结果。陈劲和阳银娟（2012）基于协同创新的过程视角分析，认为协同创新是以重大创新为目标，以知识增值为核心，将创新主体和资源进行无障碍流动的过程；是由一群自我激励的人员组成网络小组，成员之间通过网络来进行思路、信息及工作状况的交流与合作，以实现共同目标的行为方式。并从组织视角出发，将协同创新界定为

"学研机构、企业、政府、中介机构等组织以知识增值为核心，为了实现科技创新而呈现出的组织互动模式"。李林和杨泽寰（2013）认为协同创新是指受到复杂系统的影响，各创新要素经过多样化的联系而产生复杂的作用，从而整体上提高创新能力。范群林（2014）从社会网络角度指出，协同创新是在创新网络化过程中，政产学研四方基于彼此之间的信任，为完成共同目标而产生联结合作。王伟（2017）认为协同创新是与创新有关的所有主体相互协同的过程，最终达到一个由各个创新主体组成的创新效益最大化的整体配置。宋伟等（2018）总结得出协同创新的本质，即政产学研等主体在风险共担、利益分享、协同合作的基本原则下，实现科学整合区域创新资源，优势互补。范斐等（2020）、徐雷等（2018）、俞立平等（2016）研究了不同主体对协同创新的影响机制，涉及企业、大学、科研结构、政府、中介组织等。

在区域协同创新方面，李俊华等（2012）研究了区域创新主体协同创新机制及其运行机理，为各创新主体依靠区域内部创新资源和支持力量进行协同创新提供了借鉴意义。王志宝（2013）等认为区域协同创新包括区内创新主体间的合作效益最大化，以及区内各地区间通过创新合作实现的创新要素布局与流动、创新水平差距的缩小及整体创新水平的提高，这一关于协同创新内涵的概括得到学界较高认同。张艺（2018）认为协同创新是区域内的企业、高校、研究机构在进行创新的过程中，在政府机构和金融机构的协助下，创新主体可以更加充分发挥各自的创新资源优势，推动创新主体进行共同创新来实现协同效应。曹清峰（2019）从网络外部性的超距离、去中心化与共享特征三方面提出了区域协同创新推动区域协调发展的新机制。

在城市群协同创新方面，赵滨元（2021）、锁箭和汤瑞丰（2020）、武翠和谭清美（2021）对京津冀、粤港澳、长三角等城市群进行了实证研究，以此提出实现区域协同发展的政策建议。龚勤林等（2022）对成渝地区双城经济圈协同创新水平测度及空间联系网络演化进行了研究，认为成渝地区双城经济圈协同创新水平不均衡，成渝"双核独大"且"虹吸效应"明显。李煜伟等研究发现，中心城市因技术创新及产品多样化创新带来生产率提升形成外部性，与非核心城市对外部性的应用过程，促进非核心与核心城市的协同增长。负兆恒等基于自组织机制、耦合机制、网络驱动机制和协调机制，研究了创新型城市圈协同创新体系的实现过程。高丽娜等基于长三角城市群，从空间、技术、经济三个维度，探寻邻近性作用于城市群创新系统的路径，及不同等级创新核心作用的异质性。杨力等（2020）基于协同共生的视角，研究发现未来城市群发展需着力于政策协同、资源协同、空间协同，提高创新一体化程度，从而形成区域创新的整体规模效应。

二、协同创新机制研究

现有文献主要基于两个方面进行分类剖析。

一是基于不同主体视角下的协同创新机制研究。

不同主体视角下，Serrano 和 Fischer（2007）通过分析企业、高校等主体之间的合作共享机制，提出有利于降低生产成本、提高创新效率的产学研协同创新模式。Welshetal（2008）进一步分析政府—高校—企业之间的产学研协同创新模式及高校、科研机构科研成果的现场转化机制。Jadesadalug 和 Ussahawanitchakit（2008）认为，影响区域协同创新发展的主控因素是市场、技术、人才、高校等，这些创新主体构成合作交流机制。

国内学者许彩侠（2012）结合我国国内情况，分析了政府、企业、学校及科研机构四类创新主体，建立了区域协同创新机制。李俊华、王耀德、程月明（2012）从区域协同创新的机制出发，关注如何实现区域中各创新主体的良性互动。解学梅、徐茂元（2014）认为对于中小型企业而言，以较少的资金、人力等投入获得最大的产出效益是进行协同创新的首要目的，而促使企业参与协同创新的基础是公平的成果分配机制及成本分担机制。对于从事信息产业等新兴企业而言，刘磊、孙雁飞、朱金龙（2019）将协同创新机制分为动力协同机制、利益协同机制、知识管理协同机制三个方面，指出动力、利益、知识管理的协同是构成和保障企业协同创新的关键；对于企业内部而言，乔范尼和安东尼奥（2008）认为，企业协同机制由实现机制、激励机制和约束机制构成。同时，解学梅、方良秀（2015）基于企业内环境分析，提出企业协同创新机制可分为获取外部资源、实现成本共担和风险共享以及提高企业绩效。齐绍平和张婧（2013）分析认为区域内协同创新的核心在于从服务模式、利益分配、资金投入和评估监控等方向着手，构建一种具有积极聚变效应的动力机制。解学梅（2011，2013）认为由于创新主体间存在强相关的联络通道，通过各个创新要素之间非线性的交流互通，会导致创新要素的相互耦合，从而推动协同创新发展，并从都市圈视角，对协同创新效应运行机理进行了研究。高丽娜、蒋伏心、熊季霞（2014）从创新主体的流动和创新成果的市场交易两个维度探索区域协同创新的形成机理。张秀萍等（2015）深刻剖析了大学、产业、政府等主体在知识协同创新、技术协同创新和制度协同创新方面的非线性协同互动机制。吴笑等（2015）在解学梅等人研究基础上，分析各个创新主体之间由于市场、技术、人才等创新要素的频繁交流机制，认为这种通过自发形成的复杂的组织网络结构发展整体创新水平的方式就是协同创新。张方华和陶静媛（2016）通过统计分析国内主要城市产业链发展现状，认为技术、组织、战略、制度、文化、市场等因素极大程度上影响了协同创新发展模式的实施效果。

从政府的角度，有序的市场竞争和弥补市场失灵是政府参与协同创新的主要目的。吴洁等学者（2019）通过构建政府参与的三方演化博弈支付矩阵，认为协同创新机制由合作成本机制、利益分配机制、惩罚机制组成，政府通过税收政策、价格管控、财政补贴等措施来对市场进行奖惩，对企业、学研方进行政策层面的支持及引导，从政策上促进产学研合作向纵深发展。李恩极、李群（2018）运用合作博弈及建立厂商模型，研究得出在政府主导下，通过协调企业与学研方，提升社会整体福利，有效缓解信息不对称带来的低效率。周开国、卢允之、杨海生（2017）通过建立基准模型，提出政府应尽最大努力建立好金融服务体系，提高企业对知识产权的保护意识，鼓励企业进行横纵向合作，从而推动产业结构升级。白俊红、卞元超（2015）基于政府对协同创新的支持力度测算（R&D 资金补贴、税收优惠政策、信贷补贴），指出在政府的支持下，经济发展、人才要素集聚、创新环境优化等对协同创新具有显著的促进作用。

从学研方的角度，追求技术革新是学研方最直接的动力。解学梅、左蕾蕾、刘丝雨（2014）从高校与企业的关系入手，将协同机制划分为文化相融机制、技术互补机制以及成本利益分配机制。冯海燕（2014）在结合高校与企业等创新主体上提出协同创新机制包括合作协同机制、融资创新机制、激励创新机制和利益分配机制，认为高校通过参与协同创新，有利于缓解教育与科研、社会的分离现状，提高高校教育质量及为社会培育一批高素质人才。薛传会（2012）在论述高等院校协同创新战略时强调协同创新机制由组织管理、利益分配、资源共享、信息沟通构成，通过跨学科研究及平台建设，全方位地对高校进行改革，推动协同创新进一步发展。叶仕满（2012）认为学校及科研机构与企业全面合作，构建学科、产业集群新模式，有利于实现校企间的双赢。

二是基于不同理论视角下的协同创新机制研究。

从理论的视角上看，陈红喜（2009）以"三螺旋"理论为支撑点，将政府、高校、企业这三个不同的价值体系统一，形成行政领域、知识领域和生产领域的三力合一，这一合力促使政产学研四方进行协同创新，并在协调运行中建设权、责、利融为一体的责任体系。曹雅茹和池镇（2016）将三螺旋理论运用到协同创新研究中，分析了云计算产业中基础层、技术层和应用层等创新主体之间的合作共享机制。徐梦丹、朱桂龙、马文聪（2017）从博弈论的角度出发，认为企业、政府及学研机构等参与协同创新的动力是为了充分实现各合作方的资源互补，共同参与某项创新活动，共同分担利益所得及风险。胡昌亭、李玲（2017）基于 TIM 理论视角，将协同创新机制分为创新主体成员协同机制、人才培养协同机制、科研管理协同机制、科研成果协同机制。王进富等（2013）运用协同学、管理学等相关学科理论进行探讨，并将渠道协同、驱动力协同及知识管理协同相融合形成新的协同创新机制。基于知识理论视角，在知识整合方面，西蒙和大卫（2007）这种机制认为是对于不同来源、不同内容的资源进行获取、选择、分析、配置后，通过重组及有效融合并对各主体原有资源体系进行架构的过程。从知识要素看，阿密特和休梅克（1993）认为协同创新机制的形成需要经过要素识别、要素资源选取及要素资源的开发及联合这三个过程。在知识中介方面，菅利荣认为协同创新机制就是以知识、要素资源等自由流动为沟通媒介，发挥知识的重要作用，使创新主体在协同创新过程中实现价值增值。在知识视角下，学者更多注重资源与知识要素结合，研究创新主体间的联动作用。

三、协同创新环境研究

毕雅格（2006）认为协同创新的优化不仅依赖于协同创新网络的开放程度，还与协同环境、知识距离和制度等有关。Serrano 和 Fischer（2007）认为，知识、人才、产品等创新资源要素的充分流动对区域协同创新至关重要，应该对区域创新资源要素进行调整配置，进而优化区域协同创新发展环境。罗曼（2011）指出宏观的创新环境对跨组织的协同创新具有正面影响，政策、技术等因素也影响着创新范式的发展。戈巴蒂和安布拉（2013）将跨职能开发组织内部间的合作与竞争视为影响协同创新的影响要素。阮平南、魏云凤、张国红（2006）在运用解释模型基础上，将影响因素划分为 4 个维度：以市场环境及政策支持为外部影响因素，以个体协同意愿及协同能力为个体影响因素，以利益分配、信任及沟通等为直接因素，以权责分配、市场环境及政策支持为中坚影响因素。董媛媛等学者（2019）构建了协同创新中心知识扩散模型，将协同创新环境中各网络节点视为重要影响因素，认为协同创新中心扩散网络平均路径越短，越有利于技术、知识、资金等资源的扩散输出。

四、协同创新绩效研究

协同创新绩效是指在一定的协同创新环境下，协同创新各方投入和产出的统一体。在分析协同创新绩效上，学术界也有不同的见解。

（一）关于创新绩效的测度研究

学术界目前对于创新绩效的测度主要有两种方式：一是选取直接指标作为区域创新绩效的表征指标，如西蒙（2008）以系统理论为入手点，以设立输入与输出要素矩阵为研究方法，以技术、社会影响及管理为输入要素轴的组成因子，以创新、知识共享为输出要素轴的组成因子，深入分析以上5个因子在协同创新过程中的作用。伯格（2008）提出协同创新绩效评价模型，该模型通过构建要素转化过程的输入及输出的指标评价体系，全面地将合作关系、信息共享等纳入指标评价体系，从而有依据地衡量各指标对绩效的影响。邓晓凡（2016）选取专利申请数衡量区域创新绩效。桌乘风、邓峰（2017）采用专利申请数的对数值作为区域创新绩效的衡量指标。吕海萍（2018）采用专利申请量和工业新产品产值度量区域创新绩效。苏屺、李柏州（2013）选取政府科技支出、新产品产值、技术市场成交额、专利申请量四个指标，运用随机前沿分析法对区域创新绩效进行了测度。王帮俊、吴艳芳（2018）通过构建评价协同创新绩效的投入和产出指标，得出在绩效评价体系中我国东中西部的整体协同创新能力并不明显，且具有显著的地域性。

二是基于投入—产出比测算创新效率。从投入角度看，所选取的指标包含了人力投入和财力投入；从产出角度看，所选取的指标涉及知识产出和新产品产出。如谭俊涛等（2014）选取R&D经费内部支出、R&D人员全时当量数、R&D机构和高等学校数作为创新投入指标，选取国内专利授权量、国外主要检索工具收录论文数、高技术产业新产品产值、技术市场成交合同金融作为创新产出指标，并利用空间分析法和区域差异法对全国31个省市的创新绩效进行了测算。

（二）关于创新绩效影响因素研究

贺灵、单汨源、邱建华（2011）运用协同度模型测度了主体的协同创新能力，并实证分析了主体协同创新对区域创新绩效的影响。从协同效果上看，解学梅、刘丝雨（2015）认为战略联盟模式、专利合作模式、研发外包模式、要素转移模式均与企业创新绩效和企业协同效应正相关。蒋伏心、华冬芳、胡潇（2015）的研究表明，产学研协同创新对我国区域创新绩效短期内影响显著，长期内影响并不稳定。刘友金、易秋平、贺灵（2017）运用复合系统协同度模型测度各省市的协同创新，并实证分析了产学研协同创新对长江经济带各省市创新绩效的影响。唐朝永、牛冲槐（2017）基于太原市168家科技型企业实证检验了协同创新与创新绩效之间的关系，发现协同创新对创新绩效有显著正向影响。王娇（2018）从创新主体的协同角度出发，发现主体协同创新对京津冀地区创新绩效影响显著。邵云飞、庞博、方佳明（2018）认为，提升企业创新绩效的关键在于技术要素、市场要素、组织要素和文化要素的协同。葛珊珊（2018）从地理、绩效、经济三个层面构建空间权重矩阵，研究了协同创新与区域创新绩效的关系，认为协同创新对区域创新绩效有正向促进效应。杨玉桢、李姗（2019）基于因子分析法的角度，构建协同创新绩效评价体系，认为学研方创新能力和参与度的占据程度最高，协同创新能力在绩效评价中也较为重要。常路等学者（2019）以社会网络、联盟管理理论为基础，构建以政府合作、组织联盟及网络中心性三要素的绩效评价体系，得出学研机构间的联合与协同创新绩效之间存在显著的正相关关系。李鹏、李美娟、陈维花（2019）认为R&D投入对创新科技绩效及创新经济绩效都有积极的促进作用。

五、成渝地区双城经济圈协同创新研究

围绕协同发展模式研究，范文博等（2021）在分析国内外先进城市群后，

提出一极引领型、双核共振型、多极共生型三种布局模式。龙云安（2022）等提出，成渝地区科技协同与地理位置和经济发展状况有直接关系，两城市的科技协同可以采取"中心—腹地"和"多中心治理"模式。朱直君等（2020）在分析自然生态、宜居环境、城镇空间、产业创新四方面存在不足的基础上，建议成渝都市圈应探索实施"以产带城"的发展模式。曹玉鑫等（2022）提出，成渝都市圈内成都、德阳、眉山、资阳四地的产业协同度逐步提升，提出以毗邻地区协同创新支撑都市圈产业协同的发展模式。

围绕建设路径研究，李后强（2020）等聚焦成渝地区城市间全面协同发展，以政府、产业、人才、市场、文化为抓手，拓宽合作领域、提升合作深度。刘波等（2021）提出可以通过加强顶层设计统筹协调、加强产业高质量发展、构建一体化交通通信网络、建立统一市场体系等方面加强成渝协同发展。魏良益等（2020）提出，树立一体化发展理念、建立合作共建机制、强化政策协同、完善决策机制、争取国家支持等，是成渝地区双城经济圈建设的可行路径。锁利铭等（2018）提出，应消除区域合作障碍、构建跨界政策网络、坚持多点多极战略、构建区域联动机制，实现成渝地区区域协同。围绕协同创新，陈诗波（2021）认为，通过高位统筹布局、重点载体建设、体制政策改革、重大科技基础设施建设等举措，构建成渝协同创新共同体引领成渝双城经济圈高质量发展。黄寰等（2021）提出，将"虹吸效应"转变为"带动效应"，进一步优化协同创新发展环境，细化双圈产业链分工，破题两地同质化竞争，提高区域协同创新发展能力。龙开元等（2021）研究提出，建设开放创新实验区、打造综合性科学中心、构建产业创新共同体、建设科创大走廊等举措以推进成渝双城经济圈建设。李月（2020）从发挥比较优势、统筹推动生产要素流动聚集、打通资源屏障、公共服务共建共享五个方面提出成渝地区双城经济圈协同创新发展的相关策略。

在协同创新水平测度方面，陈成（2021）基于区域协同创新理论，采用熵权法研究了成渝地区双城经济圈协同创新能力评估与提升。王雪梅（2021）

对川渝区域金融协同创新水平进行了测度，利用复合系统耦合模型及 VAR 模型得出川渝区域金融创新耦合协调度与两系统间的动态互动关系。龚勤林（2022）对成渝地区双城经济圈协同创新水平测度及空间联系网络演化进行了研究，认为成渝地区双城经济圈协同创新水平不均衡，成渝双核独大且"虹吸效应"明显。

六、简要文献述评

总体来看，现有相关研究取得了较丰硕的成果，研究主体多元，内容丰富，研究方法多样，为后续研究提供了非常有价值的理论分析框架。

但是，现有相关研究仍存在一定的不足。在协同创新概念及内涵方面，从整体而言的研究比较深入，但由于研究视角多元化，导致对协同创新概念的理解出现多层次、多内涵，对基础概念的把握还没有达成广泛认可的理解。

在创新主体研究方面，学者们围绕政府、企业、高校、科研院所等创新主体对协同创新等开展了大量的研究工作，但对于协同创新各主体、各要素是如何进行有效协同联动的协同度评价的成果仍较少。

在协同创新机制、环境、绩效的研究方面，总体上呈现多元化，从不同主体视角及不同理论视角进行切入，为协同创新的发展提供了更多的可能性。但相关研究还比较零星、分散，存在理论研究缺乏实证支撑、实证研究缺乏理论基础等问题，尚未形成成熟的达成广泛共识的研究范式。

在研究对象上，大多数研究聚焦于全国 31 个省市、京津冀城市群、长江经济带各省市，而缺乏对成渝城市群的研究。目前关于成渝地区双城经济圈协同创新发展的研究还相对缺乏。当前研究更多的是协同创新的内涵、机制等理论，在区域协同方面更多集中于京津冀、粤港澳和长三角等地区，对成渝地区尤其是川渝地区协同创新的研究更少。目前对成渝地区经济、社会协同发展研究较多，但对创新协同发展研究尚不多见。

综上所述，现有研究更多的是针对协同创新的内涵、机制等理论研究，对区域协同创新机制、环境和绩效协同创新的研究较少，系统研究更是缺乏。在区域协同创新方面，更多集中于京津冀、粤港澳和长三角等地区，对成渝地区尤其是川渝地区的协同创新研究甚少。

有鉴于此，本书立足成渝地区双城经济圈战略背景，结合当前川渝地区的现状，在现有基础上开展进一步研究。通过梳理区域协同创新的特色做法，剖析川渝协同创新的概况、优劣势、机制，总结成效经验，以进一步促进川渝协同创新的发展。

第三节　研究内容、方法及技术路线

一、研究内容

本书旨在从总体上构建一个系统的促进川渝地区创新协同发展，提升协同发展能力和水平的理论框架，以适应成渝地区双城经济圈建设"两中心两地"的需要，从而促进我国区域经济协调、健康高质量发展。

本书立足当前成渝地区双城经济圈发展战略背景，以川渝地区协同创新为研究对象，对川渝协同创新发展概况、SWOT形势、运行机制与模式、协同创新水平与发展绩效等展开研究。在分析成渝地区双城经济圈战略与川渝协同创新之间内在逻辑关系的基础上，围绕建设"两中心两地"的战略目标，加强川渝之间创新合作，打造川渝地区协同创新新格局。通过系统分析川渝地区协同创新存在的问题及原因，借鉴发达国家和地区协同创新的经验，提出优化川渝地区协同创新的路径和模式。

全书分为九章：

第一章　绪论

主要介绍研究的背景和意义，回顾和总结国内外有关协同创新的相关文献，为后续研究内容、方法和框架提供思路，最后提出创新点和不足之处。

第二章　相关概念及理论分析

首先对创新、协同创新、区域协同创新的内涵进行阐述；然后梳理论述了协同创新的十大理论基础，并深入论述了协同创新的效应及主体功能，为后续系统论述川渝协同创新提供理论指导。

第三章　成渝地区双城经济圈战略与川渝协同创新

本章在介绍成渝地区双城经济圈发展战略基础上，主要分析成渝地区双城经济圈发展战略的实施给川渝协同创新带来的机遇，以及川渝协同创新发展为成渝地区双城经济圈建设提供的助力。

第四章　川渝协同创新发展概况

本章主要介绍川渝地区的创新资源聚集、创新合作、资源共享、产业协作、协同环境等方面概况。

第五章　川渝协同创新发展 SWOT 分析

从微观、中观及宏观的多维度深度剖析川渝地区创新协同发展的 SWOT 结构矩阵。通过运用 SWOT 分析方法对川渝协同创新发展中的内外部条件进行综合梳理，分析发展过程中的优势、劣势，以及面临的机会和挑战，为选择相应的发展策略提供支撑。

第六章　川渝协同创新运行机制与模式

本章在剖析协同创新的运行机理基础上，主要分析川渝地区协同创新的运行机制及模式。

第七章　川渝协同创新水平测度与绩效评价

运用相关计量模型测度当前川渝地区协同创新水平，并进行绩效评价。

第八章　川渝协同创新存在的问题及对策建议

分析当前川渝协同创新存在的问题，分析其原因，从而找到突破的路径。

二、研究方法

（一）文献研究法

全面搜集、整理、研读、筛选相关文献，通过梳理国内外协同创新、区域协同创新相关理论及评价指标体系、测度方法等方面的相关文献，进行全面回顾；选择权威参考文献，为研究思路设计、研究方法选择、指标体系构建以及对策建议提供重要依据。

（二）比较分析法

通过比较分析川渝地区的创新资源、创新能力现状，找出各区域在协同创新中的优势和劣势，从而有针对性地提出川渝地区协同创新发展的对策与建议。

（三）实证研究法

运用熵值法测度川渝地区整体和四川、重庆两省市协同创新水平；运用Dagum基尼系数法分解川渝两地协同创新水平地区的差距；运用复合系统协同度模型、DEA-BCC模型等方法对川渝协同创新绩效进行评价。

（四）定性和定量相结合方法

既要对协同创新理论进行定性分析，也要对川渝两地协同创新要素、水平及绩效进行定量分析。在定性分析基础上进行定量分析，在定量分析基础上得出定性的结论。

此外，还要运用分析与综合、归纳与演绎等研究方法。

三、技术路线

协同创新是一项复杂的系统工程，其包含的内容极其广泛，并且具有较强的时代性。本书以川渝协同创新为线索，在科学的理论基础上，分析协同创新的理论基础、效应及功能，论述成渝地区双城经济圈战略背景下川渝协同创新的核心问题。通过比较视角分析发达国家城市群和国内发达地区城市群协同创新特征、经验及启示，最后探讨川渝地区协同创新存在的问题，分析原因，提出对策，从而实现研究目标。技术路线如图1-1所示。

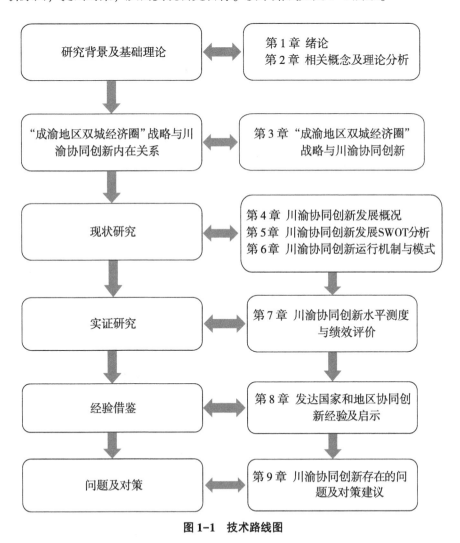

图1-1 技术路线图

第四节　研究贡献与不足

一、研究贡献

第一，拓展了区域协同创新的研究视角。本书结合协同论、系统论及相关理论，为区域协同创新提供了新的理论视角。本书针对成渝地区双城经济圈建设战略下川渝地区协同创新，将成渝地区双城经济圈建设发展战略与川渝地区协同创新有机结合。现有相关文献主要是对成渝地区双城经济圈区域协同发展的研究，侧重于经济合作和社会协同发展。对协同创新的研究文献数量不多，对川渝地区的研究更是少见，目前基本没有专门针对川渝地区协同创新的研究成果。本书立足区域协同创新发展的共性和川渝地区的差异性来探究成渝地区双城经济圈背景下川渝地区协同创新发展模式及路径问题。

第二，系统论述了川渝地区协同创新的现状。从创新资源、协同水平、资源共享、产业协作、创新环境等方面论述了川渝协同创新发展概况，对川渝协同创新进行了多角度的 SWOT 分析，深度剖析了川渝协同创新运行机制与模式。

第三，对川渝地区协同创新水平进行实证分析。运用熵值法对川渝整体协同创新水平和四川、重庆分省市协同创新水平进行测度，并分析了川渝两地协同创新水平的地区差距及其来源。在此基础上，运用 DEA-BCC 模型对川渝地区协同创新进行绩效评价。

第四，深入剖析了川渝地区协同创新发展存在的问题及原因，并提出有针对性的对策建议。

二、研究不足

由于研究条件限制，本书也存在诸多不足，主要表现如下。

第一，理论分析为主，实证分析较少。由于现实条件有限制，难以大量实地调研川渝地区创新主体和政府部门协同创新的具体情况。本书主要是根据现有文献从经验角度进行阐述，由于某些数据难以获得，一些衡量协同创新的指标未能纳入指标体系中。

第二，分层分类研究不足。由于资料及数据获取存在较大困难，本书以川渝地区为研究样本，未能对川渝地区地级市与县级层面的协同创新情况进行研究。

第三，数据实时更新难以实现。协同创新涉及面广泛，数据日新月异，限于技术和信息渠道的限制，难以实现数据实时更新。

以上不足也是目前同类研究中存在的共性问题，将在后续研究中，待条件成熟后进一步完善。

第二章　基本概念及理论分析

第一节　基本概念

一、创新

1912 年，美籍奥地利经济学家约瑟夫·熊彼特（J. Schumpeter）在《经济发展理论》一书中，最早提出创新理论。熊彼特认为，"创新是执行一种新的组合，即把新的生产要素和生产条件用新的方法组合起来，建立一种全新的生产函数"，创新理论由此产生。创新的本质就是毁灭旧的、创造新的，这个创造的过程包含五种情况：开发出一种新的原材料、获得一种新的生产方法、生产出一种新产品、发现并打开一个新的市场或是成功创造一种新组织。此后，创新概念渗透进多个领域，被人们反复提及，发展成为枝繁叶茂的理论体系。

著名管理学大师彼得·德鲁克曾一针见血地指出："创新是赋予资源以新的创造财富能力的行为，包括技术创新与社会创新。"[①] 从狭义上看，创新即企业内部的技术创新，经历"发明—开发—设计—中试—生产—销售"等简单的线性过程，属于典型的"线性范式"的创新，是技术创新与外源因素相

---

① 彼得·德鲁克：《创新与企业家精神》，企业管理出版社 1989 年版，第 35—112 页。

互作用的结果。① 从广义上看，创新是一个开放的非线性复杂系统，是一个知识、经济与社会等多种因素交互作用的复杂动力过程。② 广义创新的实质是一种社会过程、非线性过程，是各类行为主体通过相互协同作用而创造新技术和新管理理念的过程。③

目前，创新作为运用新思维改变、颠覆旧东西，实现要素"新组合"的过程，已成为各类相关主体的核心竞争力，是一个国家和地区经济发展和社会进步的动力源泉。

二、协同创新

所谓"协同"，是指在事物联系和发展过程中，复杂巨系统内的各个子系统或构成要素之间相互协作和配合、相互补充和促进，从而产生超越自身原有的孤立作用，形成一种良性的互动和良性循环的态势。协同是一个过程和状态，而非结果，其目的在于通过子系统之间的相互作用，协调实现制度和系统环境的改善，最终实现整个系统的优化和效率的提高。

对于协同创新，学者们有着不同的见解。如美国研究员彼得·葛洛（Peter Gloor）最初给出了协同创新的概念：协同创新就是"由自我激励的人员所构成的网络组织，朝着共同愿景，借助网络交流思路、信息及工作状况，协作实现共同的目标"④。我国学者杨玉良认为，协同创新就是相同或相似的单元之间通过合作，产生相互作用关系和共振放大效应，形成高效有序的创新

---

① 崔永华、王冬杰：《区域民生科技创新系统的构建——基于协同创新网络的视角》，《科学学与科技管理》2011 年第 7 期，第 95—99 页。

② 陈武、何庆丰、王学军：《基于智力资本的三维协同区域创新模式研究》，《情报杂志》2011 年第 2 期，第 90—95 页。

③ 陆克武、郭伟：《产业集群技术创新市场的协同关系研究》，《科研管理》2010 年第 3 期，第 35—43 页。

④ 陈劲、阳银娟：《协同创新的理论基础与内涵》，《科学学研究》2012 年第 2 期，第 161—164 页。

机制。① 杨耀武、张仁开立足于我国实际，将协同创新定义为：不同的创新主体由于目标利益的一致性，实现创新要素的有机配合与相互作用，使其能够最大限度地发挥自身的优势，进而提高创新效率，实现整体效应的过程。②

我们认为，协同创新是指在创新复合系统中的各个子系统或要素之间通过相互协作、配合与补充，形成良性互动和高效有序的创新态势，从而达成共同创新目标的过程。从微观层面来看，协同创新即系统内部形成的知识（文化、技术、专业技能）共享机制。参与主体在共同目标和内在动力的驱动下，依靠现代信息技术构建资源共享平台，进行全方位交流和多样化协作，实现直接沟通和协同效应。从宏观层面来看，协同创新是系统中各种创新要素的有效整合和创新资源在系统内的无障碍流动，即在系统内实现政产学研的多方面协同。其中，企业、大学、科研机构三个创新主体根据自身特性投入各自的优势互补性资源，在政府、中介服务机构、金融机构等相关主体的协同支持下，以知识增值为核心，各方充分发挥自身能力，共同进行科技研发的大跨度整合式的创新活动。在这一过程中，实现跨学科、跨部门、跨行业组织、跨区域的资源共享、深度合作和开放创新，有利于加快不同领域、不同行业、不同区域以及创新链各环节之间的技术融合与扩散。

本书主要从宏观层面研究区域协同创新，就是对某一区域内若干地区间的协同创新情况，分析地区间协同创新的现状及可能性，探索实现区域内几个地区如何通过体制机制变革，创新资源要素的合理分配与流动，从而实现区域创新综合实力的提升，促进经济发展。具体来说，就是研究川渝地区的协同创新情况。

协同创新并不是流于表面合作，其本质在于打破创造主体及要素间的壁垒与障碍，使得相关主体围绕共同目标协同运作，最终实现"1+1>2"的协同效

---

① 转引自余昆《苏南区域协同创新研究》，江南大学 2014 年硕士学位论文。
② 杨耀武、张仁开：《长三角产业集群协同创新战略研究》，第七届中国软科学年会论文集 2009年，第 136—139 页。

应。协同过程中，各类创新主体通过联合申请某个项目，进行科学的分工与协作，实现信息、技术、知识等资源共享，进而实现整体效用最大化的活动。

协同创新是区域整合创新资源、提升创新效率的重要途径。因此，协同创新要突破体制、区域等条件的限制，通过促进要素流动和创新主体深度合作，形成包括企业、高校、科研机构及政府在内的多元主体协同互动的网络型创新模式，最终实现单独要素所无法产生的整体协同效应。

三、区域协同创新

区域协同创新是以区域发展战略为导向，通过区域内多元创新要素的协同整合及各创新主体的有效分工，有机整合现有创新资源，形成新的创新集合，实现区域整体协同效应的过程。它既包括区域创新资源共享、创新效率提高，也包括主体间信息持续交流传递使得区域创新水平差距缩小。其本质是指区域间内部各创新要素的集成和创新资源的无障碍流通，以达到知识、资源、行为、绩效的全面整合。[1]

协同创新是区域协同发展的高级阶段。主要内涵包括：一是区域间各创新主体在公平互利的基础上，本着整体区域最优发展的目的，进行跨区域的综合发展规划；二是协调区域内各子系统的行政关系、经济关系，为区域科技协同创新打造良好的政策环境和经济环境；三是破除行政体制障碍，促进区域内各子系统的人才、资本等创新要素展开无障碍的流动，优化配置创新资源，以实现区域科技创新能力的提升。

系统论认为，每一个系统都有自己的结构，区域创新系统也不例外。在区域创新系统内部结构中，创新主体、创新资源、中介服务机构和管理系统等创新要素及其内部子系统相互作用、彼此协调，形成一个动态的稳定结构，如图 2-1 所示。

---

[1]　Veronica Serrano, Thomas Fischer. Collaborative innovation in ubiquitous systems［J］. International manufactur-ing, 2007（18）：599—615.

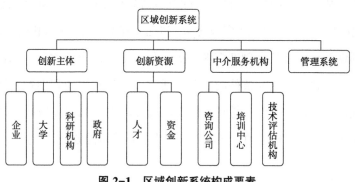

图 2-1　区域创新系统构成要素

如图 2-1 所示，区域创新系统主要是由创新主体、创新资源、中介服务机构及创新管理系统所构成。其中，创新主体包括企业、大学、研究机构及政府等，创新资源主要包括人才和资金。在区域创新过程中，咨询公司、培训中心及技术评估机构等科技中介服务组织广泛参与，政府适当介入，在创新管理系统的运行下形成创新网络系统，使各主体充分发挥和扩展其才能，创造、储备和转移相关知识、技能和新产品。同时，也可以从与创新相联系的各种主体要素、非主体要素或协调各要素之间关系的制度和政策网络方面来界定区域创新系统。

与组织之间的协同创新不同，区域协同创新的地域指向性更强。它是针对特定区域进行的协同创新，是一种需要依靠区域创新系统中各子系统联合推动的复杂过程。

从创新范式看，区域协同创新具有明显的非线性特征。区域协同创新体系是自组织性的复杂创新系统，需要知识、技术、产业、经济、社会等各类要素全面协调，是通过自主的、非线性的、复杂的相互作用，产生单个主体所无法实现创新的协同效应的全过程。

从创新主体看，区域协同创新是跨区域多元主体的有机协作模式。区域协同创新体系更加强调各创新主体在跨区域平台中的系统性协同效用，促进"政产学研金介用"跨区域的有机集合，形成"1+1>2"的乘数效应和倍增效应。

从创新要素看，区域协同创新是创新要素的跨区域高效配置。在创新资源配置过程中，区域协同创新体系通过知识的分享整合、行为的同步优化、政策的一致性导向等开放性功能作用，最终实现创新资源的优化配置。各类创新要素在区域协同创新体系内自由流动过程中实现知识增值、技术溢出和经济溢出，创造出巨大的经济效益和社会效益。

从创新生态看，区域协同创新是一种圈层思维引领的创新生态。圈层思维引领通过区域协同创新体系创新生态建设，促进产业生态圈、创新生态圈、城市生活圈、文化生态圈四圈融合、四维耦合，打造技术、产业、数据、人才等优质创新要素高度适配的创新生态体系。

总之，区域协同创新体系是基于多极地理创新源交互作用的区域创新网络，其核心理念是围绕创新链、技术链、产业链、资本链打造的由城市或城市群共同构建的创新共同体。创新共同体由源头创新协同、产业创新协同、要素配置协同、体制机制协同及创新生态协同构建而成，如图 2-2 所示。

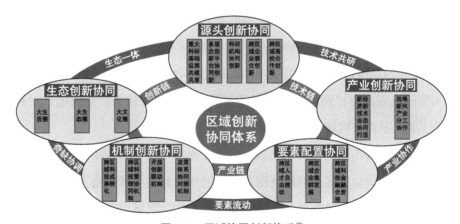

图 2-2 区域协同创新体系①

① 成都科技顾问团：《共建成渝地区协同创新体系的建议》，《决策咨询》2020 年第 5 期，第 23 页。

由图 2-2 可知，源头创新协同包括跨区域之间的高校、企业和科研机构及高能级的创新平台之间进行多种形式的合作创新、联合创新和协同创新，在基础理论、核心技术方面取得突破性成果；产业创新协同，要求区域创新主体在分工协作，共同发展战略性新兴产业，共同打造新经济时代的新技术、新业态和新模式；要素配置协同主要包括创新人才的跨区域自由流动，企业特别是高新技术企业跨区域集群化发展，以及科技金融跨区域的融合发展；体制机制创新协同主要包括区域之间创新政策体系协同对接机制、开放创新联动机制、跨区域科技管理协同机制以及科技成果转化机制等；创新生态协同，就是在圈层思维引领下，构建跨区域的创新生活圈、创新生态圈及创新文化圈。

区域协同创新是一个系统工程，构成一个复杂的创新体系。区域协同创新作为一种相对复杂的集聚动态变化的发展过程，其主要的能动因素是各子系统的牵头合力推动。区域协同创新是当今科技创新的新范式。跨行政区域协同创新一般需要通过国家意志的引导和机制安排，以促进企业、大学、科学研究机构发挥各自的能力优势，取长补短，整合资源，实现优势互补，加速技术产业化和推广应用，协作开展技术创新和科技成果产业化活动。实现跨区域协同创新的关键在于打破限制区域之间合作的体制机制障碍，区域政府对区间发展进行协调，充分发挥各创新主体的比较优势，实现优势互补、合作共赢，从而将区域效益最大化。

本书所指的川渝地区协同创新，将研究视角定位于跨行政区域之间的协同研发。即以成渝地区双城经济圈背景下的川渝地区为研究范围，研究在协同创新系统中，川渝城市群的创新职能分工协作，区域内部创新主体之间的协作研发、协同投入和合作建设，实现科技创新要素的内生化以及创新效益保障、能力升级，以及区域内的创新机构、产业联动布局，人才、资源流动配置，区域效益优化、区际差距缩小。

第二节　理论基础

一、协同学理论

1977 年，德国科学家 Haken 在其著作《社会协同学》一书中最早提出了协同学理论。该理论认为，一个由大量子系统相互作用所构成的复合系统，在一定条件下，子系统之间通过非线性相互作用产生协同现象和协同效应，使混沌无序的复合系统向协同有序状态进行演化，最终形成有一定功能的空间、时间或时空的自组织结构。协同的作用就是使复杂系统从无序向有序演化，成为有序的系统，呈现出事物内部的统一性。协同效应就是由协同作用而产生的结果，是指复杂开放系统中子系统通过相互作用而产生的整体效应。这种效应是系统自发形成有序结构的内生动力，在混乱中生成某种新的稳定结构，使系统自发地从无序走向有序。

协同论是从研究系统内各部分之间的自身协调作用入手，研究远离平衡状态的开放系统在与外界有物质或能量交换的情况下，如何通过自己内部协同作用，自发地形成时间、空间和功能上的有序结构。其基本原理是。

协同学认为，系统的演化会受到系统不稳定性、序参量、伺服原理、自组织原理、协同效应等多个因素的影响。

（1）不稳定原理。哈肯（1989）指出，一种模式的形成意味着原来的状态不再能够维持，就是系统具有不稳定性。协同理论承认不稳定性的存在，并指出系统的各种有序演化现象都与不稳定性有关。在旧结构的瓦解和新结构的产生过程中，不稳定性充当了系统新旧结构演替的媒介，具有积极的建设性作用。

（2）序参量原理。序参量就是支配系统从无序向有序发展的参量，是协同学理论中一个最为基础、最为重要的概念。在系统中，序参量因各子系统之间竞争又协作的相互作用关系而产生，产生之后又支配着各子系统的发展进程和方向，使得整个系统最终朝着一个新的有序的结构迈进。序参量之间既存在竞争关系，同时也存在合作关系。不同系统的序参量之间相互关系的差异性决定了不同系统各自的动态运行特征及其演化的差异性。但是，无论系统之间的差异如何，就同一个系统内部而言，序参量之间相互的竞合关系最终会联合起来主宰系统朝着有序的结构发展。正是由于序参量支配着子系统的演化行为，主宰着整个系统的演化过程，因此，寻找序参量，也就是建立和求解序参量方程，就成为用协同理论研究系统演化的关键。

（3）伺服（支配）原理。简而言之，伺服（支配）原理就是在序参量支配子系统行为过程中，总是快变量服从慢变量。伺服（支配）原理认为，系统内部的各种子系统、参量或因素的性质和对系统的影响是有差异的、不平衡的，存在快变量和慢变量之分。快变量代表系统的稳定模，不会左右系统演化的进程；慢变量代表不稳定模，却主宰着演化进程，支配着快变量的行为。有序结构的形成，恰恰是由少数几个缓慢增加的模或变量决定的，所有子系统都受这少数几个慢变量模的支配。伺服（支配）原理的本质，就是当系统变化趋近于不稳定点或临界点时，序参量即少数的集体慢变量，支配着其他变量的行为，决定了系统的动力学方向和演化结构。

（4）自组织原理。自组织原理指系统具有内在性和自生性特点，在没有外部指令的条件下，其内部子系统之间能够按照某种规则自动形成一定的结构或功能。自组织是一种系统内生性所具有的，能够自行使系统从不平衡状态恢复到平衡状态的能力。系统从无序向有序演化，或形成新的结构和功能，主要是系统内部的因素自发地组织建立起来的。自组织原理解释了在一定的外部能量流、信息流和物质流输入的条件下，系统将通过大量子系统之间的协同作用而形成新的时间、空间或功能有序结构。

综上所述，不稳定性是新旧结构演替的媒介；序参量是控制系统运行趋势和宏观状态的关键表征；伺服原理主导了系统整体的演化进程；自组织原理是系统从无序状态到稳定有序的根本途径。在上述因素影响下形成的系统内部各要素和子系统之间的相互协同是系统从无序到有序运行的驱动力。

目前，协同学理论得到了广泛的应用。在科技创新领域，表现为协同创新，指参与到创新系统的各个子系统，既相互独立，又相互合作，从而产生协同作用。在区域协同创新系统中，指的是处于区域内的各个创新主体之间借助创新交流活动和创新成果转化，使得各创新主体联动起来，实现协同发展。

二、创新网络理论

受经济学、社会学、管理学和地理学等诸多经典理论的影响，创新网络概念从一开始就呈现出复杂且多元的特点。20 世纪 80 年代中期，以 Freeman、Cooke、Lundvall 和 Nelson 为代表的学者提出了创新系统理论，认为创新系统作为"系统"的概念，涵盖了多个构成单元以及各个主体之间的交互。Cooke 的研究指出"区域创新系统"的概念是对知识通过创新促进增长的作用的认识过程，并提出了这一过程明确的空间维度，视为促进创新的相互关联的系统网络。作为支撑经济发展的一个重要组成部分，Morgan 指出基于区域集群的个人、企业、研究机构、高等院校、地方政府等参与主体形成地方创新网络，在此网络中的知识溢出推进创新产生。[①]

基于系统论的逻辑，创新网络中各创新主体间的互动是复杂的非线性作用，整个创新系统的创新绩效除了受到其中的企业、研发机构的影响之外，系统内各部分组织之间的知识互动过程也对系统的创新产出产生影响。根据他们的观点，区域创新系统主要由两类主体以及它们之间的互动构成：第一类主体是区域主导产业集群中的企业，同时包括其支撑产业；第二类主体是制度基础结构，如研究和高等教育机构、技术扩散代理机构、职业培训机构、

---

① Morgan K. The exaggerated death of geography：learning, proximity and territorial innovation systems ［J］. Journal of economic geography, 2004, 4（1）：3—21.

行业协会、金融机构等，这些机构对区域创新起着重要的支撑作用。

随着新区域主义、全球生产网络和演化经济地理、关系经济地理等学派的研究逐渐成熟，对创新网络的讨论、对知识的区际联系与创新的关注逐渐转向创新的地理空间、流动空间视角，创新网络的研究不再仅仅着眼于本地视角或跨界联系。新区域主义学派关注本地视角、地区内的知识网络，Cooke等区域创新系统倡导者指出区域创新系统是指由一定空间范围内相互分工与关联的生产企业、研究机构、高等学校、地方政府等构成的有利于创新活动对区域组织系统，关注根植性、地理邻近的网络特征。[1] 关系经济地理学者Bathelt等基于跨区域视角构建的"本地蜂鸣—全球管道"（"Local Buzz-global Pipeline"）知识流动模型拓宽了知识流动的空间尺度的综合角度。

国内学者指出，区域创新网络是指"一定区域内的地方行为主体（企业、大学、科研院所、地方政府等组织及其个人）之间，在长期正式或非正式的合作与交流关系的基础上所形成的相对稳定的关系系统"（盖文启、王辑慈，1999)[2]；是在一定区域范围内，创新主体（包括企业、政府机构、高校、科研机构、中介机构等）之间正式或非正式的联结集成，而这些联结既体现了显性创新资源（如创新产品、资金及人员等）的流动或共享，也体现了隐性创新资源（如组织间技术、信息及知识等）的转移或利用。[3]

在城市群协同创新网络中，创新网络是基于合作关系的企业、高校、科研机构等创新主体的创新活动空间格局（见图2-3）。表现为城市间共享知识、信息和技术等创新资源，合作关系的传递同时伴随着城市间创新资源的传递，体现了城市合作关系的拓展。网络结构表示网络城市节点间合作关系的传递，反映了城市间形成闭合路径的倾向，而冗余路径的存在有利于提高

---

① Cooke P. Regionalinnovation systems: competitive regulation in the new Europe ［J］. Geoforum, 1992, 23（3）: 365-382.

② 转引自欧阳才宇《长三角城市群区域创新网络演化发展研究》，上海社会科学院 2020 年学位论文。

③ 陈文婕：《低碳汽车技术创新网络演化研究》，湖南大学 2013 年学位论文。

城市间知识等创新资源的交互效率。

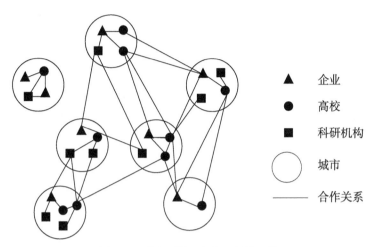

图 2-3 城市群协同创新网络模型①

总之，创新网络是政府、企业、研发机构等创新行为主体通过网络中的正式或非正式的制度安排进行协同创新，传递显性或隐性知识的一种组织方式。其研究核心侧重于对"一定区域内"各行为主体之间长期围绕创新而产生的合作机制进行科学的剖析和解释，因此，这也成为本书立足川渝地区分析创新的重要基础。

区域创新网络是一个动态的开放系统，它会随着经济技术的发展变化而不断调整，也是不断发生着"创造性破坏"的创新过程。因此，动态性、生态性和开放性是区域创新网络的基本特征。即创新主体在创新过程中获取外部资源并不断将其与内部创新资源进行整合，开放创新通过在外部或组织边界发生的知识流，公司之间的协作创新、专利和许可的研发合作实践，带来开放和协作流程的范式转变，与生产者驱动的创新相竞争并日益将其取代，促进创新绩效提升。

① 王海花、孙芹、郭建杰、杜梅：《长三角城市群协同创新网络演化动力研究：基于指数随机图模型》，《科技进步与对策》2021 年第 14 期，第 45—53 页。

区域创新网络系统是一个环境—企业—市场的要素构成区域集群。从创新型产业集群来看，产业集群是区域创新系统发展中的一个层次，人力市场、供应市场、知识市场的溢出和传播是产业集群创新系统的构成要素。从产业集群发展到区域创新系统，需要加强区域的制度基础结构，需要更正式的企业间创新协作，包括更多的知识提供者参与到创新合作中来。产业集群与区域创新系统可以在一个地域共存，事实上一个区域创新系统可以包含若干产业集群，而一个产业集群并不必然是区域创新系统的一部分。因此，区域产业集群是区域创新系统的重要依托，同时区域创新系统也必然表现出集群创新的特征。

就其实质看，区域创新网络是一种"有组织的市场"，或者说是一种松散的组织。威廉姆森和尼尔森称之为"中间性体制"组织。它相对于市场来说，因其整体性而颇具"准组织"色彩；相对于组织来说，又因其松散而彰显市场本质。因此，区域创新网络既摒弃了组织结构的严密等级控制，又能够有效规避市场对于个体的巨大风险。也就是说，区域创新网络既解决了外部"市场失效"，又克服了内部"系统失效"。它兼具市场与组织的优点，是现代经济中自由放任与政府调控的有机结合，因而它一经出现，便对经济增长产生明显的推动效应，使所在区域的经济发展呈现出极强的创新活力和经济竞争力。

三、集聚经济理论

德国学者韦伯（Weber）最早系统地阐述了聚集经济理论，胡佛（Hover）、艾萨德（Isard）等人作了进一步完善。韦伯等认为，聚集实质上是工业企业在空间集中分布的一种生产力布局形式。通过企业空间聚集，能够使企业获得成本节约的聚集经济，但只有把存在着种种内外联系的工业按一定规模集中布局在同一区位，才能最大限度节约成本。

聚集经济源自经济区位的外部性，是由与专业化相对应的规模经济和与多样化相联系的范围经济共同作用而形成。

在规模经济方面，区位聚集理论强调了工业企业在空间上的规模化，将聚集经济视为一种规模经济效益，或者说聚集能够享受专业化分工的好处。在范围经济方面，尽管专业化分工带来了规模经济，但是，分工的深化意味着专业化与多样化并存，专业化经济和多样化经济是分工经济的两个维度。经济学家常用"范围经济"概念来解释这种多样化经济，它通常是指企业因事业领域或经营区域的广泛而获得的经济利益。对外部范围经济的追求，也是企业地理空间聚集的重要诱因。可见，聚集经济是一种复合经济，其实质是一种外部经济。

在区域创新集群中，根据集聚经济理论，在外部性的作用下，协同创新对经济系统中区域协调发展产生驱动作用。集聚外部性对于创新的意义在于，创新主体在空间上形成集群形态时，产生创新的人力资本流动、物质资源共享以及知识、技术的溢出，形成溢出池。集聚外部性中的技术溢出效应得益于协同创新的参与主体的空间集聚形态在很大程度上降低了创新人员交流的交通成本、通信成本，附着在技术中的知识和信息在这一过程中扩散传播，使得不同创新主体之间实现了新思想的获得、新知识的获取和新技术的交流，形成一种博采众长的学习机制，有利于区域间的协调发展。[①] 跨区域的交流既实现了主体之间的交流，也实现了跨行业的交流带来多样化集聚和提升、产生雅各布斯外部性。[②] 在沟通过程中丰富了劳动力的人力资本，技术创新活动效率提升，所有创新主体参与协同创新均实现了帕累托改进，协同创新的参与促进区域协调发展。

值得注意的是，区域外部所散发的向心力吸引着各创新主体在区域范围

---

① Duranton G，D Puga. Chapter Micro-foundations of urban agglomeration economies［J］. Handbook of Regional and Urban Economics，2004：2063-2117.

② 雅各布斯外部性指产业之间的外部性。雅各布斯认为，知识的外溢（也称知识溢出或技术溢出）这种外部经济更易发生在互补的行业而不是同行业内的企业之间，新的思想更容易在相近但不同行业之间的交流中产生。产业外部性带来产业间的知识溢出效应与城市规模经济，形成城市化经济。

内结网成群，但外部性仅仅是形成创新主体集群的重要诱因，却不能够保证所有区域集群都能长期繁荣。正如自然界中的生态系统变化一样，某些区域尽管具有自我调节的机能和内部通过新陈代谢进行更新的发展机制，但是如果不注意动态的创新和技术的引进吸收，不注意增加知识的积累和流转，不注重区域内社会资本、人力资本等的培育和吸引，不注意克服空间聚集而生的"拥挤成本"和负反馈机制的破坏，也会出现类似"生态平衡破坏"的失调状态，就会失去已有的优势，在与别的区域进行竞争的过程中，就会处于被动的地位。美国波士顿 128 公路地区一度占优势的半导体产业，从 20 世纪80 年代开始向硅谷地区转移；我国东北三省老工业区的财富在 20 世纪 80 年代之后逐渐向东南沿海转移；等等。这些都说明，单凭聚集经济带来的静态竞争优势并不能有效阻挡"区域替代性规律"的作用，区域经济谋求长期繁荣的关键在于积极地营造区域创新网络以寻求基于创新的动态竞争优势。

四、耦合协调理论

"耦合"一词最早出现在物理学中，指两个（或多个）电路元件或电网络的输入与输出间存在的紧密配合和相互影响关系。

Weick（1976）首先将耦合理论引入社会经济问题研究中，用于描述两个及两个以上的系统在运行过程中相互作用而形成的一种动态关系。系统耦合指两个或两个以上的系统之间通过相互运动、相互作用，彼此互相影响最终实现协同的现象。[①] 即系统间通过各子系统构成要素的良性互动，形成相互依赖、相互协调、相互促进的动态关联关系，进而使得系统彼此影响以至联合起来的现象。

系统间相互作用会呈现两种不同的状态：一是彼此协调、互相促进，系统内各要素间彼此协调共生、配合得当，系统良性发展；二是彼此不相适应、

---

① 杜湘红、张涛：《水资源环境与社会经济系统耦合发展的仿真模拟——以洞庭湖生态经济区为例》，《地理科学》2015 年第 9 期。

互相破坏，系统相悖。[①] 在耦合协调理论中，系统之间的关系是对立统一的，各个系统之间相互独立却又相互依存、密不可分，一方的存在以另一方存在为基础，各部分共存于一个整体之中。当某个系统的发展进程会对其他系统起到积极的带动作用时，会推动整个系统协同进步；而当系统之间相互对立，各个系统之间相互制约与摩擦，彼此之间的发展呈现此消彼长的态势时，系统整体将变得杂乱无序甚至最终会走向崩溃的边缘。

系统耦合的本质是系统的进化过程，在这个进化过程中系统内各要素充分发挥其协同作用，无序向有序转化，处于动态关系中的系统通过能量、信息和物质的转换以达到结构和功能的结合，形成比原来系统更高级的系统。

近年来，耦合协调理论由原先的定性研究逐渐转变为定量研究，主要利用耦合协调度模型对系统或系统要素之间的耦合程度进行度量与评价。

耦合度是对系统之间各要素从无序到有序的变化过程中联系紧密程度的衡量，反映系统耦合作用的强弱。如低耦合（松散耦合）状态或高耦合（紧密耦合）状态。耦合度可以用来测算系统之间的内生动力是否从无序到有序，反映各子系统之间的关联程度，但难以看出整个系统的发展水平以及影响各子系统变化因素的利弊。

在耦合度基础上引入协调度。协调度用来度量整个系统各部分之间发展相一致的程度，强调系统之间协调发展、相互促进、共同进步，从而实现整体优化发展。协调度可以体现出系统之间的共同发展效果，反映整个系统和谐发展状况的好坏。

可见，用耦合度表示两系统相互作用的强弱，是系统耦合发展的基础；用协调度表示两系统相互作用发展趋势的良性与否，是对系统耦合发展水平及发展趋势的一种评价。将二者结合起来，既可以弥补耦合度受到外界影响时结果的不准确性，又可以看出子系统内部的自组织协调水平，从而拉动整

---

① 张守瑜、刘平辉：《土地集约利用与城乡统筹发展耦合关系研究——以蚌埠市为例》，《石家庄学院学报》2019 年第 3 期，第 68—75 页。

个系统的协调效益，通过结果显示，加上人为调整，完善系统协同发展结构。

总之，耦合协调是系统不断调整的动态平衡，无限接近最佳的发展动态。即便在某个时刻各个要素（或各个系统）都产生了向目标靠近的正面作用，也不一定就是发展的最优状态，耦合作用的效果不仅是各个因素（或各个系统）作用的简单加减，更是各个要素（或各个系统）共同作用，总体达到"1+1>2"的效果。① 耦合协调理论可以用来描述多个系统彼此之间的相互影响程度，通过计算系统各部分之间的耦合度以及耦合协调程度，能够较为准确地判断出它们是否能够实现和谐与共生。②

在区域协同创新体系中，涉及区域间知识、资源、行为、绩效的全面整合。因此，系统之间、子系统之间的耦合协调就格外重要。

创新系统的耦合协调程度是影响创新绩效的重要原因。政府制定的各项创新政策与创新主体运行实践之间、高校科研院所的研究成果与企业的技术需求之间的匹配度，系统内知识、资源、行为的匹配度都将影响到创新绩效的高低。协同创新能否实现取决于系统内不同创新要素的互动关系和耦合协调程度。互动的强度与创新主体改变行为的程度和频率有关，这些包括互惠信息的交换，绩效与同步行动的系统匹配。系统的耦合协调程度越高，就会需要有更多的高强度的互动合作。

在川渝协同创新中，创新要素耦合协调的良性发展对充分发挥川渝创新体系的动能作用，提升川渝协同创新水平具有重要意义。为使区域间创新体系耦合系统发挥最大效用，必须处理好川渝创新系统之间的关系。只有两个系统互相匹配，协调发展，才能达到川渝创新系统的有机融合，实现川渝创新复合系统的良性耦合。

---

① 吴俣：《旅游产业与新型城镇化发展质量耦合协调关系研究》，东北财经大学 2017 年学位论文。

② 党建华、瓦哈甫·哈力克、张玉萍等：《吐鲁番地区人口—经济—生态耦合协调发展分析》，《中国沙漠》2015 年第 1 期，第 260—266 页。

五、府际合作理论

府际合作，通常是指一个国家内各层次（级）政府之间以相互需要为基础而展开的各种形式的合作，包括中央政府与地方政府之间的合作、地方政府之间的合作，以及政府部门之间或经由授权履行政府职责的其他公共组织之间的合作。

府际合作强调政府间在信息、自主性、资源共享、共同规划、联合劝募、一致经营等方面的协力合作。提倡平等条件下的多元化治理，通过协商的策略来配置资源，解决问题，实现合作共赢。具有以下特点。

第一，广泛的合作范围。随着区域经济的发展和改革的深入，府际合作在诸多领域、以多种形式展开，在创新观念、创新组织形式、创新体制机制等方面取得了长足的进步。地方政府的合作协调呈现领域越来越宽、范围越来越大、内容越来越丰富的趋势。

第二，明确的合作重点。府际合作的重点是构建新型府际合作治理体系。通过体制机制改革与创新，"竞合""竞融"并举，健全利益共享机制，建立利益补偿机制，增进利益分享，鼓励官员树立开放管理思维，主动参与合作，自发推动区域政府间建立健康互利的合作关系。

第三，平等的合作机制。府际合作重视各方行为主体之间的交流，推进在制度体系框架内构建平等的对话机制，推动合作各方进行研讨、对话，以寻求合作，解决实质性问题，促进关系稳定和共同发展。对话通常包括政府机构间的衔接落实制度，日常办公制度，合作论坛举办机制，领导人定期会晤制度；同时，双方通过资源共享、考察学习、干部交流、项目合作、对口支援等方法增进交流和互信。在通信配套方面，构建网络化、信息化的日常联系方式，以降低行政支出，提高行政效率。

府际合作需要打破传统政府管理的区域和层级观念，有助于由传统的较为权威、封闭和狭隘的旧地方主义，转为强调权力或资源相互依赖、开放和区域合作的新地方主义，对政府间关系的管理变革有着积极的借鉴意义。

一是有利于促进治道思维的变革。随着社会的发展和进步，人们越来越意识到，公共事务的有效治理不仅仅依赖于政府，还需要将视野扩展到政府与其横向和纵向的政府间关系、政府与私人部门、志愿部门和市民之间的关系。因此，府际合作有利于人们治道思维的变革。

二是有利于建立公共物品与服务供给的多中心、多层次制度。一些跨地区、大范围的公共物品与服务，例如大江大河的治理、跨区街道的巡逻等，需要政府间协调和管理；在提供公共物品与服务时，应该鼓励政府、企业、个人、NGO 等各类主体之间的竞争，提高供给效率。

三是有利于处理好政府间存在竞争与合作中出现的问题。在政府间竞争中，往往存在地方封锁与保护、合作与协调不够、产业结构雷同、外部性问题突出等现象。府际合作倡导的政府间信息共享、资源优化配置、共同规划、联合经营等方式，将为这些问题的解决提供新思路。

成渝地区双城经济圈发展战略要求更加有效地推进各城市之间优势互补、良性互动、共同发展。对川渝地区协同创新而言，府际合作是区域内提升协同创新能力的重要尝试：首先，双方政府要摒弃狭隘的本位主义观念，用整体的、长远的眼光处理公共事务；其次，双方政府要共同致力于提升解决问题的效率，而不仅仅拘泥于形式；最后，在处理政府间合作与竞争的关系的过程中，双方在平等的主体关系层面展开沟通交流，统筹各区域资源，处理好政府间合作与竞争关系，实现优化配置，从而形成区域的整体创新优势。

六、三螺旋创新理论

三螺旋概念最初源自生物学领域。20 世纪 50 年代初，美国遗传学家里查德·列万廷使用三螺旋来模式化基因、组织和环境之间的关系。在《三螺旋：基因、生物体和环境》中，总结了他的生物哲学思想，认为基因、生物体和环境的关系，是一种辩证的关系，这三者就像三条螺旋缠绕在一起，同时互为因果。基因和环境都是生物体的因，而生物体又是环境的因，因此基因以生物体为中介，又成了环境的因（方卫华，2003）。

20 世纪 90 年代中期，美国社会学家亨瑞·埃茨科威兹（Henry Etzkowitz）在《大学和全球知识经济：大学—产业—政府关系的三螺旋》（1995）一书、Loet Leydesdorff 在《三螺旋——大学、产业、政府关系：以知识为基础的经济发展的实验室》一文中提出了著名的官、产、学三螺旋理论，并首次使用三螺旋模型来分析知识经济时代政府、产业和大学之间关系的动力学，用以解释政府、企业和大学三者间在知识经济时代的新关系。

由此，生物学中的三螺旋概念被引入了社会学和管理学领域，形成官、产、学三螺旋创新理论。三螺旋创新理论基于知识经济时代政府、企业与大学的相互作用，认为三者是知识经济社会内部创新制度环境的三大重要因素。三种力量通过市场要求而联结起来，在相互联系和作用过程中产生创新的力量，因而这三种力量通过交互影响形成相互支撑、共同生长的三螺旋关系。①

三螺旋理论的核心内容在知识经济背景下，"高校—产业界—政府"三方应当相互协调，以推动知识的生产、转化、应用、产业化以及升级，促进系统在三者相互作用的动态过程中不断提升。它强调产业、学术界和政府的合作关系，强调这些群体的共同利益是给它们所处在其中的社会创造价值，强调政府、产业和大学三方都可以成为动态体系中的领导者、组织者和参与者。其中的关键是，在公共与私立、科学和技术、大学和产业之间的边界是流动的，三者相互作用、互惠互利，交叉影响。

三螺旋理论认为，大学—产业—政府是以沟通为核心的进化网络的三个螺旋，如图 2-4 所示。

---

① 亨利·埃茨科威兹：《三螺旋》，东方出版社 2005 年版，第 18—22 页。

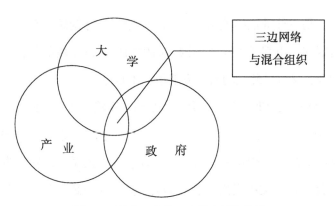

图 2-4　政府、产业、大学三螺旋模型

由图 2-4 可知，三螺旋模型由三个部门组成：政府、产业和大学。其中，政府部门包括地方性的、区域性的、国家层面的以及跨国层面等不同层次；产业部门包括高科技创业公司、大型企业集团和跨国公司；大学包括高等院校和其他一些知识生产机构。这三个部门除履行传统的知识创造、财富生产和政策协调职能外，各部门之间的互动还衍生出一系列新的职能，最终孕育了以知识为基础的创新型社会。政府、企业和大学的"交迭"是创新系统的核心单元，其三方联系是推动知识生产和传播的重要因素。在将知识转化为生产力的过程中，各参与者互相作用，从而推动创新螺旋上升。

三螺旋模型理论还认为，在创新系统中，知识流动主要在三大范畴内流动：第一种是参与者各自的内部交流和变化；第二种是一方对其他某方施加的影响，即两两产生的互动；第三种是三方的功能重叠形成的混合型组织，以满足技术创新和知识传输的要求（吴敏，2006）。

重叠模式是三螺旋模型理论最发达的模式。如图 2-4 所示，政府、大学、产业等三机构在保持各自独立身份的同时，又都表现出另外两个机构的一些能力。也就是说政府、大学和产业三机构除了完成它们的传统功能外，还表现出另外两机构的作用，形成重叠型的功能结构。该理论着重探讨了以大学为代表的学术界、产业部门、政府等创新主体，是如何借助市场需求这个纽带，围绕知识生产与转化，相互连接在一起，形成三种力量相互影响、抱成一团又螺旋上升的三重螺旋关系的。

三螺旋理论的本质就在于以市场为纽带，建立创新制度环境，将各创新要素进行交互式整合，从理论上为区域协同创新主体的互生共长提供支撑。相对于传统的线性创新模式，三螺旋创新模型能够更加准确地抓住知识在产业化过程中不同阶段制度安排中的多元互惠关系。[①]

在成熟的区域创新系统中，区域协同创新主体要素来源于政府、高校和企业。政府部门是区域协同创新体系的制度供给者、资金供给者和协同治理者；科研院所与大学是知识、技术的供给者，在区域内发挥了强大的知识、技术创新溢出和辐射效应；企业是技术创新和财富生产的直接承担者，是良好的市场经济活动接口。

七、协同治理理论

协同治理理论是协同论和治理理论的交叉理论。所谓协同治理，是指多元主体间通过协调合作，形成相互依存、共同行动、共担风险的局面，产生合理、有序的治理结构，以促进公共利益的实现。协同治理包含合作治理之义，但又不仅限于简单合作，它是在治理理论的基础上强调治理的协同性。简而言之，协同治理就是在开放系统中寻找有效治理结构的过程。

协同治理的主要特征。

（1）多元化。一是治理主体多元化。治理主体不仅指政府组织，也包括非政府组织、企业、家庭以及公民个人，各个主体具有不同的价值判断和利益诉求，也拥有不同的社会资源，在社会系统中，它们之间保持着竞争和合作两种关系，因为在现代社会没有任何一个组织或者行为体具有能够单独实现目标的知识和资源。二是治理权威的多元化。与多元化主体相伴的是治理权威的多元化，政府不再是唯一的权威中心，其他治理主体在一定范围内都

---

① 廖娟：《基于三螺旋理论的区域协同创新机制和效率评价研究》，上海交通大学2015年学位论文。

可以在社会公共事务治理中发挥和体现各自的权威性。

（2）协同性。社会系统的复杂性、动态性和多样性，要求各个子系统之间加强协作，这样才能实现整个社会系统的良性发展。治理主体之间需要加强协同，有的治理主体可能在某一个特定的交换过程中处于主导地位，但这种主导并不是以单方面发号施令的形式，而是在发挥主要作用的同时，与其他主体相互配合。具体而言，协同治理就是强调政府不再仅仅依靠强制力，而是更多地通过政府与非政府组织、企业等社会组织之间的协商对话、相互合作等方式建立伙伴关系来共同管理社会公共事务。

（3）动态性。社会系统处于不断变化之中，各个子系统应当根据内部、外部环境的变化进行相应的调整。在协同治理中，各主体需要面对社会环境的变化，这必然增加主体间合作的不确定性和随机性，为此，治理主体应当根据治理过程中的变化状况作出动态性的回应。治理过程中显然不能因循守旧，照搬过去的路径，各治理主体需要不断顺应变化的形势，并积极、灵活地调整行为，从而保证治理目标的实现。

（4）有序性。各治理主体构成了治理体系，但这个体系不能处于无序的状态，否则会导致协同的低效甚至失效，使治理体系出现碎片化、重复建设、资源内耗等现象。当然，治理主体行为的有序性，并不表示主体间关系的完全等同，事实上，在不同的时空，由于各主体所掌握的资源不同、承担的职责有异、能力大小不一等，因而处于不同的位置，而且相互之间的地位在一定条件下还会发生变化。

区域协同治理是一个复杂的系统，治理主体复杂多样。其协同关系可以归类为三类：政府主导式、主体并行式和多元驱动式。

政府主导式的协同治理中，政府处于领头雁地位，主要通过行政命令和行政计划来推动治理行动，执行效率高，成效好，可达到事半功倍效果。然而，这一模式在实践中也难以完全实现，政府并没有绝对主导的能力，企业和第三部门出于对自身利益的实现考虑，参与的积极性和主动性下降，协同作用十分有限。因此，可能引发协同动力不足，协同治理容易流于形式并停滞不前。

主体并行式的协同治理中，所有协同主体却处于平等合作的状态，基本上是以对话、协商、分工的方式来处理社会公共事务。这一模式下的除政府之外的治理主体拥有了更大的自主性，因而也就具备更强的自愿性，它们在互信、互惠、互利的基础上主动寻求利益同盟，并在遵守公认的合作规则框架之内实现自由的准入和准出。

多元驱动式的协同治理，其实现的重要基础是各个主体在社会治理层面的协同合作能力不断提高，尤其是在宽容、民主的社会氛围下，社会组织体系、公民力量不断壮大，政府与企业、第三部门在广泛的领域开展深入的合作，没有强制命令和行政诱导，也没有过分的利益追求和经济动机驱使，长期的政社合作形成了多元主体共同驱动的协同治理模式。在这一模式下，协同治理动力来自广泛的议题驱动，治理的模式、工具更加的灵活多样，第三部门的参与更加广泛和深入，治理主体的主动性和独立性更强，利益共享、风险共担的合作理念开始广泛形成，协同治理成为一种多元自发的合作治理网络。① 多元驱动的治理模式以议题为中心以及问题导向来寻找利益联盟，有了企业组织、民间团体、公民等社会治理主体的真正参与，从而达到政府协同治理多元驱动的最高层次。② 协同治理理论的提出和完善，对于改善治理效果、实现"善治"的治理目标有着重要的参考价值。

加强川渝地区协同创新，就是要在成渝地区双城经济圈建设背景下，立足建立具有全国影响力的重要经济中心和科技创新中心，促进川渝地区协同发展。在川渝协同创新过程中，要构建协同创新治理体系。政府、企业、第

---

① 张成福、李昊城、边晓慧：《跨域治理：模式、机制与困境》，《中国行政管理》2012 年第 3 期，第 106 页。

② 胡徽：《政府协同治理的内涵、模式与价值考量》，《唐山师范学院学报》2015 年第 7 期，第 138—141 页。

三部门等协同主体围绕协同创新共同组成管理机构，制定科学合理的制度和规则，构建良好的协同创新环境，促进创新资源要素优化配置，发挥协同创新影响效应。

八、合作博弈理论

博弈是不同集团之间的对抗。合作博弈是指参与者以同盟、合作的方式进行的博弈，强调效率、公平、公正的联盟团体理性。合作博弈是正和博弈，博弈双方的利益都会有所增加。在合作博弈中，参与者未必会作出合作行为，然而会有一个来自外部的机构惩罚非合作者。

合作博弈存在需要具备两个基本条件。

一是对联盟整体而言，整体收益大于其每个成员单独经营时的收益之和。

二是对联盟内部来说，应存在具有帕累托改进性质的分配规则，即每个成员都能获得不少于不加入联盟时所获得的收益。

如何保证实现和满足这些条件，这是由合作博弈的本质特点所决定的。也就是说，联盟内部成员之间的信息是可以互相交换的，所达成的协议必须强制执行。这些与非合作的策略型博弈中的每个局中人独立决策、没有义务去执行某种共同协议等特点形成了鲜明的对比。

可转移支付（收益）的存在是合作存在、巩固和发展的关键性因素。合作博弈的关键是如何将联盟的收益值合理地分配给所有局中人，即按某种分配原则，可在联盟内部成员间重新配置资源、分配收益。这就必然包含了内部成员 i 和 j 之间的利益调整和转移支付。因此，可转移支付函数的存在，是合作博弈研究的一个基本前提条件。

合作博弈在区域协同创新中具有较高的应用价值和借鉴意义。区域协同创新中，由于行政体制的制约，创新主体往往存在竞争与合作的关系，因此跨区域的协同创新实际也是一种合作博弈。

九、区域创新体系理论

区域创新体系理论20世纪末出现在英国。Philip Cooke教授在深入研究欧洲经济后，发现在欧洲很多国家的产业具有显著的集群性、区域性特征，并据此提出了区域创新体系。1992年，Philip Cooke教授在其所著的经典书籍《区域创新体系：全球化背景下区域政府管理的作用》中，详尽地阐释了区域创新体系的定义。他认为区域创新体系由企业、高校、研究机构等组成，并且这些组织在地理上相互联系。

区域创新体系包括广义和狭义两个层面。广义上看，是从全球视角出发，把各个国家视为全球中的一个区域，因此广义的区域创新体系就是把国家视为一个大的区域研究其创新。狭义上看，就是从国家层面出发，把国家范围内的某个地区视为区域，研究该区域内部的创新以及区域之间的创新。一般而言，区域创新体系均默认为狭义的定义，本书所研究的也是狭义的区域创新体系，具体而言就是川渝地区的区域协同创新。

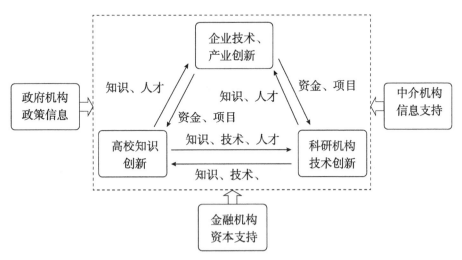

图2-5 区域创新体系主体关系及其功能

如图2-5所示，区域创新体系由三大主体系统和三大支持系统构成。其中，主体系统由企业、大学和科研机构构成，支持系统由政府机构、金融机构和中介机构构成。主体系统是创新的源泉，企业、大学和科研机构分别提供技术创新、知识创新和人才培养，构成了区域创新体系的中坚力量；支持系统是区域创新体系的重要支撑，在促进创新的协调与管理、知识和技术扩散、科技成果转化方面起到重要作用。其中，政府机构主要提供政策支撑，中介机构提供信息支持，而金融机构则为创新活动提供信贷资金支持。

各创新主体通过正式或非正式的合作结盟关系进行资源共享和协作创新，在支持系统的支撑下，持续开展创新活动并产生连锁反应机制，加快创新扩散的速度，在区域创新系统内实现协同效应。

自从区域创新体系提出以来，越来越多的专家学者在研究地区经济发展时从区域创新体系的视角进行研究，如众多学者对美国硅谷研究，Hassink 对德国巴登符腾堡地区产业发展的研究，Corriga 对莱茵阿尔卑斯地区的经济研究，Asheim 和 Dunford 对欧洲发展策略以及未来前进方向的研究等，以及国内众多学者对中关村、长三角、珠三角、台湾新竹、苏南等地区的创新经济研究。

十、创新生态系统理论

创新生态系统是借鉴自然界的生态系统发展而来的。

生态系统一词是英国植物学家 A. G. TanSley 于 1935 年首先提出来的。他指出："生物与环境构成了自然界，地球表面各种大小和类别的基本单元都是由这个系统组成，称之为生态系统。"[①] 在生态系统中，如果能量的流动和物质的循环，可以在很长的时间内保持稳定和动态平衡，那么就实现了生态平衡。

所谓创新生态，是将生态概念引入创新理论体系，就是把创新视为经济

---

① 张爱平、孔华威：《创新生态让企业相互"吃"起来》，上海科学技术文献出版社 2010 年版，第 42 页。

和社会不断相互作用的生态系统，是其创新群落与其所处的环境，以及群落内部系统形成的相互作用、相互制约的有机整体。①

创新生态系统是一个网络系统，即在一定地域范围内，由大学、企业和研究所以及政府、服务中介组织等机构组成有机体，是一个与知识、技术和新产品的创造、存储和转移相互作用的网络系统。

创新生态系统的实质就是相互联系的创新组织及其支持环境，通过一定的机制相互作用、彼此影响，完成能量的循环和知识、信息的流动，实现创新组织与其相关环境要素产生联系和资源交换，最终完成创新行为。

创新生态系统具有以下属性：一是地缘性。创新生态系统的各区域距离相近，地理上的接近不仅仅使得人们便于交流，经济发展便于协同，更重要的是，会在政治、文化上形成天然的亲缘性，相似的政治文化条件进一步促进经济发展。二是依赖性。创新生态系统中各个创新主体的关系不是一种浅层次的单纯追逐各自经济利益最大化的关系，而更是一种互相依赖的长期的承诺、信任关系。他们有着同一目标，向同一方向前进，实现共生共赢。三是互补性。包括资源上的互补、技术条件上的互补、产业形式上的互补等。互补性也强化了各个创新主体的互相依赖性，互相依赖性又加强了创新生态系统的稳定性，主体在这个稳定均衡的系统中依赖共生，合作共赢。四是专业性。创新生态系统中各合作主体以专业化的知识、人员投入其中，这种专业性不仅表现在科学技术的专业，也包含合作方式、管理模式等的专业化。

创新生态系统是一种独立、均衡、稳定、互动、互相依赖的创新体系，在这个系统中各个主体以一定的组织模式、运行方式而存在，并且是一个动态、演化的体系。

创新生态系统是一个由大量相互联系、相互作用的，具有能动性的主体所构成的复杂系统，包括创新群落和创新环境。

---

① http://e.hznews.com/paper/hzrb/20160418/A2/1/.

创新群落指系统中的创新个体及群体，包括创新直接主体、创新相关主体及中介服务机构。企业作为创新直接主体，是技术创新的主要承担者。在这些创新的主体中，大企业占据领导和核心地位，而中小企业数量较多，在发挥创新活力和专业的优势上，有着巨大的潜力和上升空间；服务机构如大学、研究机构、投资组织、行业组织等，作为一个联系的纽带和创新资源的提供者、协调者。

创新的环境主要是由市场、政策、体制、文化等要素构成。在创新的大环境下服务机构能够提供更多的且更优质的创新资源，为企业的核心竞争力提供动力。反过来，企业主体创新水平的提高，能够更好地加强对创新资源的有效吸收和充分消化，进而促进创新环境的优化。

Judy Esterling（2009）在《弥合创新鸿沟：在全球经济中再点燃创造星火》一文中指出，创新生态系统有着各种各样的栖息者。从技术创新来看，它包括三大创新群落和创新环境（见图2-6）。

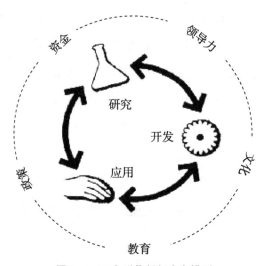

图2-6　三大群落创新生态模型

图2-6显示，三大群落可以划分为三大类：研究、开发与应用，创新环境是由政策、资金、领导力、文化和教育组成的一个复合系统。创新环境支

撑着三大群落的健康发展，三大群落之间的健康的平衡决定了创新生态系统的稳定可持续性发展。

一个理想的创新生态结构，应该能通过建立良好的创新价值链联系，来优化利用系统内的资金、人力和知识等创新资源，促进先进技术的开发和应用，实现生产、教育和研究的一体化。

以高新技术园区的创新生态系统为例，各要素之间的关系如下（见图2-7）。

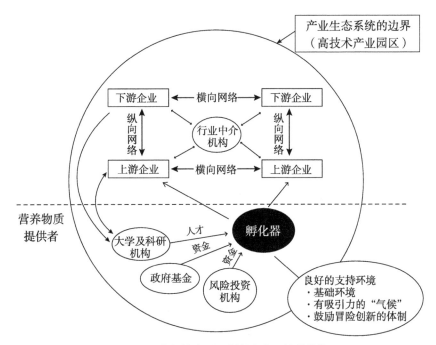

图 2-7　高新技术园区创新生态系统结构[①]

图2-7中，创新企业是高新技术产业园创新的主体，包括上游企业和下游企业。上下游企业之间，构成横向和纵向的网络，中介机构在中间起着重要的关联作用。而孵化园是创新企业诞生的摇篮，孵化园具有创新企业产生的孵化器功能。在良好的创新环境支持下，孵化园通过与大学、科研机构、

① 张爱平、孔华威：《创新生态让企业相互"吃"起来》，上海科学技术文献出版社2010年版，第47页。

政府、风险投资机构相互作用，培养出大量创新企业。

值得强调的是，创新生态系统的建立是一个缓慢的过程。一般情况下，生态系统是自然形成的，很难直接建立一个"创新生态"，而只能采取措施为它的形成创造条件，去加速它的形成。在这些措施中，最根本、最有效的方式便是建立新型的孵化机制，它是建立创新食物链的基础环节，是建立创新生态的着力点。创新生态已经成为当前创新活动开展的重要影响因素。

第三节　协同创新效应分析

协同的本质是系统内各要素在演化发展中相互协作、共生和谐的过程，是从无序走向有序的状态，实现"1+1>2"的"协同效应"。协同效应是通过协同度的提高得到的超过系统非协同组合效能的增量。

协同创新是不同创新要素通过协同过程所取得的效益和功能，是更高层次的"创新要素的重新组合"。协同创新效应就是创新系统内的活动主体通过协同合作整合内外部资源，使得系统整体功效大于各主体单独行动的效果总和。陈劲和阳银娟指出，产学研协同合作有助于创新资源优化，进而实现"1+1>2"的协同效应。[1]

在区域协同创新中，协同效应使各创新要素在协同整合作用下，实现区域整体层面的优势互补、聚合放大和功效倍增，即要素之间的非线性互动作用关系，由此实现区域创新能力的整体提高。

一、互补效应

协同创新的互补效应是指企业、高校、科研机构等直接创新主体在创新活动过程中共享优质资源，取长补短，形成互补效应，提升创新要素的利用

---

① 陈劲、阳银娟：《协同创新的理论基础与内涵》，《科学学研究》2012 年第 2 期，第 161—164 页。

效率，从而提高创新绩效。企业是技术创新的主体，在协同创新过程中起主导作用。对于企业来说，由于新产品的技术研发过程充满着复杂性与不确定性，伴随着多种风险，多数企业难以独自掌握创新过程所需的各类生产要素。因此在激烈的市场竞争中，企业不仅依靠自身的资金实力和技术研发，更需要通过协同创新方式，利用其他创新主体的知识储备和技术积累，进行创新生产以获得创新成果。而高校和科研机构作为知识创新的主体，拥有大量的研发创新人才、丰富的知识储备和先进的科研仪器，掌握着前沿的知识和技术，但是这些知识和技术能否转化为生产力还需要市场 R&D 需求的引导。通过协同创新的互补效应，由企业将新产品的市场 R&D 需求和所需资金传递给高校和科研机构，高校和科研机构则利用自身的人才、知识和技术优势，帮助企业进行产品创新。

协同创新的互补效应将有效提高子系统内部创新要素的集成化、网络化程度，更提高了创新主体获取与利用其他主体的创新要素的效率，有助于创新要素的优化配置和高效利用，从而提高城市群创新绩效。因此，单个城市内部直接创新主体之间的协同能够促进不同主体之间共享优质资源，形成互补效应，提升创新要素的利用效率，促进区域创新绩效的提高。

二、市场效应

协同创新的市场效应是指政府和金融机构作为协同创新的间接主体，通过改善协同创新环境，为创新要素在主体间的优化配置提供引导和支撑，从而提高创新要素的配置效率，提高城市群创新绩效。政府利用自身的公信力和执行力，通过制定相关政策法规、建立协同创新中心、改善基础设施条件、完善科技资源共享机制、加大科技创新投入等方式规范直接主体的市场行为、打通直接主体之间的合作渠道、优化协同创新环境、降低信息搜寻成本、弥补 R&D 资金的不足。金融机构则利用自身的平台和专业优势，为企业、高校、科研机构等直接创新主体提供融资支持。金融机构发达的城市，创新主体拥有较多的资金等创新要素的注入，有助于实现规模经济。此外，金融机构会对创新项目进行风险评估，从而减少盲目投资，分散投资风险，提高创新活动的投入产出效益，促进城市群创新绩效的提高。因此，协同创新的市场效应能够提高企业、高校和科研机构等直接主体进行协同创新的积极性，促进直接主体之间更好地开展产学研合作，提高创新要素的利用效率，从而促进区域创新绩效的提高。

三、成本效应

协同创新的成本效应是指协同创新的主体通过构建稳定的协同创新平台，打通创新主体之间进行协同合作、沟通交流的渠道，从而降低信息搜寻成本和监督成本。一方面，协同创新能够降低信息搜寻成本。企业、高校、科研机构、政府和金融机构等创新主体在创新活动中的职能不同，角色不同，因此在协同创新的过程中，需要不断地搜寻合适的合作伙伴。如企业在进行新产品或新工艺的研发过程中除了利用自身的创新要素进行生产外，还需要与高校、科研机构等其他创新主体展开合作，借用其他主体的创新要素进行创新生产，但这种合作关系随着项目结束而终结，企业在下次进行创新生产时仍需重新寻找合作伙伴。因此，企业在进行创新生产时花费在信息搜寻上的成本是非常高的。在协同创新中，企业、高校和科研机构等主体可以通过构建协同创新平台发布创新主体的相关信息，因而各个创新主体在创新过程中可以降低信息搜寻成本。另一方面，协同创新具有更低的监督成本。相较于合作创新，协同创新带来更低的监督成本。在合作创新中，企业、高校、科研机构、政府、金融机构等创新主体属于契约关系，契约关系建立之后，不同的创新主体会对自身所掌握的信息、资源等有所保留，这就使得合作创新中的监督环节必不可少。而协同创新通过协同创新平台的构建为参与合作的各方主体提供信息沟通交流的平台，从而使得创新主体之间的信任增强，最终降低监督成本。协同创新带来的信息搜寻成本以及监督成本的降低，提高了创新要素的投入产出比，最终促进区域创新绩效的提升。

综合上述分析，在区域创新系统内，协同创新作为创新要素的一种配置方式，通过互补效应、市场效应和成本效应的发挥提升创新能力，促进区域创新绩效的提高。这其中，协同创新的互补效应侧重于创新主体以协同互动的方式获取其他创新主体的优势资源，进行创新生产以获得创新成果，从而提高区域创新绩效。协同创新的市场效应侧重于改善外部创新环境，实现创新要素的优化配置，从而提高区域创新绩效。协同创新的成本效应侧重于通过降低创新活动的信息搜寻成本和监督成本，提高创新要素的投入产出比，从而提高区域创新绩效。

第四节 区域协同创新主体功能

区域协同创新是一项复杂的多元主体协作过程，不同的创新主体都有着各自不同的需求与功能，只有各司其职，明确分工，才能实现创新资源的优化配置。

一、政府——制度创新主体

政府是区域协同创新重要的组织者和管理者。在协同创新中，政府通过制定政策法规和提供资金扶持等方式，支持和鼓励创新主体的创新活动。通过制定政策，引导区域协同创新的发展方向、秩序和发展速度。如通过进一步改善人事体制、社会保障等方面的问题，为稳定科技创新人才队伍提供政策保障，从而保证科技创新的有序进行。同时通过政策性配置加大支持力度，更好地推动区域创新环境建设。通过科技投入，直接对具有一定创新能力的研究型大学、科研机构、高新企业给予重点扶持，支持其开展创新活动。在政府组织的创新活动中，科研机构、高新企业直接对政府或由政府设立的专门委员会负责，提出资金及其他资源的资助申请。

政府还通过领导生产力来促进研究中心、孵化中心等机构的发展，并通过它对企业的发展起推动作用。

二、企业——技术创新主体

企业是最重要的市场主体，是经济增长的加速器。

企业是技术创新的主体。作为最重要的市场主体，企业是产品和服务的供给者。为了满足市场上消费者的需求，企业必须不断地进行技术创新，提高产品质量和生产效率，从而提高自身的市场竞争力。

在区域协同创新中，企业是协同创新的主要承担者和受益者。企业在享受创新成果带来的经济效益的同时，也为研究型大学提供了充足的研究经费，为国家和地区创造了丰厚的税收。

三、大学和科研机构——知识创新主体

大学和科研机构是区域创新生态系统中知识流动和人才流动的源泉。研究型大学可以是新知识和新技术的创造、传播和应用的直接参与方，在跨产业集群创新系统发展中具有的强大"溢出效应"。

各区域的研究型大学和科研机构本着自身优势和国家政策的支持，在区域协同创新中既是新知识、新技术的供给者，又是产业发展的催化剂，同时在合作中加快自身的科研发展。

除了为人才市场提供人才外，大学还通过与技术中心的交流合作，为技术市场提供研究成果，并获取一定的利润回报。当然，大学和科研机构也可能直接与企业联系，或者直接创办公司。

四、金融机构——创新资金投入主体

金融机构是技术创新资金的提供主体。为创新生态系统中各主体提供所必需的资金和金融服务是金融机构的最大优势。金融机构在创新生态系统中

的作用具有特别重要的意义，一个创新生态圈，必然是一个创新金融中心，无论是风险投资，还是其他金融业务，都将非常发达。

五、中介机构——创新服务主体

中介机构是创新主体之间信息沟通、中介服务的主体。中介机构为创新提供是"链式"服务，它一端联系着技术供给方，一端联系着技术应用方，可以为创新主体带来大众化、专业化、个性化的技术咨询服务。

针对技术转移的持续性和协作性特点，中介机构可以为技术转移的各个环节提供不间断的服务。

区域协同创新体系主体之间的关系如图 2-8 所示。

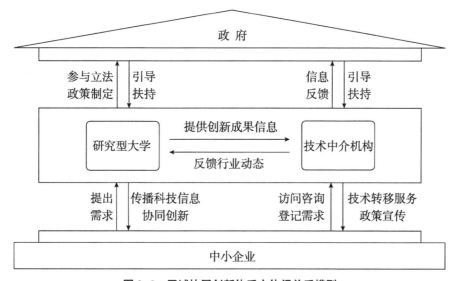

图 2-8　区域协同创新体系主体间关系模型

第三章 成渝地区双城经济圈发展战略与川渝协同创新

本章在介绍成渝地区双城经济圈发展战略基础上，主要分析成渝地区双城经济圈发展战略的实施给川渝协同创新带来的机遇，以及川渝协同创新发展为成渝地区双城经济圈建设提供的助力。

第一节 成渝地区双城经济圈发展战略概述

一、战略的提出

成渝地区是中国重要的城市群之一。2020 年 1 月 3 日，中央财经委员会第六次会议提出，推动成渝地区双城经济圈建设，有利于在西部形成高质量发展的重要增长极，打造内陆开放战略高地，对于推动高质量发展具有重要意义。使成渝地区成为具有全国有影响力的重要经济中心、改革开放新高地、高品质生活宜居地，助推高质量发展。① 同年 10 月 16 日，中共中央政治局召开会议，审议《成渝地区双城经济圈建设规划纲要》，强调将成渝地区打造成具有全国影响力的重要的经济中心以及科技创新中心。2021 年，《中华人民共和国国民经济和社会发展第十四个五年规划和 2035 年远景目标纲要》中再次

---

① 科技创新中心《人民日报》2020 年 1 月 4 日。

强调推进成渝地区双城经济圈建设，打造具有全国影响力的重要经济中心、科技创新中心、改革开放新高地、高品质生活宜居地。中共四川省委十一届七次全会以及中共重庆市五届九次会议相继强调指出，坚持创新驱动发展，着力建设具有全国影响力的科技创新中心，打造成为更多重大科技成果诞生地和全国重要的创新策源地。

2020 年 5 月 22 日，在全国人大十三届三次会议上，将推动成渝地区双城经济圈建设写入了政府工作报告。

2020 年 10 月 16 日，中央政治局召开会议审议通过《成渝地区双城经济圈建设规划纲要》（以下简称《规划纲要》），强调将成渝地区打造成具有全国影响力的重要的经济中心以及科技创新中心。同年 10 月 20 日，《规划纲要》由中共中央、国务院联合印发。《规划纲要》对成渝地区双城经济圈的战略定位、发展目标、空间布局等方面作了全面规划，是川渝两地相向发展的行动指南。《规划纲要》将双城经济圈建设规划至 2025 年，展望到 2035 年，是指导当前和今后一个时期成渝地区双城经济圈建设的纲领性文件，是制定相关规划和政策的依据，对成渝地区双城经济圈建设具有重要的指导意义。2021 年 12 月，中共重庆市委、中共四川省委、重庆市人民政府、四川省人民政府联合印发了《重庆四川两省市贯彻落实〈成渝地区双城经济圈建设规划纲要〉联合实施方案》。

2022 年 10 月，推动成渝地区双城经济圈建设作为国家区域重大战略写入党的二十大报告。

二、成渝地区双城经济圈基本概况

成渝地区双城经济圈位于长江上游，地处四川盆地，横跨四川省和重庆市，东邻湘鄂、西通青藏、南连云贵、北接陕甘，是"一带一路"与长江经济带的交汇处，是西部大开发的战略支点，也是"陆海新通道"的前端，东可与长三角地区直接联系，西是西部陆海新通道的起点，具有东西互联、南北贯通、陆海联动的区位优势，起到沟通中亚、南亚、东南亚的枢纽作用。

根据《规划纲要》，成渝地区双城经济圈具体范围包括重庆市的中心城区及万州、涪陵、綦江、大足、黔江、长寿、江津、合川、永川、南川、璧山、铜梁、潼南、荣昌、梁平、丰都、垫江、忠县等 27 个区（县）以及开州、云阳的部分地区，四川省的成都、自贡、泸州、德阳、绵阳（除平武县、北川县）、遂宁、内江、乐山、南充、眉山、宜宾、广安、达州（除万源市）、雅安（除天全县、宝兴县）、资阳等 15 个市、115 个区县，总面积 18.5 万平方公里，2019 年常住人口 9600 万人，地区生产总值近 6.3 万亿元，分别占全国的 1.9%、6.9%、6.3%。

区域内生态环境优良、能源矿产丰富、城镇密布、风物多样，是我国西部人口最密集、产业基础最雄厚、创新能力最强、市场空间最广阔、开放程度最高的区域，在国家发展大局中具有独特而重要的战略地位。

《规划纲要》指出，到 2025 年，成渝地区双城经济圈双城引领的空间格局初步形成，基础设施连通水平大幅提升，建成现代化经济体系，生态宜居水平大幅提高，现代经济体系初步形成，成渝地区双城经济圈经济实力、发展活力、国际影响力大幅提升，一体化发展水平明显提高，区域特色进一步彰显，支撑全国高质量发展的作用显著增强。

到 2035 年，建成实力雄厚、特色鲜明的双城经济圈，重庆、成都进入现代化国际都市行列，大中小城市协同发展的城镇体系更加完善，基础设施互联互通基本实现，具有全国影响力的科技创新中心基本建成，世界级先进制造业集群优势全面形成，现代产业体系趋于成熟，融入全球的开放型经济体系基本建成，人民生活品质大幅提升，对全国高质量发展的支撑带动能力显著增强，成为具有国际影响力的活跃增长极和强劲动力源。

到 2050 年，全面建成具有全球影响力的科学城。科技创新能力达到世界领先水平，成为建设世界科技强国的重要支撑。

三、重大战略意义

建设成渝地区双城经济圈，是川渝两地发展的重大利好，对于充分发挥成渝地区科技创新资源优势、深入实施创新驱动发展战略、努力在西部形成高质量发展的重要增长极和科技创新中心具有里程碑意义。从"成渝经济走廊"到"成渝经济区"，再到"成渝城市群"，以及现在的"成渝双城地区双城经济圈"，体现了中央顶层设计对川渝地区发展的战略重视。

（一）有利于实现我国区域经济协调发展

由于历史、地理的原因，我国区域经济布局长期存在突出的不均衡性，西部地区长期落后于东部地区，发展速度缓慢。著名的"胡焕庸线"从人口分布密度上阐述了这一独特的经济现象。

我国改革开放从东南沿海地区起步，逐步向内陆地区梯度推进，区域经济政策实行的是非均衡—均衡发展战略。从设立深圳、珠海、汕头、厦门四个经济特区，到开放沿海 14 个城市；从发展沿海沿边沿江到西部大开发，国家实施了一系列区域协调发展的重大战略，包括东部地区率先发展，建立经济特区，确立沿海开放城市，实施中部崛起、西部开发、东北振兴等区域发展战略等。

党的十八大以来，全面落实新发展理念，全国区域战略进一步深化和发展，相继提出京津冀协同发展、长三角一体化发展和粤港澳大湾区建设等重大区域战略。这次把地处西部内陆腹地的成渝地区双城经济圈建设上升为国家战略，体现了中国区域发展战略已经从过去四十年的沿海东向开放率先发展转变为东西双向互济共同协调发展。

成渝地区双城经济圈建设将弥补我国中西部地区发展缺少"龙头"的短板，将与京津冀、长三角和粤港澳三大双城经济圈一道推动东、中、西协同发展。双城经济圈发展质量、速度向西可直接传导到广阔的西部，促进西部大开发；向东可与长江中游城市群联动，和长三角地区相呼应，进而"舞动"整个长江经济带。

(二) 有利于构建中国经济新的增长极

改革开放四十多年来，长三角、珠三角、京津冀等地区依托地利优势和政策红利率先发展，形成了中国经济强劲的增长极，极大地拉动了中国经济高速增长，为全国发展作出了重要贡献。相比之下，广袤的西部则非常缺乏类似的增长极，这也是西部地区经济发展的短板。

成渝地区双城经济圈的战略定位之一就是建设具有全国影响力的重要经济中心，目的是打造继长三角、珠三角、京津冀之后中国经济增长的第四极，成为中国乃至世界高质量发展的重要增长极。

成渝地区双城经济圈是四大经济区中唯一处于西部内陆的经济区。成渝地区在中国西部 12 个省区市中，人口最多，经济体量最大，科教水平较高，自然条件相对较好，产业基础和创新基础厚积，在经济转型、梯度推进、战略跨越的历史转折新形势下，成渝地区理应担起自己的责任，加快发展，接过经济中高速增长的接力棒，形成中国经济新的增长极和支撑点，由过去的跟跑到并跑，最终实现领跑，最终实现跨越式发展。因此，双城经济圈的建设，有利于引领中国西部地区发展，拓展全国经济增长新空间，构建经济新格局。

(三) 有利于打造内陆经济开放高地

成渝地区双城经济圈（以下简称"双城经济圈"）地处"一带一路"联结点，向北联结丝绸之路经济带，往南联结海上丝绸之路，是"一带一路"的重要节点和战略支撑，也是中国发展和对外开放的战略高地。成渝地区长期与世界经济保持着密切的联系，尤其与欧洲建立了关键的桥梁枢纽。

双城经济圈的建设，是构建"一带一路"强有力的支撑点，极大拓展了新形势下成渝地区发展的新空间。双城经济圈建设有利于发挥其沟通西南西北、连接国内国外的独特区位优势，打造立体全面开放格局，推动内陆和沿海沿边沿江协同开放，长江经济带和丝绸之路经济带战略契合互动，建设内陆经济开放战略高地和参与国际竞争的新基地，助推形成陆海内外联动、东西双向互济的对外开放新格局。

（四）有利于推动川渝地区城市群均衡发展

对区域内部而言，成渝地区双城经济圈建设能够促进解决区域内发展不平衡、不充分问题。重庆主城和成都市都是我国中心城市，是重庆和四川的政治、经济、文化、交通中心，发展要素聚集，现代化程度较高。

但由于行政分割和历史的原因，四川和重庆都只有一个单独的中心城市，成都和重庆主城区在本行政区域极化现象显著，一城独大现象非常突出，在资金、人才、资源等方面的"虹吸效应"十分明显。重庆主城和成都市都是我国中心城市，与行政中心、经济中心、文化中心和科教中心等相互重合，发展要素聚集，现代化程度较高。而成都、重庆主城对区域内其他中小城市带动辐射作用弱化，区域内大量的中小城市发展相对滞后，导致成渝中间地带发展出现塌陷和断层。以四川为例，多年来成都一城独大，现人口达到2200万左右，GDP经济总量超2万亿元，而四川其他城市则人口聚集度不够，经济总量偏小，发展相对滞后，第二名绵阳的GDP还不足4000亿元，没有真正像样的副中心城市。广大腹地地区产业薄弱、交通不畅、城乡差距较大，处于"城中村""城乡接合部"状态，两头和中间发展不协调、不平衡。

建设成渝地区双城经济圈可以通过"双核""双动力"驱动全圈，进而实现高度一体化发展。

（五）有利于保障国家经济安全

中国幅员辽阔，但自近代以来，国家的经济重心一直偏向东部沿海地区，缺乏西部纵深战略。在错综复杂、变化多端的国际形势下，西部纵深战略和经济安全是必须考量的重大问题。

四川盆地历来就是国家的战略腹地，称之为战略大后方，对国家安全的重要性不言而喻。抗战时期，国民政府内迁重庆，坚持抗战，川渝人民为抗战胜利作出了巨大的牺牲和贡献。新中国成立以后，在国力极其困难的情况下，国家启动以成都、重庆为枢纽的大规模交通基础设施建设，成渝铁路成为新中国修建的第一条铁路，后来又先后修建宝成、成昆等铁路干线。20 世纪的三线建设，国家把一大批科研、军工、重装、能源、资源等特大型企业布局在川渝地区，为成渝战略重地建设奠定了较为坚实的科教基础和产业基础。

21 世纪初，国家发改委曾委托世界银行编制成渝经济区发展规划。该规划报告认为，成渝地区将成为未来中国经济增长最具潜力和活力的地区，是未来的中国经济高地并将成为世界经济高地。由此可见，成渝地区的战略定位非同一般。正因为如此，国家将四川天府新区和重庆两江新区上升为国家发展战略。2016 年，国家批准川渝两地设立内陆自贸试验区。在不到 260 公里的直线距离内设置两个自由贸易区，这是非常特殊的。双城经济圈建设，既是中央对四川、重庆等西部地区发展的高度重视，同时也是着眼于国家经济安全、加大我国经济版图的战略纵深，赋予了川渝地区带动西部发展的历史重任。

第二节　成渝地区双城经济圈发展战略是川渝协同创新的重大机遇

成渝地区双城经济圈建设是习近平总书记亲自谋划、亲自部署、亲自推动的国家重点区域发展战略。《规划纲要》明确了双城经济圈"两中心两地"的战略定位，这既是中央交给川渝的重大使命，也是川渝地区发展的重大机遇。

从过去的建设"西部地区重要的经济中心"到如今建设具有全国影响力的"两中心两地",意味着国家对成渝地区的发展定位更高。无论从历史维度、发展程度,还是战略高度、全局角度,成渝地区双城经济圈都为新时代成渝地区的发展定向导航,赋予了它新的重大使命。随着双城经济圈的加快建设,成渝两市及周边城市的一体化高质量发展必将迎来新一轮发展高潮。

川渝地区必须牢牢抓住机遇,努力加快推动协同创新重点突破、整体成势。

一、为川渝协同创新提供政策支持

国家政策支持是区域发展的强劲动力。川渝的每一次大发展都与国家大战略紧密相关,从新中国成立之初以成都为枢纽的交通基础设施布局,到20世纪60年代的三线建设,再到新世纪的西部大开发等,都为川渝在不同历史时期实现追赶跨越提供了战略动能、厚植了发展优势。成渝地区双城经济圈建设是川渝在"两个一百年"奋斗目标历史交汇期迎来的新的重大机遇,其战略牵引力、政策推动力和发展支撑力前所未有。成渝地区双城经济圈建设有利于川渝完善基础设施新布局、塑造区域协同新格局、构建现代产业新体系、培育创新驱动新优势、形成全面开放新态势、迈入绿色发展新阶段。

国家政策能够为川渝协同创新提供政策支撑的强大动力。在行政管理方面,促进政府转变职能,简政放权,推动协同治理;在投资贸易方面,放宽投资准入条件,实施一系列优惠政策鼓励区域合作;在金融和产业创新方面,为投资主体和创新主体解决融资困难,减税降费,促进协同创新;在人力资源方面,建立人才引进和交流制度,为协同创新提供源源不断的活力;在法制保障方面,建立健全仲裁、商事调解机制、完善税收配套政策和建立知识产权等法律,为协同创新提供制度保障。只有保证了双方政策的协同性、一致性和整体性,才能确保川渝协同创新的连续性。

二、为川渝协同创新提供智力支持

创新性人才聚集为川渝协同创新提供了强大的智力支撑。随着双城经济圈建设的推进,川渝人才合作进一步深化。2020 年 4 月,四川与重庆签署人才协同发展战略合作协议,开启了深化双方人才合作、助推成渝地区双城经济圈建设的新篇章。双方综合推进地区、高校、校企等层面人才合作,支持区域内高校、院所、园区、企业等开放共享产学研平台,开放人才发展平台,推进了人才多元合作,促进了人才协同发展。同年 5 月,成渝地区双城经济圈成立了由 20 所高校组成的高校联盟,开展多领域、深层次的交流合作,推动了成渝地区高等教育高质量发展,为成渝地区双城经济圈建设提供科技支撑和智力支持。近几年,成渝地区在聚集创新人才资源方面取得了显著成绩,如推出重庆英才计划等一系列人才政策举措,吸引了一批高端人才,在人工智能、大数据、生物医药、新基建等高新技术产业领域方面,聚集了大规模的创新性人才资源,引育了产业转型升级所需的紧缺人才队伍。

三、为川渝协同创新提供经济支持

随着双城经济圈建设的推进,川渝不断深化区域协同合作,双城经济圈发展能级持续提升,经济结构调整优化,先进制造业、新兴消费增势良好,要素服务保障有力,成渝地区双城经济圈建设乘势而进。

经济总量逆势增长。在新冠疫情严峻和国际经济不景气的形势下,2021年,成渝地区双城经济圈 GDP7.4 万亿元、增速达 8.5%。2022 年,成渝地区双城经济圈实现地区 GDP77587.99 亿元,占全国的比重为 6.4%,占西部地区的比重为 30.2%;地区 GDP 总值比上年增长 3.0%,与全国持平。①

经济结构调整优化。2022 年,成渝地区双城经济圈第一产业增加值

---

① 四川省统计局和重庆市统计局联合发布:《2022 年成渝地区双城经济圈经济发展监测报告》。

6469.55 亿元，占全国的 7.3%，比上年增长 4.2%，高于全国平均水平 0.1 个百分点；第二产业增加值 29890.58 亿元，占全国的 6.2%，比上年增长 3.8%，与全国持平；第三产业增加值 41227.86 亿元，占全国的 6.5%，比上年增长 2.2%。三次产业结构为 8.3∶38.5∶53.2，第二产业占比比上年提高 0.3 个百分点，第三产业占比高于全国平均水平 0.4 个百分点。①

工业发展表现亮眼。川渝两地整合优势产业，立足汽车、电子信息等重点行业，加快打造先进制造业集群，推动制造业高质量发展。2022 年，成渝地区双城经济圈规模以上工业企业实现营业收入 77044.12 亿元，比上年增长 3.9%；实现利润总额 5916.46 亿元，比上年增长 6.3%，高于全国平均水平 10.3 个百分点。②

新兴消费蓬勃发展。川渝两地以推动重庆、成都培育建设国际消费中心城市为重点，打造富有巴蜀特色的国际消费目的地。2022 年，成渝地区双城经济圈实现社会消费品零售总额 34460.14 亿元，占全国的比重为 7.8%。互联网经济催生新商业形态，线上线下消费加快融合。以网上消费为代表的新型消费模式稳步发展，限额以上单位通过互联网实现的商品零售额达 2377.22 亿元，比上年增长 15.6%。2022 年，成渝地区双城经济圈金融机构人民币存款余额 14.57 万亿元，比上年增长 11.1%。金融机构人民币贷款余额 13.16 万亿元，比上年增长 12.3%。③

城市化发展迅速，为产业发展提供了集聚载体。根据我国第七次人口普查数据，川渝两省市城镇化率达 60.25%，较 2010 年提高 16.69 个百分点。目前，该区域城市密度达到每万平方公里 1.76 个，是西部地区城镇分布最密集的区域，已经形成了以重庆、成都为核心的城市群。

---

① 四川省统计局和重庆市统计局联合发布：《2022 年成渝地区双城经济圈经济发展监测报告》。
② 四川省统计局和重庆市统计局联合发布：《2022 年成渝地区双城经济圈经济发展监测报告》。
③ 四川省统计局和重庆市统计局联合发布：《2022 年成渝地区双城经济圈经济发展监测报告》。

四、为协同创新提供完善的基础设施

成渝基础设施比较完善，发展的综合条件比较好，初步形成了铁路、公路、内河、民航、管道多种运输方式相互衔接、安全可靠、高效便捷的综合交通运输体系，拥有涵盖水、陆、空等多种方式带来的便利交通优势。

成渝地区双城经济圈建设有利于川渝完善基础设施新布局。《规划纲要》中提出，要合力建设双城经济圈现代基础设施网络。

一是要共同打造国际航空门户枢纽。高质量建成成都天府国际机场，提升成都双流国际机场服务保障能力，实现"两场一体"运营，打造国际航空枢纽。推进重庆江北国际机场扩能改造，规划研究重庆新机场建设，提升重庆国际枢纽功能。2021年6月27日，成都天府国际机场正式投入使用，成都双流、重庆江北国际机场吞吐量不断提高，双城经济圈内航空货运领域正加快布局。加快阆中、达州（迁建）机场建设。规划建设乐山、遂宁、广安等支线机场，扩建万州五桥机场、黔江武陵山机场、南充高坪机场、广元盘龙机场，研究建设雅安、内江（自贡）、万源、万盛、城口支线机场，规划研究迁建绵阳机场，进一步扩大航空服务覆盖面，加快构建"枢纽机场为核心、支线机场为支撑"的世界级机场群。

二是共建轨道上的双城经济圈。打通多向出渝出川通道；开工建设成渝中线、成都至达州至万州、重庆至西安等铁路；加快实施成昆铁路峨米段、隆黄铁路隆叙段等铁路扩能改造；加快推进重庆都市圈环线铁路、成都外环铁路、绵遂内等连接重庆中心城区铁路前期工作；加速中心城区城市轨道成网，基本建成中心城市间、中心城市与周边城市间一小时交通圈和通勤圈。

三是完善内联外畅的公路体系。畅通高速公路主通道，扩容改造成渝、渝遂、渝泸、渝邻、南广渝、渝湘、渝武、成南、成乐、成自、泸赤等高速公路拥堵繁忙路段。加密毗邻地区高速路网。全面推动G318川藏公路升级改造。消除省际普通国道干线公路瓶颈，提升高速公路、干线公路与城市道路衔接转换效率，畅通运输服务微循环网络。

四是推动长江上游航运枢纽建设。提升长江干线航道通航能力，推动三峡水运新通道工程建设。推进嘉陵江、岷江、乌江、渠江等高等级航道建设，形成干支直达的航道网络。推动组建长江上游港口联盟和港航服务体系。

五是构建安全高效能源保障体系。重点推进四川"三江"水电资源开发，有序推进风能、太阳能、生物质能等新能源开发利用，建设国家优质清洁能源基地。推进成渝地区氢走廊建设，加快氢能产业发展。加快建设国家级页岩气示范区，建设天然气千亿立方米产能基地。大力勘探开发区域内天然气资源，建设中航油西南战略储运基地等能源保障设施。

六是加强现代化水利基础设施建设。推动双城经济圈水网融入国家水网，加快建设大型水库工程。实施防洪控制性水库联合调度。

七是协同建设新一代信息基础设施。加快建设物联网、区块链、工业互联网、卫星互联网等新型基础设施。加快建设 5G 和光纤超宽带"双千兆"网络，开展 6G 网络试验验证。共建区域性国际数据中心、全国一体化大数据中心国家枢纽节点、中新（重庆）国际互联网数据专用通道和国际信息通信枢纽、国家量子通信网络"成渝干线"。共建成渝工业互联网一体化发展示范区。打造国家级区块链发展先行示范区。实施车联网试点示范建设工程。

第三节　川渝协同创新是建设成渝地区双城经济圈的强大助力

成渝地区打造具有全国影响力的科技创新中心，重点在协同，特点在协同。要集聚用好科技创新资源，采取共享、共建、共推等方式抓好区域协同创新，共同争取国家重大政策、重大项目、重大工程等在成渝地区布局，共同服务国家区域发展战略布局。协同创新对提升川渝科技资源开放共享水平，促进成渝地区双城经济圈人口、经济、资源环境协调发展，助力区域经济社会高质量发展具有重要的意义。

一、助力成渝地区成为全国的重要经济中心

建设具有全国影响力的重要经济中心，要求川渝在更广范围、更多领域、更大力度上优化配置资源，共建全国重要的先进制造业基地和现代服务业高地。

（一）有利于激活创新发展的增长极效应

在川渝科技协同创新中，需要协调川渝两地科技资源与创新要素，实现成渝科技融通，形成双城经济圈区域科技辐射与发散，激活增长极效应。在微观经济领域，企业之间通过强强联合、强弱联合、弱弱联合三种方式，壮大规模实力，提高创新水平，发展以资本为纽带的跨行业跨区域经营，形成巨型企业集团。这种联合形成了规模经济，实现了多元化发展，提高了抗风险能力，既节约了资本扩张所需的大量投资，又建立和完善了现代企业制度，使企业朝着巨型化、联合化、国际化方向迈进。

（二）有利于促进川渝经济社会可持续发展

开展区域协同创新，加强产学研合作协同创新机制建设，这种协同的力量会大于原各部门对社会生产力的贡献力量的总和，有效提高科研效率、生产效率，促进区域经济增长方式转变，推动川渝经济社会走上科技引领、协同创新、创新驱动的可持续发展之路。川渝之间通过协同、联合，相互开放市场，协调创新政策和产业政策，建立区域创新体系和经济一体化，促进创新要素和生产要素的流动与重组；增强区域竞争力和整体经济实力，推动区域经济社会可持续发展。

（三）有利于推动川渝产业结构优化升级

产业联动与协同发展是川渝协同创新的重要内容。通过产业联动与协同

发展。一方面，川渝可发挥区域市场规模和劳动力的成本优势，降低供应链风险，积极接纳东部的产业转移，自我调整，优化结构，不断升级；另一方面，可向腹地进行产业的转移和扩散，推动腹地的产业升级和结构合理化。川渝两地幅员辽阔、人口密集，它的开发和建设必然引起有效需求的上升，从而为东部的产品提供广阔市场，同时也可加大地区资源开发力度，使地区的资源优势转化为基础产业优势和现实的商品经济优势。

（四）有利于助推川渝战略性新兴产业发展

创新协同发展助力川渝地区优化工业结构，优先发展高端劳动密集型产业，壮大成渝地区优势装备制造业，巩固全国重要的电子信息产业基地、先进装备制造业基地、汽车产业基地，形成全球重要电子信息产业集群和国内重要汽车产业集群，促进装备制造、生物医药、新材料等战略性新兴产业蓬勃发展。积极引导成渝地区民营经济高质量可持续发展，经济结构加快转型升级，工业基地焕发生机活力，大数据智能化创新深入推进，发挥民营经济机动灵活、内生增长动能强劲等比较优势，促进民营经济在市场化、竞争性、创新性和民生等领域发挥重要作用，助力推进"智造重镇""智慧名城"建设、经济高质量发展，增强川渝地区内生发展活力。

二、助力成渝地区成为具有全国影响力的科技创新中心

建设具有全国影响力的科技创新中心，要求川渝发挥科教人才和特色产业优势，优化配置创新资源，聚焦重点领域和关键技术，建成西部创新驱动先导区，打造全国重要的科技创新和协同创新示范区。

（一）有利于发挥创新资源聚集的比较优势

要建成全国有影响力的科技创新中心，必然要求攻克更多核心技术，拥有更多突破性的科技创新成果。在科研成果的创造和变现过程中，无疑需要

多学科交叉、多技术融合、多专业人才协作，同时加上政府部门外力助推。在推动地区科技发展与进步时，创新资源聚集具有明显的比较优势。一方面，区域间各部门、科研活动各环节的协作可以节约成本；另一方面，还能够大大提升科技资源利用效率与科研成果变现速度，提升整体成本收益率。成渝地区双城经济圈科技协同有利于强化成都和重庆中心城市带动作用，为周围城市群提供科技示范典型，助推双城经济圈在全国范围内占据重要地位。

（二）有利于发挥竞合主体的协同效应

川渝两地本就存在竞争，科技协同使两者相互合作，共享科技信息与资源，是典型的竞合主体。在协同创新中，通过互相激励与适应不断推动区域间技术融合与进步、演化与创新。城市间的竞争在某种程度上可归结于科技方面的竞争，这种竞争关系导致了城市之间会形成科技信息不对称现象，科技协同能够在很大程度上缓解这一问题。在科技发展与创新中，当一个完整的科技运行体系与另一个体系聚集融合，再加上成渝两地在地理位置上邻近，能够催生出"1+1>2"的科技协同效应：这是由于不同地区主体对于新知识、信息与资源的学习、吸收与利用程度不尽相同，结合各自优势形成互惠互利的格局，更有利于打造高水平科技中心。因此，从资源利用与区域发展平衡的角度来说，促进成渝地区双城经济圈科技协同显得尤为重要。

（三）为双城经济圈建设蓄势赋能

协同创新是一个系统工程，需要综合推进区域创新体系、产业体系、金融体系、市场体系、服务体系、开放体系、生态体系建设。川渝创新协同发展助力提升区域创新能力，统筹推进产业链、创新链、资金链、政策链融合，打造科技与产业融合发展体系，深度协同人才发展与创新链培育，着力构建以创新创业环境优势、生活成本竞争优势、城市宜业宜居优势为核心竞争力的人才高地，为区域发展提质增效，为成渝地区双城经济圈建设蓄势赋能。

三、助力成渝地区成为改革开放新高地

建设改革开放新高地，要求川渝在全面深化改革和扩大开放中先行先试，这与协同创新发展的内在要求是一致的。协同推进体制机制改革，创新开放通道、开放平台、开放环境共建机制，积极探索经济区与行政区适度分离，全面激活高质量发展内生动力。

（一）有助于深化改革和制度创新

川渝协同创新需要构建相应的"法律+政策制度+组织"保障体系。这需要两地在现行的制度框架体系内大胆创新，打破行政壁垒，创新体制机制，搭建协同创新法律协同框架，并制定和颁布配套的政策制度，建设协同创新法律法规，设立区域协同创新组织机构，负责协同过程中出现的相关事宜，实行规范化、长效性的治理，对川渝协同创新可持续发展提供法规性保障。2021 年 3 月 31 日，川渝两地首个协同立法项目《重庆市优化营商环境条例》经重庆市五届人大常委会第二十五次会议通过，并于当年 7 月 1 日实施。

在协同创新过程中，川渝联合制定推动成渝地区双城经济圈建设的若干重大改革举措，共同探索经济区与行政区适度分离、推进城乡融合发展改革示范等重大改革，研究建立跨区域合作财政协同投入机制和财税利益分享机制，共同设立 300 亿元成渝地区双城经济圈发展基金。建立科技创新券跨区域"通用通兑"政策协同机制；川渝自由贸易试验区协同开放示范区建设加快推进，多式联运"一单制"等率先在省内自贸试验区平台试行推广。

（二）有助于构建产业发展新思维和新模式

在协同创新中，川渝两地积极探索资源集约利用、企业集中布局、产业集群发展、功能集合构建的新发展模式，需要实现四个转变：一是要实现由"项目、制造、招商"的工业经济发展思维向"生态化、平台化、智能化"的

新经济发展思维转变；二是由单纯强调产业规模高速增长的工业园区发展导向，向强调产业、科技、新城融合高质量发展的发展导向转变；三是由"土地出让、政策优惠、招商引资"等要素驱动发展模式向"创业、孵化、生态"等创新驱动发展模式转变；四是由自主探索、滚动成长的自我发展模式向开放创新、跨越引领的共同发展模式转变。

（三）有助于川渝地区融入全面开放新格局

创新协同必须坚持引进来和走出去并重的原则，以"一带一路"沿线国家和地区为支点，大力发展跨境电商、国际贸易及外贸综合服务企业，培育贸易新业态、新模式，助力成渝地区融入全球产业生态体系。

川渝共同推进西部陆海新通道建设，强化国内外要素资源保障，提升相关物流、人口、资金、技术、信息的跨境流动，系统提升和完善"通道—平台—环境—要素—协同机制"开放发展体系，加快西向和南向开放，提高对国际优质要素资源集聚、配置、整合及重构能力，助力成渝地区双城经济圈融入国内国际双循环发展。成渝地区双城经济圈将引领整个西南地区的改革开放的进程，进而辐射东南亚和南亚地区。

川渝持续拓展对外开放。川渝自由贸易试验区协同开放示范区建设加快推进，多式联运"一单制"等率先在省内自贸试验区平台试行推广。逐步统一两地中欧班列运行标准，共同制订《中欧班列（成渝）运输协调联席机制方案》，联合命名中欧班列为成渝号。2021年1月1日，在同一时间、不同地点，重庆与成都开出两趟中欧班列。成渝号中欧班列，占全国开行总量30%以上，成为中欧班列的"领头羊"。

加快建设高水平对外开放平台。两省市10个综合保税区封关运营，重庆两路寸滩综合保税区规模以上工业产值突破1000亿元，成都高新综合保税区进出口总值连续4年居全国第一。

四、助力成渝地区成为高品质生活宜居地

建设高品质生活宜居地，要求川渝以更有效的举措推进共同富裕，建设包容和谐、美丽宜居、充满魅力的高品质城市群。

（一）助推成渝地区城市化宜居低碳发展

在科技创新驱动下，探索绿色低碳的生产生活方式和城市建设运营模式，构建符合生态文明要求的城镇格局和模式，提升居民生活品质。将资源节约和高效利用纳入城市空间规划和长远发展要求，更好实现资源节约集约利用，提高资源利用率，推动成渝地区城镇化建设中节地、节能、节水、节材和资源综合利用，发展绿色产业和绿色经济。加强成渝地区生产空间、生活空间和生态空间的管控，促进生产空间、生活空间和生态空间的协调发展。

（二）完善成渝地区城市功能布局

协同创新有助于根据城市资源环境承载能力和城市基础设施服务能力，按照"科学规划、合理布局、完善功能、注重特色"等要求来进行城市功能布局，合理调控城镇化进程，科学地确定城市发展边界，合理规划城市群和城市内部功能分区，发挥地区的比较优势，加强基础设施建设，提高空间开发效率和承载能力。

（三）提升川渝城市竞争优势

每个城市建设高品质生活宜居地，都会有与自身条件相匹配的特质。协同创新践行新发展理念，积极探索符合居民对美好生活向往和城市发展规律的建设道路，应突出生态环境优势、出行便捷优势、生活成本优势、营商环境优势等。协同创新有利于降低城市生活成本、商务成本、旅游成本，稳定物价，完善公共设施配套，打造更加自由、便利、现代的营商环境，增强对

国内外先进要素、中高端企业和人才的吸引力，构筑城市竞争优势。成都和重庆是我国综合实力强、名列前茅的中心城市，在川渝协同创新的助力下，未来发展的动力更加强劲，竞争力更加突出，整个成渝城市群也将更具竞争优势。

（四）优化川渝城市群生态空间布局

在科技创新的支撑下，有利于进一步优化川渝城市群特别是成都、重庆核心城市的生态空间布局，把自然风光和宝贵资源，变成城市标配的生态骨架，为城市生态赋能添彩。进一步加密公园、湿地、水面和绿色廊道，实现城市与自然生态环境和谐共生。围绕生态游憩、文化游憩、康体游憩和游乐游憩等，形成美食、旅游、文化、音乐、会展、体育、购物等多个在国内外有影响力的品牌。加快构建轨道交通、快速公交、常规公交等主导的城市通勤网络，持续优化"轨道+公交+慢行"的绿色低碳出行体系。

第四章　川渝协同创新发展概况

2020 年以来，川渝围绕建设具有全国影响力的科技创新中心目标，已开展了各项工作。2020 年 4 月，重庆市科技局与四川省科技厅签订了《进一步深化川渝科技创新合作 增强协同创新发展能力 共建具有全国影响力的科技创新中心框架协议》，四年来，在原有基础上，川渝协同创新成效显著。《2022 年度成渝地区双城经济圈协同创新指数报告》显示，2021 年成渝地区双城经济圈协同创新总指数增长 9.5%，在资源集聚、创新合作、成果共享、产业联动、环境支撑方面都取得新进展。从 2019 年到 2021 年成渝地区协同创新水平稳步提升，2021 年协同创新总指数较 2019 年增长 20.01%，同比增长 10.28%，年均增速达到 9.55%。

第一节　创新资源不断聚集

一、川渝高等院校分布情况

高等院校尤其是研究型大学是重要的创新资源。在区域创新发展中特别是高新技术产业发展方面，研究型大学的贡献具有更加重要的意义。

截至 2021 年，川渝共有高等院校 203 所，其中四川 134 所，重庆 69 所。

四川高等院校主要分布于成都市平原周边，主要集中于成都市内，呈现四川东部多，西部少，中部平原多，周边山地城市分布少的格局，川西教育资源尤为稀缺，当地的经济发展与科技资源需求的矛盾突出。与四川省以成都市为中心的分布格局类似，重庆市的高等院校主要集中于渝北区、九龙坡区、南岸区、沙坪坝、北碚区等中心城区，距离重庆市区较远的北部，如城口县、巫山县、巫溪县、奉节县、开州区以及东南部秀山县、酉阳县、彭水县等县区高等院校等教育资源分布较少。

二、川渝科研院所区域分布

科研院所，包括各科研类研究院、研究所，是培养高层次科技人才的基地，是促进高科技产业发展的基地。川渝科研院所众多，截至 2021 年底，重庆市全市共有科研院所 62 家，其中中央在渝院所 13 家，约占 1/5，主要涉及电子信息、生物医药、新材料、资源与环境、科技服务等领域。四川科研与技术服务机构共计 271 家，从业人员 33145 人，其中成都 160 家，从业人员 24613 人。[①]

四川省科研机构主要集中于成都市，其次为德阳市、绵阳市、宜宾市、南充市等城市；重庆市科研机构主要分布于重庆主城区。四川西部与重庆东部、北部科研资源分布较少，川渝均呈现出科研机构高集中于经济发达地区的格局，各市、区县的集中程度与教育资源分布多寡、城市 GDP 排名高低基本一致。

三、川渝产业园区区域分布

产业园区是区域经济发展、产业调整升级的重要空间聚集形式，担负着聚集创新资源、培育新兴产业、推动城市化建设等一系列的重要使命。产业园区能够有效地创造聚集力，是推动区域创新的核心动力。产业园区的集聚

---

① 四川省统计年鉴 2021 年。

有利于创新人员和创新资本在空间上的集聚进而拉动该地区的创新产出。

四川省产业园区主要集中于成都市、德阳市、绵阳市、宜宾市、乐山市、眉山市、南充市等城市，其中四川成都市为主要集中地，处于发展的核心位置，四川省整体呈现中部多边缘少的分布格局，其中三州地区明显少于其他地区。重庆市产业园区主要集中于渝北区、九龙坡区、南岸区、沙坪坝、北碚区等中心城区，其次为与四川省接壤的永川区、合川区、大足区、潼南区、合川区等区县。川渝产业园区整体呈现以成都市与重庆主城区为发展轴，向四周发散的分布格局。地区产业园区的集中度与城市的 GDP 排名基本吻合，说明一个地区的产业园区越多，创新成果转化的越充分，所创造的经济价值也就越高。

四、研发经费投入持续增长

从四川省来看，2010—2022 年四川省全社会 R&D 经费支出如图 4-1 所示。

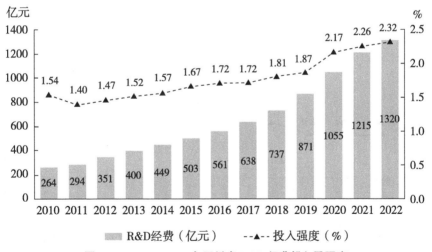

图4-1　2010 —2022 年四川省 R&D 经费投入及强度

由图 4-1 可知，2020 年，四川省研究与试验发展（R&D）经费投入迈上千亿台阶，达 1055.3 亿元，比上年增加 184.3 亿元，增长 21.2%，总量排全国第 7 位，为创新驱动引领高质量发展提供了有力技术支撑。投入强度首超 2.0%，达 2.17%，超额完成"十三五"规划的 2.0% 的目标任务，排全国第 12 位，较上年提升 2 个位次。

2021 年，全省共投入研究与试验发展（R&D）经费 1214.5 亿元，比上年增加 159.2 亿元，增长 15.1%，总量排全国第 7 位；研究与试验发展（R&D）经费投入强度为 2.26%，比上年提高 0.09 个百分点，投入强度排全国第 11 位。2021 年，按研究与试验发展（R&D）人员全时工作量计算的人均经费为 59.9 万元，比上年增加 4.3 万元，高于全国平均水平 11 万元。

据《四川省 2021 年省级决算报告》显示，2021 年全省财政科学技术支出 273.1 亿元，比上年增加 91.4 亿元，同比增长 50.3%，财政科技支出呈恢复增长态势，增速由负转正且大幅增长；2021 年财政科技支出占一般公共预算支出的 2.43%，比上年提高 0.81 个百分点。

从重庆市来看，2012—2021 年重庆市 R&D 经费投入及强度如图 4-2 所示。

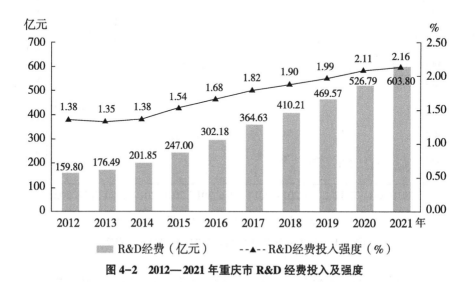

图 4-2　2012—2021 年重庆市 R&D 经费投入及强度

由图 4-2 可知，近年来，重庆市研发投入屡创新高。2020 年，重庆市共投入研究与试验发展（R&D）经费 526.79 亿元，比上年增加 57.22 亿元，同比增长 12.2%；研究与试验发展（R&D）经费投入强度为 2.11%，比上年提高 0.12 个百分点。2021 年，重庆市科技投入再上新台阶，全市共投入研究与试验发展（R&D）经费 603.8 亿元，比上年增加 77.0 亿元，是 2012 年的 3.8 倍，增长 14.6%，其中企业 R&D 经费占全市 R&D 经费的比重为 79.3%，较上年提高 0.2 个百分点，对全市 R&D 经费增长的贡献率为 81.0%，较上年提高 4.3 个百分点，企业创新主体地位进一步巩固，创新引领效应凸显。近三年，中冶赛迪信息技术（重庆）有限公司平均研发强度达 15% 以上，累计研发投入超 5 亿元，为科技创新持续发展提供了充足资金保证。目前，企业已获授权专利 160 项、软著 425 项，完成和在编国家标准 13 项、行业及团体标准 45 项，多项核心技术国际领先。正是如此，中冶赛迪信息获得了 2022 年重庆市企业技术创新奖。

2021 年，重庆研究与试验发展（R&D）经费投入强度为 2.16%。2012—2021 年重庆市研发投入年均增长 15.9%，高于全国平均 4.2 个百分点。"十三五"期间 R&D 经费投入始终保持两位数增长，年均增长 14.9%，高出全国年均增速 3.2 个百分点。

2021 年，重庆市一般公共预算支出中科学技术支出达 92.8 亿元，同比增长 12.1%，是 2012 年的 2.75 倍，2012—2021 年年均增长 11.9%。知识价值信用贷款和商业价值信用贷款累计分别达 223.5 亿元、81 亿元，科技企业融资近 4000 亿元。高技术产业投资占比为 8.5%，比上年提高 0.2 个百分点；其中北碚区、万盛经开区高技术产业投资占比远超全市平均水平，达 30% 以上。

《重庆科技创新指数报告 2022》显示，在科技创新投入方面，2021 年全市科技创新投入水平稳步提升，科技创新投入指数为 63.90%，比上年提高 9.18 个百分点。38 个区县科技创新投入指数均有不同幅度的提高，增幅最大的是铜梁区，达 15.76 个百分点。

从川渝两省市规模以上工业企业 R&D 经费投入情况来看，2021 年，四川省规模以上工业企业 R&D 经费投入 4801710 万元，是 2020 年的 1.12 倍，2019 年的 1.24 倍；重庆规模以上工业企业 R&D 经费投入 4245267 万元，是 2020 年的 1.14 倍，2019 年的 1.26 倍。可见川渝两省市规模以上工业企业 R&D 经费投入呈现快速增长态势。

持续增长的研发投入为川渝地区创新驱动引领高质量发展提供了强力支撑，也为双方开展协同创新奠定了重要基础。《2021 年成渝地区双城经济圈协同创新指数评价报告》显示，2016 年至 2020 年，高校科研院所研发投入增长 89.8%，增幅达 33.2%，是增幅最大的二级指标。

五、研发创新人才加速集聚

成渝地区创新人才加速集聚，2016—2020 年，研究与试验发展（R&D）人员全时当量增长 53.4%，高于全国平均增速 22.1 个百分点。2016—2020 年川渝地区每万人研发人员数量，如图 4-3 所示。

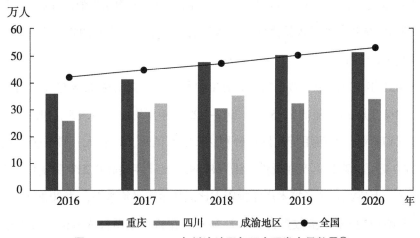

图 4-3　2016—2020 年川渝地区每万人研发人员数量①

由图 4-3 可知，2016—2020 年，四川、重庆、成渝地区每万人研发人

---

① 图片来自重庆科技发展战略研究院。

员数量呈上升趋势。2020 年，川渝两地会聚 R&D 人员 45.9 万人，投入 R&D 经费 1582.1 亿元，从各级政府获得 R&D 经费 497.4 亿元，分别较上年同期增长 6.5%、18.0% 和 25.6%，增速分别高于全国 0.6 个、7.9 个和 19.3 个百分点。

从四川省来看，近年来四川省 R&D 人力投入持续增长，如图 4-4 所示。

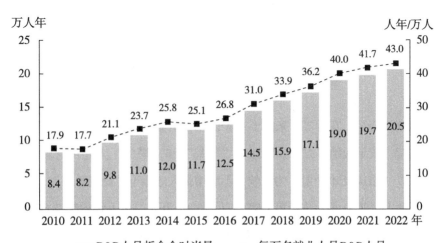

图 4-4　四川省全社会 R&D 人员投入情况（2010—2022）

由图 4-4 可知，2022 年末，全年 R&D 人员投入约 20.5 万人年，是 2019 年的 1.2 倍；每万名就业人员中的 R&D 人力投入达到 43 人年，比上年增加 1.3 人年，也是 2019 年的 1.2 倍。

四川创新人才队伍稳步集聚。2020 年，四川省投入从事 R&D 活动人员达到 29.3 万人，比 2016 年增加 7.8 万人，年均增加 1.9 万人。2022 年末，拥有各类专业技术人员 393 万人，拥有两院院士 64 人，11 人入选国家杰出青年科学基金，累计达到 138 人。

从重庆市来看，十八大以来重庆市 R&D 人力投入快速增长，如图 4-5 所示。

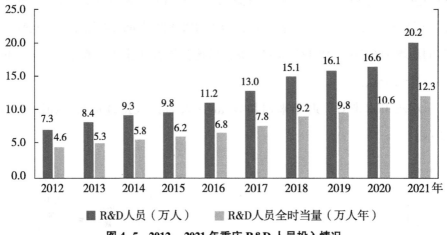

图 4-5　2012—2021 年重庆 R&D 人员投入情况

　　梧高凤必至，花香蝶自来。十八大以来，川渝围绕安家补助、科研项目、经费支持、成果激励等方面分别针对"塔基"和"塔尖"人才出台多项硬核措施，以"重庆英才计划"为统领，不断增强人才集聚"磁场效应"，科研队伍不断壮大。2020 年，重庆市 R&D 人员 16.62 万人，比上年增加 0.56 万人，同比增长 3.5%。按实际工作时间计算的 R&D 人员折合全时当量 10.57 万人年，其中研究人员 4.74 万人年，占 44.9%。2021 年，全市研究与试验发展（R&D）人员 20.2 万人，比上年增加 3.6 万人，增长 21.8%，其中博士、硕士、本科学历 R&D 人员分别为 1.6 万人、3.0 万人、8.8 万人，分别较上年增长 15.5%、20.9%、22.6%。硕士以上学历 R&D 人员占全市 R&D 人员总量的 22.8%，研发人员增长迅速，人才素质同步提升。按实际工作时间计算的 R&D 人员折合全时当量 12.3 万人年，其中研究人员 5.4 万人年，占 43.6%。全市 R&D 人员从 2012 年的 7.3 万人增加至 2021 年的 20.2 万人，年均增长 12.1%；R&D 人员折合全时当量从 4.6 万人年增加至 12.3 万人年，年均增长 11.6%；R&D 人员中本科及以上毕业人员占比从 55.8% 提高至 66.3%，提升 10.5 个百分点；在渝两院院士从 13 人增加至 18 人；"国家有突出贡献中青年专家"从 62 人增加至 118 人，"新世纪百千万人才工程国家级人选"从 80 人增加至 130

人,"享受国务院政府特殊津贴人员"从2429人增加至2703人;2021年,重庆英才大会引进紧缺急需人才3319名,比上届增长82%,为历届最高值。

六、创新平台能级大幅提升

川渝地区协同创新载体发展迅速,拥有国家级高新区12家,工业总产值超2万亿元,集聚了西部(重庆)科学城、西部(成都)科学城、绵阳科技城等高能级创新平台。

(一)高水平创新平台持续增加

1. 四川方面

(1)创新平台数量增加。2021年,国家川藏铁路技术创新中心在川挂牌运营。2022年,四川省新批建国家技术创新中心1个、省级2个,国家制造业创新中心1个,省级产业创新中心2个,国家实验室1个、省级重点实验室3个,国家企业技术中心5个、省级181个,省级工程技术研究中心32个,省级工程研究中心28个,备案26个省级新型研发机构。新建精准医学产业创新中心、超高清视频创新中心等国家级创新平台47个。截至2022年末,全省建成国、省级科技创新平台约2400个,较2020年增加600余个,其中国家级平台195个,包括国家实验室1个、国家重点实验室16个,国家技术创新中心2个,国家产业和制造业创新中心各1个,国家临床医学研究中心2个。[①]省级工程技术研究中心407个,比2020年增加102个。

(2)科技型产业持续发展壮大。2022年,四川批建省级高新技术产业园区1个,累计有国家级高新区8个、省级20个,已覆盖16个市州。建有国家农业科技园区11个、省级43个。获批建设1个国家未来产业科技园。新增培育国家级制造业单项冠军19家、专精特新"小巨人"企业338家。截至2022

---

①　数据来源:2023年四川省人民政府工作报告。

年末，四川省拥有高新技术企业 14582 家，科技型中小企业 18693 家；国家级高新技术产业开发区 8 个，省级高新技术产业园区 20 个；国家级农业科技园区 11 个。[①] 2022 年，新增瞪羚企业 62 家、增长 40.8%，高新技术企业达到 1.45 万家、增长 42.3%，备案入库科技型中小企业 1.87 万家、增长 26.2%，四川创新型企业培育成效突出。

（3）孵化载体建设持续推进。2022 年，四川新批建省级大学科技园 1 个，省级科技企业孵化器 5 个、众创空间 20 个，备案国家级众创空间 9 个。依托龙头企业建设 4 个企业牵头、高校和科研院所支撑、各类创新主体相互协同的省级创新联合体。截至 2022 年末，四川省拥有国家级科技企业孵化器 45 个，省级科技企业孵化器 135 个；国家级大学科技园 7 个，省级大学科技园 13 个；国家级众创空间 84 个（其中专业化示范众创空间 2 个），省级众创空间 174 个；国家级星创天地 83 个；国家级国际科技合作基地 22 个，省级国际科技合作基地 68 个。[②]

2. 重庆方面

（1）创新平台增长迅速。2021 年，重庆联合微电子中心获批成为国家级制造业创新中心，市畜科院获批建设国家生猪技术创新中心，国家级"专精特新"小巨人企业、高新技术企业、科技型企业分别增加至 118 家、5108 家、3.69 万家，每万家企业法人中高新技术企业数达 80.7 家。2022 年，新增 2 个国家重点实验室。截至 2022 年末，重庆市级及以上重点实验室 220 个，其中，国家级重点实验室 10 个。市级及以上工程技术研究中心 364 个，其中国家级中心 10 个。

（2）新型研发机构表现亮眼。2021 年，重庆新增 32 家新型研发机构，其中战略性新兴产业领域有 27 家，占比 84%；排位前三的分别是生物医药、智能机器人、智能制造。截至 2021 年底，重庆市新型研发机构数量为 179 家，

---

① 数据来源：2023 年四川省人民政府工作报告。
② 数据来源：2023 年四川省人民政府工作报告。

稳居西部第一，全国前五，其中高端研发机构占 82 个。①

（3）高端平台建设活跃。2021—2022 年，重庆新开工建设一系列高端创新平台：超瞬态实验装置、中国科学院重庆科学中心、长江上游种质创制科学设施、中国自然人群生物资源库重庆中心、重庆汽车摩托车发动机产业计量测试中心、卫星互联网产业项目、积声科学装置、超大分布孔径雷达高分辨率深空域主动观测设施、重庆大学科学中心、生命健康金凤实验室、重庆脑与智能科学中心。北京大学重庆大数据研究院、重庆医科大学国际体外诊断（IVD）研究院等研发机构建成投用。累计引进建设新型研发机构 22 个、科技创新基地 137 个。重庆两江协同创新区引进建设开放式国际化研发机构 50 家，建成市级创新平台 140 余个，获批市级新型高端研发机构 21 家。金凤实验室等重大科技平台揭牌投用。

（二）重大平台建设稳步推进

1. 四川方面

西部（成都）科学城和天府实验室已正式揭牌。2022 年，四川挂牌设立西部第一个国家实验室，揭牌运行天府绛溪、锦城实验室，新增高端航空装备技术创新中心、精准医学产业创新中心等国家级科技创新平台 10 个、总数达到 195 个。西部（成都）科学城的核心区域引进"中科系""中核系"等国家级科研机构 25 家，引育上海交通大学成都先进推进技术研究中心等协同创新平台 50 余个，引进海康威视等重点科技企业 120 余家。

2. 重庆方面

西部（重庆）科学城科学大道、科学会堂、科学谷等标志性工程顺利推进，中国自然人群生物资源库重庆中心、北京大学重庆大数据研究院建成投用；西部（重庆）科学城（璧山）创新生态社区首期建成投用。两江协同创

---

① 数据来源：重庆市科研院所改革发展报告（2021 年）。

新区新引进科研院所 10 家，集聚院士团队 14 个，分布式雷达验证试验场启动建设，西工大重庆科创中心投入运营；广阳湾智创生态城启动建设长江模拟器、野外科学观测站；15 个高新区引进重大科技产业项目 474 个、总投资 2604 亿元。获批建设全面创新改革试验区，组建科技创新投资集团，推出"科技成果转化 24 条"，累计启动 10 个环大学创新生态圈建设。位列中国科技发展战略研究小组、中国科学院大学中国创新创业管理研究中心发布的《中国区域创新能力评价报告 2021》综合评分第 12 位。

三年来，川渝获批建设国家新一代人工智能创新发展试验区、国家数学应用中心、两个国家重点实验室，川藏铁路、生猪等国家技术创新中心落户川渝。成立川渝双碳技术创新中心、四川省碳中和技术创新中心。成渝综合性科学中心 100 平方公里的范围内，除了坐拥科学公园、科学谷等地标性建筑，汇聚了高等院校、科研院所、重点企业，种质创制大科学中心等一大批国家战略科技力量、创新资源和科技创新基础设施已落地投用，成渝综合性科学中心已具雏形。获批共建国家网络安全产业园区、工业互联网一体化发展示范区和全国一体化算力网络国家枢纽节点、成渝综合性科学中心、西部金融中心。重庆两江新区和四川天府新区联手成立八大产业旗舰联盟，引进国内外知名高校等建设研发机构 30 余家。

第二节　创新合作逐步深化

《2021 年度成渝地区双城经济圈协同创新指数评价报告》报告显示，2021 年成渝地区协同创新水平快速提升，协同创新总指数增长 9.5%。

一、顶层设计高屋建瓴

围绕双城经济圈建设及"两中心两地"的定位，川渝正加快在科技创新领域做好顶层设计和谋篇布局。双方共同推进编制重大规划，加强两地科技创新"十四五"规划衔接；共同建设重大科技创新平台，加快中国科学院成都科学中心、中国科学院重庆科学中心建设；共同推进川渝合作重大项目，探索围绕地球科学、生命科学、医学科学两地高校、科研院所共建川渝重点实验室；共同推进关键核心技术攻关，启动年度"川渝联合实施重点研发项目"，共同出资，聚焦人工智能、大健康、生态环保和现代农业等领域开展联合攻关。共同推进创新联盟建设，成立成渝地区国家高新区联盟、川渝技术转移联盟、成渝地区大学科技园协同创新发展联盟和国际科技合作基地联盟；共同扩大科技创新开放合作，谋划"一带一路"科技交流大会；共同推进科技资源共建共享，建立川渝科技创新资源互联互通共享平台系统；共同推进川渝毗邻地区合作，推进川渝毗邻地区科技特派员互派互认；落实川渝科技创新协作机制，定期召开川渝协同创新专项工作组会议。

二、科技合作深度开放

成渝地区双城经济圈战略实施以来，科技合作不断深化。《2022 年度成渝地区双城经济圈协同创新指数报告》显示，2022 年成渝地区创新合作指标相对 2019 年增长 14.25%，年均增速达 7.32%。

川渝成立协同创新专项工作组，签订共建具有全国影响力的科技创新中心框架协议和科技专家库共用、成果转化共促、科技资源共享"1+3"合作协议，聚焦人工智能、大健康领域联合实施首批川渝科技创新合作 15 个重点项目，成立川渝高新区产业联盟、技术转移机构联盟。

双方共同编制成渝两地"科创资源地图"，推动科技资源、科技成果、科技服务、科普资源和重大创新活动一图尽览、一网呈现。

实施成渝科技创新合作计划，联合实施核心技术攻关项目 115 项，资金超过 1 亿元。《2021 年成渝地区双城经济圈协同创新指数评价报告》显示，成渝地区科技论文合作数量增幅达 24.8%。

国际科技合作全方位推进。川渝与全球 156 个国家建立科研合作关系，建设国家级国际科技合作基地 22 家、省级国际科技合作基地 66 家，首批备案支持 5 家外资研发机构，支持建设日韩、拉美、澳新、以色列国际科技合作研究院。举办川渝合作系列线上对接、"中欧科研快车"四川行、"创新升级·香港论坛"、东盟博览会嘉宾省等一系列活动，获批中国—新西兰猕猴桃"一带一路"联合实验室。

三、创新产出持续增长

（一）专利发展态势良好

专利数量是衡量一个地区创新能力的重要指标。近年来，川渝两地专利发展态势良好，为两地创新协同发展创造良好的优势。

四川方面：2018—2021 年四川省专利申请及授权情况如图 4-6 所示。

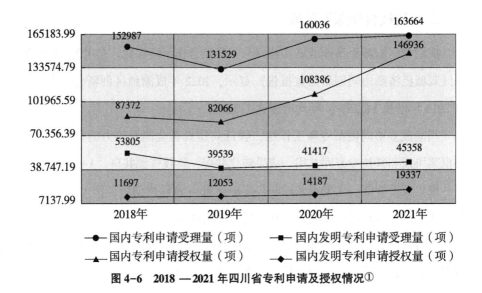

图 4-6　2018 —2021 年四川省专利申请及授权情况①

由图 4-6 可知，2018—2021 年四川省专利申请及授权量除 2019 年出现下

① 数据来源：国家统计局国家数据。

降外，近三年整体上平稳上升。2021 年，四川省国内专利授权 14.69 万件，其中发明专利授权 1.93 万件，国内专利授权和发明专利授权分别比 2020 年增加 3628 件、38550 件，知识产权由量向质转变。

2022 年，四川省 PCT 专利申请 718 件，专利授权 135507 件，其中发明专利授权 25458 件，大幅增长 31.7%，比全国总体增速高出 13.0 个百分点，达到 2.55 万件，占授权量的 18.8%，为历史最高水平。2022 年末拥有有效发明专利 108672 件，比上年末增长 24.6%，高于全国增速 3.8 个百分点，每万人有效发明专利拥有量约 13 件。全年登记科技成果 2754 项，比上年增长 17.8%。全年技术合同登记成交 2.36 万项，成交金额达到 1649.8 亿元，比上年增长 18.1%。①

重庆方面：2018—2021 年重庆市专利申请及授权情况如图 4-7 所示。

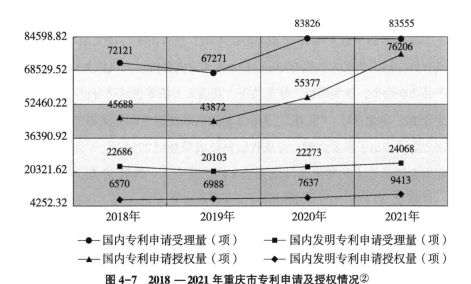

图 4-7　2018—2021 年重庆市专利申请及授权情况②

① 数据来源：四川省科技厅：2022 年全省科技创新主要数据快报。https：//kjt.sc.gov.cn/kjt/kjtj/2023/4/26/a5c650643b1743daa7a8d05dece4f480.shtml。

② 数据来源：国家统计局国家数据。

由图 4-7 可知，2018—2021 年重庆市专利申请及授权量除 2019 年出现下降外，近三年整体上也呈现上升态势。2021 年，重庆国内专利授权 7.62 万件，其中发明专利授权 0.94 万件，国内专利授权和发明专利授权分别比 2020 年增加 55377 件、1776 件，知识产权数量大幅提升。

数据显示，2021 年，重庆市有效发明专利 4.23 万件，每万人口发明专利拥有量达 13.21 件，增长 16.7%，每十亿元地区生产总值发明专利拥有量达 15.18 件，增长 7.4%；其中沙坪坝区、南岸区每十亿元地区生产总值发明专利拥有量超 60 件，北碚区超 40 件。有效注册商标 71.99 万件，增长 19.2%。2022 年，全年专利授权 6.65 万件，其中，发明专利授权 1.22 万件。有效发明专利 5.19 万件。[①]

（二）重大科技成果不断涌现

2022 年，四川省实施 15 个重大科技专项，获得国家科技奖励 145 项。研发具有自主知识产权的 F 级 50 兆瓦重型燃气轮机整机、大飞机关键部件等创新产品 200 余个。重型燃机、核电装备、高端无人机等领域跻身世界前列，四川为歼 20、华龙一号、"北斗"卫星移动通信系统、中国环流器二号 M 装置等国之重器作出了重要贡献。完成省级科技成果登记 2754 项。[②] 评选 2022 年度四川省科学技术奖奖励科技成果 264 项，其中，一等奖 37 项、二等奖 79 项、三等奖 147 项。2022 年四川科技活动产出指数为 75.35%，提高 2.78 个百分点。

近年来，重庆市科研产出多点开花，高校成果企稳回升。《重庆科技创新指数报告 2022》显示：2021 年全市科技创新产出指数为 67.20%，12 个区县科技创新产出指数均有不同幅度的提高，增幅最大的是綦江区，提高 10.73 个百分点。2021 年，全市形成国家或行业标准 703 项，较上年增长 3.5%。其

---

① 数据来源：2022 年重庆市国民经济和社会发展统计公报。
② 数据来源：2022 年四川省国民经济和社会发展统计公报。

中，企业形成标准 604 项，同比增长 2.7%。高等学校是科技论文和科技著作的主要源头，2020 年受疫情影响，全市科技论文和科技著作小幅下滑，2021年呈现企稳回升态势。全市发表科技论文 47933 篇，同比增长 7.7%。其中，高等学校发表 39984 篇，同比增长 9.2%。全市出版科技著作 1651 种，同比增长 2.1%。其中，高等学校出版 1512 种科技著作，同比增长 1.7%。[①] 重庆市评选 2022 年度科学技术奖 100 项，其中自然科学奖 24 项、技术发明奖 7 项、科技进步奖 69 项；10 家企业荣获企业技术创新奖。重庆邮电大学高新波教授团队参与的硬核科技"中国芯"——超高清视频产业 8K 关键技术研发取得重要突破，填补了国产化超高清画质芯片的技术空白，引起业界轰动。云端预警+线下检测技术使新能源汽车"心脏"更安全；中冶赛迪信息技术（重庆）有限公司牵头建设的全球首个钢铁智慧中心——宝武韶钢智慧中心使员工远离危险，进行高效生产。

（三）知识经济价值凸显

2022 年，四川省共登记技术合同 23620 项，四川省技术合同成交额达到 1649 亿元，同比增长 18.1%，高新区地区生产总值突破 1 万亿元、同比增长 6.1%。[②] 全年高新技术产业实现营业收入 2.7 万亿元，比上年增长 12.8%。专利新增实施项目 12420 项，新增产值 2813.5 亿元；专利质押融资金额 52.7 亿元。科技信息服务业实现营业收入 4645 亿元，同比增长 11.7%。2022 年科技促进经济社会发展指数为 73.75%，提高 2.78 个百分点。

2022 年，重庆战略性新兴产业增加值增长 6.2%，新能源汽车产量增长 1.4 倍，软件业务收入增长 10.5%。[③] 全年技术市场签订成交合同 6919 项，成

---

① 数据来源：2021 年重庆市科技投入统计公报。

② 数据来源：四川省科技厅：2022 年全省科技创新主要数据快报。https://kjt.sc.gov.cn/kjt/kjtj/2023/4/26/a5c650643b1743daa7a8d05dece4f480.shtml。

③ 2023 年重庆人民政府工作报告。

交金额 630.4 亿元[①]，是 2021 年的 3.42 倍。

四、成果转化和产业化取得积极进展

(一) 政策推动有力

2020 年 4 月，川渝地区签订《协同推进科技成果转化专项合作协议》。协议明确，双方将围绕协同开展科技成果权属改革试点、协同推进科技成果转化对接、协同培育技术转移机构和技术经理人、协同开展创新创业活动、协同推进一体化技术市场建设等五个方面进行深入合作。此后，川渝全面推进职务科技成果权属改革，共同开展职务科技成果所有权或长期使用权改革试点。鼓励职务科技成果作为生产要素进入市场。推动两地科技成果转移转化对接交易平台互联互通，布局建设一批高水平技术转移机构，培育一批职业技术经理人，为科技成果转移转化提供专业化服务。川渝联手建设成果转移转化平台，联合举办科技成果及军民两用技术成果对接活动，打造一体化技术交易市场，成立成渝地区技术转移联盟、大学科技园协同创新联盟。2022 年，川渝获批建设国家科技成果转移转化示范区和国家级知识产权运营中心。在国际开放方面，川渝共同推进建设"一带一路"科技创新合作区和国际技术转移中心，布局建设一批"一带一路"国际技术转移机构，共同谋划"一带一路"科技交流大会。

(二) 创新成果转化成效显著

2021 年，川渝技术合同成交额共计 1573.21 亿元，是 2018 年的 1.3 倍。2022 年，川渝技术合同成交额预计突破 2200 亿元，是 2019 年的 1.6 倍。

2017—2021 年，四川省技术市场成交额如图 4-8 所示。

---

① 2022 年重庆市国民经济和社会发展统计公报。

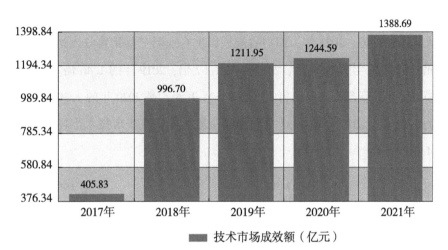

图 4-8　四川省 2017—2021 年技术市场成交额

如图 4-8 所示，2017—2021 年，四川省技术市场成交额呈现大幅上涨趋势，2021 年，四川省技术市场成交额达 1388 亿元，是 2020 年的 1.12 倍，2017 年的 3.42 倍，2019 年的 1.09 倍。

四川省 2017—2021 年规模以上企业新产品收入如图 4-9 所示。

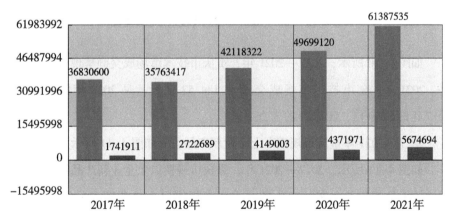

图 4-9　四川省 2017—2021 年规模以上企业新产品收入

如图4-9所示，2017—2021年，四川省规模以上企业新产品销售收入呈现大幅增长趋势。2021年，四川省规模以上企业新产品销售收入达61387535万元，是2020年的1.24倍，2017年的1.67倍，2019年的1.46倍。2021年，规模以上企业新产品出口销售收入5674694万元，是2020年的1.30倍，2017年的3.26倍，2019年的1.37倍。2017—2021年，重庆市技术市场成交额如图4-10所示。

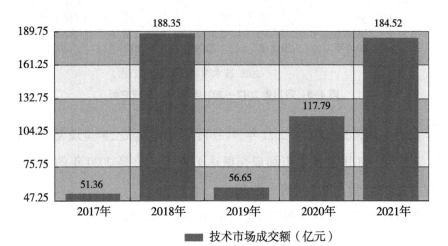

图4-10　2017—2021年重庆市技术市场成交额

如图4-10所示，2017—2021年，重庆市技术市场成交额呈现震荡上行趋势。2021年，全市技术市场成交额达184.52亿元，是2020年的1.57倍，2017年的3.59倍，2019年的3.26倍。

2017—2021年重庆市规模以上企业新产品收入如图4-11所示。

如图4-11所示，2017—2021年，重庆市规模以上企业新产品销售收入呈现比较平稳的增长趋势。2021年，重庆市规模以上企业新产品销售收入达69961788万元，是2020年的1.19倍，2017年的1.31倍，2019年的1.6倍，近十年年均增长12.5%。2021年，重庆市规模以上企业新产品出口销售收入14289567万元，是2020年的1.20倍，2017年的1.10倍，2019年的1.6倍，近十年年均增速达到27.9%。

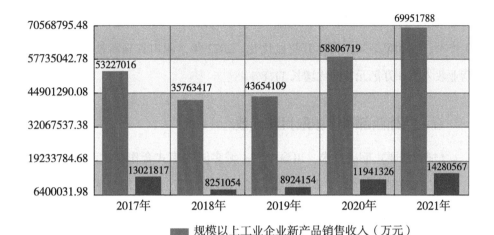

图4-11　2017—2021年重庆市规模以上企业新产品收入

2021年，重庆市47.3%的规上工业企业与外单位开展了合作创新，10.3%与高校、7.2%与研究机构开展了合作，委托外单位研发支出经费19.4亿元，是2012年的2.9倍，年均增长12.4%；新产品销售收入占主营业务收入的比重从18.9%提升至26.1%，提高7.2个百分点。

（三）高新技术产业化快速推进

在高新技术产业化方面，重庆市高新技术产业化有力推进，2020年，高新技术产业化指数为63.48%。13个区县高新技术产业化指数有不同幅度的提高，其中最高为垫江县，提高了26.25个百分点。荣昌区高新技术产品出口额占商品出口额比重和万人高新技术企业从业人员数两个指标大幅增长。2021年全市高新技术产业化指数为74.16%，比上年提高1.4个百分点。29个区县高新技术产业化指数均有不同幅度的提高，增幅最大的是巫山县，提高了35.71个百分点。

在四川省科技指标监测中，高新技术产业化板块保持一级指标首位。2022年，评价指数达到84.71%，比上年提高3.86个百分点，主要源于二级指标高新技术产业效益指数提高了 6.93 个百分点，其中，高新技术产业劳动生产率、利润率等效益指标有明显优化。2022 年，四川省高新技术产业实现营业收入 2.6 万亿元，同比增长 11.8%。

五、共建西部科学城取得新成效

《规划纲要》明确要求，川渝以"一城多园"模式合作共建西部科学城。"一城"指西部科学城，"多园"指两地的科学城等创新资源集聚载体。西部科学城成为成渝地区建设全国科技创新中心和综合性国家科学中心的主要载体，其空间布局主要在成都、重庆和绵阳。旨在以西部（成都）科学城、重庆两江协同创新区、西部（重庆）科学城、中国（绵阳）科技城作为先行启动区，加快形成连片发展态势和集聚发展效应，有力带动成渝地区全面发展，形成定位清晰、优势互补、分工明确的协同创新网络，逐步构建"核心带动、多点支撑、整体协同"的发展态势。川渝协同编制西部科学城建设方案，依托西部科学城共同推进综合性国家科学中心建设，构建成渝协同创新共同体。

科学城开局良好。2021 年 5 月 17 日，西部（重庆）科学城党工委、管委会授牌仪式在渝举行。5 月 27 日，重庆市、四川省共建具有全国影响力的科技创新中心集中开工仪式在川渝同时举行。6 月 7 日，西部（成都）科学城党工委、西部（成都）科学城管委会在成都正式揭牌。这是西部科学城发展的一个重要里程碑，标志着科学城建设进入了新阶段。川渝正在着力打造全国重要的科技创新和协同创新示范区，加快建设具有全国影响力的科技创新中心。

为进一步落实《规划纲要》要求，推进西部科学城建设战略合作，2021 年 12 月 17 日，川渝两地正式签订《西部（重庆）科学城管理委员会 西部（成都）科学城管理委员会共同助推西部科学城建设战略合作协议》（以下简称《协议》）。根据协议，成渝科学城管委会合力推进西部科学城建设，从平台、人才、技术、改革"十个方面"展开进一步合作，具体包括：共建共享重大科技基础设施；推动重庆高新区直管园、四川天府新区成都科学城协同布局重大科技创新平台；共同争取国家部委重大科技基础设施、交叉研究平台等"四类"设施布局西部科学城；联合推动成都超算中心、中国自然人群生物资源库等重大科技基础设施跨区域共享共用。

根据《协议》，西部（重庆）科学城管委会与西部（成都）科学城管委会将加快形成"基础科研—技术攻关—成果转化—产业发展"的全链条创新体系，成为成渝地区建设具有全国影响力的科技创新中心的核心支撑。同时，双方共建成渝科创走廊，辐射带动整个西部地区的科技水平跃迁，打造引领西部、辐射全国、面向全球的"科学高峰"和"科技高地"。

在西部科学城建设过程中，川渝进一步优化体制机制。成渝两地成立省市级科学城建设领导小组，建立西部科学城联席会议制度，统筹推进战略合作落实，研究审议重大规划、重大政策、重大项目和年度工作安排，协调解决重大问题和跨区域合作难点；建立对上争取机制，是通过梳理西部科学城科技创新对上争取事项清单，联合向国家争取重大平台布局、重大项目支持、重大政策倾斜，联合争取事关西部科学城发展的重大事项纳入国家总体规划，进一步做实协同发展共同体；建立工作推进机制，目的是积极开展横向对接，建立干部互访、人才互认、人员互派工作机制，建立职能部门、重点园区全方位合作对接机制，确保西部（重庆）科学城、西部（成都）科学城科技创新和产业发展规划衔接、政策协同、资源共享、配合密切。

目前，共建西部科学城取得积极进展。截至 2021 年，西部（重庆）科学城目前已集聚市级及以上科研平台 278 个；西部（重庆）科学城拥有 28 所高校院所、20 余万大学师生，已签约中国科学院重庆科学中心等高校院所项目 27 个；西部（成都）科学城已聚集多态耦合轨道交通动模试验平台等重大科技基础设施 11 个、华为鲲鹏生态基地等科技创新基地 14 个、中科院成都科学研究中心等国家级科研院所 39 个。[①] 四川天府实验室正式挂牌，天府实验室

---

① 数据在持续更新中。

围绕电子信息、生命科学、生态环境三个领域，聚焦光电与集成电路、电磁空间与泛在互联、生命健康、碳中和成立了天府兴隆湖实验室、天府永兴实验室、天府绛溪实验室和天府锦城实验室等4个方向实验室。2021年5月27日，40个项目分别在西部（重庆）科学城、重庆两江新区、西部（成都）科学城、中国（绵阳）科技城四地集中开工。总投资超千亿元，全部聚焦科技创新。

2022年，西部科学城建设取得新成效。川渝协同推进西部科学城建设方案编制。天府实验室整体进入实体化运行阶段，重庆金凤实验室、华大时空组学中心完成挂牌。联合推动实验动物生产和使用许可证纳入"川渝通办"事项第三批清单。西部（成都）科学城从无到有，众多顶尖科技平台、科技企业加速入驻，"一核四区"创新布局和主体功能初步形成，并进入了发展新阶段。目前，西部（成都）科学城的核心区域已引进"中科系""中核系"等国家级科研机构25家，引育清华四川能源互联网研究院等校院地协同创新平台50余个，引进海康威视、商汤科技等重点企业120余个，培育高新技术企业589家，会聚高层次人才433名，高端科研人才5000余名。

西部（重庆）科学城加快布局战略科技力量，超瞬态实验装置等9个重大科技基础设施加快建设。联合微电子中心获批组建国家制造业创新中心。累计引进建设新型研发机构22个、科技创新基地137个。两江协同创新区也引进大量创新平台。国家应用数学中心等启动建设，科学大道、科学会堂、科学谷等标志性工程加快建设。紧扣"五个科学""五个科技"，出台西部（重庆）科学城"金凤凰"政策。《深化落实"五个科学""五个科技"部署加快推进西部（重庆）科学城建设实施方案（2021—2025年）》重点工作。力争到2025年，科学城全域建设重大科技基础设施4个，研究与试验发展（R&D）经费支出占地区生产总值比重达5.0%，万人发明专利拥有量超过60件，科技进步贡献率提高至65%以上。

2023年4月12日，多部委联合印发《关于进一步支持西部科学城加快建设的意见》（以下简称《意见》）。《意见》明确提出，到 2035 年，西部科学城将建成综合性科学中心。西部科学城建设进一步得到国家层面的支持。

六、加强知识产权保护跨区域合作

为推动成渝地区科技创新中心建设，共建要素完备、体系健全、运行顺畅的知识产权运营服务生态，川渝加强知识产权保护跨区域合作，共建川渝知识产权交易市场，打造川渝知识产权保护新格局。2020 年 4 月 29 日，四川省市场监管局（省知识产权局）、四川省知识产权服务促进中心、重庆市知识产权局三方共同签署了《川渝知识产权合作协议》（以下简称《协议》），并成立推进川渝知识产权合作专项工作组，建立了川渝知识产权信息互通机制以及调研制度。

《协议》突出"深化川渝知识产权合作、助力区域高质量发展"主题，充分发掘川渝区域知识产权领域的优势和特色，采取共建、共享、共推等方式抓好知识产权合作交流，共同争取国家重大政策、重大项目、重大平台在川渝地区布局落地，共同服务成渝地区双城经济圈建设，全面增强川渝知识产权整体影响力和竞争力。

一是建立共享机制。加强在专利信息资源共享、公共服务资源共享、知识产权人才培养等方面的多层次、全方位合作。鼓励国家专利审协四川中心、国家商标审协重庆中心在川渝地区提供公共服务；共同举办"西部知识产权论坛"。2020 年 11 月 27 日，电子科技大学、重庆大学等川渝 10 余所高校共建成渝地区高校知识产权信息服务联盟，发布知识产权信息公共服务事项清单，实现川渝高校知识产权信息资源共享。2022 年 6 月，重庆知识产权运营中心与成都知识产权交易中心签署知识产权交易战略合作协议——《共建成渝知识产权交易市场框架协议》。根据该《协议》，双方将共同加强成渝两地知识产权交易领域的合作与交流，推动两地知识产权交易数据共享，建设互联互通的知识产权交易市场，强化科技资源要素在两地自由流动和市场化配置，促进资源整合、信息共享、资本互通，推进成渝两地知识产权交易市场一体化发展。

二是共建知识产权保护大格局。共同建立两地知识产权执法协作机制，开展跨区域知识产权联合执法、应急联动和协同处置，加强证据移送、信息共享、委托调查、配合执行等方面的合作；推进非诉知识产权纠纷解决机构、知识产权纠纷多元化解决机制一体化建设，协调开展知识产权维权援助；健全知识产权获权、用权、维权全链条保护体系；共同争取支持创建国家级知识产权保护示范区。共推知识产权运营大市场，积极争取国家知识产权局支持建立中国西部知识产权运营中心；加强知识产权金融领域协作，共同争取建立国家级知识产权金融生态示范区。2022 年 9 月 14 日，广安市人民检察院、广安市市场监督管理局、重庆市忠县人民检察院、重庆市忠县市场监督管理局《跨区域知识产权行政司法保护合作协议》签订仪式在广安举行。四家单位现场共同签订了《跨区域知识产权行政司法保护合作协议》，确立了共同推进知识产权重点保护名录、知识产权资源信息共享、知识产权执法协作、知识产权纠纷调处等多项合作事宜。广安市与重庆市忠县正式开展知识产权跨区域合作，标志着广安市知识产权保护工作迈上了新的台阶，有利于深化知识产权行政保护与司法保护，进一步提升知识产权保护能力和水平，努力为广安企业营造更好的营商环境，为推动成渝地区双城经济圈建设贡献新的更大力量。

三是强化平台建设。川渝两地共同争取国家知识产权局支持，分别获批建设国家级知识产权运营中心，为川渝创新主体提供知识产权收储布局、评估评价、转移转化、信息分析、投融资等服务。推动川渝两地知识产权保护中心交流合作，共享专利快速预审、快速获权、快速维权等优势资源，重庆市知识产权代理机构在四川知识产权保护中心已通过专利快速预审备案 25 家，申请专利 123 件，授权 39 件。两地发挥省知识产权公共服务平台支撑作用，支持宜宾、广安、达州、资阳等川渝毗邻地区建设公共服务子平台，打造线上线下结合、便民利民化的知识产权公共服务平台。

四是开展交流活动。四川省知识产权中心会同重庆市知识产权局、四川省总工会等部门共同举办"2022 川渝知识产权服务业技能大赛",组织开展专利信息检索、专利撰写、商标代理能力三大专项比赛,吸引川渝两地 200 余家知识产权服务机构、1000 余名知识产权服务人才参加。举办川渝合作赋能区域知识产权服务创新发展、军民两用知识产权转化运营助力川渝智能制造产业高质量发展等专题研讨会,推动川渝知识产权服务业交流合作、融合发展。

五是共建知识产权人才队伍。两地加强知识产权干部和人才交流合作,有计划互派干部挂职;开展知识产权教育、培训项目合作;鼓励两地知识产权服务机构在川渝互相布局设立分支机构、办事处;统筹组织开展资格考试、执业培训、职称考试、职业评价等工作,推动知识产权人才数量和质量的提升。启动实施川渝知识产权服务业人才供需链建设项目,建立人才实习实训基地,开展知识产权服务技能培训、服务人才供需对接等专题活动。2021 年,面向川渝两地举办知识产权质押融资、高价值专利培育等专题培训,吸引重庆市知识产权从业人员参训 100 余人次。

七、共建合作示范园区

2020 年 5 月,川渝全面启动成渝地区双城经济圈产业合作示范园区创建。四川省经济和信息化厅与重庆市经济和信息化委联合印发了《关于加快推进成渝地区双城经济圈产业合作园区建设的通知》(以下简称《通知》)。川渝两地将在把握功能定位、强化规划引领、打造优势产业、探索合作模式、推动市场化运作等方面加大力度推动两地产业园区合作共建,探索产业园区合作共建的新模式、新经验。5 年内将在重点开发区域、交通节点区域、边界毗邻区域分类建设产业合作示范园区 20 个。

2020 年,双方联合选定 20 个首批产业合作示范园。首批 20 个产业合作示范园区覆盖了"万达开川渝统筹发展示范区""遂潼川渝毗邻地区一体化发展先行区""川南渝西地区一体化发展示范区"等重点区域,将聚焦协同打造电子信息、汽车摩托车、装备制造、消费品、材料、生物医药等重点产业集群。重点在合作平台协同共建、产业布局协同优化、产业集群协同打造方面，初步探索产业园区合作共建的新路。

首批成渝地区双城经济圈产业合作示范园区名单：

四川隆昌经济技术开发区

四川宜宾三江新区

四川自贡高新技术产业开发区

四川遂宁高新技术产业园区

四川合江临港工业园区

川渝高竹新区

四川开江经济开发区

四川德阳经济技术开发区

四川资阳高新技术产业园区

四川中德（蒲江）中小企业合作区

重庆荣昌高新技术产业开发区

重庆綦江工业园区

重庆两江新区鱼复工业园

重庆江津工业园区

重庆开州工业园区

重庆合川高新技术产业开发区

重庆空港工业园区

重庆大足高新技术产业开发区

重庆潼南高新技术产业开发区

重庆永川高新技术产业开发区

第二批成渝地区双城经济圈产业合作示范园区名单

1. 四川自贡市沿滩高新技术产业园区

2. 四川成都医学城

3. 四川营山经济开发区

4. 四川南部经济开发区

5. 四川大竹经济开发区

6. 四川绵阳安州高新技术产业园区

7. 四川岳池经济开发区

8. 四川射洪经济开发区

9. 四川乐至经济开发区

10. 四川泸县经济开发区

11. 重庆长寿经济技术开发区

12. 重庆巴南工业园区（重庆国际生物城）

13. 重庆璧山高新技术产业开发区

14. 重庆万州经济技术开发区

15. 重庆钢梁高新技术产业开发区

2022 年，两地进一步总结推广产业园区合作共建的经验做法，增选 15 个产业合作示范园区，总结形成一批可复制的新模式、新经验。

示范园区的评定，标志着两地园区合作踏上了新征程。预计到 2025 年，两地将在重点开发区域、交通节点区域、边界毗邻区域分类建设产业合作示范园区 20 个。

产业园区合作共建已成为四川、重庆贯彻落实成渝地区双城经济圈建设国家战略部署的重要举措，是两地推进制造业协同发展的重要抓手。产业合作示范园区的创建，将有效促进区域资源协同招引，全面提升区域经济影响力，强力推动成渝地区双城经济圈经济建设再上新台阶。

第三节 资源共享初见成效

一、公共服务共建共享成效显著

近年来，川渝基本公共服务标准化、便利化水平不断提升。2020年12月，推动成渝地区双城经济圈建设重庆四川党政联席会第二次会议审议通过《成渝地区双城经济圈便捷生活行动方案》，明确将推动实施交通通信、户口迁移、就业社保、教育文化、医疗卫生、住房保障等6方面16项重点任务。在政策的引领作用下，川渝公共服务共建共享初见成效。

为提升公共服务效率，成都、重庆倡导"马上办、网上办、就近办、一次办"的服务理念，打造"天府通办""渝快办"公共服务平台。利用大数据资源，建设集"一网受理、协同办理、综合管理"于一体的在线政务服务，推进审批服务"减材料、减环节、减时限、减跑动"，实现"办事不求人，办成事不找人"，提高企业和群众获得感。在此基础上，川渝推出"川渝通办"，在川渝政务网上，设立川渝通办专区，实现政务服务跨省通办。"川渝通办"涵盖交通通信、户口迁移、税务、就业社保等重点民生领域。2021年4月，川渝两省市政府办公厅联合印发政务服务"川渝通办"工作规程，规范通办流程、申请材料、办理时限等标准，企业和群众进一扇门即可办两地事，审批结果跨省互认。在就业、社保、人才等方面，两地共同确定32项区域标准化协同试点事项，对试点事项的30项要素进行规范，实现两地同标办理。切实做到"数据多跑路，群众少跑路"。2020年以来，川渝两地相继推出三批共311项"川渝通办"政务服务事项。截至2022年底，311项"川渝通办"事项、43项便捷生活举措落地见效，包括交通通信、户籍管理、就业社保、教育文化、卫生健康、住房保障、应急救援等方面。34家公共图书馆实现图书资源通借通还，医疗检查检验结果跨省互认超160万例次。实现高校毕业生学历信息、就业信息共享。

截至 2022 年底，川渝两地累计办件量（含查询访问类）超过 1300 万件次，日均近 2 万件次。同时，还建立了邮政寄递配套机制，方便企业和群众寄递资料，用"快递跑"取代"群众跑"，大大方便了川渝两地人员异地办理高频事项。"川渝通办"从民生事项到经济领域，覆盖面越来越广。目前，电子驾照、电子身份证、电子印章等电子证照以及居住证、不动产登记证明、食品经营许可证等 34 项电子证照将实现川渝亮证互认。"川渝通办"让企业和群众享受到更多便利，两地居民获得感提升，有力助推经济社会高质量发展。

此外，两地还联合发布数字赋能先进制造城市机会清单，设立成渝数字经济企业公共服务平台。办理公积金跨区域转移接续和互认互贷，2022 年，办理住房公积金异地转移接续 2.4 万人次。开行川渝省际公交线路，实现重庆中心城区和成都主城公共交通"一卡通""一码通乘"。在卫生健康、养老方面，川渝推进跨省异地就医直接结算，开通跨省直接结算住院定点医疗机构 5700 家，推进养老服务普惠共享，联合培训川渝养老服务骨干人才，推动实现养老服务领域数据互联互通。

2023 年 5 月，川渝两省市政府办公厅联合印发《成渝地区双城经济圈"放管服"改革 2023 年重点工作任务清单》《川渝"一件事一次办"事项清单（第一批）》《川渝"免证办"事项清单》《川渝跨区域数字化场景应用清单》等 4 个清单，旨在贯彻落实川渝两省市《2023 年政府工作报告》相关决策部署和推动成渝地区双城经济圈建设重庆四川党政联席会议第六次会议精神，更好服务推动成渝地区双城经济圈建设重大战略。

《成渝地区双城经济圈"放管服"改革 2023 年重点工作任务清单》助力优化成渝地区双城经济圈营商环境。该《清单》梳理了 4 大类 63 项重点任务，其中，事项办理类有 20 项工作任务，主要推动户籍、社保、住房公积金、林草等领域更多高频政务服务事项"川渝通办"，共同研究企业在川渝合作示范区虚拟地址注册登记；场景应用类有 9 项工作任务，重点推进政务服务信息系统跨省市互联和公共数据开放，有序推进更多电子证照互认共享；政策标准类有 19 项工作任务，重点推动税费、知识产权、公共服务、检验检测等政策标准相对统一；监管联动类有 15 项工作任务，重点建立健全信息共享、线索移送、联合调查、执法联动、执法互认等机制。

《川渝"一件事一次办"事项清单（第一批）》与《川渝"免证办"事项清单》首次推出川渝"一件事一次办"和"免证办"事项清单。在前期三批共 311 项高频政务服务事项实现"川渝通办"基础上，将多个部门相关联的"单项事"整合为企业和群众视角的"一件事"，梳理出"小学入学""员工录用""新办纳税""货物运输"等 7 个川渝"一件事一次办"套餐式服务事项，推动实现"川渝通办"。在前期 30 项电子证照实现川渝互认共享前提下，梳理推出 34 项川渝"免证办"事项，推动"川渝通办"从"能办"向"好办""易办"转变。

《川渝跨区域数字化场景应用清单》把跨区域场景应用作为推进数字化改革的重要抓手，探索打造新一批川渝跨区域数字化场景应用试点。该《清单》按照"大场景小切口"思路，进一步丰富"电子营业执照""电子社保卡""医保电子凭证"在川渝两地的应用场景，提升数字化服务效能，为企业群众办事添便利增动力。通过结婚证、医保卡、营业执照、社保卡等 9 类电子证照互认共享，在社保、医疗、企业经营等重点领域打造一批数字化场景应用试点，让两地企业、群众办事高效、省时省力。

2024 年 2 月 5 日，川渝两省市政府办公厅联合印发《推进川渝公共服务一体化深化便捷生活行动事项（2024 年版）》，在交通通信、户籍出入境管理、就业社保、教育文化便捷、医疗卫生、养老助残、住房保障、应急救援、信用评估及畅游巴蜀等十大方面制订了共计 39 项便捷行动方案，双城经济圈公共服务共建共享的深度、广度进一步增强。

二、共同打造科技资源共享服务平台

2020 年 4 月 14 日，重庆市科技局与四川省科技厅签订《科技资源共享合作协议》。根据《科技资源共享合作协议》（以下简称《协议》），双方将共同打造"川渝科技资源共享服务平台"，形成重庆基地和成都基地为主的"一平台、两基地"格局，激发区域创新活力，服务区域经济社会高质量发展。该《协议》明确，双方将整合科研仪器、科技平台、科技成果、科技人才等科技资源，利用大数据、人工智能、区块链等先进技术，探索建设川渝科技资源互联互通共享平台，先期在大型科研仪器设备方面形成开放共享、检验检测、设备处置、认证培训、仪器金融等仪器设备服务体系。

2021 年 4 月 23 日，"川渝科技资源共享服务平台"正式开通并上线试运行。该平台通过认证整合、统一授权等，构建跨区域统一身份认证体系，实现"单点登录、全网服务"，将有效推动两地科技资源的开放共享。重庆生产力促进中心和四川省分析测试服务中心作为承建单位签署了《川渝大型科研仪器设备数据开放共享合作协议》，双方将通过"川渝科技资源共享服务平台"建设，形成重庆基地和成都基地为主的"一平台，两基地"格局，联合推进大型科研仪器设备等科技资源的开放共享服务，进一步提升两地科技资源开放共享水平，服务区域经济社会高质量发展。

目前，四川省建立了重大科研基础设施和大型科研仪器共享平台，集聚了四川行政区域内 80% 以上拥有大量高精尖设备的单位。重庆市整合了科研仪器、科研设施、科技人才等 13 类科技资源，打造出科技资源类别广和共享服务程度高的科技资源共享平台。截至 2021 年 4 月底，平台已整合开放川渝两地大型仪器设备 14090 台/套，其中，四川省 50 万元以上仪器 3132 台/套，重庆市 20 万元以上 10958 台/套，总价值 112 亿元。实现两地 3 万余名科技专家库信息资源开放共享，其中高级职称占比 90% 以上，院士、省（市）学术技术带头人等高层次人才约 2000 余名，打通技术需求与专家服务的对接通道；推动两地科技成果转移转化对接交易平台互联互通，布局建设一批高水平技术转移机构，培育一批职业技术经理人，为科技成果转移转化提供专业化服务。

此外，双方将建立科技资源共享激励机制，共同开展大型科研仪器设备开放共享服务标准、评价考核、检测认证等互认；建立科技创新券跨区域"通用通兑"政策协同机制，实现企业异地采购科技服务。

三、推动人力（才）资源跨区域流动

1. 人才资源流动更有保障

2020 年 4 月，重庆市人力资源和社会保障局与四川省人力资源和社会保障厅签署《共同推动成渝地区双城经济圈建设 川渝人力资源和社会保障合作协议》，两地共同优化人力资源市场要素配置、推进公共就业创业服务协同、深化农民工服务保障协作、推进社会保险服务协同、推进技能人才培养协作、推进专业技术人才工作协同、推进人社重大公共政策及保障措施协同等 7 个合作。

2. 人才政策更加开放

近年来，川渝地区为激发人才创新活力，实施更加积极、更加开放的人才政策，在聚集人才、激励人才、服务人才上下更大功夫，持续优化近悦远来的良好环境，以人才协同为切入，聚天下英才而用，积极夯实创新发展的人才基础。川渝地区通过建立健全协同发展工作机制，协同开展引才育才活动，共同搭建人才协同发展载体，持续优化人才协同发展服务保障，让川渝地区成为人才向往的城市之一。在政策引导下，成渝逐渐呈现人才净流入趋势，据《中国城市人才吸引力排名：2021》报告显示，成渝人才流入占比和人才流出占比均较为稳定，北京、西安、深圳、上海等城市的人才向成渝流入；成渝互为人才外流第一目标城市。

3. 高端人才流动更畅

2021 年 4 月，重庆市科技局与四川省科技厅签订了《科技专家库开放共享合作协议》，双方将共享 3 万余名科技专家资源，涉及智能制造、信息技术、新材料、人口健康等多个领域。西部科学城、重庆高校都有不少人才参与其中。推动"天府英才卡"和"重庆英才服务卡"8 项服务内容对等互认，并联合发文明确川渝职称互认。今后在体制机制上会进一步协调，促进双方人才的流通和互补。川渝两地将围绕推进体制创新、强化公共服务共建共享两个重点，把搭建平台作为突破口，加快探索建立全方位、深层次、立体化的全面合作新机制。在高竹新区开展外国专业人才来华工作许可互认试点。成渝地区双城经济圈高校联盟成员教师可互聘互用、跨校授课。重庆两江协同创新区打造高端人才集聚洼地，通过"柔性引进高层次人才、定向招聘核心人才、属地组建基础团队"模式，已聚集科研创新人才 1000 余人。

4. 就业协同力度更大

除高层次人才外，川渝之间积极促进两地的协同就业，建立就业服务共享协作机制，搭建线上线下混合招聘平台。同步搜集、发布企业用工信息和求职者信息，共享企业用工监测信息，联合举办各类线上线下专项行动和招聘活动。线上，川渝两省市依托"重庆就业网"和"四川公共招聘网"，联合开设"川渝合作'职'等您来"求职招聘信息平台，涉及制造业、建筑业、金融业等多个行业。求职者和用人单位通过电脑、手机就可完成职位搜索、简历投递、面试交流、结果反馈等一整套流程。2021 年，实现 60 万个人才互推共享，发布招聘岗位约 60 万个。两地还开展春风行动暨就业援助月线上招聘、"川渝一家亲，携手促就业"网络专场招聘，联合发布岗位约 188 万个，达成就业意向成交数近 40 万人次；创新开展"重庆英才·职等您来"公共就业人才网络直播招聘川渝合作专场 3 期，20 家川渝用人单位做客直播间，吸引 99.3 万人观看，收到简历 24 万余份。线下，重庆联合四川开展金秋招聘进校园专场招聘会，300 余家川渝企业提供就业岗位近 1.5 万个；举办成渝地区双城经济圈就业创业活动周，吸引近 10 万人次参与；两地各对口市区县联合举办现场招聘会，累计提供就业岗位 10 万余个。

5. 双创天地更加宽广

川渝两地还开放并共享创新创业服务平台，共建创新创业孵化基地、创业导师库、创业项目库，共同开展创业培训；举办省际或区域性创业博览会、创业大赛、创业项目推介会等专项创业活动。

四、科创金融资本川渝共享

1. 财政支持力度加大

2020 年，重庆市科技局与四川省科技厅分别出资 1000 万元，聚焦人工智能、大健康两个重点领域，联合实施重点研发项目。2021 年 5 月，重庆市科技局与四川省科技厅再次启动川渝联合实施重点研发项目，共同出资经费增至 4000 万元，在人工智能、大健康的基础上，新增生态环保、现代农业两个领域展开联合攻关。最终确定 16 项资助项目，单个项目的资助额度最高达到 200 万元。

2. 科创基金赋能协同创新

川渝共建科创投资基金，支持两地科技金融服务平台延伸服务功能，面向成渝地区提供科技金融服务。2020 年 10 月，重庆高新区、璧山区、渝富控股、地产集团、四川发展等共同出资设立成渝地区双城经济圈发展基金，总规模达 300 亿元，致力于投资于川渝两地以生物医药、大健康等为代表的战略新兴产业，促进优质企业双城良性流动，助推川渝两地实体经济发展提质增效、转型升级。2021 年，川渝成渝两地国有创投联合发起设立总规模 50 亿元的成渝地区双城经济圈科创母基金，采用"子基金+直投"方式，通过直接投资或设立子基金的方式，构建覆盖天使期、种子期、成长期及成熟期的全链基金体系。另外，还设立了 20 亿元西南首只成果转化股权投资基金。

3. 构建一体化科技金融服务体系

川渝积极构建多元化、多层次、多渠道的科技金融服务平台，着力组建科创投集团，打造从科技创新发现培育到产业化落地全周期投资链条，构建"债权+股权""种子+天使+产业"的多层次科技金融服务体系，在产业基金和天使引导基金基础上构建起"科创母子基金群"，参股子基金总规模接近

700 亿元，财政资金放大 5 倍有余。

在强大的资本（金）支持下，一年多来，川渝两地努力共建具有全国影响力的科技创新中心，共建成渝综合性科学中心，研究谋划 200 个重大支撑项目、15 个重大科技基础设施，总投资超过 3000 亿元。西部（重庆）科学城建设集中开工 79 个项目，总投资 1300 亿元。

五、高等教育资源共建共享

1. 川渝地区多方合作，共推高等教育创新发展

在人才培养上，成渝高校在学科联建、教师互派、课程互选、学分互认、科学研究等方面，推进深度合作。探索开放多元的考试招生合作，积极争取国家在两地增投研究生、本科生招生计划，两地高校互相增投招生来源计划。在学科建设上，成渝积极探索以新机制新模式共同争取更多国家"双一流"学科，鼓励校校结对共建"双一流"学科，推动两地"双一流"高校与省市政府之间的战略合作。为促进两地教育协同化发展，优化川渝高等教育布局结构，建设环成渝高校创新生态圈，构建高等学校协同创新体系，提升高等教育资源共享水平。

2. 竞争走向联合，发挥高等教育的集聚效应

2020 年 5 月，四川大学、重庆大学、电子科技大学、西南大学等川渝地区的 20 所高校，组建了成渝地区双城经济圈高校联盟。"联盟将从人才培养、科学研究、学科建设等多个领域合作，充分发挥高等教育集群的集聚效应。""成渝地区双城经济圈高校联盟的建立，使两地高校从竞争走向共享合作，在差异中互补。"双城经济圈的机遇，让川渝地区的高校合作有很大机遇和潜力，能发挥 "1+1>2" 的作用。2020 年 6 月，成渝地区双城经济圈创新创业联盟、乡村振兴学院联盟和地方本科高校人才协同发展中心（以下简称"两联盟一中心"）在永川区揭牌成立。该联盟现有成员单位 60 余家，包括泸州市、九龙坡区等 23 个川渝地方政府，西南大学、四川师范大学等 28 所高校，

泸州高新区、璧山高新区等 11 个高新区（园区），还有 7 家企业。"两联盟一中心"旨在打造相互开放和共享孵化基地、创业园区，从人才培养、科学研究、社会服务、文化传承创新等方面进行合作，为高等教育协同发展搭建资源共享和优质服务平台。2020 年 10 月，由四川外国语大学发起，四川大学、电子科技大学、重庆大学、西南大学等成渝地区建有外语学科的高校以及西部陆海新通道沿线省份的 23 所代表高校共同组成成渝地区双城经济圈高校外语联盟，消除学科壁垒，推动外语资源共建共享。

3. 校校合作，实现校际资源优势互补

2020 年 7 月 7 日，西南大学和西华大学在重庆签订《服务成渝地区双城经济圈协同创新合作协议》，双方将依托各自优势资源，服务成渝现代高效特色农业带建设。西南大学还与四川农业大学签订了合作协议。在协议中明确了"6+1"共 7 项任务，包括共建共享特种动物与功能活性物质国家重点实验室、共同谋划建设西部农业科技创新中心、共同推进建设西南作物基因资源发掘与利用国家重点实验室等工程，助力双城经济圈建成现代高效特色农业带。长江师范学院也与四川农业大学、西华师范大学、绵阳师范学院、内江师范学院、乐山师范学院等高校，以及中国科学院成都生物研究所、四川省泸州市农业科学院签订协议。该校将与这些四川高校及科研院所，在师范教育、农学等领域深化人才培养和科学研究的合作。

第四节　产业协作不断加强

产业是经济建设之本，推进产业协作是成渝地区双城经济圈建设的重中之重，也是协同创新的重要载体。

川渝积极推动产业协作共兴，按照"大产业、细分工"协作模式，携手打造汽车、电子信息、装备制造等世界级产业集群和数字经济高地，提升产业链供应链稳定性和竞争力。在产业协同发展方面，四川和重庆不断发力，机制在不断创新，力求打造相互依托、相互借力、相互融合的现代产业体系。《2021 年成渝地区双城经济圈协同创新指数评价报告》显示，成渝地区协同创新水平快速提升，协同创新总指数增长 9.5%。其中，产业联动指数增长 14.0%。在强化成渝"双核"联动联建上，共同构建跨区域的产业生态圈，两地将携手打造世界级产业集群。

一、共促产业融合发展

1. 强强联合打造现代化产业体系

汽车、电子信息、光电显示等是两地的优势特色产业领域，双方共同发力，实现优势互补，协同发展。目前川渝两地汽车、电子产业全域配套率超过 80%。以汽摩产业的合作为例，小康集团在四川有 40 多家配套企业，宗申、隆鑫等重庆摩托车企业都在四川有零部件配套企业；重庆双马汽车零部件、凯仁机械等也为四川资阳、宜宾等地汽车企业提供配套，互相形成整车产业配套供应链。双方联手打造汽车、电子信息、装备制造、特色消费品等四个世界级产业集群，成渝地区电子信息集群被纳入全国第三批先进制造业集群。川渝汽车、电子信息、装备制造、工业互联网等重点领域协同发展态势良好。同时，川渝毗邻地区产业配套合作基础较好，如邻水县 80% 以上的产品配套重庆企业。

2. 川渝共建产业合作示范园区

四川省经济和信息化厅和重庆市经济和信息化委员会共同牵头评选川渝产业合作示范园区。2020 年、2022 年，共两批次、35 家园区入选成渝地区双城经济圈产业合作示范园区。在示范区合作上，四川广安邻水依托渝广共建机电产业园高滩川渝合作示范园区，承接重庆高端装备制造等产业，入驻民营企业 70% 以上来自重庆。重庆潼南在川渝合作示范区建设中，通过跨地区共享民营企业技术中心等创新平台、共建智能制造联盟等方式，加强交流合作。广安市与重庆长寿区共建化工新材料发展研究院，与重庆合川区共建医药产业合作示范园，建设成渝协作共兴工业产业基地，全市 50% 工业项目为重庆配套。

3. 科技产业融合发展不断深入

目前，川渝聚焦人工智能、大健康、生态环保、现代农业等领域，共同组织实施三批、60 项联合研发重点项目，支持川渝产学研合作创新。重庆交通大学与西南交通大学联合开展列车智能驾驶与优化控制技术研究，创新成果将应用于世界首条时速 400 公里高速铁路"成渝中线"。重庆还联合四川推动 10 家国家大学科技园共同发起成立成渝地区双城经济圈大学科技园协同创新战略联盟等。重庆两江新区与四川天府新区联手成立了包括汽车、电子信息、科技创新、文创会展、现代金融、数字经济、总部经济、生物医药等在内的八大产业联盟，双方将全方位整合优势资源，联手打造世界级产业集群。

二、共唱 IT、汽车产业"双城记"

IT、汽车产业是成渝地区共同的产业支柱，具有诸多无可替代的特色和优势。这两个产业，是公认的川渝两地最有可能冲击世界级产业集群的方向。成渝地区双城经济圈产业协同发展中，IT、汽车产业"双城记"是重中之重。

1. 电子信息产业为引领

电子信息技术作为当前全球创新最活跃、带动性最强、渗透性最广的技术，已经成为引领其他领域技术创新的重要动力和支撑，同时也成了大国之间竞争的制高点。《成渝地区双城经济圈建设规划纲要》明确提出，川渝两地要联手打造具有国际竞争力的电子信息产业集群。

电子信息产业作为川渝地区第一大支柱产业已初具规模。成渝地区电子信息产业机遇大于挑战，优势大于劣势，建设世界级产业集群有底气。只要落实好国家战略部署，主动融入"双循环"、齐心唱好"双城记"，一定能以电子信息产业为引领，打造区域协作高水平样板，携手成为带动全国高质量发展的重要增长极和新的动力源。

2021 年 5 月，川渝党政联席会议第三次会议审议了《成渝地区双城经济圈电子信息产业协同发展实施方案》。随后，川渝电子信息产业链供需对接平台和汽车产业链供需对接平台迅速建立，实现了产业链和供应链的无缝对接。仅 2021 年前三季度，川渝电子信息产业实现营业收入超 1.7 万亿元、汽车产值超 5000 亿元，跑出产业发展"加速度"。

2021 年 12 月，重庆四川党政联席会议第四次会议提出，深入推进新一代信息技术与制造业深度融合，合力打造一批世界级产业集群。近三年成渝地区累计发布支持电子信息制造业相关有效政策 155 项，其中川渝联合发布政策、签署协议 24 项，专项、关联、配套要素及共性政策达到 148 项。

产业集群地位实现新跃升。"十三五"末，川渝两地电子信息产业规模突破 2 万亿元，约占全国产业规模的 14%，已成为中国电子信息产业"第四极"。近年来，电子信息产业已成为川渝两地创新实力最强、产业基础最好、渗透范围最广、经济增长贡献最多的万亿级支柱产业。在智能终端方面，全球 2/3 的 iPad、50% 的笔记本电脑、10% 的智能手机实现"成渝造"；在新型显示方面，成渝是全球最大的 OLED 生产基地；在军工电子方面，成渝整体实力居全国第一位。在微电子产业领域，成都高校多、人才多，在芯片设计上有优势；而重庆芯片企业密集，在芯片制造上有优势，两地"合璧"，协同创新，能加快壮大成渝地区集成电路产业的整体实力，做强"中国芯"。电子科大落户重庆西永微电园，成立电子科技大学重庆微电子产业技术研究院。目前，该院已与重庆声光电、西南集成、联合微电子、华润微电子、吉芯科技等多家重庆企业达成合作。2022 年，已有两款产品进行量产。2022 年，川渝电子信息产业主营收入超 2.1 万亿元、增长 18%，占全国比重达到 10.9%，成为两地第一大支柱产业，全域配套率超过 80%，构建了"芯屏端软智网"较为完整的产业体系。成渝地区电子信息先进制造业集群成为全国首个入选的跨省域国家级先进制造业集群，成为全球前十的电子信息制造业聚集地。

智能网联是《成渝地区双城经济圈建设规划纲要》确定的主攻方向之一。

2021年4月，工业和信息化部发文批复支持重庆市和四川省建设成渝地区工业互联网一体化发展示范区。《共建成渝地区工业互联网一体化发展示范区实施方案》提出，到2025年，基本建成特色鲜明、体系完善的成渝地区工业互联网一体化发展示范区，并将其打造成为全国工业互联网创新发展新高地。工业互联网一体化，不仅能够实现川渝产业链和供应链加速融合，更是推进产业数字化、网络化、智能化发展的助推器，是川渝产业协同发展的"润滑剂"和新动能。成渝地区建成电子信息工业互联网标识解析行业节点，联合成立工业互联网、汽摩、电子等工作专班，推动战略性支柱产业嵌入式、集群化发展，两地汽车、电子信息产业全域配套率提升至80%以上。

2. 汽车产业是协作标杆

汽车产业是川渝两地共同的产业支柱。汽车产业集群作为成渝地区联合打造的4个万亿级产业集群之一，也是成渝地区完善产业链供应链、推进产业发展协同协作的标杆领域之一。

2021年5月，重庆四川党政联席会议第三次会议共同审议通过《成渝地区双城经济圈汽车产业高质量协同发展实施方案》，明确共同打造汽车万亿级产业。随后，川渝两省市汽车产业加快强链补链行动。至2021年底，川渝两地共有超过300家零部件企业直接为整车企业相互配套，配套金额近百亿元。以新能源汽车的动力电池为例，重庆汽车企业的货源主要来自四川，长安汽车在川渝两地的供应商已达683家。成都市龙泉驿区已经构建起覆盖10大类汽车零部件的产业配套体系和辐射川渝的交叉配套体系。长安汽车和中国汽研等企业和研发机构与电子科技大学等高校形成联盟，推动企业研发人才在高校继续深造。重庆两江新区与天府新区共同促进汽车产业链供应链协同发展。同时，宜宾加快建设新能源汽车产业链协同基地，不断建强产业链、打造产业集群、构建产业生态，推动成渝地区打造具有全球竞争力的汽车产业集群。此外，两地汽车检测研发资源充分共享，包括中国汽研和重庆车检院两家国家级检测和研发机构，扩大与四川整车及零部件企业的合作，缩短四川汽车企业产品检测和研发周期，并与电子科技大学、东方电气等高校和机构开展联合技术攻关。成渝整车对流线路月均发车近3400辆，实现运输成本降低10%以上、等待装配时间缩短40%以上。

2021年以来，川渝两地高效联动，抢抓全球汽车产业"新四化"带来的产业重构机遇，搭建了成渝地区双城经济圈汽车产业链供需对接平台，整合两地3500多家整车和零部件企业上线共享供需信息。推动两地"车、云、路、网"智慧车联建设融合，以氢、电、智行"三走廊"应用场景助推产业一体化协同发展。经双方共同努力，在全国汽车行业下行趋势下，2022年1—5月，川渝汽车产量达127万辆，同比增长4%，比全国高14个百分点。2022年一季度，重庆市新能源汽车产量同比增长2.7倍。单是长安汽车，前5个月就下线新能源汽车4.68万辆，同比增长168%。2021年，成渝地区共有汽车整车企业45家、规模以上汽车零部件企业1600家，本地配套率超过70%，年产值超过6000亿元。2022年，成渝两地汽车产量突破300万辆，全国占比例近12%。

依托成渝地区双城经济圈汽车产教融合联盟，川渝地区联合产学研各方力量，聚焦信息共享、专业共建、产教融合开展互联互访，以联盟为平台推动互联互通，在打造政校企联动、产学研优势互补的区域协作样板上展开积极探索，为共建高水平汽车产业研发生产制造基地、打造川渝汽车产业集群提供人才支撑、智力支持，构建汽车产业协同发展、协同创新新生态。

三、共育现代数字产业

从党的二十大报告到近期印发的《数字中国建设整体布局规划》，建设数字中国、发展数字经济成为我国构筑竞争新优势的关键。成渝地区双城经济圈作为新形势下服务国家战略大局、形成强大战略后方的重要布局，自然应为此提供有力支撑。近年来，成渝在共同培育竞争优势突出的现代产业体系过程中，持续以产业数字化、数字产业化推动产业链向高端延伸。2023年以来，成渝两地围绕数字经济已开展多场活动，成渝"双圈"正以"数"为媒加速联动。

1. 以"数"为媒，川渝频携手

2023年初，川渝两地经信部门联合举办"数字赋能成渝地区双城经济圈先进产业集群建设"城市机会清单发布对接会，发布《数字赋能先进制造城市机会清单》，释放总投资机遇超540亿元，融资需求超18亿元。3月2—3日，为聚焦数字技术与实体经济深度融合，赋能传统产业转型升级，在四川省经信厅、重庆市经信委的协力指导下，成都市经信局市新经济委、成都经开区、重庆永川高新区管委会共同主办主题为"成渝双城数字经济行"的活动，川渝再一次携手。在成都软件园，重庆企业赛力斯汽车有限公司新近招募了一批人工智能、大数据分析处理等领域的人才。按照规划，未来两年赛力斯汽车成都软件中心员工将超过800人。在西部（重庆）科学城，总投资212亿元的金凤软件园2022年12月31日正式开园。开园仅一个月，就吸引了13家来自四川的智能驾驶、车载芯片等研发机构签约入驻，预计将新增产值500亿元。

2. 数字赋能，四川产业发展迈向高质量

四川数字经济全面赋能，设立数字经济发展基金；如期完成国家数字经济创新发展试验区建设任务；启动建设全国一体化算力网络成渝枢纽节点，算力排名全球前十的成都超算中心纳入国家序列；中国·雅安大数据产业园成为全国首个"碳中和"绿色数据中心。[①] 顺应数字时代市场需求导向，成都正加快产业数字化和数字产业化，大力发展集成电路、高端软件、人工智能等核心产业，着力培育量子科技、6G、隐私计算等未来赛道，加快打造电子信息、装备制造2个万亿级优势产业集群和10个千亿级产业集群。2022年，成都数字经济核心产业增加值超过2700亿元，占全市地区生产总值比重进一

[①] 2023年四川省人民政府工作报告。

步提高。全省数字经济核心产业增加值达到 4324 亿元。[①]

3. 数字化转型，重庆企业高智化发展

顺应数字化潮流，重庆推出 25 条扶持政策加速制造业数字化转型，推动企业向高端化、智能化、绿色化发展。明确要组织 100 家企业实施智能制造诊断，推动 1000 家企业开展智能制造能力评估，建设 10 个智能工厂、100 个数字化车间，培育 10 个 5G 工厂、10 个创新示范工厂，新增 1 万家中小企业"触网上云用数赋智"等。

正如《成渝地区双城经济圈产业数字化发展水平研究报告》所言，成渝地区双城经济圈产业数字化发展势头良好，数字经济规模和质量都处于领先地位，这为双方共同构建现代产业体系提供了坚实支撑。2021 年，川渝数字经济增加值占地区生产总值比重达到 27.2%。2022 年，国家数字经济创新发展试验区和新一代人工智能创新发展试验区建设扎实推进，数字经济核心产业增加值达到 2200 亿元。[②] 由互联网、大数据、云计算、人工智能、区块链等数字科技推动发展的数字经济，正在成为川渝发展的关键力量。

四、投资合作一家亲

川渝之间特有的地理条件和人文优势，使得双方投资合作持续推进。在投资合作上，两地 15 万家民企相互投资，投资领域涵盖电子信息、汽摩配件、智能制造、医药产业、农业产业、房地产开发等几十个行业。据不完全统计，重庆在四川投资的民营企业 5 万余家，四川在重庆投资的民营企业 10 万余家。2018 年，四川引进重庆投资到位 1457 亿元，重庆引进四川投资到位 1696 亿元。

在招商引资方面，尽管竞争激烈，但川渝双方在共建"双城经济圈"这一共同理念的引领下，正在积极打破行政壁垒、进行协同合作。2021 年，川

[①] 2023 年四川省人民政府工作报告。

[②] 2023 年重庆市人民政府工作报告。

渝两地首次联合在上海举行全球首届双城推介会，创下多个第一：首次组织联合招商、首创整体推介方式、首开一体化宣传推广先河，并吸引来自全球10多个国家和地区100余家知名企业、商协会和机构莅临参会，其中应邀参会世界500强、中国500强、中国民营500强企业达到37家，全球影响力初显。

首届双城推介会后，两地持续推进川渝产业协作、创新推动川渝产业共建、实施重点招商行动、实现两地信息共享共用。重庆西扩、成都东进态势强劲，川渝两地交流之活跃、合作之深入、联系之紧密前所未有。2023年4月26日，由重庆和四川联合主办的"第二届成渝地区双城经济圈全球投资推介会"在深圳举行。会上，川渝两地招商部门以"双城经济圈"协同发展为目标，对双城经济圈的智能网联新能源汽车、高端装备、科技创新、信息技术、生物医药、新材料六大重点产业方向进行推介。成渝地区通过联合优势吸引并引进国内外知名品牌落户成都、重庆等城市。

五、交通畅达惠川渝

交通是关系区域经济、生活的重要产业。川渝双方着力构建空间布局更加完善的交通网络，加快形成重庆、成都一小时"交通圈""通勤圈"。2020年，川渝两地加强对接、强化协作，签署了《成渝地区双城经济圈运输服务一体化发展合作备忘录》《成渝地区双城经济圈交通发展三年行动方案（2020—2022年）》《推动成渝地区双城经济圈建设加强交通基础设施建设行动方案（2020—2022年）》等"1+6"框架合作协议，全面启动交通便民、交通强国成渝试点建设。

1. 高速公路方面

双方不断加强顶层规划设计，互联互通水平大幅提升。2020年，川渝间规划的25条高速公路通道已建成13条，在建4条，并相继实现了第一次联合开工、开通高速公路。重庆开工渝武高速扩能北碚至合川段、铜（梁）安

（岳）高速重庆段、江（津）泸（州）北线高速、梁（平）开（江）高速等 4 条高速公路，相继开通了渝广高速支线、永（川）泸（州）高速重庆段、合安高速双江枢纽互通至崇龛川渝界段等 3 条高速公路。至此，川渝间已通车和在建高速省际通道达 19 条，大大加强了成渝地区双城经济圈内城市间的互联互通水平，实现互联互通协同。如毗邻重庆万州的四川达州，2017 年高速公路车流量仅为 550 万辆，2020 年猛增至 6300 万辆。

2. 公交方面

重庆有 13 个区县与四川 6 个地级市紧密相连，两地有 850 公里的接壤线，在推动成渝地区双城经济圈建设的背景下，2020 年 4 月 23 日，川渝首条跨省城际公交线路在重庆市潼南区和四川省遂宁市试点开行。2021 年 10 月，成都、重庆两江新区正式入选全国首批城市一刻钟便民生活圈试点。2022 年，川渝之间具备条件的毗邻市、区、县跨省城际公交线路实现了全覆盖。目前，成渝两地公交地铁已经实现"一卡通""一码通乘"互联互通。

3. 铁路方面

加快推进渝昆高铁、成达万高铁等项目建设，全力推进成渝中线、渝西高铁前期工作；试点开行重庆中心城区—成都货运专线。

4. 水运方面

川渝签署万州新田港二期工程投资六方协议，稳步推进嘉陵江利泽航运枢纽、涪江双江枢纽、渠江等航道建设，加快推进果园港、宜宾港智慧港口建设。

六、文旅融合巴蜀情

川渝两地山水相连、人文相近，具备文旅融合的天然优势。2020 年以来，川渝两地文旅行业围绕"共建巴蜀文化旅游走廊"，共同培育"成渝地·巴蜀情"区域文化旅游品牌。双方签订文化旅游战略合作协议 49 份，发起成立文化旅游合作联盟 10 个，共同推动巴蜀文化旅游走廊建设重点工作 65 项，其中圆满完成 35 项，3 个文化旅游项目入选 2020 年川渝共同实施的 31 个重大项目。

为加快推进巴蜀文化旅游走廊建设，川渝成立巴蜀文化旅游推广联盟，共育"文旅+大熊猫"等特色优势产业集群，推动成都宽窄巷子、重庆洪崖洞等景区合作共建，开发"安岳—大足"中国唐宋石刻艺术精品之旅等一程多站跨省市旅游线路 70 余条。着眼于文化趋同性和差异化特点，川渝两地以推动巴蜀文化旅游走廊建设为契机，积极打造川渝文旅新产品，创设文旅消费新场景，创新文旅发展新业态。包括开展"巴蜀文化旅游走廊自由行"活动，共同成立"巴蜀世界遗产联盟""巴蜀石窟文化旅游走廊联盟"等。

两地不断推进文化旅游深度合作，从深化品牌打造、提升公共服务水平、艺术交流、文物保护利用、示范区建设等方面，努力将巴蜀文化旅游走廊建设成具有巴蜀味、中国韵、世界范的文旅走廊。双方开展景区景点联动促销，景点互推，游客互送。此外，还围绕文旅融合发展，深度开展产业对接，建设一批产业发展示范区，从供给侧一端，深度挖掘供给潜力，增强文旅产品供给和文旅产业竞争力。

七、生物医药同发展

川渝积极构建生物医药一体化协同创新体系。2020 年 8 月，川渝两地高校、企业、医疗机构等签署多项生物医药合作协议，推动生物医药产业协同创新合作。包括共建川渝肿瘤协同创新中心（重庆）研究院，加强项目合作及成果转化、共同举办行业及学术高端论坛、人才交流培养等方面开展合作，积极构建基础研究、关键技术攻关、成果转化、工业制造的全链条、一体化协同创新体系；重庆国际生物城开发投资有限公司与四川大学华西药学院签署战略合作框架协议，双方共建成渝药物制造工程研究中心，针对原料药、药物中间体及高端新型制剂开展技术攻关和产业转化；川渝药食真菌资源开发中心、重庆市生物医药"两学一产"联合体授牌成立，致力于打通学会、高校和企业的沟通渠道，实现资源共享和互利合作，推动成渝地区双城经济圈生物医药科技创新和产业发展。

第五节　协同环境不断优化

科技创新环境是影响协同创新绩效的重要因素。近年来，川渝创新环境不断改善。《重庆科技创新指数报告 2022》显示：2021 年全市科技创新环境持续优化，科技创新环境指数为 62.65%，比上年提高 4.28 个百分点。23 个区县科技创新环境指数有不同幅度的提高，其中增幅最大的是秀山县，提高了 13.46 个百分点。四川省科技创新生态不断改善，2022 年印发中长期科学和技术发展规划、科技体制改革三年攻坚行动方案，启动科研经费"包干制2.0""揭榜挂帅"等试点，获批国家科技人才评价改革综合试点省，开展科学家精神宣讲"三进"活动，科技奖励制度、科技伦理治理机制不断完善。《2021 年成渝地区双城经济圈协同创新指数评价报告》显示，成渝地区协同创新环境支撑指数增长 11.0%。《2023 成渝地区双城经济圈协同创新指数》显示，2020 年来，成渝地区协同创新能力稳步提升，2022 年协同创新总指数较2020 年增长 57.07%，年均增速达 25.33%。

一、协同意识不断增强

川渝一家亲，巴蜀一盘棋。在成渝地区双城经济圈建设战略的引领下，川渝一心，同心同德，协同理念在川渝两地之间从官方到民间生根发芽，落地开花，更加深入人心。协同是川渝双赢的一把利剑。川渝两地坚持以习近平新时代中国特色社会主义思想为指导，认真贯彻落实《规划纲要》，牢固树立一盘棋思想和一体化发展理念，聚焦"两中心两地"战略定位，齐心协力办好川渝合作的事情，扎实推动成渝地区双城经济圈建设。

川渝之间不断摒弃"省""市"分割的传统观念，构建"双城"和"双城经济圈"的新思维。强化双核引领、区域联动。更加注重从全局谋划一域、以一域服务全局，深入推进基础设施互联互通、产业发展协作协同、生态环保联建联治、改革开放共促共进、城乡建设走深走实、公共服务共建共享，推动成渝地区形成有实力、有特色的双城经济圈，合力打造区域协作的高水平样板。

二、协同机制不断完善

在四川重庆党政联席会议第一次会议上，双方对合作方式双方达成五项共识。

一是建立工作机制。建立和完善多层次、常态化务实合作机制，建立健全四川重庆四级合作机制，互派人员办公，推动议定事项落地落实。

二是加强规划对接。加强与国家和两省市"十四五"规划对接，加强发展思路、重大项目布局、重大政策制定等方面的沟通，确保同向行动、同向发力。

三是强化政策汇报沟通。持续加强日常工作沟通对接，做到互为平台、互为通道、共享资源。切实认真借鉴外地经验，系统梳理推动京津冀协同发展、长三角一体化发展、粤港澳大湾区建设出台的科技协同创新、生态环境共保共治、社会事业联动发展等方面突破性政策举措，加强学习研究和应用。

四是强力推动项目合作。加紧谋划实施一批引领性、带动性和标志性的重大基础设施、重大产业、开放合作项目、重大公共服务项目，为经济高质量发展增强后劲。

五是提速落实具体事项。通过集中调研、动员部署、学习研讨、精准招商、宣传推广等方面的合作，联动推进重点工作，努力营造共建"双城经济圈"的良好氛围。

协同创新，机制不断完善，两地签订"1+6"科技创新合作协议，全方位深化创新合作。成立川渝协同创新工作组，定期召开工作组会议，商定川渝协同创新重大事项清单和工作清单，共同推进编制重大规划、重大科创平台建设、重大项目实施和重大政策制度。共同争取一批国家科技创新平台布局川渝。

目前，川渝常态化合作机制高效运行，定期召开党政联席会议、常务副省市长协调会议、协同创新工作组会议，联合办公室实体化运行，专项工作组作用持续发挥，两批次 201 名优秀年轻干部互派挂职。

三、基础设施不断完善

1. 川渝地区交通基础设施不断完善

2016 年至 2020 年，高速公路和铁路密度增长 38.6%，高于全国平均增速 26.6 个百分点。

（1）四川方面。2018—2022 年，五年间完成综合交通投资 1.5 万亿元，相当于前两个五年的总和。四川进出大通道增至 41 条，高速公路达到 9179 公里，铁路运营里程超过 5800 公里，高铁运营里程达到 1390 公里，城市轨道交通运营里程达到 558 公里，民用运输机场增至 16 个。天府国际机场建成投运，成都成为内地第三个拥有双国际机场城市。乡村客运"金通工程"发展到 2.7 万辆、8421 条线路，居全国第一位。[①] 西成、成贵客专建成通车，开工建设成达万、成渝中线、成自宜等高铁，更快对接京津冀、长三角、粤港澳增长极。"世纪工程"川藏铁路、西宁至成都铁路全面开工。雅康、汶马高速公路全线通车，实现了所有市（州）府所在地通高速。[②]

（2）重庆方面。截至 2022 年，城乡基础设施条件大幅改善，"一大四小"运输机场格局全面形成，江北国际机场 T3B 航站楼主体工程基本完成。高铁通车里程突破 1000 公里，轨道交通运营里程达到 478 公里，中心城区新增"7 桥 5 隧"，高速公路实现县县通，通车里程突破 4000 公里，建成"四好农村

[①] 2023 年四川省人民政府工作报告。

[②] 2023 年四川省人民政府工作报告。

路"7万公里,行政村客运通达率、邮政快递覆盖率和自然村宽带覆盖率达到100%。[①]

2. 川渝合力建设现代基础设施网络

川渝合力打造全国交通四极之一,交通一体化发展迅速。成渝地区双城经济圈交通一体化发展交通强国试点获批建设。"重庆航空双枢纽协同、成渝四大机场联动"的世界级机场群提速建设。成渝客专完成提质改造、全程最快用时缩短至62分钟。"轨道上的双城经济圈"加快构建,郑渝高铁建成通车,成渝中线、渝西、渝万、成达万高铁全线开工,渝昆、郑万、渝湘高铁重庆至黔江段等项目加快推进,渝宜高铁前期工作进展顺利,成渝城际实现一小时直达。南充至潼南、内江至大足、泸州至永川、开江至梁平等高速公路开工建设,川渝省际建成及在建高速公路通道达20条,其中成渝双核间直连高速大通道4条。嘉陵江利泽航运枢纽、涪江双江航电枢纽等重点工程有序推进。2022年,川渝合力建设现代基础设施网络项目投资总量规模最大,涉及40个项目,总投资1.35万亿元,包括成渝中线高铁、川渝千亿方天然气基地等,一批交通、能源、毗邻平台基础设施项目加快实施,成渝地区高速公路、水运、电力和新型基础设施建设协同推进。合力共建西部陆海新通道,线路辐射全球113个国家(地区)335个港口。截至2022年6月30日,中欧班列(成渝)累计开行超过20000班。

3. 川渝合力打造通信一体化

川渝加快建设国家数字经济创新发展试验区,推进5G和光纤宽带"双千兆"网络发展,累计已建成5G基站超11万个。从2021年12月1日零时起,川渝两地正式取消区间座机通话长途费,实现全国首例跨省级行政区域固定通信资费一体化。

4. 川渝合力推动电网一体化

双方加快建设川渝特高压交流工程,共同争取更多优质电源汇集该通道。

持续推进川渝电力市场一体化，通过市场化方式推动更多四川清洁能源留在川渝地区消纳。共同加快论证藏电、青电入川渝，夯实川渝地区中长期电力保障基础。川渝1000千伏特高压交流工程是国家重点输电工程，现已纳入《共建成渝地区双城经济圈2023年重大项目清单》。整个工程将在川渝地区新建4座特高压变电站，变电容量2400万千伏安，新建双回特高压线路约2千米×657千米，总投资约280亿元。工程建成后，西南电网的主网架电压等级将从500千伏提升至1000千伏，能有效承接川西甘孜、阿坝地区水电等清洁电能外送，极大加速川渝电网一体化进程，为成渝地区双城经济圈建设提供更加充足可靠的电力保障。

四、区域协同创新体系不断健全

1. 川渝合作国土空间布局不断优化

重庆"一区两群"与四川"一干多支"相互融合，重庆西扩和成都东进进程加快。2021年，两地建立双核联动联建机制，签署"1+5"系列合作协议，出台重庆都市圈发展规划，推动渝东北川东北、川南渝西两翼协同发展。

2. 协同创新制度体系日益完善

2020年以来，川渝之间签订了一系列协议。包括《进一步深化川渝科技创新合作 增强协同创新发展能力 共建具有全国影响力的科技创新中心框架协议》《科技资源共享合作协议》《协同推进科技成果转化专项合作协议》《科技专家库开放共享合作协议》《推动成渝地区双城经济圈建设协同创新合作协议》《万达开协同创新示范区建设协议》，举办川渝地区生态环保领域科技协同创新合作协议签约仪式等，编制《成渝共建"一带一路"科技创新合作区实施方案》，共同推进区域协同创新体系建设。双方着力构建区域协同创新体系，推动形成区域科技创新平台共建、资源共享、项目共促、政策共通、成果共享局面。四川印发中长期科学和技术发展规划、科技体制改革三年攻坚行动方案，启动科研经费"包干制2.0""揭榜挂帅"等试点，获批国家科技人才评价改革综合试点省，开展科学家精神宣讲"三进"活动，科技奖励制度、科技伦理治理机制不断完善。

3. 改革开放持续拓展深化

2021 年 3 月，川渝两地首个协同立法项目《重庆市优化营商环境条例》出台，并于 7 月 1 日实施。双方共建川渝自贸试验区协同开放示范区，首发中欧班列（成渝）号。深化中欧班列（成渝）定价机制。成立了川渝协同创新专项工作组，互派科技干部，省市领导常态化协同争取国家支持。区域合作方面，联合编制川渝毗邻地区协同发展规划方案 13 项，下达"成渝地区双城经济圈建设科技创新计划" 89 项。创新主体合作方面，川渝高校、科技园、科研院所联合组建多个创新联盟，联合建设 5 个重点实验室和 3 个协同创新中心。川渝高竹新区创造性地开展经济区与行政区适度分离改革探索。在高竹新区开展外国专业人才来华工作许可互认试点。

4. 共建西部金融中心

2021 年 12 月，中国人民银行等 8 个部委与四川省、重庆市联合印发《成渝共建西部金融中心规划》，提出建设立足西部、面向东亚和东南亚、南亚，服务共建"一带一路"国家和地区的西部金融中心的发展目标。2021 年 12 月，重庆市金融监管局和成都市金融监管局签署《共建西部金融中心合作协议》，共同打造具有竞争力的金融机构体系、共同构建具有区域辐射力的金融市场体系、共同构建支持高质量发展的现代金融服务体系、共同建设法治透明高效的金融生态体系、共同推动金融基础设施互联互通等五大领域合作。2022 年两会期间，川渝全国政协委员联名提交《关于支持成渝共建西部金融中心的提案》，呼吁国家层面在成渝地区布局重大金融基础设施和重要金融机构，支持成渝共建西部金融中心。2022 年 2 月 28 日，第十三届全国人民代表大会常务委员会第三十三次会议通过设立成渝金融法院的决定，这是继上海金融法院、北京金融法院之后，中国第三家专门的金融法院，也是第一家区域性的金融法院，按照成渝地区双城经济圈建设规划纲要，成渝金融法院能为成渝地区跨区域合作、"一带一路"金融、绿色金融争端解决提供法律支撑。

5. 合力打造一流营商环境

自建设成渝地区双城经济圈以来，川渝两地积极改革创新，共同打造高水平营商环境。2020 年 7 月 22 日，四川省人民政府办公厅和重庆市人民政府办公厅决定协同推进成渝地区双城经济圈"放管服"改革，持续推动政务服务利企便民，开展开放环境综合评定，打造一流营商环境。两地积极探索建立协同推进成渝地区双城经济圈"放管服"改革长效工作机制，加强"放管服"改革政策协同，统筹协调有关工作任务，共同研究解决改革中重大合作事项，协商解决改革中重大问题，积极向上争取支持，督促工作落实。建立两地政府办公厅负责人召集人、四川省推进协调办和重庆市政府职转办具体负责、相关业务工作部门共同参与的联席会议制度，原则上每年至少召开一次，由四川、重庆两地轮值承办。出台川渝两地首个协同立法项目——《重庆市优化营商环境条例》。条例着眼于公平竞争、诚实守信的市场环境，公开透明、高效便捷的政务服务，公正文明、严格规范的法治保障。协同推进成渝科技创新中心建设，支持成渝地区行业协会商会沟通交流互认，推进建立成渝地区"12345"政务服务热线联动机制，推进川渝两地法律服务资源共建共享等。细数下来，两省市条例有三十多个条款对同类事项作出了相类似的规定，实现了重要制度的有机对接。

具体改革措施包括：一是双方要共同推动政务服务标准化，逐步实现同一事项在成渝地区双城经济圈内无差别受理、同标准办理、行政审批结果互认。二是要加强数据共享利用，建立起成渝地区双城经济圈政务信息资源共享机制，推动政务信息资源共享开放，逐步推动高频电子证照互认互信。三是推行"线下异地办理、线上一网通办"，加强跨区域协同监管机制，连通"互联网+监管"系统；加大对各类机构的信用信息采集、共享力度，推行守信激励和失信惩戒，建立信用联合奖惩机制。最后，两地将组织川渝两地政务服务管理机构交流学习，推动互派人员交流挂职，赴长三角、京津冀等地学习跨省市政务服务一体化工作做法，联合向国家层面积极争取深化"放管服"改革政策支持。

6. 探索科技服务新模式

成渝地区双城经济圈拥有重庆高新区、成都高新区等全国科技服务业试点区域/行业试点单位，探索出了一些科技服务业发展的新路径和新模式，建设了一批科技服务业集聚区，搭建了若干科技服务平台，打造了科技服务生态系统。

五、市场一体化建设不断推进

在构建统一市场体系方面，川渝合力推动成渝地区双城经济圈市场一体化。清理废除妨碍统一市场和公平竞争的各种政策措施，强化政策及各类标准体系衔接协同。推动"渝快办""蓉易办"通过政务云联网连通，加快毗邻地区政务服务一体化。根据发展态势，逐步推动社会信用体系建设互动融合。促进要素市场跨区域共建共享，完善川渝油气输送管道网络，加快实施川渝毗邻地区的水资源配置工程，建立公共资源交易平台市场主体信息共享与互认机制，推动电力等资源要素"同网同价"，推进天然气市场化改革。高水平打造自由贸易试验区、综合保税区，获批生产服务型国家物流枢纽。2022年前三季度，两省市实现进出口总额1.36万亿元，实际使用外资38.87亿美元。2023年5月，《推动成渝地区双城经济圈市场一体化建设2023年重点任务》印发实施，川渝双方将创新开展一批富有成渝特色的市场一体化改革举措：加快川渝省际高速公路和毗邻地区路网建设；加快建设智慧长江物流工程；推动共建西部陆海新通道跨区域综合运营平台；积极推进成渝航空口岸通关互认；推动共建川渝电商双基地；搭建跨省域市场保供合作机制；共同打造川渝公共资源交易共享专区；联合编制川渝公共资源交易市场服务标准目录。举措的实施，有序扩大了成渝区域市场的影响力和辐射力，确保成渝地区双城经济圈市场一体化建设行动真落地、见实效。

在共同强化区域市场监管方面，川渝两地建立"市场准入异地同标"便利化准入机制；建立川渝跨区域重大案件联合挂牌督办机制；研究制定川渝公共信用信息共享目录；联合修订"两品一械"（药品、化妆品、医疗器械）行政处罚裁量规则；推进网络监测监管数据共享共用；共同争取开展川渝跨区域投诉举报转办试点。2020 年 5 月，成都高新区市场监管局与重庆高新区市场监管局签订《深化成渝高新市场监管一体化合作　助推中国西部科学城建设框架协议》，构建跨区域市场准入服务系统和"市场准入异地同标"便利化准入机制，实现证照异地互办互发。自川渝两地推动市场准入异地同标以来，累计有 4.63 万个经营主体往来川渝兴办企业，两地营业执照互办互发实现"一日办结"。四川广安和重庆共同促进广渝市场准入、行政审批、消费维权，共同打造"统一开放、竞争有序、安全放心、质量领先、满意消费、创新示范"的川渝市场监管合作示范区。

在共同健全市场制度规则方面，双方将推进四川和重庆国家级知识产权区域运营中心建设；在毗邻地区开展公平竞争审查交叉互评试点；探索建立川渝市场竞争状况评估指标体系；推动政府质量奖、首席质量官互认和质量管理专家共享。两省市协同推进"放管服"改革，联合出台支持市场主体的政策措施、优化营商环境方案，联合发布 311 项"川渝通办"事项，统一事项办理标准流程。引导开放领域资本、技术、数据等要素资源有序流动和市场化配置，积极推动成渝地区对外开放由商品和要素流动型开放向规则制度型开放转变。

六、毗邻融合取得新进展

川渝毗邻地区合作，是成渝地区双城经济圈建设的"重头戏"。2023 年 7 月 14 日，川渝省市政协"推动川渝毗邻地区协同发展"联合协商会议在四川省广安市召开，会议提出：（1）要把川渝毗邻地区协同发展作为推动成渝中部崛起的重中之重，强化成渝中部"八区八市"合作共兴；（2）要聚焦产业发展深化协作共赢，共同培育竞争优势突出的现代产业体系，共建先进制造业基地和现代服务业高地；（3）要着眼于服务川渝"一盘棋""一体化"，进一步加强川渝省市政协联合履职，建好用好"渝事好商量·有事来协商"等共商平台，做好同题共答、同向发力，助力区域一体化发展。

1. 搭建合作功能平台，推动毗邻合作

川渝积极搭建合作功能平台，推动毗邻合作。2020 年 7 月，川渝两地提出共建万达开统筹发展示范区、川渝高竹新区、遂潼川渝毗邻地区一体化发展先行区、明月山绿色发展示范带等功能平台，加上规划纲要提出的川南渝西融合发展试验区，两省市共建 10 个区域合作功能平台。2020 年 12 月 31 日，川渝高竹新区、遂潼川渝毗邻地区一体化发展先行区获批设立。2021 年 1 月 4 日，重庆市人民政府、四川省人民政府发布关于同意设立川渝高竹新区的批复。川渝高竹新区地跨四川省广安市和重庆市渝北区，规划总面积 262 平方公里，是四川距重庆主城区最近的园区。川渝高竹新区规划建设科技创新基地，新基地共有三个功能分区：科创孵化区、科创服务区、综合配套区，总投资 23 亿元。项目于 2022 年全面开工建设预计，2025 年底全面建成。遂潼两地致力于在全域构建"双中心、三走廊、一园区"空间格局，2021 年，遂潼川渝毗邻地区一体化发展先行区地区生产总值已突破 2000 亿元，"双中心、三走廊、一园区"的一体化空间发展新格局也正不断成型。

川渝共同编制《泸永江融合发展示范区总体方案》《遂潼川渝毗邻地区一体化发展先行区总体方案》等规划或方案 13 个。批复设立川渝高竹新区等 8 个毗邻地区合作平台，万达开川渝统筹发展示范区、川南渝西融合发展试验区积极争取国家批复。10 个毗邻地区合作平台加快建设，各平台结合自身实际，在基础设施、产业发展、环境保护、公共服务、管理运营等方面共同发力，通过打通"断头路""瓶颈路"，加快建设 5G、工业互联网等新型基础设施，深化发展平台协同联动，实现异地入学、就医、就业等方面积极探索，推动了川渝毗邻地区的融合发展。

2. 积极探索经济区与行政区适度分离改革

在探索经济区与行政区适度分离改革方面，川渝高竹新区已彻底打破行政区划，按照"先定山水后定城"的规划思路和"政策就高不就低、成本就低不就高"的优惠条件，初步形成"536"改革成果，即经济活动 5 个一体化、社会事务 3 个属地化、6 大跨省域共建机制。广安市和渝北区的税费征管差异事项有 801 项，随着川渝高竹新区的建立，双方共同成立了全国首个跨省域税费征管服务中心。2022 年 1 月，推出川渝高竹新区电子税务局软件系统，确保纳税人登录一个平台即可办理川渝两地所有税务业务。目前已有 725 个事项实现统一，以前企业办税需花时间在渝北、广安来回跑，如今在新区可即到即办。

3. 开展省际政务协同服务

川渝打破政务服务地域阻隔和行政壁垒，在毗邻地区开展协作服务。两地公安机关推动公安政务服务互通互认。2021 年 5 月，重庆同四川毗邻的 13 个区县公安局已初步建立了 110 报警服务一体化处置机制。2022 年，川渝毗邻地区建立 110、120 协作服务机制，办理住房公积金异地转移接续 2.4 万人次。目前，遂宁、潼南两地建立"川渝毗邻地区公安政务服务蓬南分中心"，实现社保无障碍转移接续、异地住院直接结算、公积金互认互贷、纳税等 200 余个便民服务事项一网通办、异地通办。两地还建立遂潼就业信息共享平台，联合成立公共卫生应急队伍，共建重症医学等 23 个医疗专科联盟。

4. 推动生态环保联动

在生态环境领域，2020 年以来，川渝两地签订合作协议 50 余项，其中重庆市生态环境局与四川省生态环境厅签订协议 10 项，重庆区县与四川省相关市区县签订合作协议 30 余项，两省市水利、林业、公安等部门签订合作协议 11 项。双方开展碳达峰碳中和联合行动，推进长江、嘉陵江等生态廊道建设，深化跨界河流联防联控，川渝跨界国考断面水质达标率 100%。在大气联动帮扶方面，川渝两地实行协同督察，共同印发《新盛河、任市河流域水环境问题整改督察联动工作方案》。2020 年，川渝毗邻地区联合开展 5 轮打赢蓝天保卫战联动帮扶，检查企业 242 家，移交问题线索 159 条。

5. 共建农业一体化

在农业发展领域，川渝毗邻地区共建一体化生产基地。如渝遂绵优质蔬菜生产带、生产基地，目前已建成蔬菜示范基地 2 万余亩，鲜销蔬菜主要供应北京、成都、重庆、拉萨、贵阳等地。双方合力共建"遂宁鲜"与"潼南绿"等区域公用品牌，致力于打造成渝双核安全绿色的"菜篮子""米袋子""肉盘子"。

总而言之，川渝两地牢固树立一体化发展理念，强化战略协作、政策协同和工作协调，推动重点区域、关键领域取得实质性突破，发展能级持续提升，经济实力稳步增强。

第五章　川渝协同创新 SWOT 分析

在成渝地区双城经济圈发展战略背景下，为进一步深化川渝科技协同创新，推动成渝地区双城经济圈建设具有全国影响力的科技创新中心，有必要通过运用 SWOT 分析方法对川渝协同创新发展中的内外部条件进行综合梳理，分析发展过程中的优势、劣势以及面临的机会和挑战，为选择相应的发展策略提供支撑。

第一节　川渝协同创新发展具备的优势

川渝两地历史同脉、山水相连、地理同域、经济同体、文化同源、人缘相亲、习俗相融，历来交往联系紧密，两地发展你中有我、我中有你，具有协同发展的天然优势。

一、山水相连的地理位置

巴山连蜀水，川渝一家亲。四川省与重庆市均位于中国西南地区，同处四川盆地和长江上游，位于青藏高原与长江中下游平原之间的过渡地带。四川省东邻重庆，是西南、西北和中部地区的重要接合部，是承接华南华中、连接西南西北、沟通中亚南亚东南亚的重要交汇点和交通走廊。① 重庆市则东临湖北和湖南，南接贵州，西面、北面与四川山水相连，是东部出海的重要通道。

二、厚重深远的历史渊源

（一）历史同根

先秦时期，川渝分别为巴国、蜀国之地。古语曰："巴"为"吞食大象的巨蟒"，"蜀"为"葵中之蚕"，巴国中心为川东地区，蜀国的中心为四川盆地中西部平原，故此现在的巴蜀核心地带为重庆市和四川省。巴国起源于新石器时代的大溪文化，据《辞源》："巴国，古国名，位于今重庆、湖北、四川、贵州一带地方。"② 商周时期，四川地区建立了由古蜀族为中心的蜀国；所以，四川地区古称"蜀"。公元前316年，秦国兼并了蜀国，设立了蜀郡。西汉元封五年（前106年），巴、蜀二郡划入全国十三州之一的益州。

北宋时期，置川峡路，咸平四年（1001年），分置益州（今成都）、梓州（今三台）、利州（今广元）、夔州（今奉节）四路，合称"川峡四路"，简称"四川行省"，始有四川之名。

1280年，元世祖至元十六年设立重庆路总管府，管辖四川南道宣慰司，隶属于四川行省。从此，"四川"一名沿用下来。③ 1286年，元朝至元二十三年设"四川行中书省"，简称"四川行省"，此为"四川"建省之始。1361年，元末红巾军起义后，明玉珍及其子明昇在四川建立"大夏"政权，建都重庆，1372年"大夏"被明朝所灭。

1371年，明太祖洪武四年，复改为重庆府，隶属于四川布政使司，辖2

① 《四川概况》，四川人民政府2015年12月27日。
② https：//baike.so.com/doc/6229475-6442803.html。
③ 《"四川"得名的文化解读》，《四川》2015年12月27日。

州、11 县、1 厅，包括巴县、江津、长寿、永川、荣昌、綦江、南川、合州、涪州、铜梁、大足、璧山、定远、江北厅。

明代，四川是全国 13 行省之一，辖区除今四川、重庆外，还包括今贵州省遵义和云南东北部及贵州西北部。民国时期，四川划分为 18 个行政督察区及西康行政督察区（原川边特别区），1929 年设重庆市，1930 年设成都市。

1949 年底，中华人民共和国中央人民政府设立西南军政委员会，所辖区域为云南、贵州、西康三省，川东、川西、川南、川北四行政区，重庆直辖市及西藏，驻地重庆。1952 年，中央人民政府撤销川东、川西、川南、川北行署区，恢复四川省建制。1953 年 2 月 28 日，成立西南行政委员会，仍驻重庆，辖一个直辖市（渝）、四个省（川、云、贵、康）和西藏地区。1954 年 7 月，重庆市并入四川省。[1]

1997 年 3 月，八届全国人大五次会议通过《关于批准设立重庆直辖市的决定》，原四川省重庆市、涪陵市、万县市及黔江地区组建重庆直辖市，至此川渝分治，形成当今四川省、重庆市行政区域。[2]

（二）文化同源

川渝共创巴蜀文化。巴蜀文化同根同源，川渝在分治和共治相互交织的发展历程中，巴蜀文化形成各自鲜明的特色；但由于两地地域相接、互动频繁，资源要素具有极强的互补性、融合性，在历史的演绎中，两种文化不断吸收、融合，浑然一体，使川渝成为血浓于水的一家人。

巴蜀文化是川渝地区共同的历史文化背景，共通的文化符号。其中，巴文化区包括南充、巴中、达州、广安、乐山沐川、内江（隆昌、资中）、广元东部以及自贡、宜宾、泸州[3]；蜀文化区包括成都、绵阳、德阳、遂宁、雅

---

① https：//baike. so. com/doc/2871728-3030429. html。
② 《四川省历史沿革》，《中国》2015 年 12 月 27 日。
③ 完整的巴文化区为重庆、四川东北东南部以及湖北省恩施与宜昌、陕西汉中与安康等地区。

安、眉山、资阳、乐山、广元西部、自贡（贡井和荣县）和内江（市中区、东兴区、威远）等地。四川话是流行于川渝地区的主要汉语言，使用者超过一亿的人口，川渝之间交流并无障碍。[①]

巴蜀文化源远流长，具有较长的历史延续性和稳定性。几千年的同宗文化为当今成渝地区双城经济圈建设和川渝协同发展奠定了良好的文化基础。尽管巴文化与蜀文化有着各自的特点和文化符号，但在一定程度上有着割舍不断的联系，所以成渝地区双城经济圈之间进行协同创新实现协同发展是众望所归。川渝之间不需要跨越山海，不需要中间翻译，沟通顺畅，会意清晰，通信便捷，交通畅达。成渝地区双城经济圈城市群之间因为存在着相似的历史传统与文化背景，协同发展成为必然是现实的选择，更是双赢的选择。

（三）合作深远

川渝合作历史悠久，不曾间断。早在 2004 年，川渝两省市共谋长江上游经济区发展的合作进入实质性阶段。2 月，两地高层在蓉签署了《关于加强川渝经济社会领域合作共谋长江上游经济区发展的框架协议》《关于共同推进川渝两省市重大交通能源基础设施项目建设的合作协议》《关于加强川渝两省市文化合作共谋文化发展的协议》《关于农业和农村经济合作的协议》《关于进一步加强川渝两省市公安机关警务联勤工作的协议》《关于共同推进川渝两省市广播电视事业产业发展的合作协议》《关于加强川渝两省市旅游合作的协议》等七个协议。"1+6"合作协议被视作提升川渝两地交流合作层面、拓宽合作领域、丰富合作内容、促进两省市共同发展的重要推进器。

2011 年，国家出台《成渝经济区区域规划》。党的十九大以来，川渝两省市党委政府更是"你来我往"，持续推动合作走向深入。成渝地区双城经济圈"两中心两地"的目标定位，是中央对川渝赋予的更大使命和更高期望，它意

---

① 《科大讯飞正式发布四川话语音识别技术》，网易新闻 2015 年 12 月 27 日。

味着在全国"一盘棋"的发展格局中，成渝两地将扮演着更加重要的角色。

川渝合作力度不断加大。2011 年，国家出台《成渝经济区区域规划》，明确广安、潼南为川渝合作示范区。2015 年，两地达成《关于加强两省市合作共筑成渝城市群工作备忘录》，决定将推动交通、信息和市场三个"一体化"。同年，成渝高铁正式通车运行，两城经济进入双城发展时期。2016 年 3 月，《成渝城市群发展规划》获批，成渝正式进入城市群时代。2016 年 6 月，两地签署"1+10"系列合作协议；2018 年 6 月，川渝两地签署《重庆市人民政府、四川省人民政府深化川渝合作深入推动长江经济带发展行动计划（2018—2022 年）》和 12 个专项合作协议，双方合作向纵深推进。

川渝地区合作接续奋斗。2019 年 4 月，国家发改委印发的《2019 年新型城镇化建设重点任务》，提出扎实开展成渝城市群发展规划实施情况跟踪评估，研究支持成渝城市群高质量发展的政策举措，培育形成新的重要增长极。2019 年 7 月，两地签署了《深化川渝合作推进成渝城市群一体化发展重点工作方案》《关于合作共建中新（重庆）战略性互联互通示范项目"国际陆海贸易新通道"的框架协议》等深化川渝合作"2+16"系列工作方案（协议）。2020 年 1 月，成渝地区双城经济圈战略的提出，表明中央对川渝赋予了更大的使命和更高的期望。其"两中心两地"的目标定位，意味着在全国"一盘棋"的新发展格局中，成渝两地将扮演更加重要的角色。至此，成渝地区双城经济圈概念逐渐清晰，日益成熟。

三、良好坚实的基础条件

（一）科创资源丰富

成渝地区科技资源较为密集，具备联手打造科技创新中心的基础条件。

1. 高等院校

纵观全球，高等院校尤其是研究型大学对地区经济发展具有不可估量的价值。依托学校学科研究资源，教学、研究、产业三者兼顾，可以促进企业与高校的融合与渗透。高校教师和研究生在企业兼职，促进知识在区域内的有序流动。高校与所在区域之间的"知识对流"，会不断丰富当地创新文化的底蕴，有利于形成创新的文化氛围。

川渝地区高校云集，创新主体规模壮大。拥有高等院校超 200 所，国家级重点实验室、国家工程技术研究中心、国家工程研究中心近 100 个，高新技术企业超 2 万家，科技型企业超 6 万家，形成了基础研究、应用研究和产业创新的发展格局。

高等院校是重要的创新主体。成渝地区的高校数量众多，高等教育资源丰富。据教育部发布的《2021 年教育统计数据》，截至 2021 年，川渝共有高等院校 203 所，其中四川省有 134 所，重庆市有 69 所（见表 5-1）。四川省高校全国占比为 4.82%，排名全国第 5 位，重庆市占比 2.48%，排名全国第 21 位，川渝地区的高校总数占全国总数的 7.3%。成渝地区共有 10 所高校入选我国"双一流"建设名单：其中"双一流"建设高校有 3 所，包括川大、电子科大、重大，占全国总数的 7.14%；"双一流"学科建设高校有 7 所，包括西南交大、西南大学、西南财大、川农、石油大学、成理、成中医，占全国总数的 7.37%。

表 5-1　川渝高校数量

	普通高等教育学校	普通本科	高职专科及成人高校	985/211	世界一流建设大学A 类	211/双一流大学	双一流	军队重点 211
四川	134	53	81	2	1	2	3	
重庆	69	26	43	1	1	1		1

成渝两市拥有 985 以及 211 国家级重点大学 7 所，整个川渝拥有上百所省属重点高校，科技协同后备力量强大，科研实力雄厚。

2. 科研院所

在科研院所方面，成渝城市群内各市、县、区均已存在数十个科技相关院所，科研院所与高校、企业以及地方政府联合，能够发挥强大的科技协同作用。同时，川渝规划、新建了众多科研中心，实行纵向分工开展科技协同工作。截至 2021 年底，重庆市共有科研院所 62 家，其中中央在渝院所 13 家，约占 1/5，主要涉及电子信息、生物医药、新材料、资源与环境、科技服务等领域；全市有研发活动的科研机构有 32 所；共承担省部级以上科研项目 605 项，其中国家级项目 59 项。2021 年，四川省拥有科学研究与技术服务机构 271 个；2022 年末，四川省拥有省级工程技术研究中心 407 个。

3. 人才资源

人力资本是创新的源泉，是提升区域创新水平和能力的决定性因素。

川渝地区人力资源丰富。四川省常住人口中拥有大专及以上文化程度的人口为 1110 万人，重庆市为 494 万人。人口的增长以及受教育程度的提升为成渝地区双城经济圈建设提供了大量优质的创新人才。

川渝地区普通高校的科研力量优势突出。截至 2021 年末，四川普通高等学校在校生人数 192.08 万人，普通高等学校专任教师数 9.83 万人，其中高级职称专任教师数 3.56 万人，硕士、博士 6.26 万人；重庆普通高等学校在校生人数 63.17 万人，普通高等学校专任教师数 5.21 万人，其中高级职称专任教师数 2.05 万人，硕士、博士合计 3.5 万人。[1] 2021 年，在普通高校毕业研究生数量排名中，四川居全国第 7 位，重庆居全国第 12 位；在高等教育专任教师数量排名中，四川居第 5 位，重庆居第 15 位；在高级职称的教师数量排名中，四川居第 8 位，重庆居第 19 位。这为科技创新提供了强有力的智力支持，有效为成渝地区双城经济圈创新协同发展赋能。

川渝两地科技人员总数较多，规模较大。截至 2018 年，成渝地区双城经济圈共有两院院士 76 人，重庆国家杰出青年基金获得者 143 人，R&D 人员 40.54 万人，科技人员约 104 万人。2020 年，川渝两地会聚 R&D 人员 45.9 万

---

① 数据来源：中国教育统计年鉴。

人，四川省青年科技基金支持杰出青年科技创新人才项目262项，科技创新创业人才及苗子工程项目累计支持培养1193名科技人才。① 2021年，四川省各类专业技术人员达359万人，拥有省级学术和技术带头人2000余人，科学研究与技术服务机构从业人员达33145人。2021年，重庆市规模以上工业企业R&D人员达102905人。重庆市实施重庆英才计划，举办重庆英才大会，截至2022年，累计引进各类优秀人才15.6万人，人才资源总量突破600万人。②

4. 创新企业

四川省创新创业主体迸发新活力。创新方面，近年来，四川省高新技术企业群体持续壮大：2016年，四川高新技术企业只有3134家；2019年以后开始激增，2020年和2021年保持每年净增2000家以上速度。2021年新增市场主体135.2万户，达771.6万户；有国家高新技术企业10247家，四川高新技术企业步入"万家时代"，高新技术产业实现营业收入2.3万亿元，同比增长14.4%，推动全省跨过创新型经济体门槛，培育出多家"独角兽企业"和"科创板"上市企业。2022年末，四川拥有高新技术企业1.47万家，比上年增长43.1%，增速提高17.5个百分点；备案科技型中小企业1.87万家，比上年增长26.2%，增速提高5.7个百分点。高新技术企业和科技型中小企业数量分别居全国第9位和第8位，每万户企业中的高新技术企业达到180家左右。新增1家国家技术创新示范企业，累计达到36家；备案省级瞪羚企业62家，累计达到214家。③ 在川落户世界500强企业达到377家。其中，境外世界500强企业达到256家。④ 创业方面，孵化载体数量激增。自四川省第十一次党代会以来，全省建成各类孵化载体700余家，面积超过2200万平方米，在孵企业和创业团队超过3万家（个）。截至2020年末，建成各类孵化载体近

---

① 舒巧：《川渝科技资源对比及协同共享简析》，《重庆统计》12—15。
② 2023年重庆市人民政府工作报告。
③ 2023年四川省人民政府工作报告。
④ http：//tjj.sc.gov.cn/scstjj/c111701/2023/3/22/fe161b0109d64d588d62f3e0947b389d.shtml.

1000 家，入库科技型中小企业 1.2 万家，备案瞪羚企业 100 家，众创空间、科技企业孵化器、大学科技园等构成全链条创新创业孵化体系。

重庆市优质市场主体不断壮大。近年来，重庆市加强以科技创新赋能产业发展，创新型企业数量高位提升，高新技术企业和科技型企业发展势头良好。截至 2021 年，重庆市有效期内高新技术企业达到 5066 家，较 2020 年增长 20%；新增科技型企业 10213 家，较 2020 年底增长 39%；国家级"专精特新"小巨人企业、科技型企业分别增加至 118 家、3.69 万家，每万家企业法人中高新技术企业数达 80.7 家。截至 2022 年，科创板上市企业总数达到 3 家，科技型企业、高新技术企业、国家专精特新"小巨人"企业分别达到 42989 家、6348 家、255 家，上市公司增加 31 家，达到 90 家。① 高新技术企业较 2017 年增长 3.1 倍，复合增长率 25.8%；科技型企业较 2017 年增长 5.3 倍，复合增长率 44.9%。其中，重点支持的高新技术领域包括电子信息、生物与新医药、航空航天、新材料、高技术服务、新能源与节能、资源与环境、先进制造与自动化等。重庆经济实力、科技实力、综合竞争力进一步提升，高质量发展的基础更加巩固。2023 年重庆市科技工作会提出，2023 年力争全市科技型企业超过 4.8 万家、高新技术企业突破 7000 家。

5. 创新平台

成渝地区科技资源较为密集，具备开展前沿基础科学研究的基础。截至 2018 年，成渝地区拥有两江新区和天府新区 2 个国家级开发开放平台、12 个国家级高新区、10 所"双一流"大学（含一流学科建设大学）、共有国家重点实验室 22 个，26 个国家工程技术研究中心、746 个市级（省级）工程技术研究中心，9 个大科学装置，市级（省级）新型研发机构 110 个。拥有科技服务业单位（企业、机构）约 4.5 万，科技中介服务平台 830 余家，线上科技服务平台 20 个，线上产业科技服务平台 6 个，科研机构 7370 家，创业孵化

---

① 数据来源：2023 年重庆市人民政府工作报告。

载体超 1000 家。多项重大科技基础设施布局，源头创新能力较强。目前，成都布局有 H-2M 聚变装置、转化医学、高海拔宇宙线观测站、极深地下极端低辐射本地前沿物理试验设施等大科学装置和重大科技基础设施。

四川是国家系统推进全面创新改革试验的八个区域之一，科教实力雄厚。拥有中国（四川）自由贸易试验区、成都国家自主创新示范区、大府新区、绵阳科技城、攀西战略性资源创新开发试验区等多个重大区域创新平台。截至 2020 年底，四川拥有国家重点实验室 16 家、国家工程技术研究中心 10 家、国家企业技术中心 48 家（2018 年），国家级高新技术产业开发区 8 个，高新技术企业 8154 家，全省入库科技型中小企业首次突破 1 万家，专利授权量超 10 万件。[1] 拥有国家级创新平台 119 家，成都超算中心投入运营。[2] 据《成都日报》2021 年 7 月 26 日报道，国家民航科技创新示范验证中心、阿里云西部云计算中心及数据服务基地等高能级创新项目落地成都未来科技城；生命科学创新区组建运行生物医药国际平行实验室，突破生物医药领域关键瓶颈技术 12 项，6 个创新平台获得国际认证；投资 100 亿元的京东方智慧系统创新中心在成都新一代信息技术创新基地落地建设。

重庆是传统的科教资源中心。拥有重庆大学、西南大学等 70 所高等院校（2022 年）。2021 年，重庆新增市场主体 57.88 万户，同比增长 14.5%，年末市场主体总数 320.37 万户，新注册企业三年存活率达 86.24%。新增高校 2 所，新引进研发机构 16 家，新增国家级工业设计中心 4 个。截至 2021 年底，全市共有国家重点实验室 10 个，国家级工程技术研究中心 10 个，高端研发机构 77 个，国家质检中心 19 个，国家企业技术中心 30 家（2018 年），国家科技创新基地 67 个（2020 年）。联合微电子中心获批成为国家级制造业创新中心，市畜科院获批建设国家生猪技术创新中心。目前，重庆已引进建设中科

---

① 四川省统计局：《2020 年四川省国民经济和社会发展统计公报》，（2021-03-14）［2021-04-04］。

② 成都市新经济发展委员会 . 2020 年成都市国民经济和社会发展统计公报［EB/OL］.（2021-03-29）［2021-04-04］。

院大学重庆学院、中国工程科技发展战略重庆研究院、北京理工大学重庆创新中心、中电科联合微电子中心、英特尔 FPGA 中国创新中心等高端研发机构 41 个，累计建设新型研发机构 75 家。2021 年，重庆获批设立国家海外人才离岸创新创业基地和中国重庆数字经济人才市场。

6. 科技金融

科技投融资方面，成渝地区双城经济圈初步形成了天使投资、风险投资、种子基金、债券融资、股权融资、"科创贷"等一体的科技金融服务体系。四川已经形成了"1+1+2+N"科技金融服务体系，重庆推出了知识价值信用贷款，形成了股权投资、债权融资、众筹募资三大体系。

7. 科技信息

川渝地区科技信息资源门类较全。现有研究开发、检验检测认证、技术转移、综合科技、科技金融、科技咨询、科技文献、科学技术普及、知识产权、创业孵化等科技信息资源。2018 年，仅四川省科技文献共享服务平台就拥有科技文献 479461296 篇。其中期刊 88035345 篇、学位论文 3779191 篇、会议论文 2483122 篇、科技成果 1390021 篇。目前，科技文献已达 937133988 篇。其中，期刊 152998936 篇、学位论文 5779623 篇、会议 3400593 篇、科技成果 1390021 篇、专利 37677207 篇。[①]

截至 2022 年，成渝地区双城经济圈共有科技成果 43629 项，占西南地区的 88.25%。其中，应用技术 40503 项、软科学 1464 项、基础理论 1662 项，川渝两地科技成果以应用技术成果为主，占所有成果的 92.84%。

综上，成都和重庆在科教资源、重大科技基础设施布局、产业创新以及创新要素等领域各具优势，成都在重大科技基础设施、产业创新研发、高新技术企业、院士专家资源以及金融资本等方面优势明显，重庆则拥有更雄厚的制造业基础和工业实力。

---

① https：//www.scstl.org/index.jsp.

(二) 产业体系完备

1. 产业基础实力雄厚

川渝两地产业门类齐全、基础良好，特别是电子信息和汽车产业规模较大、关联度高、互补性强。作为全国重要的制造业基地，成渝地区具有良好的工业和科技基础。两地近年来把握数字化、网络化、智能化融合发展契机，大力实施以大数据智能化为引领的创新驱动战略，陆续培育了互联网医疗、数字文创、航空航天等新兴产业，助推经济高质量发展。① 2020 年，围绕信息安全、集成电路、大数据、人工智能等重点领域，四川布局技术攻关项目 560 项，支持经费超过 5 亿元，全省国家级高新技术产业化基地达 20 家，高新技术产业营业收入总体规模突破 2 万亿元，规模以上工业领域高新技术产业实现营业收入 1.44 万亿元，规模以上电子信息制造业完成营业收入 6957.5 亿元，同比增长 28.1%，总量居全国第四，并在总量前 4 名中增速第一；重庆的汽车产业增加值分别比 2019 年增长 10.1%，汽车产业增速位居全市工业第 2 位。②

当前，重庆市高水平建设科学谷科技前沿产业集群、金凤生物医药产业园等孵化集群，建成市级以上孵化载体 30 个，其中国家级 11 个，孵化载体总面积达 184 万平方米；首个大科学装置超瞬态实验装置纳入国家"十四五"规划重大科技基础设施备选项目，中国自然人群生物资源库投运，种质创制大科学中心于 2021 年 10 月试运营。③

2. 产业结构不断优化

川渝地区三次产业门类齐全。在地区生产总值中，农林牧渔业增加值、

---

① 魏颖、张军、曹方等：《成渝地区双城经济圈国家高新区高质量发展研究》，《科技管理研究》2021 年第 4 期，第 75—82 页。

② 第一财经日报. 成渝"双城记"建设全面铺开世界级产业集群合作路线出炉 [EB/OL]. (2021-06-03) [2021-06-03]。

③ 重庆人大常委会. 重庆市人民政府关于西部（重庆）科学城建设情况的报告 [EB/OL]. (2021-09-27) [2021-09-27]。

工业、建筑业、批发和零售业、交通运输、仓储和邮政业、住宿和餐饮业、房地产业及其他行业均有贡献。

（1）四川方面

2018—2022 四川省三次产业产值增加值及贡献率分别如图 5-1、图 5-2 所示。

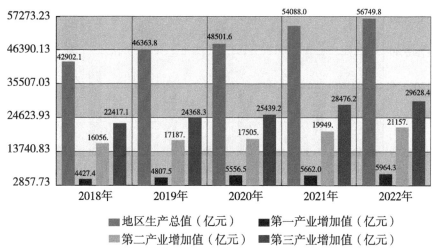

图 5-1　2018 —2022 四川省三次产业产值增加值

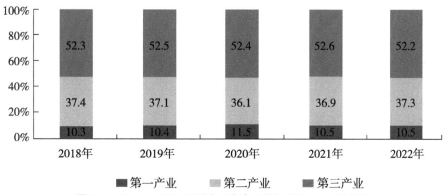

图 5-2　2018 —2022 四川省三次产业增加值占 GDP 的比重

由图 5-1、5-2 可知，从近五年四川省三次产业产值增加值来看，四川省属于典型的 3∶2∶1 型产业结构，三次产业对经济增长的贡献率从高到低分别是第三、第二产业及第一产业。3：2：1的产业结构呈现稳定的发展态势，产业结构升级成效显著。

（2）重庆方面

2018—2022年重庆市三次产业产值增加值及贡献率分别如图5-3、图5-4所示。

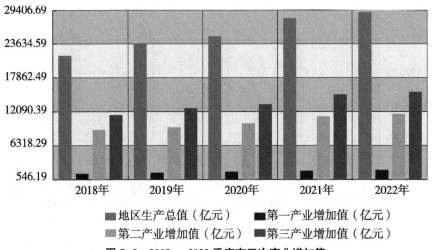

图 5-3　2018 —2022 重庆市三次产业增加值

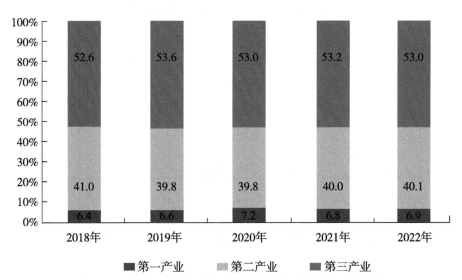

图 5-4　2018 —2022 年重庆市三次产业增加值占 GDP 的比重

由图 5-3、5-4 可知，近五年重庆三次产业产值增加值也呈现稳定的 3：2：1 的产业结构。2022 年，重庆三次产业结构比为 6.9：40.1：53.0。

可以看出，川渝产业结构均属于 3：2：1 的产业结构，第二、三产业都是重要的 GDP 构成部分，处于工业化中期阶段。

2022 年，成渝地区双城经济圈经济结构进一步优化。川渝两地携手推动产业转型升级，铸强发展优势。2022 年，成渝地区双城经济圈第一产业增加值 6469.55 亿元，占全国的 7.3%，比上年增长 4.2%，高于全国平均水平 0.1 个百分点；第二产业增加值 29890.58 亿元，占全国的 6.2%，比上年增长 3.8%，与全国持平；第三产业增加值 41227.86 亿元，占全国的 6.5%，比上年增长 2.2%。三次产业结构占比为 8.3：38.5：53.2，第二产业占比比上年提高 0.3 个百分点，第三产业占比高于全国平均水平 0.4 个百分点。

3. 工业体系优势突出

1997 年，随着重庆设立直辖市，川渝两地在各自工业体系的建设与完善中更加突出特色与分工、更加强调发展优势工业以及更加注重培育地方专业化产业。因此，就川渝合作的深度和广度而言，川渝两地基本上已经形成了特色鲜明、优势互补的区域工业体系。

(1) 四川方面

四川是西部重要的工业基地，是全国三大动力设备制造基地和四大电子信息产业基地之一。随着改革开放的深入推进，四川已成为中国西部工业门类齐全、优势产品较多且实力较强的工业基地。在传统的航空航天、机械、电子、冶金、化工、核工业、建筑材料、食品、丝绸、皮革等行业，四川在西部地区乃至全国占有一席之位。同时，新一代信息技术、高端装备制造、新能源、新材料、生物、节能环保等战略性新兴产业快速发展。2019 年，全省电子信息产业主营业务收入首次突破万亿元大关，达 10259.9 亿元，同比增长 13.8%，标志着四川首个万亿产业诞生。成都作为"天府之国"，近年来电子信息等高新技术产业快速发展，国务院已将其定位为西南地区的科技金融中心。

四川已成为中国新型显示产业重要集聚区。近年来，四川先后聚集京东方、惠科等面板企业，以及极米、中建材、长虹电子等新型显示相关配套产业，初步形成了以成都和绵阳为双核心的新型显示产业制造基地，电子信息产业链完整、光电显示产业优势明显。

先进制造业正在加快扩能。电子信息、食品饮料产业规模迈上万亿元台阶。成都软件和信息服务、成（都）德（阳）高端能源装备、成渝地区电子信息先进制造等创建为国家先进制造业集群，成都生物医药、成都轨道交通装备、自贡节能环保等创建为国家战略性新兴产业集群。数字经济全面赋能。网络强省、数字四川、智慧社会加快建设，大数据、云计算、物联网更加广泛运用。

（2）重庆方面

重庆作为我国西部唯一的一个直辖市，是全国重要的中心城市，也是我国重要的工业基地之一，以及最重要的物资集散地之一。国务院将其定位为长江上游的经济中心，足见其重要程度。

老工业基地焕发出新活力。近年来，重庆依托完备的制造业体系，加快转型升级产业结构，加快培育先进制造业产业集群，传统老工业基地焕发出新的生机与活力。装备制造、信息技术、生物医药、新材料等战略性新兴产业蓬勃发展，重庆现已形成了电子信息、汽车、装备制造、综合化工、材料、能源和消费品制造等千亿级产业集群，是全球重要电子信息产业和汽车产业集群。两江新区、西部（重庆）科学城建设高标准实施，以大数据智能化为引领的创新驱动发展深入推进，"智造重镇""智慧名城"建设取得突破，高质量发展的引擎动力更加强劲。

当前，重庆以智能产业为主导的新兴产业迅猛发展。集成电路领域已初步打通全产业链；物联网领域已初步形成"三位一体"发展格局；工业机器人领域已初步构建了从研发测试到制造集成服务的全产业体系。《2022年度重庆市行业科技竞争力评价报告》显示，2021年重庆八大重点行业中汽车（含智能网联新能源汽车）和装备制造行业的科技竞争力处于全国第5位、消费品行业处于第 6 位、电子信息行业处于第 8 位、生物医药和材料行业均处于第 10 位、化工行业均处于第 13 位、能源行业处于第 14 位。目前，重庆已成为我国重要的现代制造业基地。

目前，川渝地区形成了电子信息、装备制造、食品饮料、先进材料、能源化工、数字经济、汽车、国防军工等优势产业。当前，成渝地区已成为全球最大的 OLED 生产基地，目前全球三分之二的 iPad、50% 的笔记本电脑、10% 的智能手机在成渝地区制造。此外，成渝地区作为 20 世纪六七十年代我国重点建设的老工业基地，还拥有丰富的军事科技资源，军工产业和军民融合发展潜力巨大。

（三）经济基础良好

1. 市场规模优势突出

川渝地区人口众多，宜居环境、开放和包容性吸引了大量省外人口来成渝定居，具有人口和市场规模的优势。川渝人口规模过亿，根据《第七次全国人口普查公报》数据显示，2020 年末四川省和重庆市的常住人口分别为8367 万人和 3205 万人。并且人口增长继续"流入模式"，特别是成都和重庆两核，人口加速流入趋势持续不减，人口聚焦态势显著，这为市场规模、产业发展、公共设施建设等带来规模效应基础。

2. 经济增长稳中向好

2021 年，成渝地区双城经济圈实现地区生产总值 73919.2 亿元，比上年增长 8.5%，总体呈现稳中加固、稳中提质、稳中向好的发展态势。经济总量占全国的 6.5%、西部地区的 30.8%，经济增速继续领跑西部，比西部地区平均水平高 1.1 个百分点，其中，四川部分和重庆部分增速均高于四川省和重庆市平均水平，呈现出产业发展支撑有力、多领域合作向纵深推进的态势，引领带动作用进一步增强。2022 年，成渝地区双城经济圈实现地区生产总值77587.99 亿元，占全国的比重为 6.4%，占西部地区的比重为 30.2%；地区生产总值比上年增长 3.0%，高于全国水平。[1]

2022 年，我国 GDP 突破 120 万亿元。其中，西部地区 12 个省（直辖市、自治区）256985 亿元，占全国国内生产总值 21.23%。

川渝经济增长情况如图 5-5、5-6 所示。

四川方面：

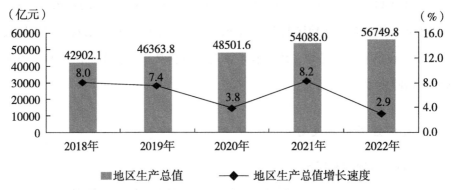

图 5-5　2018—2022 年四川省地区生产总值及其增长速度

重庆方面：

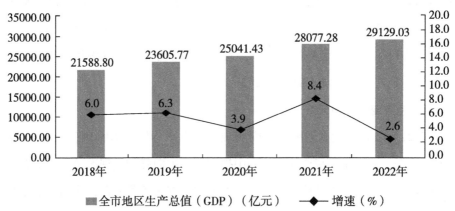

图 5-6　2018—2022 年重庆市地区生产总值及其增长速度

———————

①　2021 年、2022 年重庆市国民经济和社会发展统计公报。

总体来说，川渝地区经济保持持续增长态势。但在经济新常态下，增长率趋于下降。2022 年，在新冠疫情肆虐和全球经济低迷的不利形势下，四川省经济实力上新台阶。地区生产总值（GDP）56749.8 亿元，比上年增长 2.9%，稳居全国第 6 位，人均地区生产总值 67777 元，同比增长 2.9%。[①] 2022 年，重庆全年实现地区生产总值 29129.03 亿元，比上年增长 2.6%，近五年年均增长 5.4%；人均地区生产总值 90663 元，同比增长 2.5%，高于全国平均水平。[②]

3. 工业发展质量同升

川渝两地整合优势产业，立足汽车、电子信息等重点行业，加快打造先进制造业集群，推动制造业高质量发展。2022 年，成渝地区双城经济圈规模以上工业企业实现营业收入 77044.12 亿元，比上年增长 3.9%；实现利润总额 5916.46 亿元，比上年增长 6.3%，高于全国水平 10.3 个百分点。

四川方面，产业层次不断提升。近五年，工业增加值年均增速高于全国 1.2 个百分点，高技术制造业营业收入占比超过 20%，提高 10 个百分点左右。[③] 重庆方面，2022 年，规模以上工业增加值年均增长 5.2%，高技术制造业、战略性新兴产业增加值占比分别达到 19%、31.1%。六个支柱产业产值规模均迈上千亿级台阶，汽车、电子产业分别达到 4500 亿、7000 亿级规模。[④]

新兴产业发展加速。当前，成渝地区双城经济圈的生物医药、高端装备、新材料等产业发展进入快车道，对技术创新、技术整合、成熟成套技术、技术储备、成果转化等匹配产业发展的高端科技服务提出了更高的要求，增加了更多的科技服务需求，科技服务供给挑战加剧。

---

① 2022 年四川省国民经济和社会发展统计公报。
② 2022 年重庆市国民经济和社会发展统计公报。
③ 2023 年四川省人民政府工作报告。
④ 2023 年重庆市人民政府工作报告。

4. 新兴消费蓬勃发展

川渝两地厚植巴蜀特色，以推动重庆、成都培育建设国际消费中心城市为重点，打造富有巴蜀特色的国际消费目的地。2022 年，川渝两地实现 GDP8.6 万亿元，实现社会消费品零售总额 3.8 万亿元。四川、重庆两省市对全国 GDP 的贡献为 7.10%，占西部地区 GDP 的 33.42%。

四川方面。近五年社会消费品零售总额年均增速高于全国 1.9 个百分点，服务业增加值年均增速高于全国 0.8 个百分点，占比超过 52%。[①] 2016—2021 年，四川现代服务业发展势头迅猛，信息传输、软件和信息技术服务业增加值年均增速达到 23.2%，租赁和商务服务业增加值年均增速达到 14.8%。

重庆方面。近五年社会消费品零售总额年均增长 7.3%。[②] 以网上消费为代表的新型消费模式稳步发展。2021 年，重庆限额以上单位通过公共网络实现的商品零售额增长 27.3%，两年平均增长 35.9%。限额以上餐饮企业通过公共网络实现的餐费收入增长 39.7%，两年平均增长 33.7%。电商直播带货专项工程、国家电子商务进农村综合示范创建持续推进，累计建成直播电商基地 34 个，实现农村网络零售额 317.72 亿元，增长 30.58%。

成渝地区双城经济圈新业态新商业模式蓬勃发展。2021 年，限额以上企业通过互联网实现的商品零售额增长 24.2%；2022 年，成渝地区双城经济圈限额以上单位通过互联网实现的商品零售额达 2377.22 亿元，比上年增长 15.6%。

总之，川渝地区经济发展态势良好，逐渐向着高质量发展，为川渝地区创新协同发展奠定了物质基础。

---

① 2023 年四川省人民政府工作报告。
② 2023 年重庆市人民政府工作报告。

（四）双核带动引领

成渝作为西部经济发展较好、设施条件较完善的城市，是引领西部地区开发开放的核心引擎。

成都市是四川省省会、副省级市、特大城市、成渝地区双城经济圈核心城市，国务院批复确定的中国西部地区重要的中心城市，国家重要的高新技术产业基地、商贸物流中心和综合交通枢纽、全国最佳旅游城市。是全国重要的经济中心、科技创新中心、世界文化名城和国际门户枢纽。2020 年，常住人口 2093.78 万人。作为全球重要的电子信息产业基地，有国家级科研机构 30 家，国家级研发平台 67 个，高校 56 所，各类人才约 389 万人，2019 年世界 500 强企业落户 301 家。

重庆市是长江上游地区经济、金融、科创、航运和商贸物流中心，全国唯一兼具四种类型的国家物流枢纽和国际消费中心城市。作为西部大开发重要战略支点、“一带一路”和长江经济带重要联结点及内陆开放高地，是中华人民共和国直辖市、国家中心城市，国务院批复的国家重要的中心城市之一、长江上游地区经济中心，成渝地区双城经济圈核心城市，国家重要先进制造业中心、西部金融中心。国家历史文化名城，中国山地城市典范，有 3000 余年的建城史。

近年来，成渝地区常住人口规模、地区经济总量占全国比重持续上升，呈现出重庆和成都双核相向发展、联动引领区域高质量发展的良好态势，已经成为西部地区经济社会发展、生态文明建设、改革创新和对外开放的重要引擎。

从城市群本身的发展来看，中心城市、龙头城市的引领作用十分关键。根据国家统计局发布的《经济社会发展统计图表：第七次全国人口普查超大、特大城市人口基本情况》显示，全国共有 7 个超大城市，分别是上海、北京、深圳、重庆、广州、成都、天津，分布在四大城市群，其中大湾区有广州、深圳，京津冀有北京和天津，长三角有上海，成渝有成都和重庆。可见成渝地区的龙头城市作用十分突出。重庆和成都都是我国 GDP 十强城市，重庆GDP 位居前五，成都 GDP 位居第七，计划经济时代沉淀下来的高校、文化、工业等基础都十分雄厚，对域内城市"虹吸效应"非常显著。

从城市门户枢纽功能来看，重庆和成都两个城市都是重要的交通枢纽。在疫情之前的 2019 年，成都双流机场吞吐量位居全国第四，仅次于北京首都机场、上海浦东机场和广州白云机场。重庆江北机场位居全国第九。2020 年，由于京沪等地的国际航线受疫情影响大，整体的吞吐量下降幅度较大，相比之下，地处内陆的成渝受影响较小，因此成都机场吞吐量位居全国第二，重庆机场吞吐量位居全国第四。总而言之，这两地的枢纽功能十分突出。

从对外贸易的发展来看，2020 年外贸进出口额前十的城市中，成都是唯一的内陆城市。重庆外贸进出口也位居第 11 位。可以说，成渝地区是除沿海地区之外，中西部最重要的对外贸易基地。在成都、重庆的外贸出口产品中，电子信息产品占比高。

从人才吸引力来看，沿海三大经济增长极都有一个显著的特点，即该区域能够聚集大量的优秀人才，并且人才在主要城市之间的流动、交流频繁。目前成渝对人才的吸引力不断增强，且人才在成都和重庆两个主要城市之间流动频度很高。比如，四川名校四川大学 2019 年毕业生中留在本省就业的比例达到了 50.61%，该比例远超过了武汉、合肥、长沙等地的名校。同时四川大学的省外就业第一去处是重庆，占比达 10.26%，两地合计占比超过了 60%。

从成渝各自特点来看，成都是一个宜居、宜业、宜游的城市。在服务业发展方面，特别是在旅游业、金融业、物流业等方面发展得非常好。从制造业来看，成都的软件、IT 产业、飞机制造等行业也做得非常有特色、有规模。重庆具备独特的沿江优势，在营商环境方面做得也比较好。从制造业来看，重庆在包括机械、汽车、化工、石化等大产业方面，已进入从传统产业向高新产业不断转型升级进程中。

从金融资源的聚集来看，成渝是西部金融中心的头部城市。成都、重庆处于西南金融资源比较核心的位置，2018 年，成都私募基金管理人数量、私募基金数量以及私募基金规模分别是 376 家、729 家、1252.35 亿元，重庆为 214 家、501 家、1217 亿元。随着成渝西部金融中心的建立，成都、重庆将进一步成为金融资本的聚集地。

成渝在西部地区创新引领地位显著。成渝两城在整个西部地区具备独特优势，包括人口集聚程度比较高、产业集聚、规模效应显著。两个城市都吸引了大量外资企业，国际化程度比较高，包括一批有国际声誉和竞争力的企业都集聚在这个地区。在消费引领发展方面，成渝在西南地区都扮演着核心城市的角色。在整个西部地区经济发展的过程当中，成渝扮演着龙头角色，尤其是在西南地区，这两个城市是当之无愧的两大核心城市。

重庆和成都的中心城市引领带动作用，有利于使成渝地区成为具有全国影响力的重要经济中心、科技创新中心、改革开放新高地、高品质生活宜居地，助推高质量发展。

（五）交通通信便捷

川渝地区交通通信网络发达，为川渝地区科技资源要素流动提供了便利。

近年来，川渝交通基础设施建设取得重大成就，"蜀道难，难于上青天"的面貌早已成为过去时。成渝地区已经建立了"铁、公、水、空"综合交通运输体系和完善的物流、仓储体系，连接"一带一路"的天府机场、中欧班列等通道，口岸、保税区等平台布局日益完善，金融、商贸、文化娱乐等服务业基本配套，特别是金融、商贸、科技、教育等领域近年来发展迅速，城市现代功能正快速提升且按照生活宜居地的标准建设。

川渝拥有长江黄金水道和排名全国前 10 位的国际机场，水、陆、空、铁综合交通发达。当前，四川铁路营运里程 5687 公里，高速公路通车里程 8608

公里，成都双流国际机场旅客吞吐量超过5000万人次，成都天府国际机场正式投运，"四向八廊"战略性综合交通走廊逐步形成。成都成为国内第3个拥有双国际机场的城市。四川所有市（州）府所在地通高速。重庆基础设施建设提速推进，高速公路通车里程达3841公里，建成了"一枢纽十干线"铁路网，"米"字形高铁网加快建设、在建和营业里程1768公里，国际航线达106条。内陆开放高地加快崛起，以长江黄金水道、中欧班列等为支撑的开放通道全面形成。重庆和成都城市轨道交通均突破300千米，列全国城市前列。当前，一批港口、公路、铁路等项目正在推进建设或已完工，成渝双核之间基本实现一小时畅达。目前，成渝城际动车日均开行78.5对、发送8.7万人。成都到省内动车编组达到每日10次以上。2020年，成渝两地中欧班列开行总量占全国的40%以上；在机场客流排名中，成都双流机场和重庆江北机场位居前列。①

2021年2月，中共中央、国务院印发《国家综合立体交通网规划纲要》，明确提出将成渝地区双城经济圈与京津冀、长三角、粤港澳大湾区并列为"四极"来建设面向世界的四大国际性综合交通枢纽集群，从交通层面进一步强化了成渝地区门户枢纽的功能。《成渝地区双城经济圈综合交通运输发展规划》也为成渝地区加快构建不同运输方式无缝衔接的综合立体交通网络提供了导向和依据。

通信方面，4G、5G网络全覆盖。重庆的中新国际数据通道正在建设工业互联网标识解析国家顶级节点。

四、势头强劲的科技创新

继"三线建设"之后，川渝再次抓住国家战略科技力量布局的重大机遇，增强了为国铸剑的科技硬核实力，创新驱动发展动能显著增强。2022年，成

---

① 中国民用航空局.2020年民航机场生产统计公报［EB/OL］.（2021-04-09）［2021-04-30］.https：//www.mot.gov.cn/tongjishuju/minhang/202104/t20210419_3573714.html。

渝地区双城经济圈科技创新指数为120.33,增速为1.5%;研发投入强度指数为133.14,增速为2.1%;创新成效指数为122.14,增速为1.4%。

(一)创新投入

川渝两地的研究与试验发展(R&D)活动情况不断改善,投入快速增长,为川渝创新协同发展创造优势条件。

2016—2020年,四川省R&D经费总量及投入强度如图5-7所示。

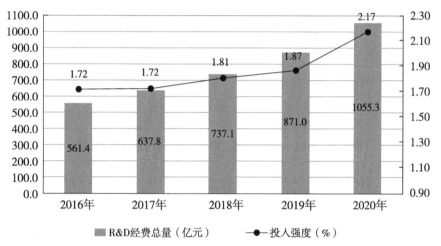

图5-7 2016—2020年四川省R&D经费总量及投入强度

图5-7显示,2016—2020年,四川省研究与试验发展(R&D)经费分别为561.4亿元、637.8亿元、737.1亿元、871.0亿元、1055.3亿元,分别比上年增长13.6%、15.56%、18.1%、21.1%,年均增长率为17.09%;研究与试验发展(R&D)经费投入强度(%)分别为1.72%、1.72%、1.81%、2.17%,年均强度为1.85%。[①]

2020年,四川省研究与试验发展(R&D)经费投入迈上千亿台阶,投入强度首超2.0%,达2.17%,超额完成"十三五"规划的2.0%的目标任务,

---

① 根据历年四川科技投入统计公报计算。

排全国第 12 位，较上年提升 2 个位次。研发投入快速增长为创新驱动引领高质量发展提供了有力支撑。

2016—2021 年，重庆市 R&D 经费总量及投入强度如图 5-8 所示。

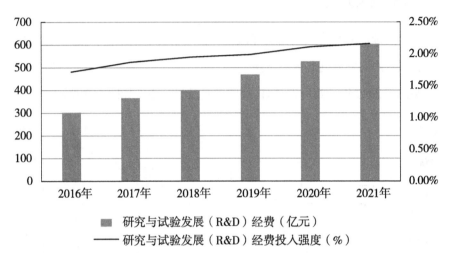

■ 研究与试验发展（R&D）经费（亿元）
—— 研究与试验发展（R&D）经费投入强度（%）

图 5-8　2016 —2021 年重庆市 R&D 经费总量及投入强度

2016—2021 年，重庆市研究与试验发展（R&D）经费分别为 302. 2 亿元、364. 63 亿元、397 亿元、469. 57 亿元、526. 79 亿元、603. 8 亿元，分别比上年增长 20. 65%、8. 9%、18. 28%、12. 2%、14. 6%，年均增长率为 14. 92%；研究与试验发展经费投入强度分别为 1. 72%、1. 87%、1. 95%、1. 99%、2. 11%、2. 16%，年均强度为 1. 97%。[①] 2023 年重庆市科技创新工作会提出 2023 年全市研发经费投入强度 2. 35% 左右。

从科技创新投入指数评价来看，2020 年重庆市科技创新投入水平稳步提升，科技创新投入指数为 80. 42%，比上年提高 3. 61 个百分点。与上年相比，28 个区县科技创新投入指数有不同幅度的提高，其中长寿区增幅最大，提高了 19. 12 个百分点。

成渝地区研发投入持续增长。2016—2020 年成渝地区 R&D 投入强度超过

———————

① 根据历年重庆科技投入统计公报计算。

2%（见图 5-9）；2016—2020 年，研究与试验发展经费内部支出增速达 83.2%，高于全国平均增速 27.6 个百分点；高校科研院所研发投入增长 89.8%。

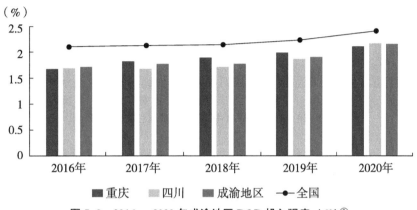

图 5-9 2016—2020 年成渝地区 R&D 投入强度（%）①

此外，2020 年，四川教育经费投入 24660021（万元），投入强度 5%②；重庆教育经费投入 11823943（万元），投入强度 4.7%，均 超过"不低于 4%"的硬性要求。③

（二）创新水平

1. 全国排名情况

《中国城市科技创新发展报告（2022）》显示，9 个国家中心城市的科技创新发展指数排名由高到低依次为北京、上海、广州、武汉、天津、西安、成都、重庆和郑州，成都、重庆分别列第 7、8 位。9 个国家中心城市的总指数均值为 0.3971，为全国均值的 2.7 倍，除郑州以外，其余 8 个国家中心城市均排名全国前二十，说明国家中心城市在城市科技创新方面具有明显优势（见图 5-10）。

---

① 重庆科技发展战略研究院供图。
② 教育经费投入与地区生产总值之比。
③ 根据国家统计局国家数据计算。

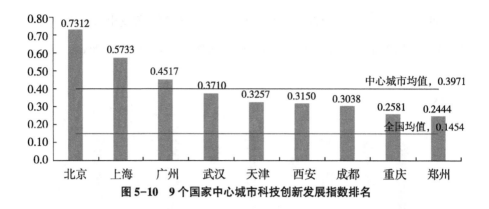

图 5-10 9 个国家中心城市科技创新发展指数排名

中国科技发展战略研究院发布的《中国区域科技创新评价报告 2022》显示，2021 年，全国综合科技创新水平指数为 75.42。重庆综合科技创新水平指数继续保持全国第 7 位，四川继续保持全国第 12 位（见图 5-11）。

近日，首都科技发展战略研究院课题组发布年度品牌研究成果——《中国城市科技创新发展报告（2022）》。从省区（市）排名来看，2022 年，城市科技创新发展指数排名前 5 的省区（市）为北京、上海、天津、重庆和江苏。成渝两市均进入中国城市科技创新发展指数前 20 名。

世界知识产权组织发布（WIPO）的"2022 全球创新指数"（GII）显示，重庆继 2019 年首次入围城市创新集群百强以来，已连续 4 年上榜，排名上升 39 位，位列第 49 位。成都位列全球第 29 位，较 2021 年排位上升 10 位，位列中国上榜集群第 8 位，目前与芝加哥（27 位）、斯图加特（28 位）、特拉维夫（30 位）、新加坡（33 位）位次相近。

2. 四川方面

综合创新能力跻身全国第一方阵。实施"科创 10 条"以来，研发经费投入居中西部首位，创新能力从全国第 11 位升至第 9 位。西部第一个国家实验室挂牌设立，国家大科学装置达到 10 个、居全国第 3 位，建成 16 个国家重点实验室和 4 个天府实验室，国家工程研究中心达到 9 个。[①]

据四川省科学技术发展战略研究院（四川省科技统计中心）2022 年度全

_____

① 2023 年四川省人民政府工作报告。

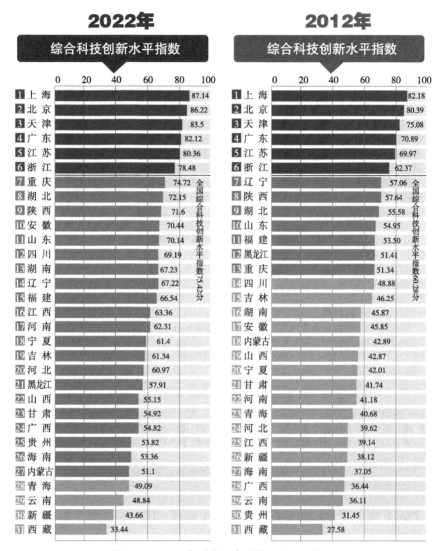

图 5-11 2022 年城市综合科技创新水平指数

省科技创新统计监测结果，全省科技创新水平有效提升，创新综合指数显著提升，增长面进一步加大。90%的基础监测指标值不同程度提高，综合科技创新水平指数比上年提高 3.49 个百分点，达到 71.81%，增幅比上年提高 0.76 个百分点（见图 5-12、5-13）。

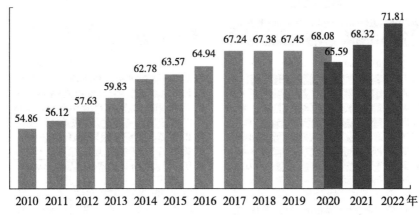

图 5-12 2010—2022 全省科技创新综合水平指数

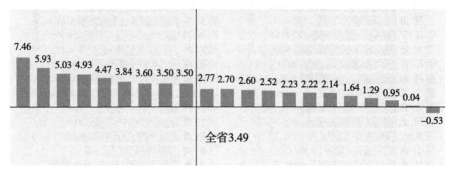

图 5-13 2022 年度科技创新综合水平指数变化

2022 年度，20 个市州综合指数较上年提高，比上年增加 5 个。其中，9 个市州增幅高于全省平均水平，宜宾以 7.46 个百分点居增长首位。

3. 重庆方面

2022 年 12 月 28 日，重庆生产力促进中心、重庆市科学技术情报学会联合发布了《重庆科技创新指数报告 2022》（以下简称《报告》）。《报告》显示，2021 年全市综合科技创新指数为 67.32%，比上年提高 3.26 个百分点，33 个区县科技创新指数有不同幅度的提高。

近年来，重庆陆续拿到"国家全面创新改革试验区""数字经济创新发展试验区""新一代人工智能创新发展试验区"等国字招牌；智博会永久落户重庆；获批建设国家科技成果转移转化示范区，获批开展服务业扩大开放综合试点，允许在科研人员职务科技成果所有权、知识产权融资等方面先行先试；"揭榜挂帅""赛马"等项目生成机制加快实施；科研项目经费"包干制"、科研项目管理"无纸化"等减轻科研人员负担的改革加速推进。一系列先行先试的政策探索对激发科研人员创新积极性、吸引高精尖人才、增强科技成果转化活力提供了广阔空间。

（三）企业创新活跃

1. 企业研究与试验发展（R&D）活动情况

2017—2021 年四川省、重庆市规模以上工业企业研究与试验发展（R&D）活动情况分别如图 5-14、5-15 所示。

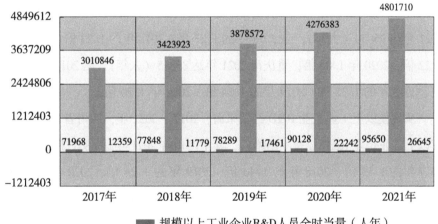

图 5-14　2017—2021 年四川省规模以上工业企业研究与试验发展（R&D）活动情况

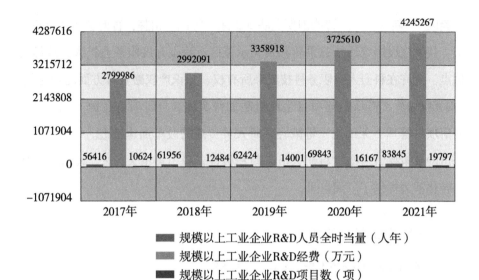

图 5-15 2017—2021 年重庆市规模以上工业企业研究与试验发展（R&D）活动情况

从规模以上工业企业 R&D 人员全时当量来看，2017—2021 年，四川省、重庆市规模以上工业企业 R&D 人员全时当量（人年）持续增长，其中四川省 2021 年达 95650（人年），是 2017 年的 1.33 倍、2018 年的 1.23 倍、2019 年的 1.22 倍、2020 年 1.06 倍；重庆市 2021 年达 83845（人年），是 2017 年的 1.49 倍、2018 年的 1.35 倍、2019 年的 1.34 倍、2020 年 1.20 倍。

从规模以上工业企业 R&D 经费来看，2017—2021 年，四川省、重庆市规模以上工业企业 R&D 经费不断增长，其中四川省 2021 年达 4801710 万元，是 2017 年的 1.59 倍、2018 年的 1.40 倍、2019 年的 1.24 倍、2020 年 1.12 倍。2020 年，四川各类企业投入 R&D 经费占全社会 R&D 经费的比重为 51.9%，盘踞"半壁江山"。重庆市 2021 年达 4245267 万元，是 2017 年的 1.49 倍、2018 年的 1.35 倍、2019 年的 1.34 倍、2020 年 1.14 倍。

从规模以上工业企业 R&D 项目数来看，2017—2021 年，四川省、重庆市规模以上工业企业 R&D 项目数呈持续增长态势，其中四川省 2021 年达 26645 项，是 2017 年的 2.16 倍、2018 年的 2.26 倍、2019 年的 1.53 倍、2020 年 1.20 倍；重庆市 2021 年达 19797 项，是 2017 年的 1.86 倍、2018 年的 1.59

倍、2019 年的 1.41 倍、2020 年的 1.22 倍。

2. 工业企业专利情况

2017—2021 年四川省、重庆市规模以上工业企业专利情况分别如图 5-16、5-17 所示。

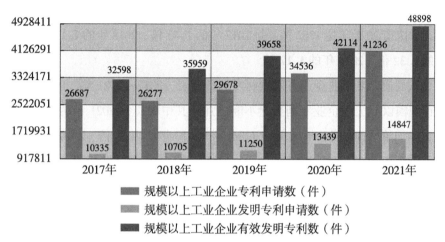

图 5-16　2017—2021 年四川省规模以上工业企业专利情况

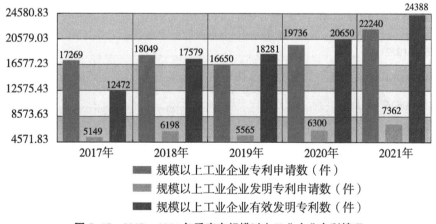

图 5-17　2017—2021 年重庆市规模以上工业企业专利情况

从规模以上工业企业专利申请情况看，2017—2021 年，四川省、重庆市规模以上工业企业专利数量呈震荡上行趋势，其中四川省 2021 年达 41236 件，是 2017 年的 1.55 倍、2018 年的 1.57 倍、2019 年的 1.39 倍、2020 年的 1.19

倍；重庆市 2021 年达 22240 件，是 2017 年的 1.23 倍、2018 年的 1.23 倍、2019 年的 1.34 倍、2020 年的 1.13 倍。

从规模以上工业企业发明专利申请情况看，2017—2021 年，四川省、重庆市规模以上工业企业专利数量呈增长趋势，其中四川省 2021 年达 14847 件，是 2017 年的 1.44 倍、2018 年的 1.37 倍、2019 年的 1.32 倍、2020 年的 1.10 倍；重庆市 2021 年达 7362 件，是 2017 年的 1.43 倍、2018 年的 1.19 倍、2019 年的 1.32 倍、2020 年的 1.17 倍。

从规模以上工业企业有效发明专利情况看，2017—2021 年，四川省、重庆市规模以上工业企业专利数量不断增加，其中四川省 2021 年达 48898 件，是 2017 年的 1.83 倍、2018 年的 1.36 倍、2019 年的 1.23 倍、2020 年的 1.16 倍；重庆市 2021 年达 24388 件，是 2017 年的 1.96 倍、2018 年的 1.39 倍、2019 年的 1.33 倍、2020 年的 1.18 倍。

3. 现代产业产值情况

(1) 四川方面

2018—2021 年四川省规模以上工业企业新产品开发及生产情况如图 5-18 所示。

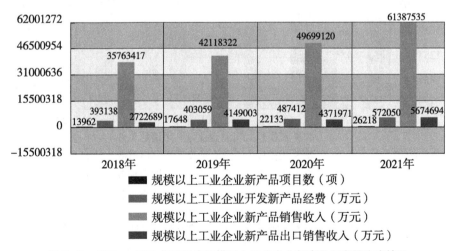

图 5-18 2018—2021 年四川省规模以上工业企业新产品开发及生产情况

从规模以上工业企业新产品项目来看，2018—2021 年四川省规模以上工业企业新产品项目持续增长。其中，2021 年达 26218 项，是 2018 年的 1.88 倍、2019 年的 1.49 倍、2020 年的 1.18 倍。

从规模以上工业企业开发新产品经费投入来看，2018—2021 年四川省规模以上工业企业新产品经费投入不断增加。其中，2021 年达 5720504 万元，是 2018 年的 1.46 倍、2019 年的 1.42 倍、2020 年的 1.17 倍。

从规模以上工业企业新产品销售收入来看，2018—2021 年四川省规模以上工业企业新产品销售收入持续增长。其中，2021 年达 61387535 万元，是 2018 年的 1.72 倍、2019 年的 1.46 倍、2020 年的 1.24 倍。

从规模以上工业企业新产品出口销售收入来看，2018—2021 年四川省规模以上工业企业新产品销售收入不断增长。其中，2021 年达 5674694 万元，是 2018 年的 2.08 倍、2019 年的 1.37 倍、2020 年的 1.30 倍。

2017—2022 年，四川省高新技术产业（规上工业）营业收入及其占工业比重如图 5-19 所示。

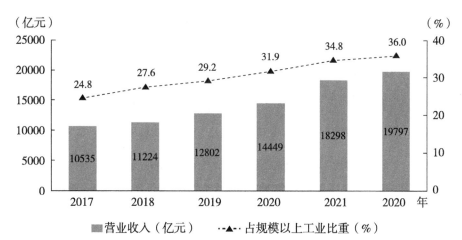

图 5-19　高新技术产业（规上工业）营业收入及其占工业比重（2017—2022）

在关键核心技术的推动下，2021 年，四川五大现代产业增加值超万亿元，电子信息产业产值突破万亿元。互联网和相关服务、软件和信息技术服务业等保持快速增长。高技术产业增加值占规上工业比重达 15.5%，高新技术产业实现营业收入超 2 万亿元。2022 年，高新技术产业营业收入达到 2.65 万亿元，比上年增长 12.3%。其中，规模以上工业企业营业收入 1.98 万亿元，同比增长 6%，比规上工业整体增速高 2.4 个百分点；在规上工业中的比重达到 36%，比上年提高 1.2 个百分点，对规上工业营业收入增长的贡献率达 58.1%，较上年同期提高 12.3 个百分点。

四川省 2022 年规模以上工业中高新技术产业主要行业营业收入及增速如图 5-20 所示。

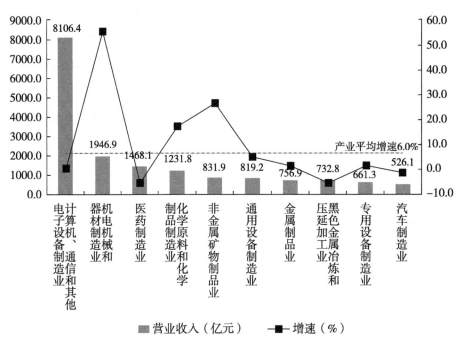

图 5-20　2022 年规模以上工业中高新技术产业主要行业营业收入及增速

2022 年，四川规模以上高技术制造业增加值比上年增长 11.4%，高于规上工业增速 7.6 个百分点，其中，电子及通信设备制造业增长 25.6%，计算机及办公设备制造业增长 2.1%，航空、航天器及设备制造业增长 12.6%。规模以上科技信息服务业实现营业收入 4645 亿元，同比增长 11.7%，比规上服务业整体增速高 6.5 个百分点。2022 年，四川动力电池产业增势强劲，带动"动力电池之都"宜宾和"锂电之都"遂宁高新技术产业分别实现 57.4% 和 43.9% 的高速增长，较上年同期提高 20.9 和 25.5 个百分点，对全省产业增长的贡献率达 53.3% 和 17.2%。科技创新对全省经济的贡献进一步凸显。

（2）重庆方面

近年来，重庆产业转型升级提质，创新发展新动能蓄积。工业转型升级扎实推进，新产业新产品快速成长，新兴产业构筑新动能，新兴产业快速增长，发展新动能持续扩大。2017—2021 年重庆市规模以上工业企业新产品开发及生产情况如图 5-21 所示。

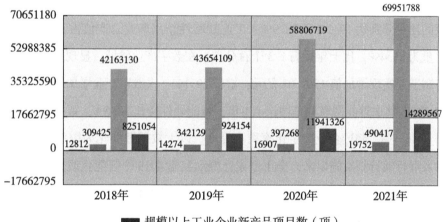

图 5-21 2018 —2021 年重庆市规模以上工业企业新产品开发及生产情况

从规模以上工业企业新产品项目来看，2018—2021 年重庆市规模以上工业企业新产品项目持续增长。其中，2021 年达 19752 项，是 2018 年的 1.54 倍、2019 年的 1.38 倍、2020 年的 1.17 倍。

从规模以上工业企业开发新产品经费投入来看，2018—2021 年重庆市规模以上工业企业新产品经费投入不断增加。其中，2021年达4904174万元，是2018年的1.58倍、2019年的1.43倍、2020年的1.23倍。

从规模以上工业企业新产品销售收入来看，2018—2021年重庆市规模以上工业企业新产品销售收入持续增长。其中，2021年达69951788万元，是2018年的1.66倍、2019年的1.60倍、2020年的1.19倍。

从规模以上工业企业新产品出口销售收入来看，2018—2021年重庆市规模以上工业企业新产品销售收入不断增长。其中，2021年达14289567万元，是2018年的1.73倍、2019年的1.60倍、2020年的1.20倍。

2021年，重庆市高技术产业和战略性新兴产业增加值分别增长18.1%和18.2%，分别较工业增加值增速高7.4和7.5个百分点，占规模以上工业增加值的比重分别达19.1%和28.9%。工业战略性新兴产业总产值占工业总产值比重为35.4%，比上年提高1.3个百分点。在数字产业领域，显现新成效。数字制造业实现增加值1369.07亿元，增长29.1%，占数字产业增加值的比重为60.5%，其中智能网联汽车增长1.1倍，智能硬件增长18.6%，智能制造装备增长16.7%。制造企业数字化率稳步提高。以大数据智能化为引领的创新驱动发展行动计划实施以来，全市已累计推动实施4019个智能化改造项目，认定105个智能工厂、574个数字化车间。具有较高技术含量和较高附加值的工业新产品产量继续保持较快增长，主要数字产品持续放量，新能源汽车比上年增长2.5倍，笔记本计算机增长19.1%，智能手机增长11.5%，集成电路增长13.4%，液晶显示屏增长29.7%。

2021年，重庆规模以上战略性新兴服务业营业收入增长17.5%，同比增长2.7个百分点。数字服务业发展稳健有力。2021年，规上数字服务业增加值达767.65亿元，增长21.3%，两年平均增长17.0%。主要产业领域拉动明显。全市规上数字服务业11个产业领域中有10个产业增加值实现不同程度增长，其中大数据、软件服务业、数字内容等3个规上数字服务业的主要产业领域增长强劲，拉动全市规上数字服务业增加值增长19.4个百分点。大数据和软件服务业分别实现增加值 157.56 亿元、187.33 亿元，分别增长 24.7 %、36.0%，两年平均分别增长 30.5%、38.2%。数字内容在规上数字服务业中增加值规模最大，实现增加值 251.33 亿元，增长 20.1%，两年平均增长 13.9%。

截至 2021 年，全市近半数规上企业与高校或研究机构开展合作，实现新产品销售收入 6995.2 亿元，年均增长 12.5%；新产品出口额 1429 亿元，年均增速 27.9%，新产品收入占主营业务收入比重提升至 26.1%。

成渝地区双城经济圈高技术产业快速发展，2021 年规模以上工业高技术产业营业收入达到 25052.9 亿元，比上年增长 19.5%。

（四）技术市场交易活跃

近年来，川渝大力发展技术市场，推进技术成果转化。2017—2021 年川渝技术市场成交情况如图 5-22 所示。

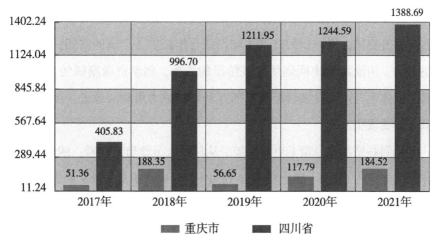

图 5-22　2017—2021 年川渝技术市场成交额

四川方面：2017—2021 年，四川技术市场成交额分别为 405.83 亿元、996.70 亿元、1211.95 亿元、1244.59 亿元、1388.69 亿元，年增速分别为 146%、21.6%、2.7%、11.58%，年均增长 45.47%。

2022 年，四川建成国家技术转移机构 22 个，实施重大科技成果转化和创新产品项目 1142 个。[①]

重庆方面：2017—2021 年，重庆技术市场成交额分别为 51.36 亿元、188.35 亿元、56.65 亿元、117.79 亿元、184.52 亿元，年增速分别为 267%、70%、108%、56.65%，年均增长 90.41%。2020 年，重庆市技术合同项目数为 3592 项，2021 年增加到 7255 项，实现翻倍。重庆市 2023 年科技创新工作会提出，力争 2023 年全市科学研究和技术服务业营业收入增速保持 15%以上，2023 年技术合同成交额超过 750 亿元。

五、优势互补的协同空间

（一）区域要素禀赋差异

根据要素禀赋理论，双方的要素禀赋差异是其形成分工合作、达到"双赢"效果的基础。川渝科技资源总体相似又各有优势，川渝两地之间存在着较强的互补空间，进一步为开展协同创新合作提供了广阔的空间，拥有着巨大的潜力。川渝两地协同创新发展阶段的差异、创新资源禀赋的比较优势、科技研发体系与产业发展转型需求的互补性将成为川渝两地进一步开展协同创新合作的现实基础。

四川科技资源在总量上更具优势。从科研人员学历层次看，四川 R&D 人员中博士毕业占 9.3%、硕士毕业占 18.6%，分别高于重庆 0.9 和 3.8 个百分点。从研发投入领域看，2020 年四川 R&D 经费中基础研究占 5.6%，高于重庆 1.2 个百分点；四川 R&D 经费中由高等院校和科研单位执行的经费超过 500 亿元，是重庆的 5.4 倍。从核心成果及其经济价值看，四川有效专利中发明专利占 19.6%，高于重庆 0.8 个百分点；四川技术市场输出 1244.6 亿元，是重庆的 10.6 倍。但重庆科技资源密度和强度更高，工业研发基础较好。

---

① 2023 年四川省人民政府工作报告。

2020 年，重庆科技主体中开展 R&D 活动的单位占 33.6%，高于四川 9.6 个百分点；每 10 万常住人口中大专及以上学历人口为 15412 人，比四川多 2145人；每万人口发明专利拥有量为 11.3 件，比四川多 2.9 件。

四川在重庆市划出以后，原有的沿江优势大部分丧失了，内陆省的区位劣势就更加突出了。而重庆直辖以后，在经济规模、经济实力上都显得更加单薄，需要与周边地区合作，扬长避短，经济互补。因此，川渝两地可以充分利用自然资源互补、工业产品互为市场、旅游胜地互相辉映、佳肴美味和餐饮名店互相融合、人力资源相互利用等优势，展开全方位的开发和合作，共同形成经济增长轴，发挥两个单个增长极所不具有 "1+1>2" 的系统功能。川渝通过合作，从而推动川渝资源、技术、信息、人才的聚集，技术的扩散，文明的传播，城市化的加快，进而促进川渝经济的快速发展。

就成都和重庆而言，双方在科教资源、重大科技基础设施布局、产业创新以及创新要素等领域各具优势：成都在重大科技基础设施、产业创新研发、高新技术企业、院士专家资源以及金融资本等方面优势明显；重庆的制造业基础和工业实力则更加雄厚。《成渝城市群发展规划》对重庆和成都 "双核"具有差别化的定位，重庆主要定位为长江上游的经济、金融、商贸物流、科技创新以及航运中心，侧重的是制造业、金融与物流；成都的主要定位则是西部地区的经济、科技、文创、对外交往以及综合交通枢纽中心，侧重的是经济、科技与文化，这都是成都的既有优势。这两者的定位足以见得 "双核"发展的重点是不同的。在《规划纲要》中，成都被要求打造区域经济中心、科技中心、世界文化名城和国际门户枢纽，提升国家中心城市国际竞争力和区域辐射力。合作方面则是全方位的，尤其是交通和产业，是最大的侧重点。

从优势细分领域和产业链环节来看，成渝两地具有较高的产业关联度和创新互补性。但从细分领域看，成都在软件、芯片设计、医药研发等产业链前端具有较强实力；重庆在产业链中后端的制造环节更具优势。成渝在集成电路、机器人、汽车整车及零部件研发、轨道交通等领域具有协同创新态势。

从产业布局来看,四川与重庆均形成了以装备制造业为核心的工业体系,其中四川形成了电子信息产业为代表的装备制造业,重庆形成了以汽车、摩托车为代表的装备制造业,这成为川渝两地地方工业专业化分工的典型。从主导产业看,成渝均在电子信息、装备制造、医药健康等领域具有明显优势,产业关联度较高。

在竞争性产业中,成渝之间也存在内部结构互补。以川渝两地电子信息产业为例,目前四川的电子信息产业主要集中于软件的研发与设计,而重庆的电子信息产业则更多地表现为硬件的装配与组装,因此从整个电子信息产业发展的产业链而言,川渝两地基于产业互补的分工与合作要大于产业趋同的对峙与竞争。

通过加快建设成渝地区协同创新体系,促进创新要素的自由流动和有效聚集,充分发挥成渝的科技创新优势,助推川渝高质量发展,为成渝地区双城经济圈建设提供强力支撑。

(二) 较强的产业分工特性

川渝产业基础总体相似又各有优势,在成渝地区双城经济圈建设战略背景下,具备共同培育优势产业集群、联合打造区域产业创新高地的产业基础和政策环境。

川渝地区现代先进制造产业体系完备,产业协同空间较大。

川渝两地在产业结构上有一定程度的相似性,但从整体来看,川渝两地仍存在着产业合作的空间,具备较强的产业分工特性。赵俊男 (2018) 研究表明,川渝产业结构相似系数均值水平为 0.6249,说明了川渝两地工业产品的结构相似系数呈现出先波动上升、后平稳变动的趋势,2012 年其结构相似系数最大,但未超过 0.5,在研究时段内均值为 0.3214,显著低于产业层面的结构相似系数。[①] 表明川渝两地产品结构的差异性较大,互补性较强,有助于

---

① 赵俊男:《川渝两地产业结构演进及区域分工研究》,重庆工商大学 2018 年学位论文。

形成两地工业产品的地方化、特色化生产。目前电子信息产业已经成为四川省第一个年产值超万亿的产业，而"重庆市聚集了众多汽车企业，在汽车制造业方面的底子比较厚实"。

从三次产业来看，成渝具有巨大的发展空间。

2020 年，川渝制造业营业收入排名前 10 的行业有 8 个重合，电子是川渝规模最大的行业，汽车、电气、化工、装备、食品、材料是川渝共性重点产业。重庆电子和汽车两大行业分别实现营业收入 5604 亿元、4104 亿元，占全市制造业总量的 45.1%；四川电子产业实现营业收入 6815 亿元，高于重庆 1211 亿元，占全省总量的 16.7%，非金属矿物制品、饮料和精制茶、农副食品加工业等三大行业营业收入占全省的 1/4。总体来看，川渝制造业十大行业总体相似，重庆高度依赖汽车和电子，四川行业集中度相对较低，除电子产业外，技术含金量偏低的材料和食品加工行业也占据重要位置。

2020 年，川渝制造业 R&D 经费投入排名前 10 的行业有 9 个重合，川渝在电子、汽车、医药、化工、装备、材料等领域研发投入较高。四川在电子、医药、电气等三个行业研发投入最多且投入强度高于重庆，分别投入 R&D 经费 88.7 亿元、44.0 亿元、30.1 亿元，分别高于重庆 30.8 亿元、27.5 亿元、13.6 亿元；三个行业的研发投入强度分别为 1.30%、3.21%、1.84%，分别高于重庆 0.27、0.27、0.41 个百分点。重庆汽车制造业研发优势更为明显，投入 R&D 经费 111.5 亿元，多于四川 90.3 亿元；投入强度为 2.72%，高于四川 1.82 个百分点；此外，重庆在专用设备、化工、通用设备领域研发投入强度高于四川。

（三）双核规模效应显著

通过观察发展成熟的城市群，可以发现：成熟的城市群必然会有一个或者多个中心城市的存在，如长江三角洲城市群的上海、珠江三角洲城市群的香港，而在这些城市群的发展中，中心城市肩负着整个城市群发展的重任。

成渝城市群的中心城市——"双核",包括成都和重庆,在区域经济发展中的已成为中心城市,其发展水平已经接近我国东部发达地区的水平。其他节点城市,其经济体量与成渝双核差距甚远。2022 年四川省各市州 GDP 比重如图 5-23 所示。

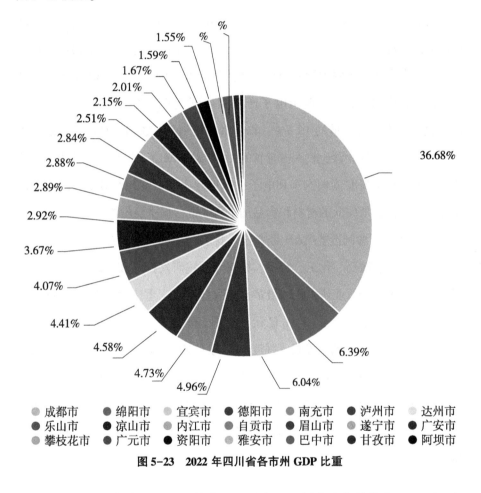

图 5-23　2022 年四川省各市州 GDP 比重

成都市 GDP 长期居于四川首位。2021 年,四川省生产总值为 54088 亿元,成都市以 GDP 总量 19916.98 亿元排名全省第一,占全省的 36.82%,排名第二的绵阳市 GDP 总量为 3350.29 亿元,占全省 GDP 总量的 6.19%。2022 年,四川省生产总值为 56749.8 亿元,成都市以 GDP 总量 20817.5 亿元排名全省第一，占全省 GDP 总量的 36.68%，绵阳市以 GDP 总量 3626.94 亿元排名全省第二，占全省 GDP 总量的 6.39%。

重庆市渝北区、九龙坡区、渝中、江北及涪陵区长期居前五位。2021 年重庆市各区域 GDP 如图 5-24 所示（节选前 15 名）。

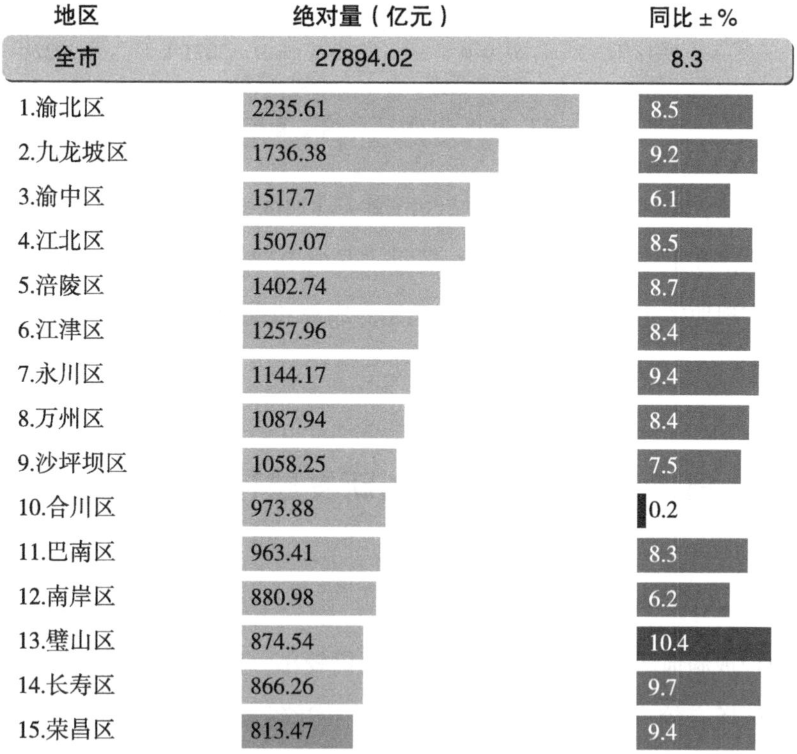

地区	绝对量（亿元）	同比 ±%
全市	27894.02	8.3
1.渝北区	2235.61	8.5
2.九龙坡区	1736.38	9.2
3.渝中区	1517.7	6.1
4.江北区	1507.07	8.5
5.涪陵区	1402.74	8.7
6.江津区	1257.96	8.4
7.永川区	1144.17	9.4
8.万州区	1087.94	8.4
9.沙坪坝区	1058.25	7.5
10.合川区	973.88	0.2
11.巴南区	963.41	8.3
12.南岸区	880.98	6.2
13.璧山区	874.54	10.4
14.长寿区	866.26	9.7
15.荣昌区	813.47	9.4

图 5-24 2021 年重庆市各区域 GDP

2021 年，重庆 GDP 总量为 27894.02 亿元，前五位区县 GDP 占全市总量超过 30%。2022 年，渝北区继续保持第一，是重庆市 GDP 超过 2000 亿元的区县；九龙坡区、江北区、渝中区、涪陵区，均超过 1500 亿元。

2018—2021 年成都和重庆 GDP 如图 5-25 所示。

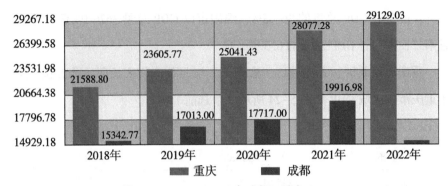

图 5-25　2018—2022 年成都、重庆 GDP

据统计，2021 年成渝地区双城经济圈实现地区生产总值（GDP）73919.2 亿元，成都和重庆合计为 47994.26 亿元，占 64.93%。2022 年，成渝地区双城经济圈实现地区生产总值 77587.99 亿元，成都和重庆合计为 49946.53 亿元，占 64.37%。

第二节　川渝协同创新发展存在的劣势

一、经济规模体量较小

目前成渝地区双城经济圈的经济总量仍较小，相比京津冀、长三角、珠三角地区还有较大差距。2022 年全国 31 个省级行政区 GDP 总量如图 5-26 所示。

2022 年，川渝两省市 GDP 总量为 8.59 万亿，占全国 GDP 总量的 7.09%，而广东省 GDP 总量为 129118.6 万亿，长三角四省市 GDP 总量为 290288.8 万亿，京津冀 GDP 总量为 100292.7 万亿，分别占全国 GDP 总量的 10.67%、24%、8.3%。

统计数据显示，2022 年，四川人均 GDP67777 元，未达到全国人均 GDP85698 元的水平；2022 年，四川人均可支配收入 30679 元，重庆人均可支配收入 35666 元，均未达到全国居民人均可支配收入 36883 元的水平。

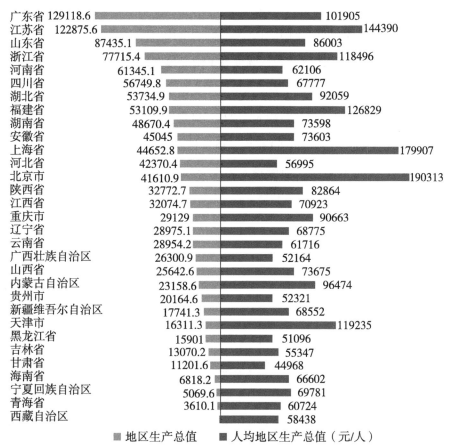

	地区生产总值	人均地区生产总值
广东省	129118.6	101905
江苏省	122875.6	144390
山东省	87435.1	86003
浙江省	77715.4	118496
河南省	61345.1	62106
四川省	56749.8	67777
湖北省	53734.9	92059
福建省	53109.9	126829
湖南省	48670.4	73598
安徽省	45045	73603
上海省	44652.8	179907
河北省	42370.4	56995
北京市	41610.9	190313
陕西省	32772.7	82864
江西省	32074.7	70923
重庆市	29129	90663
辽宁省	28975.1	68775
云南省	28954.2	61716
广西壮族自治区	26300.9	52164
山西省	25642.6	73675
内蒙古自治区	23158.6	96474
贵州市	20164.6	52321
新疆维吾尔自治区	17741.3	68552
天津市	16311.3	119235
黑龙江省	15901	51096
吉林省	13070.2	55347
甘肃省	11201.6	44968
海南省	6818.2	66602
宁夏回族自治区	5069.6	69781
青海省	3610.1	60724
西藏自治区		58438

■ 地区生产总值　■ 人均地区生产总值（元/人）

图 5-26　2022 年全国 31 个省级行政区 GDP 总量（亿元）

二、创新资源在全国不占优势

（一）创新投入差距较大

从创新投入来看，成渝两地整体研发投入较低。2018 年，川渝地区全社会 R&D 经费投入总量仅占全国总体投入的 5.8%，同属于长江经济带，却远低于长江中游地区的 9% 和长三角地区的 30%，甚至不及深圳等一线城市的一半。投入强度也低于同期全国平均水平。根据四川省统计局、成都统计公众信息网和重庆市统计局数据，2019 年，四川省、成都市和重庆市的研发经费投入分别是 871.00 亿元、452.54 亿元、469.57 亿元,研发投入强度分别为 1.87%、2.66%、1.99%,四川和重庆都低于全国(未含港澳台地区。下同)平均水平(2.23%)。2018 年投入强度有了明显提升,但是却低于同期陕西省 2.27% 的投入强度,与北上广等发达地区相比差距更大。成都市虽高于全国平均水平,但与北京(研发经费投入为 2233.60 亿元,研发投入强度为 6.31%)、上海(研发经费投入为 1524.60 亿元,研发投入强度为 4.00%)、深圳(研发经费投入为 1328.28 亿元,研发投入强度为 4.93%)等三个科技创新中心的差距还很大。[①] 2019 年,全国共投入研究与试验发展(R&D)经费 22143.6 亿元,R&D 经费投入强度为 2.23%,重庆 R&D 经费为 469.6 亿元,R&D 经费投入强度为 1.99%;四川 R&D 经费为 871.0 亿元,R&D 经费投入强度仅为 1.87%。

《中国区域科技创新评价报告 2019》显示,2018 年、2019 年各省市科技活动投入指数如图 5-27 所示。

由图 5-24 可知,2018 年、2019 年科技活动投入指数均低于全国平均水平。

2019 年,四川、重庆和成都的基础研究经费支出额分别为 51.20 亿元、28.15 亿元、34.11 亿元,分别占其研发经费内部支出额的比重为 5.9%、6%、7.5%,高于深圳(4.6%)但远低于北京(15.9%),和全国(6.0%)水平相当。[②] 另外,四川企业研发投入占比只有 50%,这与国内其他发达省份超过 80% 的比重相比还有差距。[③]

《2021 年全国科技经费投入统计公报》统计了全国各地区研究试验发展经费情况,其中广东省的研发投入经费达到 4002.2 亿元,蝉联榜单第一名。江苏省以 3438.6 亿元研发投入经费位居全国第二,北京市以 2629.3 亿元排在第

---

① 国家统计局.2019 年全国科技经费投入统计公报 [EB/OL].(2020-08-27)[2021-04-04].http://www.stats.gov.cn/tjsj/zxfb/202008/t20200827_ 1786198.html。
② 国家统计局.2019 年全国科技经费投入统计公报 [EB/OL].(2020-08-27)[2021-04-04].http://www.stats.gov.cn/tjsj/zxfb/202008/t20200827_ 1786198.html。
③ 四川省统计局.2019 年四川省科技经费投入统计公报 [EB/OL].(2020-09-02)[2021-04-04].http://tjj.sc.gov.cn/scstjj/tjgb/2020/9/2/92191916499b4654bedc3927d02348ab.shtml。

三位。而四川和重庆分别为 1214.5 亿元、603.8 亿元。2021 年，规模以上工业企业 R&D 经费投入上海 6983293 万元，重庆 4245267 万元，上海是重庆的 1.67 倍；广东 29021849 万元，江苏 27166319 万元，四川 4801710 万元，广东、江苏分别是四川的 6.04 倍、5.66 倍。2021 年，广东规模以上工业企业 R&D 项目数 146858 项，江苏 113523 项，四川 26645 项，广东、江苏分别是四川的 5.51 倍、4.26 倍。①

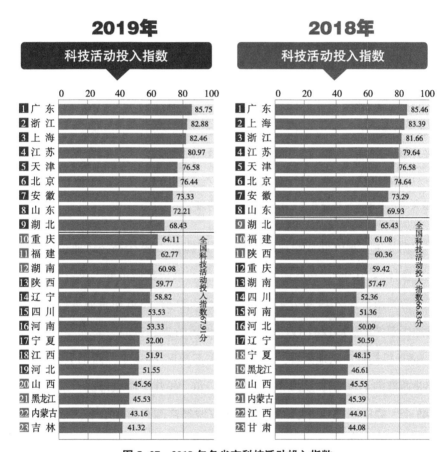

图 5-27　2019 年各省市科技活动投入指数

---

①　数据来源：国家统计局国家数据。

从创新机构来看，虽然成渝地区双城经济圈的科技、创新能力在西部地区处于领先的地位，是西部地区的科创重镇，但相比全国其他的城市群而言，一些落后的现状亟待加强。表5-2展示了全国主要城市经济群（省）的技术、创新情况。[①]

表5-2　全国东西部、主要城市经济群技术、创新情况

地区	R&D 机构数/个	R&D 经费内部 支出/万元	国内有效 专利数/件	高企数/个	学校数/个
东部地区	1364	19356181.1	—	23736	1020
西部地区	935	6798796.5	—	4260	711
成渝地区双城经济圈	191	3210232.9	51377	2169	191
长三角城市群	445	6831193.2	376283	10838	459
长江中游城市群	321	1722513.3	100667	4111	356
京津冀城市群	514	10957082.7	317483	2014	271

（数据来源：中国城市统计年鉴、中国科技统计年鉴）

数据显示，2019年成渝地区双城经济圈拥有2169个高技产业企业，占西部地区整体的50.9%。在普通本科学校数上，京津冀城市群、长三角城市群、长江中游城市群在2019年分别拥有271所、459所、356所普通本科学校，而成渝地区双城经济圈仅有191所，占西部地区的26.9%。

R&D机构数，从地区看，2019年，东部地区1364个，西部只有935个，东部是西部的1.46倍；从城市群看，长三角、长江中游城市群、京津冀分别为445个、321个、514个，而成渝地区双城经济圈只有191个，分别是成渝地区双城经济圈的2.33倍、1.68倍、2.69倍。

R&D经费内部支出：从地区看，2019年，东部地区19356181.1万元，西

---

① 陈耿宣、凌浩：《成渝地区双城经济圈区域经济协同发展创新研究》，西南财经大学出版社2021年版，第66页。

部地区 6798796.5 万元, 东部是西部的 2.85 倍; 从城市群看, 长三角、长江中游城市群、京津冀分别为 6831193.2 万元、1722513.3 万元、10957082.7 万元, 而成渝地区双城经济圈只有 3210232.9 万元, 分别是成渝地区双城经济圈的 2.13 倍、2.13 倍、3.41 倍。

国内有效专利数: 长三角、长江中游城市群、京津冀分别为 376283、100667、317483, 而成渝地区双城经济圈只有 51377, 分别是成渝地区双城经济圈的 7.31 倍、1.96 倍、6.18 倍。

高技术企业数: 从地区看, 2019 年东部地区 23736 个, 西部只有 4260 个, 东部是西部的 5.57 倍; 从城市群看, 长三角、长江中游城市群、京津冀分别为 10838、4111、2014, 而成渝地区双城经济圈只有 2169, 分别是成渝地区双城经济圈的 5 倍、1.9 倍、6.18 倍。

在普通本科学校数上, 从地区看, 2019 年东部地区 1020 所, 西部只有 711 所, 东部是西部的 1.43 倍; 从城市群看, 长三角、长江中游城市群、京津冀分别为 459、356、271, 而成渝地区双城经济圈只有 191 所, 分别是成渝地区双城经济圈的 2.4 倍、1.86 倍、1.42 倍。

(二) 创新人才仍是瓶颈

1. 人力资源不足

川渝地区创新人力资源不足。科研人才队伍规模偏小, 2018 年, 成渝地区 R&D 人员全时当量为 25.4 万人年, 较长江中游地区的 40.2 万人年和长三角地区的 135.9 万人年都偏低; 科研人才所占比例偏低, 成渝地区每万名就业人员中 R&D 人员数为 61.5 人/万人, 尚不抵全国平均的 84.7 人/万人。

《中国区域科技创新能力评价报告 2019》显示, 四川十万人创新中介从业人员数排在全国第 24 位; 万人大专以上学历人数排在全国第 23 位; 万人高等学校在校学生数下降至全国第 20 位。创新驱动的实质是人才驱动, 川渝地区人口实际投入科学研究和开发活动的科技人才相对不足, 尤其是高层次专业技术人才短缺，高素质人才紧缺，科技人才的结构性矛盾突出，从而直接制约了川渝地区科技创新整体发展水平的提升。

2015—2019 年四大城市群 R&D 研究人员全时当量变化如图 5-28 所示。

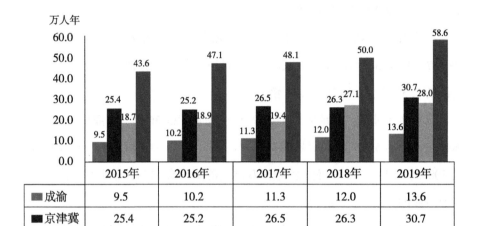

	2015年	2016年	2017年	2018年	2019年
成渝	9.5	10.2	11.3	12.0	13.6
京津冀	25.4	25.2	26.5	26.3	30.7
粤港澳	18.7	18.9	19.4	27.1	28.0
长三角	43.6	47.1	48.1	50.0	58.6

图 5-28　2015—2019 年四大城市群 R&D 研究人员全时当量变化

统计数据显示，2015—2019 年，成渝的 R&D 研究人员全时当量由 9.5 万人年增长到 13.6 万人年，年均增速为 12.68%，超过京津冀、长三角年均增速分别为 6.44%、10.36%，仅低于粤港澳大湾区 14.38% 的年均增速。R&D 人员投入强度和 R&D 经费投入强度仍较低，2019 年，重庆、四川每万名就业人员中 R&D 人员分别为 50.5 人年/万年、30.2 人年/万年，低于国家 62.0 人年/万年的平均水平，仅为北京的 1/4、1/7，不到上海、浙江的 1/2；重庆、四川 R&D 经费投入强度分别为 1.99%、1.87%，低于国家的 2.23%，与京津冀、粤港澳大湾区、长三角地区的省市相比，仅超前安徽，分别排在倒数第三位、第二位，与北京的 6.31%、上海的 4% 差距较大。与此同时，近年来成渝的大数据、人工智能等新兴产业人才紧缺状况愈加突出，主要由于研发人员缺乏，导致关键技术及产业化的瓶颈问题难以突破。

统计数据显示，北京、天津、河北、上海、江苏、浙江、福建、山东、广东和海南等东部 10 省市 R&D 人员全时当量整体从 2015 年的 246.8 万人年增加到 2019 年的 314.9 万人年，占全国 R&D 人员总量的 65.6%，其中北京、河北、上海、江苏、浙江、福建、广东和海南 R&D 人员全时当量实现逐年增长。尤其广东、江苏、浙江三省科技人才优势明显。广东 R&D 人员全时当量居全国首位，江苏和浙江紧随其后。这三个省份经济发展水平较高，高科技产业较为发达，市场机制对人力资源的配置能力强，人才集聚效应明显。其中，广东科技人才优势尤为明显。2019 年，广东 R&D 人员达 80.3 万人年，超过西部 12 省（区、市）之和，是东北三省 R&D 人员总量的 4.3 倍。在基数庞大的基础上，2015—2019 年的年增长率也达到 12.49%，远超全国平均水平。

2. 人才总量占比低

图 5-29 显示了我国四大城市群人口、人才、GDP 的发展情况。

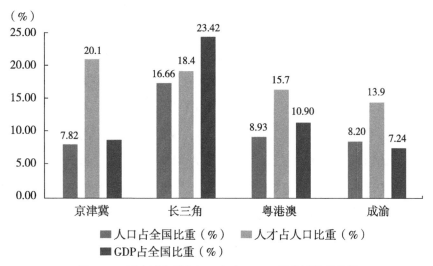

图 5-29　四大城市群人口、人才、GDP 的发展情况分析

川渝地区人才总量仅占人口总量的 13.9%，与经济发展不相匹配。第七次全国人口普查公报显示，2020 年，成渝人口总量为 11572.91 万人，占全国人口的比重为 8.2%；人才总量为 1604.13 万人，占人口总量的 13.9%；GDP

总量为7.36万亿，占全国总量的7.24%。与之相比，京津冀、长三角、粤港澳大湾区分别以占全国7.82%、16.66%、8.93%的人口贡献了8.48%、23.42%、10.90%的GDP，GDP占全国比重/人口占全国比重数值大于1，而成渝小于1，主要原因是人才占人口比重较高，对经济发展的支撑作用更突出。因此，成渝要成为全国城市群"第四极"，还需要加快人才集聚。与此同时，近年来成渝的大数据、人工智能等新兴产业人才紧缺状况愈加突出，主要由于研发人员缺乏，导致关键技术及产业化的瓶颈问题难以突破。

当前，我国科技人才仍然加速向东部地区集聚。我国R&D人员主要集中在东部地区。由于区域间经济发展水平差距的存在，导致川渝地区虽然拥有大量的人才，但是由于经济发展条件和环境条件区域差距大，与其发展能力远远低于东部沿海地区，所以造成大量科技人才外流。

3. 高端人才匮乏

与国内外领先的城市群科技创新中心相比，成渝地区对科技人才的吸引力不足。根据国家统计局、四川省科技厅和重庆市科学技术局的数据，2018年，四川省、成都市和重庆市的研发人员数量分别是25.40万人、14.33万人、15.11万人，远低于北京（39.70万人）和上海（27.10万人）；四川省、成都市、重庆市的两院院士人数分别为63人、33人、16人，远低于北京（756人）、上海（172人）和深圳（46人）；成都和重庆的国家杰出青年科学基金获得者（以下简称"杰青"）分别为92人和46人，远低于北京和上海。① 仅2019年，北京和上海的杰青新增人数分别达102人和41人，位居全国前2位，合计比重超过全国的50%。②

从国际人才看，2018年成都外籍人才数量仅是上海的5.5%、北京的

---

① 成都科技顾问团：《共建成渝地区协同创新体系的建议》，《决策咨询》2020年第5期，第23—27页。

② 国家自然科学基金委员会.2019年度国家杰出青年科学基金建议资助项目申请人名单［EB/OL］.（2019-08-02）［2021-04-04］.https://www.phb123.com/renwu/yingxiangli/36861.html.

14. 47%、深圳的 22. 78%。①

科技人才缺口一定程度上制约了川渝地区科技创新的发展。

（三）高端创新要素聚集不够

在高技术制造业、高水平的科研机构、研发投入规模等高端科技创新资源方面，成渝地区双城经济圈比起长三角、京津冀和粤港澳大湾区而言数量较少，成渝地区研发投入规模仅占长三角的三分之一、粤港澳大湾区的二分之一。工信部发布的制造业 500 强企业和中国电子信息百强企业中，成渝地区的企业数量屈指可数。

表 5-3　四个重要城市群的高水平高校资源分布情况②

区域名称	一流大学建设高校数量	一流学科建设高校数量
成渝地区双城经济圈	3	8
长三角城市群	8	36
京津冀都市圈	10	40
珠三角城市群	2	4

由表 5-3，可以明显地看到，成渝地区双城经济圈所拥有的一流大学建设数量仅为 3 所，一流学科建设高效数量仅为 8 所，相对于京津冀都市圈和长三角城市群而言，有着较大的位势差距，这也会对成渝地区双城经济圈的技术、创新，特别是产学研协作的促进产生一定的影响。

根据全球高等教育研究机构发布的 2019 年 QS 世界大学学科排名显示，世界百强大学中，京津冀有 2 所，长三角有 3 所，成渝地区为零；百强学科

① 成都科技顾问团：《共建成渝地区协同创新体系的建议》，《决策咨询》2020 年第 5 期，第 23—27 页。

② 陈耿宣、凌浩：《成渝地区双城经济圈区域经济协同发展创新研究》，西南财经大学出版社 2021 年版，第 56 页。

中，京津冀大学中有 42 个，长三角中有 66 个，成渝地区仅有 1 个。从高校实力看，成都国际知名高校院所较少，原创性、国际性、引领性的重大科研成果仍较缺乏，没有进入亚洲百强的具有国际影响力的知名大学。[①]

当前，川渝地区所属高校中尚无挤进世界前 100 强的高校，双一流大学以及双一流学科建设较少。例如，成都高校一流学科数量只有 14 个，排名全国第八，低于武汉、杭州、西安等城市。成渝地区"双一流"大学（含一流学科建设大学）数量仅相当于长三角地区（35 所）的 28.6%、京津冀地区（41 所）的 24.4%。成渝地区的重庆高校进入全国第四轮学科评估 A 类的学科数量偏少，没有学科入选 A+档，仅有西南政法大学一个学科进入 A 档，A-档学科有 7 个。按 A 类学科排名，只有 8 个排名前 10%的优秀学科，在全国排第 17 位（见表 5-4）。

表 5-4　我国部分地区"双一流"大学建设情况[②]

地区	一流大学 建设高校数量	一流学科大学 建设高校数量	一流学科 数量
北京	8	22	161
上海	4	10	57
天津	2	3	12
广东	2	3	18
湖北	2	5	29
四川	2	6	14
陕西	3	5	17
重庆	1	1	4

高新技术企业方面，2020 年全国高新技术企业数量前 20 城市分布如表 5-5

---

① 成都科技顾问团：《共建成渝地区协同创新体系的建议》，《决策咨询》2020 年第 5 期，第 23—27 页。

② 数据来源：中华人民共和国教育部。

所示。

表 5-5　2020 年高新技术企业数量 TOP20 城市

城市	高新企业数	城市	高新企业数
北京	28750	成都	6125
深圳	18650	佛山	5718
上海	17012	西安	5234
广州	11610	青岛	4396
苏州	9772	重庆	4222
杭州	7711	长沙	4142
天津	7420	合肥	3328
南京	6507	宁波	3102
东莞	6381	济南	3029
武汉	6259	郑州	2944

数据显示，2020 年，成都的高新技术企业数量达到 6125 家，位居全国第 11 位，在中西部地区排在武汉之后，位列第二。重庆为 4222 家，位居全国第 15 位。而同期北上广深均已超过了 1.1 万家。尽管近年来有较大幅度增加，但与北上广深差距仍较大。

（四）标志性科技基础设施欠缺

重大科学研究基础设施包括承载国家使命、面向国家科学研究和工程建设需求的国家实验室、国家重点实验室、国家工程研究中心和国家临床医学研究中心等，是科技创新中心基础研究与开发实力的重要体现。在国家已经建成的 22 个大科学装置和"十三五"规划新建 16 个大科学装置中，有近一半分布在北京、上海等城市，成渝地区国家大科学装置仅有一个，远低于长三角地区的 15 个、京津冀地区的 9 个。成渝地区国家重点试验室数量仅相当于长三角地区（62 个）的 35.5%、京津冀地区（85 个）的 25.9%，国家工程技术中心的数量仅相当于长三角地区（62 个）的 35.5%、京津冀地区（85 个）的 25.9%。在重大科技创新及产品开发中，成渝地区的部分国家级科研院所主要承担配套环节工作，科技系统集成能力不强，对外影响和辐射能力不足。

目前，川渝地区建成的重大科技基础设施和创新平台不足，其中成都市重大科学装置已建及在建只有 2 个，远远落后于北京（7 个）、上海（5 个）、合肥（8 个）等三个综合性国家科学中心建设地，重庆重大科学基础设施更为稀缺。这导致川渝地区自主创新能力严重不足，自主创新能力处于较低的发展水平，产出水平较低，缺乏关键核心技术，自主知识产权的产品短缺。成渝地区一流大学及学科建设有待加强。

科技资源总量偏小，重大生产力布局不多。国家在东部布局了大飞机、高铁基地、深海空间站、重型船舶等一大批重大项目，但在成渝地区布局的重大战略性项目较少。

（五）高端科技服务资源不足

随着新兴产业发展加速，川渝科技服务供需平衡难度加大。成渝地区双城经济圈的生物医药、高端装备、新材料等产业发展进入快车道，增加了更多的科技服务需求，但技术创新、技术整合、成熟成套技术、技术储备、成果转化等匹配产业发展的高端科技服务资源却严重不足，科技服务供给挑战加剧。

《中国城市科技创新发展报告 2020》显示，在创新服务一级指标中，四川各市的排名依次为：成都、绵阳、德阳、泸州、乐山、遂宁、宜宾、自贡、内江、眉山、广元、雅安、攀枝花、广安、巴中、达州、南充和资阳。见表 5-6。其中泸州及排名在其后的城市的创新服务指数低于全国平均值。

由表 5-6 可知，泸州及排名在其后的城市的创新服务指数低于全国平均值。

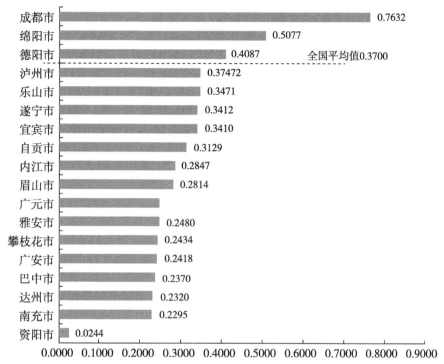

表 5-6　2020 年四川省主要城市创新服务指数

科技金融体系不健全。成渝地区服务于创新的科技金融服务体系不健全、资本市场欠发达，创业投资和风险投资等对科技创新的促进力度不大。目前，中国内地有上海和深圳两大证券交易所，因此两地的上市公司数量除低于北京外，位列大陆地区第二、三位。此外，国内 12 家股份制银行中，京津冀有 5 家、长三角有 2 家、珠三角有 3 家，西部地区还没有一家，西部企业融资难、融资贵的现状难以缓解。川渝两地的企业在创新能力提升过程中所需资金多，融资渠道较少，这使其在创新费用上大部分主要是来自政府资金或企业资金，少部分是通过向金融机构贷款来获得的，这也在很大程度上反映了川渝两地企业在创新能力提升中存在较大的资金缺口。

三、创新水平总体不高

（一）创新能力缺乏比较优势

从全国区域对比来看，成渝城市群协同创新竞争力不强，落后于京津冀、长三角、粤港澳大湾区建设。第一，随着东部三大城市群的迅速发展和国家战略的落地，西部地区发展与东部差距越来越大；第二，随着武汉创新产业发展，东中部与西部差距日益明显。

2020 年度，四川各市科技创新发展指数只有成都和绵阳的科技创新发展指数高于全国平均值。

科技创新发展指数不够突出。首都科技发展战略研究院发布的《中国城市科技创新发展报告（2021）》显示，2021 年度中国城市科技创新发展指数排名前 20 位的城市依次是北京市、深圳市、上海市、南京市、广州市、杭州市、武汉市、苏州市、西安市、珠海市、成都市、合肥市、天津市、厦门市、宁波市、无锡市、青岛市、郑州市、常州市和长沙市。

从省级区域来看，排名前 20 的城市中，除北京、上海、天津 3 个直辖市外，江苏省的城市最多，包括南京市、苏州市、无锡市和常州市 4 个；广东省有 3 个，分别是深圳市、广州市和珠海市；浙江省有 2 个，分别是杭州市和宁波市；湖北省、陕西省、四川省、安徽省、福建省、山东省、河南省和湖南省分别有一个城市进入前 20。

省会与副省级及以上城市科技创新发展指数排名前 10 位的城市依次是北京市、深圳市、上海市、南京市、广州市、杭州市、武汉市、西安市、成都市和合肥市。地级市科技创新发展指数排名前 10 位的城市依次是苏州市、珠海市、无锡市、常州市、嘉兴市、佛山市、中山市、东莞市、芜湖市和湖州市，川渝无一上榜。

由科技部、中国科技发展战略研究小组联合中国科学院大学中国创新创业管理研究中心编写的《中国区域创新能力评价报告2022》报告显示，2022年广东区域创新能力排名第1位，北京、江苏分列第2位和第3位，与上年保持一致。浙江追赶速度加快，首次超越上海，排名第4位，上海排名第5位。进入前10的地区还有山东、安徽、湖南、陕西和湖北。重庆、四川分别列11位、12位，均未进入前十。

（二）创新要素竞争力弱

成都、重庆是西部地区的资源大市，曾一度依靠要素驱动、投资驱动带动经济蓬勃发展，与发达城市相比，由于曾对创新重视程度不够导致创新能力不强，创新要素竞争力弱，加上珠三角城市群得益于改革开放这一契机，城市开放度较高，集聚优质的人才和技术等创新要素，创新资源得以有效协调，成为其创新能力发展的重要引擎，而成渝城市群的发展规划在2016年得到国务院批复，创新资源相对缺乏，创新发展较为迟缓，导致成渝与珠三角城市群创新能力的区域间差距较大。主要表现在：一是企业创新竞争力薄弱。企业是创新的主体，川渝两地企业的创新竞争力有待加强，企业本身自主创新能力薄弱，川渝两地企业之间也未形成统一布局、有效联动的态势。二是吸引人才能力弱。从四川省内部来看，成都比其他城市更能吸引到优秀人才，但是放在全国范围来看，成都对人才的吸引力尚显薄弱。从重庆市内部来看，主城区比区县更能吸引到优秀人才，同理放在全国范围来看，重庆主城区对人才的吸引力尚显薄弱，主要受制于经济发达程度和地区整体竞争力。三是现代化交通运输网尚未形成。川渝两地各个城市之间的基础设施建设还在完善中，尚不能对川渝区域内协同创新提供便捷、快速的城际间轨道交通等服务，不同的运输方式之间仍需要统一规划，有效衔接。中国科学院大学中国创新创业管理研究中心发布了《2020中国区域创新能力评价报告》（以下简称《报告》）。《报告》从全国各区域的研发活动经费、地方财政科技投入、有效发明专利和高新技术企业数量等方面进行综合评价。重庆在2020年排在第10

名，区域创新综合效用值为 29.38 分，四川排在第 11 名，区域创新综合效用值为 28.5 分，与发达的城市差距较大，创新能力有待加强，如广州区域创新综合效用值 62.14 分，北京区域创新综合效用值 55.5 分。根据北京大学国家发展研究院发布的"2020 中国区域创新创业指数"显示，中部崛起势头强劲，南北差距继续拉大，长三角、珠三角等东部沿海地区是中国创新创业高地，2020 年中国区域创新创业指数四川省排在第 9 名，而重庆市排在第 17 名，区域创新创业能力有待进一步加强，在全国范围来看也不具备强烈的竞争力，未能起到引领创新的作用，创新环境有待提高。

华北地区、华南地区总指数得分高于七大区域均值。

（三）创新成果与发达地区尚有差距

中国区域科技创新评价报告 2022 显示，四川、重庆的综合科技创新水平指数低于全国平均水平，处于第二梯队。

2022 年、2012 年综合创新水平指数如图 5-32 所示。

十年来，重庆位次由第 13 提升至第 7 位，四川由第 14 位提升至 12 位。

从成果总量看，川渝核心成果不足，资源利用效率偏低。2020 年，川渝拥有有效专利 54.6 万件，占全国的 4.9%、京津冀的 43%、长三角的 15%、广东的 24%；川渝有效专利中发明专利占 19.4%，低于全国 0.9 个百分点；川渝技术市场输出额仅占全国的 4.8%。从各主体科技资源使用效率看，川渝高校每投入 1 亿元 R&D 经费申请发明专利 92 件，低于全国 11 件；川渝规上工业企业每投入 1 亿元 R&D 经费申请发明专利 25 件，低于全国 4 件。

（四）重大科技成果较少

科技活动产出指数（2019 年）：如图 5-31 所示。

成渝地区产出的重大科技成果、领军型科技创新企业、知名科学家仍然不够多。在我国已经建成的 22 个大科学装置和"十三五"规划新建的 16 个

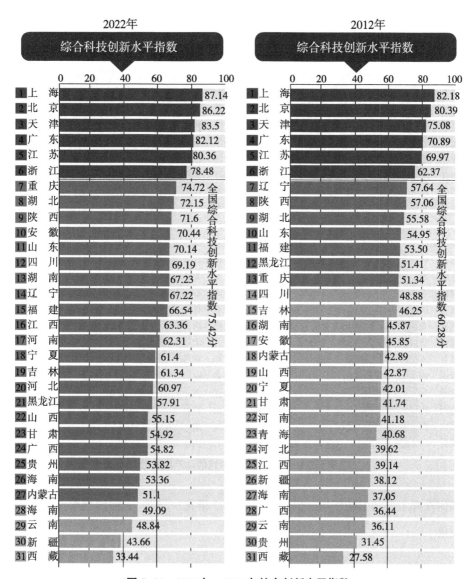

图 5-30　2022 年、2012 年综合创新水平指数

大科学装置中，有近一半分布在北京、上海等城市，成渝地区国家大科学装置数量远低于长三角和京津冀地区。虽然四川和重庆两地在大飞机、高铁、"北斗""天宫""神舟""嫦娥"等的研发上都发挥了至关重要的作用，但整体上科技系统集成能力不强，对外影响和辐射能力不足，下一步的关键在于

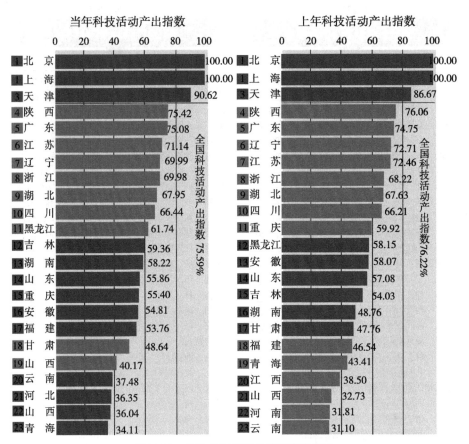

图 5-31 2019 年区域科技活动产出指数

如何发挥主导和引领作用，多涌现出诸如"华龙一号"、人脸识别等原创重大成果。

（五）投入产出较弱

从科创水平来看，成渝两城存在着"投入大、成果少"的效率较低的问题。比如，成都市在 2020 年的每千人大学生数量为 51 人/千人，但在同年每万人专利授权数只有 8.2 件。相较北京、深圳等传统科创城市和近年来兴起的东莞、珠海等地而言，成渝的科创投入强度需要加强。两地的经济总量大，高校和科研机构多，在校大学生有百万之多，"985" 和 "211" 大学云集，但是每年的专利数量甚至相比高校和国家科技机构少的深圳、苏州差得太远。

研发投入强度偏低，难以满足产业快速增长的需求。根据 2016—2021 年国家统计年鉴数据分析，R&D 人员投入强度和 R&D 经费投入强度仍较低，2019 年，重庆、四川每万名就业人员中 R&D 人员分别为 50.5 人年/万年、30.2 人年/万年，低于国家 62.0 人年/万年的平均水平，仅为北京的 1/4、1/7，不到上海、浙江的 1/2；重庆、四川 R&D 经费投入强度分别为 1.99%、1.87%，低于国家的 2.23%，与京津冀、粤港澳大湾区、长三角地区的省市相比，仅超前安徽，分别排在倒数第三、第二位，与北京的 6.31%、上海的 4% 差距较大。与同为西部的陕西相比，陕西 2019—2021 年 R&D 经费投入强度均值为 2.35%，而同期四川、重庆分别为 2.10%、2.09%。

整体而言，成渝地区双城经济圈 2019 年在 R&D 上投入 321 亿元，占西部地区总体的 47.21%，是长江中游城市群的 1.86 倍，但在 2019 年内，仅产生了 51377 件有效专利，低于其他城市群的专利发明情况。2019 年，长三角城市群、长江中游城市群和京津冀城市群的每万人拥有专利数分别为 16.57 件、5.75 件和 28.08 件，而成渝地区双城经济圈仅为 4.47 件，这说明成渝地区双城经济圈的科技、创新转化效率有待提高。①

川渝地区科技资源总量偏小，与发达地区差距较大。从科技资源总量看，2020 年，川渝拥有的国家重点实验室、R&D 人员折合全时当量、R&D 经费投入、科研仪器设备支出等主要科技资源分别占全国的 4.9%、5.6%、6.5%、6.1%，低于川渝人口约占全国 8%、GDP 约占全国 7% 的比重。从资源结构看，川渝 R&D 经费中基础研究占 5.2%，低于全国 0.8 个百分点。与发达地区相比，川渝拥有双一流大学 10 所，少于长三角的 36 所和京津冀的 41 所；川渝 R&D 人员分别仅占京津冀的 57%、长三角的 20%、广东的 39%；川渝 R&D

① 陈耿宣、凌浩：《成渝地区双城经济圈区域经济协同发展创新研究》，西南财经大学出版社 2021 年版，第 66 页。

经费分别仅占京津冀的46%、长三角的21%、广东的45%。作为继京津冀、长三角和粤港澳之后的"第四极"，川渝还存在较大差距。

与全国相比：

2021年，全国共投入研究与试验发展（R&D）经费27956.3亿元，比上年增加3563.2亿元，增长14.6%，增速比上年加快4.4个百分点；研究与试验发展（R&D）经费投入强度为2.44%，比上年提高0.03个百分点。按研究与试验发展（R&D）人员全时工作量计算的人均经费为48.9万元，比上年增加2.3万元。

分地区看，研究与试验发展（R&D）经费投入超过千亿元的省（市）有11个，分别为广东（4002.2亿元）、江苏（3438.6亿元）、北京（2629.3亿元）、浙江（2157.7亿元）、山东（1944.7亿元）、上海（1819.8亿元）、四川（1214.5亿元）、湖北（1160.2亿元）、湖南（1028.9亿元）、河南（1018.8亿元）和安徽（1006.1亿元）。研究与试验发展（R&D）经费投入强度（与地区生产总值之比）超过全国平均水平的省（市）有6个，分别为北京、上海、天津、广东、江苏和浙江。

与深圳相比：

深圳是创新明星城市，2021年，深圳市共投入研究与试验发展（R&D）经费1682.15亿元，研究与试验发展（R&D）经费投入强度为5.49%，比上年提高0.03个百分点。按研究与试验发展（R&D）人员全时工作量计算的人均经费为49.50万元，比上年增加5.81万元。而四川省共投入研究与试验发展（R&D）投入总经费1214.5亿元，重庆为603.8亿元。

成果转化不足：

近年来，成渝地区相继出台了一系列促进科技成果转化的法律法规和政策，技术交易工作取得显著成就。根据四川省统计局、成都市新经济发展委员会和重庆市统计局的数据，2020年，四川、成都、重庆技术合同认定登记额分别为1248.8亿元、1144.5亿元和154.2亿元，但与京津冀、长三角等经济发达的地区仍有明显差距，如北京的技术合同认定登记额已达到6316.2亿元。同时，成渝地区缺少专业化、市场化运作的民营机构，缺乏一批具有公信力的专业科技成果评估机构以及独立的监督监管机构，对于当前科技成果评价工作的评估标准、评估方法、评估内容等问题，缺乏相关指导性政策文件予以明确，特别是对成果交易起决定性的价格评估机制尚为空白，这在很大程度上影响和制约了具有市场前景的科技成果快速交易转化。

（六）对外开放水平不高

一般创新高地都具有较高的开放性，世界创新型城市群大多聚集于出海通道便捷的湾区。成渝地区不沿海、不沿边，对外开放通道较少、时间较短、依存度较低，远低于沿海地区和全国平均水平。长江水道的必经之处三峡大坝，过闸运输量已远超设计能力，每艘船舶过闸平均等待时间为 150 小时左右，且沿长江一线铁路运输能力有待提升，运输能力难以满足货运需求。

四、区域发展不均衡

川渝协同发展虽然已经取得一定成效，但区域内发展不平衡不充分的问题仍然存在，造成地区间发展差距较大，包括川渝之间的差距及两地各自内部的差距，发展不充分问题突出，发展不平衡挑战明显，对川渝协同创新发展和提升整体竞争力提出了更高更为迫切的要求。

（一）科技资源区域分布不均

川渝两地创新资源分布的极化现象明显，主要集中在成都、重庆，而西北、西南边缘地区创新资源匮乏，形成"高峰"与"洼地"并存的现象。

川渝地区科技资源区域分布不均，核心研发资源高度聚集于成渝绵三角地带，辐射共享作用不明显。川渝地区几乎一半的技术和创新资源都集中在成都市和重庆主城区。2020 年，成都市 R&D 经费为 551.4 亿元、重庆中心城区为 294.2 亿元、绵阳市为 215.0 亿元，成渝绵 R&D 经费占川渝总量的

67.0%；成渝绵还聚集了川渝 79.7%的政府研发资金、83.6%的基础研究经费、77.9%的有效发明专利、94.1%的技术市场输出额、93.7%的重点建筑业和服务业企业 R&D 经费。中间地带以及两翼的自贡、内江、资阳、潼南、广安、达州、梁平、忠县、云阳等地科技资源普遍匮乏。

成都和重庆的教育资源、科研资金投入、科技创新环境、科技成果产出、高新技术企业等各方面均优于中部的德阳、遂宁、资阳、内江、眉山等城市，两地的技术、创新要素的分布情况呈现出较为明显的断层效应和虹吸效应。

就四川省而言，高等院校主要分布于成都市平原周边，主要集中于成都市内。现有科研院所 270 余家，从业人员及研发人员总研发经费支出都位居全国前列，中央驻川科研院所实力雄厚，2018 年中央驻川科研院所共有从业人员 8.7 万人，R&D 经费支出 220.9 亿元，比例都占到全省总量的 80%以上。但科研院所地域布局高度集中，50%以上聚集在成都市域，四川省内其他市只占少部分。2021 年，四川省拥有科学研究与技术服务机构 271 个，成都占 160 个。除了成都市，绵阳市、宜宾市、泸州市等地区，其他地区的 R&D 内部支出都较低，并且城市间的差距也在变大。值得注意的是，绵阳的 R&D 经费支出在四川省内与其他城市相比高出很多，其高企数量和有效专利发明量等情况也优于其他区域，呈现出其作为四川省技术、创新次中心的现状。

2020 年四川省主要城市创新资源指数如图 5-32 所示。

在创新资源一级指标中，四川各市的排名依次为：绵阳、成都、德阳、攀枝花、自贡、雅安、眉山、乐山、宜宾、南充、资阳、内江、广元、泸州、达州、遂宁、巴中和广安。其中，攀枝花及排名在其后城市的创新资源指数低于全国平均值。

截至 2022 年，四川全省有效高新技术企业数量持续壮大，已达到 12379 家。从地域分布看，全省有效高新技术企业的数量主要集中在成都、绵阳、德阳、宜宾、达州。其中，成都市共有 9856 家，占总量比重近 80%；其余四市占比分别为 4.68%、2.32%、1.89%、1.36%。

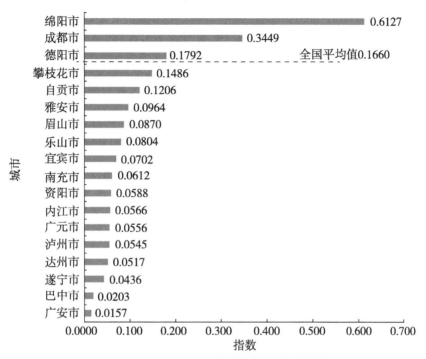

5-32　2020 年四川省主要城市创新资源指数①

　　川渝地区的科技人才分布不平衡，川渝地区内的大量人才都集中在成都、重庆，致使川渝全区域的科技发展严重不平衡，造成部分地区人才分布密度远远超过全国平均水准，但是存在很大一部分地区的分布却远远低于全国平均水平。

　　对于重庆市而言，情况也较为一致，重庆主城区基本拥有了重庆市所有的高企，高校数量也是远远多于重庆市其他区域。2021 年，重庆市主城都市区、渝东北三峡库区城镇群和渝东南武陵山区城镇群 R&D 经费总量分别为 568.7 亿元、29.4 亿元和 5.7 亿元，分别较上年增长 14.8%、11.7% 和 17.2%。其中，主城都市区占全市 R&D 经费的比重达 94.2%，比上年提高 0.1 个百分点；对全市

---

①　《中国城市科技创新发展报告 2020》，https：//www. 163. com/dy/article/GD5QK3QQ05387CIB. html。

205

R&D 经费增长的贡献率为 95.1%，仍然是引领全市创新发展的主引擎。

川渝两省市之间的科技资源也存在落差。从科技成果资源看，四川拥有有效专利 35.9 万件，拥有有效发明专利 7.0 万件，SCI 收录论文 2.1 万篇，分别是重庆的 1.9 倍、2.0 倍和 2.0 倍。2020 年，重庆建有研发机构的企业占 27.5%，高于四川 17.8 个百分点；重庆共计建立研发机构 2083 个，比四川多 272 个；研发机构配置仪器设备原价 608.2 亿元，是四川的 2.6 倍；平均每个机构配置仪器设备原价 2920 万元，是四川的 2.2 倍。规模以上工业企业研发投入及成果方面，2020 年，重庆开展 R&D 活动的企业占 41.5%，高于四川 12.8 个百分点；重庆 R&D 经费占营业收入的比重为 1.61%，高于四川 0.7 个百分点；重庆新产品销售收入占营业收入的比重为 25.5%，高于四川 14.8 个百分点，重庆新产品出口额为 1194 亿元，是四川的 2.7 倍。

总体而言，成渝地区双城经济圈科技创新资源分布存在明显的两极分化。科技创新能力发展不平衡将制约成渝地区双城经济圈的整体科技协同创新能力，没能达到创新要素"1+1>2"的协同效应。

（二）研发投入区域不均衡

2020 年，成都市 R&D 经费为 551.4 亿元、重庆中心城区为 294.2 亿元、绵阳市为 215.0 亿元，成渝绵 R&D 经费占川渝总量的 67.0%；成渝绵还聚集了川渝 79.7% 的政府研发资金、83.6% 的基础研究经费、77.9% 的有效发明专利、94.1% 的技术市场输出额、93.7% 的重点建筑业和服务业企业 R&D 经费。中间地带以及两翼的自贡、内江、资阳、潼南、广安、达州、梁平、忠县、云阳等地科技资源普遍匮乏。

2021 年，四川研究与试验发展（R&D）经费 1214.5 亿元，其中成都以 631.9 亿元，占全省的 52%，成都、德阳、绵阳三市合计 959.1 亿元，占全省的 79%。分地区看，投入超过 20 亿元的市有 7 个，分别为成都、泸州、德阳、绵阳、乐山、南充、宜宾。研究与试验发展（R&D）经费投入强度超过全省平均水平的市有 3 个，分别是绵阳、德阳和成都。

2021 年，重庆市主城都市区、渝东北三峡库区城镇群和渝东南武陵山区城镇群 R&D 经费总量分别为 568.7 亿元、29.4 亿元和 5.7 亿元。其中，主城都市区占全市 R&D 经费的比重达 94.2%，比上年提高 0.1 个百分点，对全市 R&D 经费增长的贡献率为 95.1%，仍然是引领全市创新发展的主引擎。分地区看，重庆研究与试验发展（R&D）经费投入前五的区县分别为渝北区、江北区、沙坪坝区、九龙坡区、北碚区，这 5 个地区的经费占全部规模以上工业企业研究与试验发展（R&D）经费的比重为 45.0%。R&D 经费总量和投入强度（与地区生产总值之比）排名靠前的均位于主城都市区，其创新主阵地的地位愈加巩固。各区县中，R&D 经费超过 30 亿元的区县有 7 个，比上年增加 2 个（涪陵区、巴南区）；R&D 经费投入强度超过全市平均水平的区县有 12 个，分别是北碚区（5.09%）、沙坪坝区（4.44%）、渝北区（4.25%）、江北区（3.48%）、大渡口区（3.47%）、巴南区（3.42%）、南岸区（3.29%）、璧山区（3.10%）、长寿区（2.88%）、永川区（2.37%）、九龙坡区（2.36%）和涪陵区（2.24%）。

（三）科技创新水平区域差距大

虽然同处于第二梯队，但区域之间和区域内部发展极不平衡。成渝地区双城经济圈各城市科技创新能力存在明显的两极分化。成都和重庆的教育资源、科研资金投入、科技创新环境、科技成果产出、高新技术企业等各方面均优于中部的德阳、遂宁、资阳、内江、眉山等城市，科技创新能力发展不平衡，创新水平区域差距大。

1. 四川方面

一是城市创新发展不平衡。《中国城市科技创新发展报告 2020》显示，2020 年度，四川各市科技创新发展指数排名依次为：成都、绵阳、德阳、泸州、宜宾、自贡、内江、攀枝花、南充、乐山、遂宁、眉山、雅安、广安、广元、达州、巴中、资阳（见表5-7）。

表5-7　2020年四川省主要城市科技创新发展指数①

城市	科技创新发展指数	全国排名
成都市	0.5894	14
绵阳市	0.4594	43
全国平均值	0.3325	
德阳市	0.3181	116
泸州市	0.2978	144
宜宾市	0.2935	148
自贡市	0.2924	149
内江市	0.2923	150
攀枝花市	0.2811	169
南充市	0.2747	178
乐山市	0.2695	181
遂宁市	0.2656	191
眉山市	0.2630	199
雅安市	0.2529	214
广安市	0.2445	227
广元市	0.2416	229
达州市	0.2389	231

由表5-7可知，在四川省主要城市科技创新发展总指数及各项一级指标省内排名中，成都各项指标保持前列，成都、绵阳两市总指数稳居前二。只有成都和绵阳的科技创新发展指数高于全国平均值。

在创新绩效一级指标中，四川各市的排名依次为：成都、绵阳、内江、

---

① https：//www.163.com/dy/article/GD5QK3QQ05387CIB.html。

南充、自贡、泸州、宜宾、德阳、攀枝花、遂宁、雅安、眉山、广安、资阳、
乐山、达州、广元和巴中（见表5-8）。

表5-8　2020年四川省主要城市创新绩效指数①

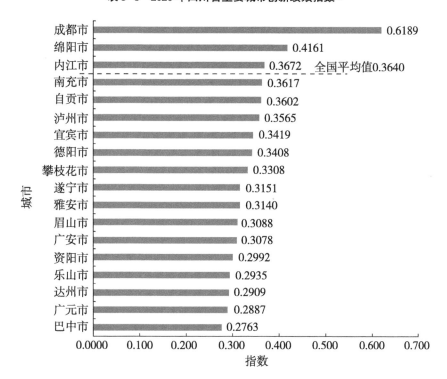

由表5-8可知，其中只有成都、绵阳、内江三市的创新绩效指数高于全
国平均值。

2022年6月2日，四川省首次公开发布《四川省科技创新统计监测报
告》。根据2021年监测结果，全省科技创新综合水平指数68.20%，比上年提
高2.61个百分点。具体而言，成都、绵阳保持领先，居全省第一梯队，创新
指数高于全省平均水平。德阳、攀枝花、自贡、泸州、宜宾、遂宁、雅安等7
个市州居第二梯队，创新指数高于50%，其中泸州、宜宾、遂宁升入第二梯

———————————

① https：//www.163.com/dy/article/GD5QK3QQ05387CIB.html。

队。乐山、眉山、内江、资阳、南充等 5 个市州创新指数高于 40%，处于第三梯队。凉山、达州、广安、广元、阿坝、巴中、甘孜等 7 个市州创新指数低于 40%，处于第四梯队。如图 5-33 所示。

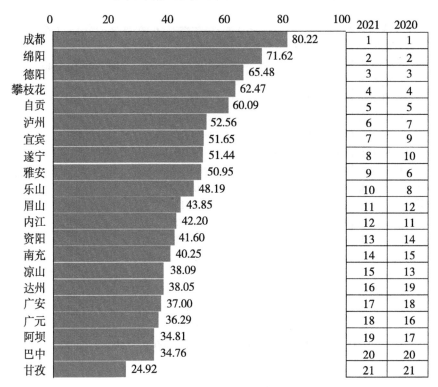

图 5-33 2021 年度市州科技创新综合水平指数及排位

成都在科技创新环境、科技活动投入、高新技术产业化、科技促进经济社会发展四个方面位居各市州首位，攀枝花继续保持科技活动产出首位，绵阳在科技创新环境、科技活动投入、高新技术产业化三方面保持次位，德阳居科技创新环境、科技活动投入第三位，资阳、乐山分别在科技促进经济社会发展和高新技术产业化方面保持第二、第三位。

2022 监测年度，成都在科技创新环境、高新技术产业化、科技促进经济社会发展等三个方面保持各市州首位，居科技活动投入和产出次席；绵阳居科技活动投入首位，在科技创新环境、高新技术产业化方面保持次位；攀枝花继续保持科技活动产出首位；德阳保持科技创新环境、科技活动投入第三位；资阳、乐山分别保持科技促进经济社会发展第二位和高新技术产业化第三位。

二是区域创新能力的内部差异明显。2021 年，川南、川东北地区的创新引领城市初步形成，区域内差异进一步加大；其他区域内部差异略有缩小（见图 5-34）。

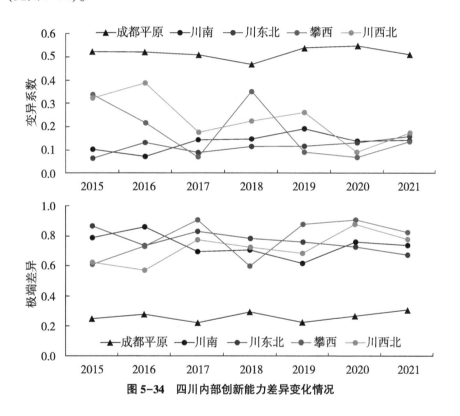

图 5-34　四川内部创新能力差异变化情况

成都平原经济区 8 个市（州）创新能力分化明显，变异系数、极端差异均大幅高于其他区域，但近年来呈微弱缩小的趋势。成德眉资的差异高于成都平原经济区整体水平，区域协同的挑战仍然巨大。川南经济区域内差异加大，极端差异和变异系数均呈加大趋势。宜宾和泸州脱颖而出，其中宜宾创新能力连续 5 年居全省第三位；泸州排位稳步提升，连续两年保持全省第 4

位。自贡总体下行至中位，内江在中后位波动。川东北经济区内极端差异和变异系数呈加大趋势。南充进入全省前五并已保持两年，广元、巴中仍在后位徘徊。攀西经济区和川西北生态经济区两个市（州）之间差异近年来总体略有缩小，其中攀枝花保持全省前10位，阿坝首次进入前10。

2. 重庆方面

《2022年度重庆市区县科技竞争力评价报告》显示，2021年全市排名前3位的区县依次是渝北区、江北区、沙坪坝区。主城都市区排名前5位的区县依次为渝北区、江北区、沙坪坝区、北碚区、九龙坡区；渝东北三峡库区城镇群排名前3位的区县分别为万州区、忠县、开州区；渝东南武陵山区城镇群排名前3位的区县分别为石柱县、黔江区、武隆区。同时，"十四五"初期全市38个区县科技竞争力排名变化显示，江北区、北碚区、璧山区、长寿区、涪陵区、江津区等17个区县排名上升（见图5-35）。

根据科技创新指数结果，38个区县科技创新发展水平可分为三类：

第一梯队是科技创新指数高于全市平均水平67.32%的区县，有北碚区、九龙坡区、渝北区、江北区、南岸区、巴南区、沙坪坝区、璧山区、涪陵区9个。

第二梯队是科技创新指数位于30%—67.32%的区县，有长寿区、永川区、荣昌区、大渡口区、渝中区、江津区等22个。

第三梯队是科技创新指数低于30%的区县，有巫溪县、云阳县、彭水县、丰都县等7个。

（四）二核科技资源辐射共享作用不明显

科技资源辐射共享作用尚不明显。通过分析2020年成渝地区各地市（区县）R&D经费投入强度、万人发明专利拥有量局部莫兰指数发现，重庆中心城区的渝北、江北、九龙坡、巴南、沙坪坝以及周边璧山、江津等研发能力强的区县形成小范围聚集，成都和绵阳科技资源丰富但未带动周边区域科技

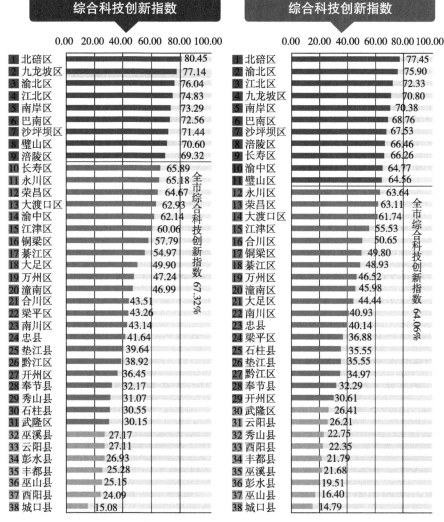

图 5-35　2020 年、2021 年重庆市综合创新指数

能力提升，大部分地市（区县）科技能力与相邻区域相关性弱，表明川渝各地市（区县）科技资源与邻近区域的共享作用还不明显。

（五）区域经济发展不平衡

一是川渝经济发展水平和发展总量差异较大。2022 年，四川 GDP 总量

56749.8万亿，重庆总量29129.0万亿，四川是重庆的1.95倍；但从人均GDP来看，2022年四川人均GDP67785元，重庆人均GDP90676元，重庆是四川的1.34倍，超出全国4965元；从人均可支配收入来看，2022年四川人均可支配收入30679元，重庆人均可支配收入35666元，重庆是四川的1.16倍。

二是域内经济发展水平不平衡。在成渝地区双城经济圈内，城区人口百万以上的大城市数量不多，成都和重庆作为中心城市，在整个城市群的GDP中比重过大。2018年末四川与重庆的GDP总量超过6.1万亿，但其中成都和重庆即占3.6万亿；在四川省4万亿的GDP总量中，成都和绵阳的贡献分别名列第一、第二位，但其中成都约占1.5万亿元，第二名绵阳仅为2300亿元，即成都GDP是同省第二名的六倍多，更远超省内其他城市。重庆GDP总量中，前五位区县占比超30%。2021年，成渝地区双城经济圈实现地区GDP总值73919.2亿元，比上年增长8.5%，经济增速较上年提高4.5个百分点，总体呈现稳中加固、稳中提质、稳中向好的发展态势。其中，四川部分48060.2亿元，增长8.5%；重庆部分25859亿元，增长8.5%，但川渝区域内的GDP结构没有发生根本的改变。

2022年，四川省内成都平原经济区GDP总值34670.8亿元，比上年增长3.3%；川南经济区GDP总值9324.7亿元，增长3.1%；川东北经济区GDP总值8518.0亿元，增长1.6%；攀西经济区GDP总值3301.9亿元，增长5.0%；川西北生态示范区GDP总值934.5亿元，增长2.4%。[1] 成都平原经济区GDP总值占据四川省的大半壁江山。2022年，重庆主城都市区实现GDP总值22352.42亿元，比上年增长2.3%，人均GDP突破10万元，超过全国水平；渝东北三峡库区城镇群实现地区GDP总值5152.87亿元，增长4.1%；渝东南武陵山区城镇群实现地区GDP总值1628.68亿元，增长3.2%。[2] 主城都市区极核引领功能持续提升，区域带动力和国际竞争力进一步增强。

---

① 2022年四川省国民经济和社会发展统计公报。
② 2022年重庆市国民经济和社会发展统计公报。

三是川渝城市化水平差异较大。从常住人口城镇化率来看，2022 年末，重庆全市常住人口城镇化率为 70.96%，四川为 58.35%，重庆是四川的 1.21 倍。

总之，川渝地区各市之间存在着明显差距、各地区各自为政等多种因素影响了区域间资源流动及要素共享程度的不一致性。如成都与重庆形成优势互补关系；重庆市主导功能发挥良好，但在资源配置中没有起到应有之作用；成都市以工业为主导产业结构不合理，导致经济发展水平较低和产业关联度不足的现象普遍出现。成渝地区在发展过程中，长期以成都和重庆为中心，两地间其他中小城市发展相对滞后，导致成渝两市和周边城市经济差距越来越大，中间地带存在"塌陷"问题，制约了成渝地区双城经济圈的发展。

（六）区域内公共服务均等化有待提升

区域内各城市发展除了经济差别较为显著，公共服务资源更存在较为明显的差异，而公共服务与民生直接相关，对吸引优质人力资源常具有决定性作用。川渝公共服务均等化较弱，城乡二元结构矛盾突出，教育、医疗等优势资源主要集中在成都和重庆主城区，中部市（区）优质教育、医疗资源相对缺乏。重庆市三甲医院基本集中于主城区，许多区县还没有三甲医院，导致主城区大医院人满为患、一号难求。

以成都市为例，成都的医疗公共服务资源在全球领先，每千人床位数不仅高于全省平均数，更超过了全国和全球的床位平均数。同时，每千人医师数同样远远领先于全省、全国和全球平均数。但这些优质的医疗资源大部分集中在市中心不到 500 平方千米的土地上，这个区域虽然公共服务资源优质，但也承载了超高的人口，其人口密度最大达到同城其他区域的 10 倍，但土地面积却不足全市面积的二十分之一。[1] 可见公共服务资源在成都一市的各个区

---

[1]　汪灏、李友民、李月等：《新型城镇化视野下成都市人口发展与基本公共服务均等化研究》，四川人民出版社 2016 年版。

（市）县之间尚没有形成有效的均等化，从整个成渝地区双城经济圈的角度，实现区域内公共服务均等化，从而进一步平衡人口和区域经济发展更是任重而道远。按常住人口计算，2019 年川渝两地人均一般公共预算支出分别为 15515.95 元/人和 12356.03 元/人，重庆的人均一般公共预算支出约为四川的 1.26 倍，四川的卫生技术人员数约为重庆的 2.68 倍，川渝两地都需要不断完善公共服务投入力度和服务水平。

四川作为一个省级行政区，重庆作为一个直辖市，在区域面积、人口规模、经济体量都不具有可比性，这给协同创新和协同发展带来了一定程度的困难。由于各个城市的经济基础、R&D 活动强度、人才集聚程度、产学研联系质量以及城市群开放度等存在差距，导致川渝内部各个城市间创新能力发展存在非均衡现象，区域内创新协同发展有待加强，创新能力协调机制有待优化。

五、产业综合竞争优势不强

（一）产业结构有待优化

川渝地区以传统制造业为主，缺乏高科技、高附加值、高端服务业等具有竞争力的新兴产业。由于缺乏高素质的人才，技术水平和创新能力欠缺，无法满足市场需求和产业升级的要求；由于资金与技术投入不足，资本市场不发达，众多企业难以获得足够的资金和技术支持，制约了其产业发展和竞争力的提升。成渝地区双城经济圈的高新技术及战略性新兴产业的规模和实力仍然有待加强。

（二）产业竞争优势不强

成渝地区产业的综合竞争优势不强。成渝地区规模工业总量仅相当于京津冀的 72.7%、长三角的 25.4%，其中制造业占比最高的电子制造业总规模也不足江苏一省。汽车产量虽占全国 8% 左右，但单车均价和利润均低于全国平均水平，2019 年上市车企净利润排行榜前 10 中无一家是成渝地区企业。截至 2021 年，重庆在境内上市公司合计 36 个。

成渝地区之间多数城市没有比较优势产业，产业层次低端，同质化严重，产能过剩。与我国其他大型城市群相比，成渝地区双城经济圈的优势产业及战略性新兴产业的实力亟待增强。比如，成渝地区双城经济圈的优势产业中，除能源电力、医药制造等行业外，其他优势产业的体量和增长速率与其他城市群依然存在着一些差距。有些企业管理水平不高，自身竞争力不强，从而制约了整个产业发展。

（三）优势资源与优势产业关联度不高

科技创新是围绕产业进行的，创新链围绕产业链而布局。现阶段，在川渝各区域，特别是成都、重庆与各市州、各区县在优势资源和优势产业方面联系还不够紧密，直接导致川渝地区区域协同创新动力不足。如成都、重庆两个城市的汽车、航天航空、发动机、国防工业等高端制造产业，都具有强大的引领带动作用，但同时也需要从材料到装备到工艺的协同创新和产业体系支撑。以钒钛资源为例，钒钛新材料是川渝地区具有独特资源优势及良好发展基础的材料产业，具有强度高、韧性大、质量轻、耐高温、耐腐蚀、耐磨性好等优良特性，广泛应用于汽车、航天航空、发动机、国防工业等领域。但资源没有实现就近配置，优势资源与优势产业关联度薄弱，没有实现高端材料的国产替代。川渝要以产业协同与创新协同双向互促，推动优势资源在双城经济圈更加充分利用，高效循环，并更快实现高端材料的国产替代。

六、互联互通仍然不畅

（一）交通瓶颈依然存在

由于高铁建设难度大、建设标准偏低、建设速度偏慢，川渝地区通达经济发达地区的时间并未明显缩短。城市之间高铁、高速公路没有形成"网络"体系，东西走向运输有限，南北走向亟待提升。成渝城市群高铁建设落后于东部，与京津冀、长三角、珠三角等东部地区的差距日益扩大。如成渝之间仅在主轴上开通一条成渝高铁线路，到双城经济圈外围城市如泸州、南充等还未开通。此外，川渝地区交界区县还有许多断头路未打通，阻碍着人流、物流、信息流的流通。川渝地区地形复杂，既有川西的成都平原，也有川东平行岭谷，还有川中丘陵。平行岭谷和丘陵形成了区域城市联系的地理屏障，导致成渝两地倾向于"背向发展"。川东平行岭谷限制了重庆向西发展的便利性，转而更倾向于向东拓展。川中丘陵则限制成都向东发展的空间，导致四川空间发展的重点主要是南北走向的"成德绵眉乐发展轴"。

（二）通达性仍然不足

尽管各市县平均通达时间均有不同程度的缩短，整体的交通可达性提升，但可达性仍旧呈现明显的圈层结构。成渝两大中心城市之间（成都—重庆）的地理距离较远。地理数据显示，成渝地区两大中心城市之间的直线距离达到 360 公里左右，而长三角三大中心城市之间的直线距离最短只有 180 公里（上海—杭州），最长也只有 300 公里（上海—南京）。从四川—重庆省际沟通来看，2019 年出现了大量的二级三级联系，但省际仍旧缺乏直接的一级联系来推动成渝协调发展。

（三）通行时间仍然较长

在通行时间上，成渝两个核心城市之间一小时双城经济圈仍然难以完全实现，其他城市与成都之间的通行时间基本在 1.5—3 小时，动车车次较少、间隔时间长（基本在 1 小时以上），很多中等城市尚未通高铁，这与长三角沪宁高铁 3—5 分钟一班的间隔时间相去甚远。四川除了成都其他城市与重庆之间交通并不频繁。

以上因素增加了成渝地区主要城市之间的基础设施建设难度，也就阻碍了成渝地区协同创新发展。

第三节 川渝协同创新发展面临的机遇

进入新时代，新的国家重大区域发展战略和其他国家发展规划，为成渝城市群发展提供了更多有利条件，为川渝改革开放创新发展提供了战略支持。

一、西部大开发战略

协调发展是我国区域发展的重要方略，也是习近平新时代中国特色社会主义思想的重要组成部分。区域协调发展是贯彻新发展理念、建设现代化经济体系的重要内容，对于促进国民经济持续健康发展、全面建成小康社会、开启全面建设社会主义现代化国家新征程和构建区域发展新格局具有里程碑意义。其根本目的是健全市场机制，打破行政区划的局限，促进生产要素在区域间自由流动，引导产业转移。健全合作机制，鼓励和支持各地区开展多种形式的区域经济协作和技术、人才合作，形成以东带西、东中西共同发展的格局。健全互助机制，发达地区要采取对口支援、社会捐助等方式帮扶欠发达地区。健全扶持机制，按照公共服务均等化原则，加大国家对欠发达地区的支持力度。国家继续在经济政策、资金投入和产业发展等方面，加大对中西部地区的支持。

西部大开发是我国区域协调发展的重大关键战略之一。1999 年 9 月，十五届四中全会作出实施西部大开发战略的决定，要求通过优先安排基础设施建设、增加财政转移支付等措施，支持中西部地区和少数民族地区加快发展。2000 年 10 月，中共十五届五中全会通过的《中共中央关于制定国民经济和社会发展第十个五年计划的建议》，把实施西部大开发、促进地区协调发展作为一项战略任务。

2001 年 3 月，九届全国人大四次会议通过的《中华人民共和国国民经济和社会发展第十个五年计划纲要》对实施西部大开发战略再次进行了具体部署。按照规划，从 2010 年到 2030 年西部大开发进入加速发展阶段，巩固提高基础，培育特色产业，实施经济产业化、市场化、生态化和专业区域布局的全面升级，实现经济增长的跃进；从 2031 年到 2050 年，将进入全面推进现代化阶段。2003 年 10 月，中共十六届三中全会把积极推进西部大开发纳入"五个统筹"之一。

20 多年来，党中央、国务院先后印发一系列文件和相关政策，为西部大开发提供了重要指导和支持。进入新发展阶段之后，2017 年 10 月，党的十九大制定实施了《中共中央、国务院关于新时代推进西部大开发形成新格局的指导意见》，对于推动西部地区高质量发展、决胜全面建成小康社会、开启全面建设社会主义现代化国家新征程具有重要意义。2016 年 12 月、2021 年 6 月国务院召开会议，分别审议通过《西部大开发"十三五"规划》实施方案、《西部大开发"十四五"规划》实施方案。2020 年 5 月，中央出台的《中共中央国务院关于新时代推进西部大开发形成新格局的指导意见》强调，要"以创新能力建设为核心，加强创新开放合作，打造区域创新高地"。

历经"十五"到"十三五"四个五年规划，西部地区打赢了脱贫攻坚战，国家区域协调发展取得积极重大历史性成就，国家能源安全、粮食安全、生态安全、国防安全得到了有效保障。实践证明，西部大开发的战略部署是正确的，是关乎全局的大战略。

川渝地区在西部具有重要的战略地位。川渝处于东西交会接合处，在区位、资源分布、经济基础、生产规模、人才储备等方面在中西部的优势非常明显。按照梯度转移理论、点轴开发模式，川渝地区当之无愧是实施西部大开发战略的首选前沿阵地。这为川渝地区协同发展提供了重大机遇。

新时代西部大开发战略是创新驱动的战略支撑，协同创新将助力成渝地区双城经济圈成长为高质量世界级城市群，形成西部大开发的最大战略支撑点和中国第四个发展极，推进形成西部经济一体化新格局。

二、"一带一路"倡议

2013 年 9 月和 10 月，国家主席习近平在出访中亚和东南亚国家期间，先后提出共建"丝绸之路经济带"和"21 世纪海上丝绸之路"的重大倡议。简称为共建"一带一路"倡议。"一带一路"建设是顺应世界多极化、经济全球化、文化多样化、社会信息化潮流的倡议，旨在促进经济要素有序自由流动、资源高效配置和市场深度融合，推动沿线各国实现经济政策协调，开展更大范围、更高水平、更深层次的区域合作，共同打造开放、包容、均衡、普惠的区域经济合作架构。"一带一路"倡议是国家级顶层合作倡议，也是指引我国未来 30 年对外开放的总纲领。

川渝地区是我国西部经济发展的领头羊和增长极，同时也是"一带一路"的重要节点。川渝地区是丝绸之路经济带与长江经济带的交汇点，具有联动东西、带动南北的区位优势，在"一带一路"和长江经济带发展战略中扮演着重要角色。在中国经济发展进入新常态的背景下，川渝两地的合作潜力巨大，抱团协同、构建新型的竞合机制，无疑是川渝两地将"一带一路"倡议和长江经济带战略的地理节点质变为重要战略支点的必然抉择。加快协同创新将促进成渝地区双城经济圈科技经济深度融合，产业结构调整优化，培育新经济增长点，扩大对外开放新优势。

三、长江经济带战略

2014 年 9 月《国务院关于依托黄金水道推动长江经济带发展的指导意见》指出，长江通道是中国国土空间开发最重要的东西轴线，在区域发展总体格局中具有重要战略地位。2016 年 1 月，习近平在重庆召开推动长江经济带发展座谈会并发表重要讲话，全面深刻阐述了长江经济带发展战略的重大意义、推进思路和重点任务。纲要从规划背景、总体要求、大力保护长江生态环境、加快构建综合立体交通走廊、创新驱动产业转型升级、积极推进新型城镇化、努力构建全方位开放新格局、创新区域协调发展体制机制、保障措施等方面描绘了长江经济带发展的宏伟蓝图，是推动长江经济带发展重大国家战略的纲领性文件。推动长江经济带发展，是中共中央、国务院主动适应把握引领经济发展新常态，科学谋划中国经济新棋局，作出的既利当前又惠长远的重大决策部署。有利于建设陆海双向对外开放新走廊，培育国际经济合作竞争优势，促进经济提质增效升级，对于实现"两个一百年"奋斗目标和中华民族伟大复兴的中国梦，具有重大现实意义和深远历史意义。

长江及其支流在川渝地区具有非常长的江岸线，对川渝的发展具有非同寻常的意义。川渝，特别是重庆在长江经济带建设中具有举足轻重的地位。长江经济带战略将构建一条生态更优美、交通更顺畅、经济更协调、市场更统一、机制更科学的黄金经济带。有利于成渝地区双城经济圈打造高水平科技服务业集聚区和创新平台，有利于川渝合力发展高端服务经济，共同培育发展新动力。无疑，长江经济带战略为川渝协同创新带来了重大机遇。

四、创新驱动发展战略

2012 年 9 月，中共中央、国务院印发了《关于深化科技体制改革加快国家创新体系建设的意见》，其中再次强调"支持和鼓励各创新主体根据自身特色和优势，探索多种形式的协同创新模式"。同时，文件中也明确提出"要充分发挥地方在区域创新中的主导作用，优化区域内创新资源配置，鼓励创新资源密集的区域率先实现创新驱动发展，加快建设各具特色的区域创新体系"。

党的十八大报告中明确提出我国要"实施创新驱动发展战略"，并进一步指出"要坚持走中国特色自主创新道路，以全球视野谋划和推动创新，提高原始创新、集成创新和引进消化吸收再创新能力，更加注重协同创新"。党的十九大更是提出创新是引领发展的第一动力。党的二十大报告强调，"必须坚持科技是第一生产力、人才是第一资源、创新是第一动力，深入实施科教兴国战略、人才强国战略、创新驱动发展战略，开辟发展新领域新赛道，不断塑造发展新动能新优势"。

党的二十届三中全会强调，"必须深入实施科教兴国战略、人才强国战略、创新驱动发展战略，统筹推进教育科技人才体制机制一体改革，健全新型举国体制，提升国家创新体系整体效能"。由此可见，协同创新多次上升到国家战略层面，鼓励政府主导下各类创新主体共同创新，加快区域创新体系建设，合理配置创新资源，这些都是对协同创新实体建立的有力推动。同时，协同创新也是我国经济社会发展的重要支撑。实施创新驱动发展战略，是应对发展环境变化、把握发展自主权、提高核心竞争力的必然选择，是加快转变经济发展方式、破解经济发展深层次矛盾和问题的必然选择，是更好引领我国经济发展新常态、保持我国经济持续健康发展的必然选择；实施创新驱动发展战略决定着中华民族前途命运。对于建设成渝地区双城经济圈和川渝协同创新发展无疑具有重要的引领作用。

五、推进"新基建"发展战略

2020 年 3 月 4 日，中央政治局常务委员会提出"加快推进国家规划已明确的重大工程和基础设施建设，加快 5G 网络、数据中心等新型基础设施建设进度"，"新基建"成为广受社会关注的热词。

新型基础设施是以新发展理念为引领，以技术创新为驱动，以信息网络为基础，面向高质量发展的需要，提供数字转型、智能升级、融合创新等服务的基础设施体系。区别于传统基建，"新基建"更加注重数字化、智能化等硬核科技，一般包括 5G、特高压、城际高速铁路和城际轨道交通、新能源汽车充电桩、大数据中心、人工智能、工业互联网、物联网等领域。新基建是成渝地区双城经济圈协同创新的重要组成部分，是实现双城经济圈内高效率、高质量、全方位、可持续协同发展的关键，在增强区域核心竞争力、优化区域发展动能、改善协同发展生态方面发挥着重要作用。

"新基建"发展战略助力成渝地区科技协同创新。表现在：

一是新基建有助于加强城际交通网络建设。新基建在传统基建的基础上，融入技术要素，为成渝地区双城经济圈的城际交通网络建设带来新的发展机遇，特别是在城际高速铁路和城际轨道交通上。比如通过科技创新，成渝高铁提速提质，最高时速由300公里提升到350公里，使成渝一小时双城经济圈成为现实，双城经济圈中部城市也从中获益；城市智慧交通网络建设，应用大数据、云计算、物联网等新兴技术，实现城市交通网络的智能化设计，构建出层级合理、功能互补、运营高效的城市交通系统，实现人力资源和物质资源的高效流动及利用。

二是新基建加速区域产业的转型升级。成渝两地目前已具备较为完备的产业链，若利用好新材料、新技术，在产业基础再造背景下，攻坚突破电子信息、智能制造、能源化工等关键领域的核心技术并推动两地共享，必将科技创新力、数字融合力、开放牵引力全面系统、协同集成作用于现代化产业体系建设。

三是新基建促进创新要素的流动融合。大数据时代，新基建有了更多的内涵和发展，基于万物互联理念触发更多生产形态的变化，促进区域各创新要素的流动和融合，形成新的生产力、新产业和新业态。新基建能通过技术手段，将"数字化""智能化"融入生产、管理、营销、产业协作等方面，达到创新要素协同、产业链协同的效应。

六、产业升级带来的新机遇

当今时代，传统产业转型升级、培育新的经济增长点、新兴产业的新业态扶植、新经济发展模式成为经济社会发展的主流。无论是川渝内部各个城市的发展，还是成渝地区双城经济圈都有旺盛的转型需求，都需要川渝协同创新来驱动。重庆具有良好的工业基础，产业部门齐全，特色鲜明，比较优势明显，川渝两地都有自己的优势产业又有相互合作的潜力领域。无论是传统产业还是新兴产业，都为川渝协同推进创新发展提供了强大的产业支撑，加快向更广的领域和更深的层次拓展。但川渝两地内部城市协同创新发展存在不均衡及两极分化的现象，川渝协同发展体制机制亟待完善，加上部分城市协同创新能力薄弱、复合型人才缺乏，导致产业转型升级对协同创新的需求旺盛，技术承接和成果转化潜力巨大。通过产业转型升级可以加强产业布局的合理性和产业集群的打造，有利于通过重点行业带动配套行业发展，特别是传统行业与信息技术若干行业的联动发展，使产业合理分工，使产业链上下游企业更好地贯通起来，同时，产业转型升级有利于打造信息服务平台，使信息沟通更加顺畅。

七、川渝省市区域发展战略

（一）四川方面

2018 年，四川省进一步部署"一干多支"区域发展战略，将七个区域性中心城市协同首位城市成都作为发展节点，优化全省城镇化布局和产业布局，以推动成渝经济区区域协调发展。①

四川省"十四五"规划提出：要坚持以成渝地区双城经济圈建设为战略牵引，推动成都东进与重庆西扩相向发展，深化拓展"一干多支、五区协同""四向拓展、全域开放"的战略部署，构建"一轴两翼三带"区域经济布局，引导重大基础设施、重大生产力和公共资源优化配置，提升全省区域协调发展水平，加快构建高质量发展的动力系统；深入实施成渝地区双城经济圈建设战略，推动成都东进与重庆西扩相向发展，发挥成都极核带动作用，促进成渝地区南北两翼协同联动。以轴带支撑带动全域发展，打造区域经济发展

---

① 参见四川省委、省政府印发的《关于实施"一干多支"发展战略推动全省区域协同发展的指导意见》。

轴和流域经济发展带，加快形成优势区域重点发展、生态功能区重点保护的新格局；坚持创新在现代化建设全局中的核心地位，创新驱动，数字赋能，全面塑造发展新优势。牢牢把握新一代信息技术革命带来的战略机遇，充分发挥数据要素的聚合效应、倍增效应、叠加效应，加快新型数字基础设施全面普及，推动数字经济、数字社会、数字政府迈上新台阶。以数字化激活创新潜能、重构竞争优势，推动我省经济提质增效；并提出 2035 年远景目标：科技实力跻身全国前列，科技创新成为经济增长的主要动力，科技强省基本建成。争创国家新型工业化产业示范基地。西部（成都）科学城创新建设模式，构建多层次科技创新体系，建设产业创新高地。

重庆方面：

2016 年，重庆拓展深化五大功能区域发展战略，应对成渝地区高质量发展面临的诸多挑战。① 提出深入推进川渝合作，着力推动成渝城市群建设。

重庆市"十四五"《规划纲要》提出："十四五"时期，重庆以建成高质量发展高品质生活新范例为统领，在全面建成小康社会基础上实现新的更大发展，努力在推进新时代西部大开发中发挥支撑作用，在共建"一带一路"中发挥带动作用，在推进长江经济带绿色发展中发挥示范作用。成渝地区双城经济圈经济实力、发展活力、国际影响力大幅提升，支撑全国高质量发展的作用显著增强；坚持创新驱动发展，加快建设具有全国影响力的科技创新中心。坚持创新在现代化建设全局中的核心地位，深入推进以大数据智能化为引领的创新驱动发展，推进西部（重庆）科学城建设，加快培育创新力量，激发人才创新活力，完善科技创新体制机制，使重庆成为更多重大科技成果诞生地和全国重要的创新策源地；展望 2035 年，将建成实力雄厚、特色鲜明的成渝地区双城经济圈，成为具有国际影响力的活跃增长极和强劲动力源。重庆"三个作用"发挥更加突出，进入现代化国际都市行列，综合经济实力、

① 参见重庆市委、市政府印发的《关于深化拓展五大功能区域发展战略的实施意见》。

科技实力大幅提升，经济总量和居民人均可支配收入较 2020 年翻一番以上，人均地区生产总值超过 2 万美元。

　　川渝的区域发展规划和部署，都与成渝地区双城经济圈建设息息相关，都强调川渝之间的相向发展和创新发展。这为双方协同创新提供了极好的政策机遇。

第四节　川渝协同创新发展面临的挑战

一、行政层级和体制不同导致公共服务难以协同

　　重庆是中央直辖市，四川为省级行政区域，二者的行政架构和行政层级不同，导致毗邻的重庆和四川市区县在资源配置、行政效率、信息互联、结算互通等方面的协调能力存在差异。一是不同行政层级导致资源配置能力上差异明显。川渝毗邻的四川区域主要以县级行政区为主，重庆作为直辖市，毗邻的重庆区县享受"省直管县"的体制优势，更为扁平化的行政管理体制使得重庆区县在统筹公共服务规划布局、基础设施建设等方面的决策和行政效率更高，城乡公共服务供给能力和协调能力相对更强。二是行政层级多导致公共服务数据信息碎片化难以整合共用。公共服务信息来源于教育、医疗、文化、体育、社保、医保等多个部门，且毗邻地区各级政府众多，各地"互联网+政务"建设缺乏统一的顶层设计、系统规划、设计人才和资金配套，导致各地政务服务相互分割，"碎片化"发展，系统数据通道难以打通，公共服务各领域推进电子证照跨地区互认互信、共享应用实质性进展缓慢。三是行政等级差异导致多领域结算互通难度大。川渝毗邻地区重庆范围大多数属于区级行政区，四川范围则属于县级行政区，不同行政等级在财权和事权领域差异性明显，导致在公共服务供给中承担的责任和任务、行使的财权不同，以致在公共服务领域实现跨区域直接结算难度大。

二、产业同构导致地区间竞争激烈

川渝两地区位条件、资源禀赋大致相当，加之历史原因，两地之间的"底线竞争"和产业结构同质化等不协同甚至过度竞争、恶性竞争的问题始终存在。

一是产业竞争激烈。成渝产业同质化和同构化现象突出，产业竞争激烈。川渝两地因历史、现实及地理等多种因素，产业结构相似度较高，且处于波动上升的趋势。有学者研究指出，2011 年之后，在工业门类层面，川渝结构相似系数明显增大，基本处在 70%—80% 的范围内波动，因此从时间序列所反馈的信息来看，川渝两地工业门类的产业结构有同构的趋势。① 研究表明，川渝两地在三次产业层面上的结构相似系数非常高，其平均值更是高达 0.9892，因此可以判定川渝两地的三次产业结构高度相似，基本趋同，主要表现为成都产业生态圈和重庆产业园区的相似性过大，差异化发展不明显。② 四川和重庆在全国具有比较优势的行业中，汽车配件、新一代电子信息等 9 个行业领域都有重叠。以两地最具代表性的园区产业布局为例，重庆两江新区重点发展的是汽车、电子信息和新材料等产业，而这也是四川成都天府新区产业发展的主要目标。同时，川渝地区缺乏科技对产业的支撑，仍以传统汽车、电子信息、装备制造等产业为主导，云计算、大数据、人工智能、物联网等新技术与传统产业融合形成的智能制造新兴业态、新兴模式发展迟缓，特色优势产业、新兴先导型服务业以跟随为主，缺乏高价值技术供给，产业发展低端化。技术含量高、知识密集型企业集群尚未形成。以泸州市、内江市、荣昌区、永川区为例，四地毗邻，都将装备制造、生物医药等作为主导产业，产业分散、品牌不大，难以形成核心竞争力。

二是人才竞争。成渝地区各大城市在教育、医疗、产业等高层次人才引

---

① 赵俊男：《川渝两地产业结构演进及区域分工研究》，重庆工商大学 2018 年学位论文。
② 赵俊男：《川渝两地产业结构演进及区域分工研究》，重庆工商大学 2018 年学位论文。

进上都出台了政策，形成激烈的人才资源抢夺态势。

三是政策竞争。为吸引企业入驻，各地区在用地、物流等方面出台了多项政策，在基础设施上存在重复建设、过度建设的现象。以港口为例，川渝地区持续加大高等级码头基础设施建设，使得港口吞吐能力远远超过实际运输量，集装箱码头实际吞吐量仅为吞吐能力的三成左右。

三、行政分割滋生地方保护主义

当前川渝协同创新发展存在的一个很重要的问题就是行政分割，各自为政，没有形成区域经济整体关系下的城市群经济运行体制，政务综合体也未建成。行政分割不利于各种商品和生产要素的自由流动，阻碍了地区经济整合，难以充分调动社会的创新活力。

从创新协同效果来看，川渝核心城市背向发展、次级城市发育不足、基础设施互联互通程度不高、资源约束日趋加剧。川渝地区发展呈现"川"字形，成渝两核之间联系不多，尤其是成渝核心中线之间缺乏具有竞争力的次级城市，而且成渝地区发展战略缺乏充分对接，行政壁垒有待进一步突破。

在国家明确提出建设成渝全国科创中心规划前后，两地已经开始积极探索科技创新合作方式，相关部门和社会团体也在积极推进。尽管如此，由于两地创新资源相对缺乏，创新发展较为迟缓，难以快速集聚优质人才和技术等创新要素，行政壁垒有待进一步突破。在高端发展平台的谋划和建设方面，两地开放层次不够，合作深度不够，竞争大于合作，与区域外部企业联系还不够多，产业分工协作不够充分。

四、成渝双核结构固化

川渝地区，成都、重庆两个中心城市双核独大的格局长期存在，呈现固化趋势。

从人口规模来看，长三角区域不同人口规模城市是接续的，而成渝地区除了重庆和成都两个超大城市外，缺少大城市和特大城市，即市辖区户籍人口200万—700万或全市常住人口在700万—1000万的城市（如长三角区域中的苏州、常州、无锡和宁波等城市）。在成渝地区，成都和重庆这两个城市的城区人口都超过了1000万，处于超大城市行列。十年来，周边地区人口加快向这两个超大城市集聚。比如十年来成都常住人口增加581.89万人。这一增量在各大城市中仅次于深圳和广州这两个一线城市，位居第三。成都跻身全国超大城市之列，成为第三个经济总量突破2万亿元、第一个常住人口突破2000万人的副省级城市。① 但同期，四川有13个地市州人口出现减少。由于大量年轻劳动力流向成都、重庆等地，四川的资阳、自贡、南充、德阳、内江、眉山65岁及以上人口占比超过20%，进入超老龄化社会。人口流动的背后在于产业链的分工布局。在沿海发达地区，近年来，龙头城市、中心城市与周边的中小城市已经逐渐形成了较为完善的梯度分布格局。但在成渝地区，产业链分工协同不高，无论是现代服务业、高新技术产业、高端制造业还是传统制造业，主要集中在中心城市，周边中小城市产业发展不足，就业机会有限，城乡差距很大。

从发展水平来看，长三角区域的中心城市上海市的人均GDP与苏州、常州、无锡和宁波等城市基本相当。而成都市的人均GDP是南充、达州和绵阳等城市的2—3倍；2022年，重庆全市38个区县中14个区县人均GDP高于全国平均水平，占比约为1/3，最高的渝中区是最低的巫溪县的8.5倍。2022年，重庆人均GDP90650元，是四川的1.6倍。经济发展方面，目前成渝城市群仅有成都和重庆的发展领先，相比之下，京津冀城市群则有北京、天津"双城"发挥带动辐射作用，以及通州、雄安"两翼"作为北京城市副中心共同推动京津冀协同发展。长三角城市群除上海市外，苏州、杭州、南京、无锡、宁波这些GDP超万亿的城市对长三角城市群发展形成有力支撑。珠三角

———————————

① 2023年四川省人民政府工作报告。

则包括了广州、深圳、佛山、东莞等较具竞争力的城市，并且随着粤港澳大湾区发展进程加快，经济实力和全球影响力将进一步加强。因此，对于成渝地区经济发展而言，在保证核心城市、重要都市圈高质量发展的同时，关键还在于充分发挥核心城市的辐射作用，推动内部中小城市发展壮大，实现成渝城市群大中小城市良性互动，促进大中小城市错位竞争、优势互补。如四川省近年来积极培育省域副中心城市，重庆的五大功能发展战略，有望在成渝经济区形成新的次级增长极，以进一步发挥辐射带动全域作用。但经济重心固化问题仍然严重，成都和重庆主城区双核结构仍然显著。巨大的"虹吸效应"不利于双城经济圈其他城市更好承接和吸纳成都、重庆产业转移及相关生产、技术、资金等要素流出，反而导致创新要素大量流出。

川渝地区由于一直以来受地方利益保护思想的局限，形成各自的市场分割和利益分割，造成了资源流动的多重障碍。这不仅体现在人力资源、经费投入等资源保障要素方面，而且还表现在知识、技术、信息等创新基础要素方面。如同成都对四川、重庆主城区对其他地区的"虹吸效应"，导致川渝其他地区高端要素资源和创新人才流失，使区域创新资源在空间布局上的差距进一步扩大，导致区域创新资源无法重组，在重点领域、重点学科的资源要素对接上存在困难，最终使区域协同创新支撑能力不足。

五、协同创新主体利益关系复杂

川渝地区创新协同发展是一项复杂的系统工程，其中涉及多类创新主体，包括双方政府职能部门、科研院所、高等院校以及企业等，各类主体在创新协同发展过程中具有不同的目标函数，形成复杂的利益关系。涉及薪酬、人事关系、财务制度、人员聘任、成果评价、资源共享、知识产权、利益分配等一系列问题。在当前利益协调机制尚且不够完善的情况下，各主体在追求自身利益最大化的行为动机下必然产生目标和方向的冲突。

对于政府而言，政府在协同创新联盟中的重要作用是协调各方，调动各方资源，起到促进行业发展的作用。政府是协同创新联盟中重要而又特殊的主体，其主要目标不是获取更多的经济利益，而是作为协同创新政策的制定者、监督者、倡导者，汇聚协同创新的各方力量，发挥各自优势，体现出协同的巨大作用，提升区域的技术、文化水平，实现创新驱动，促进区域内科研水平和产业的进一步发展。其更高层次的目标是促进就业、增加税收、提高区域的产业技术水平和核心竞争力。对于高等院校和科研院所而言，高等院校的主要目标是科学文化的继承发扬和优秀专业技术人才的培养，科研院所的主要目标是提升技术实力、形成更强的影响力，具有更强的话语权等，同时提高研发成果的技术和文化水平，提高产品的竞争力，获取更多的奖励和科研经费等也是其目标之一。对于企业而言，最主要目标是提升产品的技术水平、提高产品的竞争力、提高产品质量、降低产品成本、获取更大的经济效益、占领更大的市场、增强自身的创新能力等。川渝两地的企业都希望政府部门能够给予最大的政策空间，享受优惠政策带来的最低的生产成本投入，以获取最大的经济利益，同时吸引大型、先进且具有强大技术溢出效应的企业，以期能够带来更多的资金、技术和先进的管理经验，从而带动地方创新协同的优质化发展。因此，如何制定有效的主体利益协调机制，实现合作利益共享成为推进川渝两地创新协同发展的重要任务。

六、不确定、不稳定因素衍生重叠

当前我们正面临百年未有之大变局，国际国内都正在经历着前所未有的大变局。

从国际环境来看，中美关系形势严峻，全球市场需求低迷可能成为常态，各国关于能源资源的竞争更加激烈，贸易保护主义明显抬头，类似新冠疫情、谷歌银行事件的"黑天鹅事件""灰犀牛"事件难以避免，未来发展尚未可知。外部经济不确定不稳定因素增加，世界性经济复苏将会经历缓慢复杂曲折的过程。

从国内环境来看，投资拉动经济增长的势头受到制约，内生性增长能力较弱。在川渝两地协同创新和成渝地区双城经济圈的影响下，大量高级发展要素包括人才、技术、资金、项目等被集中在成都和重庆，影响了川渝内部其他竞争力弱城市的发展。而成渝两地的人才也不同程度出现外流。事实上，与以往任何实体相比，协同创新实体都显示出不同的鲜明特点，担负不同的任务，也有着不同的组织结构，这就推动了机制体制改革创新。改革涉及高等院校、企业等创新实体的科学研究、学科建设、人事制度、人才培养、资源配置、国际合作、财务制度等多个方面，自下而上地追根溯源，这些改革其实涉及政府的多个部门以及部门内部的多个机构。因此，能否构建较为完善的协同创新体系，取决于政府是否为川渝协同创新出台相关的配套政策，这存在着政策不确定性和具体实施效果的不确定性。此外，改革必然产生若干成本，尤其是在改革初期，协同创新实体参与方复杂，难以确定成本承担主体，这种不稳定性和不确定性需要政府设立专项资金支持改革逐步推进。

第六章　川渝协同创新运行机制与模式分析

区域协同创新机制是指在一定区域内对企业、各科研机构等主体进行协调，提高企业与科研机构进行信息资源交流的水平，让企业能够从不同方面对接所需资源，如信息、技术、资金、劳务等，能够有效提高企业技术创新水平，增加区域核心竞争力，让区域经济能够协同发展，为该区域社会和谐发展奠定基础。本章主要在剖析协同创新的运行机理基础上，分析川渝地区协同创新运行机制及模式。

第一节　协同创新的运行机理

"协同"是主体间通过非线性作用，实现单个主体所不能达到的效果。协同创新需要在异质性主体的资源互补、整合基础上，提升各自的创新能力、创新产出并积累显性、隐性知识，从而产生"1+1>2"的协同效应，提升创新效率、获得经济效益，因此具有其特有的运行机理。

一、内外驱动

区域协同创新的动力机制主要来源于内部动力与外部动力两个维度。区域协同创新是内外动力因素共同驱动的结果。

（一）内部驱动因素

内部动力是协同创新系统各主体从内部产生的创新驱动力，通过紧密协作、创新协同，推动创新主体进行研发合作并产生协同效应，形成推动区域协同创新体系良性运转的正向推动力和运行系统。主要包括创新主体对于发展战略的定位、对于高额利润的追求、对于创新资源的互补需求。内部动力源自内部驱动因素，主要表现为追求协同剩余、寻求资源互补和成本与风险的共担。

一是追求协同剩余。区域间进行协同创新的出发点是对效益最大化的追求，即经协同创新收获的效益要大于各自独立创新的效益，即我们通常所说的"1+1>2"效应。协同创新产生的额外利益来源于"协同剩余"。"协同剩余"系统功能产生倍增的部分，同时这也是各创新主体参与协同所追求的利益本质，是协同创新的重要动力来源。区域协同创新利用创新要素的非线性相互作用，使整体功能效益大于各要素的简单加和，继而产生促进整体系统有序化进程的"协同剩余"。可以说，追求"协同剩余"是协同创新主体根本的强有力的动力因素。区域协同创新通过网络交互与耦合关联，突破组织壁垒、跨越体制机制障碍，形成大于个体功能属性之和的协同效应。

二是寻求资源互补。协同创新过程是一个资源互补的过程，各个主体根据自身优势不同而进行合作，获取所需的外部资源，降低彼此之间的资源势差。寻求稀缺、互补的资源以弥补不足是主体参与到协同创新的原动力。[①] 创新主体间的资源势差将带来多元主体间的利益需求，针对各个主体差异化的优劣势，展开合作，优劣互补。高校和科研院具备培养和输送人才、知识创新的资源优势，劣势在于市场化程度不足；企业具有市场经验、技术研发和团队管理的资源优势，高校和科研院具备培养和输送人才、知识创新的资源优势，劣势在于基础创新能力不足。中介机构是重要的信息交换平台，优势

---

① Vuola O, Hameri A P. Mutually benefiting joint innovation process between industry and big-science ［J］. Technovation, 2006, 26（1）: 3-12.

在于网络中信息的占有量。政府以财政和行政手段作为后盾，具有制度和行政管理的优势。主体间为了规避各自资源缺乏的限制，就会相互进行知识、技术、信息、物质、资本、市场等交换，使得各参与主体优势资源上互通有无，在输出的同时也在享受其他的优势资源，形成资源相互协同的联盟体。这样既分担了创新成本，有效减少重复建设，避免内耗，也实现专业化分工合作，充分利用了创新资源，增加创新资源的流动性和优化配置组合，增进区域创新效率。因此，异质性创新主体之间存在企业与其他主体的技术势差、政府机构与其他主体的制度势差、高校与其他主体的知识势差以及中介机构与其他主体的信息势差。通过协同，创新主体取长补短，实现势差平衡，达成共同目标。因此，对于稀缺资源的需求，成为创新主体进行协同创新的内部动力。

三是共担成本和风险。研究表明，协同创新不仅可以为合作主体带来互补创新资源，更具有共担成本和共避风险的特殊优势。这是单打独斗所无法比拟的。创新活动是一个系统工程，其成本投入可能巨大，面临着众多不确定性和风险性。如果靠某一主体的单打独斗，可能无法承担巨额的成本，承担巨大的风险，从而导致创新活动搁浅。协同创新有利于整合利用不同主体各自的比较优势，获得信息共享、缩短创新周期，共担创新成本，降低创新风险，并且更易获得市场准入，因此协同创新可以从分散风险、降低成本的角度提高创新效率。另外，随着技术革新的速度日益加快，技术的复杂性程度高，很少有企业能够单凭自己的力量在各自潜在的相关技术领域完成自主研发，协同创新或外购技术也可为企业引入迅速发展的新兴技术和市场作出重要贡献。

（二）外部驱动因素

外部驱动力主要来源于外部驱动因素，包括经济环境、创新压力、政策推动、主体互信及社会环境等创新生态建设的全景赋能。在区域协同创新中，内外动力同频共振、相生相融，共同形成从知识产出、知识外溢、知识增值一体贯通的知识协同创新网络。

首先是经济环境。 经济环境是协同创新的一个重要外部驱动因素。经济环境包括市场环境、产业环境等，体现了整个市场的风向。市场环境是市场需求、市场规模等因素，对区域协同创新的开展具有重要影响。市场需求是创新活动的起点，复杂的创新活动往往同时具有时间上的紧迫性，当企业自身的资源无法满足市场技术需求时，将会寻求与外部组织的合作，协同开展技术创新活动，以响应市场需求。当今市场需求类别越来越多样，更新速度越来越快，而创新产品的生产往往需要复杂的技术支持，并且随着市场竞争越来越激烈，单一的创新主体已不够满足市场需求的要求与变化，因此协同创新便成了必然的要求。产业环境是指产业结构、产业要素对区域协同创新开展也具有重要影响。在良好的经济环境下，各种创新体之间可以更好地协同合作，共同推动创新活动的开展。技术市场竞争环境日益加剧，不断产生技术变革的需求要求创新主体能够迅速识别市场动向并作出反应来适应此种变化，否则终将会被市场所淘汰。[1] 因此，技术需求成为推动创新主体之间进行协同创新的重要外部动力因素。

其次是政策环境。 政府政策营造了协同创新发展的宏观环境，有利于推动企业的协同创新活动。[2] 政府通过出台一系列支持创新的政策，设立科技创新引导基金、科技成果转化引导基金等，鼓励企业、高校、研究机构等各种新主体之间开展协同创新。政府还通过建立创新平台、创新中心等机构，为区域协同创新提供支持和服务。国家实施区域发展总体战略布局在区域协同联动方面提出了战略需求，对"京津冀协同发展""长江经济带""粤港澳大

---

① Salomon R, Jin B. Does knowledge spill to leaders or laggards? Exploring industry heterogeneity in learning by exporting [J]. Journal of International Business Studies, 2008, 39 (1): 132-150.

② Thorgren S, Wincent J, Oertqvist D. Designing interorganizational networks for innovation: An empiricalexamination of network configuration, formation and governance [J]. Journal of Engineering & Technology Management, 2009, 26 (3): 148-166.

湾区"以及成渝地区双城经济圈谋篇布局，是区域协调发展的战略部署。在区域发展政策的引导下，区域之间的联系逐渐密集化、多元化，且呈网络化的发展趋势。

再次是创新压力。创新压力是市场机制激发协同创新行为的重要外部动力因素。处于创新网络环境下的创新主体，在其他成员的创新激发下，自发进行创新活动，以保持自身的竞争优势稳定。协同创新网络为各个主体进行创新活动提供了良好的交流平台。处于网络中的创新主体，会随时关注其他成员的行为，业内新知识和新技术产生时，企业、大学、研发机构等创新主体即时获得信息，为稳固竞争地位，当其他成员进行积极创新、不断提升自身竞争力时，基于网络创新压力的驱使，未进行创新研发的主体将主动开展技术创新活动，在同行压力的刺激下持续不断地进行技术研发。为了加快创新速度、提升创新效率，在网络创新压力的拉动下，创新主体将选择协同创新，以便快速获取资源，达到创新目标。

复次是主体互信。协同创新伙伴之间的持续信任是协同创新的重要因素，有效的沟通能够推进合作进程。信任是构建创新能力的核心，是维持协同创新联系的基础。[①] 高层次的信任对参与主体之间合作协议的成功产生积极影响，良好的信任、有效的沟通，结合市场环境和信用体系等，规避了合作过程中的信息不对称、提高了交流的效率，从而为达成协同创新建立成功的组织结构。[②]

最后是社会环境。社会环境是区域协同创新的另一个重要外部驱动因素。社会环境包括基础设施硬环境和文化环境、教育环境等软环境。区域的技术平台、金融机构、中介机构、数据库等基础性硬环境可为主体创新行为提供良好设施建设；文化环境是指社会文化、价值观等因素，对区域协同创新的

---

① Mora-Valentin E M, Montoro-Sanchez A, Guerras-Martin L A. Determining factors in the success of R&Dcooperative agreements between firms and research organizations [J]. Research policy, 2004, 33 (1): 17-40.

② Ozcan S, Islam N. Collaborative networks and technology clusters—The case of nanowire [J]. Technological Forecasting and Social Change, 2014 (82): 115-131.

开展具有重要影响。教育环境是教育水平、人才培养等因素，对区域协同创新的开展也具有重要影响。优越的区域创新环境将会激励创新主体间加强交流合作、增强协同创新意愿，激发出更强的创新活力，各种创新主体之间可以更好地协同合作，共同推动创新活动的开展，最终实现区域协同创新的成功实践。

综上所述，政策环境、经济环境、创新压力、主体互信及社会环境等是影响区域协同创新重要外部驱动因素。如图 6-1 所示，在内外驱动力的合力作用下，创新主体参与到协同创新活动中，逐渐形成向内自评、向外共进的协同创新模式。

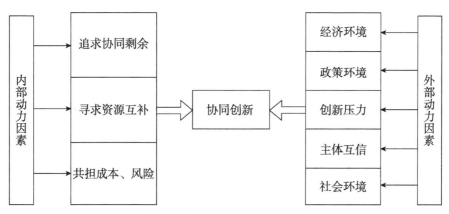

图 6-1　区域协同创新动力因素

二、系统耦合

耦合机制来源于物理学，耦合是指系统内各子系统通过相互作用、相互依赖的动态联系，最终形成一个相互促进的有机整体的现象。系统内部序参量之间的耦合引导系统由无序状态向有序状态转变、决定着系统相变的特征与规律。[①]

系统耦合源自 CAS 理论，即复杂适应系统理论（Complex Adaptive Systems）。其核心思想是适应性造就复杂性。理论创始人是霍兰德，是指在系统

---

① 杨皓然：《青海省生态经济系统耦合分析》，《青海社会科学》2013 年第 5 期，第 59—63 页。

演化、发展的过程中，主体通过学习改进自己的行为，并且相互协调、相互适应的复杂动态系统。该理论认为，系统演化的动力本质上来源于系统内部各主体的相互作用，强调"用主动性的、活的主体概念取代完全被动的、死的元素、部分、子系统等概念"，同时还强调"复杂系统内的各要素之间与环境之间，反复的、长期的交互作用，才是发展的动力来源"①。

系统耦合的内容主要包括：（1）目标耦合：耦合系统的各方应以各自利益需求为出发点，达成一致的整体性目标，在协同过程中要紧紧围绕这一目标开展活动；（2）要素耦合：耦合系统的各方在资源要素上应是相容的，在技术、知识、产业等方面上应能相关、互补；（3）观念耦合：不同背景、不同利益诉求的各方要形成一个被认可的文化观念，完善观念价值整合机制，进而在合作观念上达成一致意见，即均有相同的合作意愿；（4）内外部环境耦合：耦合主体在耦合系统中应具有稳定的可供合作的内外环境，为协同合作提供有力的资源和条件。

在区域协同创新过程中，耦合机制运行主要是通过区域城市的要素耦合功能，加速技术创新扩散，产生增值效应的过程。需要指出，耦合机理发生作用需具备以下条件：一是要素耦合性，即协同双方必须具备创新要素的相容性，包括产业相关互补性、技术相关性和知识互补性；二是理念耦合性，即协同双方在合作理念上需要具有一致性，尤其是文化要具有相容性；三是环境耦合性，即协同双方需要具备稳定无冲突的内外环境；四是效用耦合性，即协同双方通过协同要达到共同的协同效用，实现共同的一致性目标。

需要从以下三个方面来分析判断在系统资源配置过程中是否实现了系统耦合：（1）一个系统中用于制度创新和技术创新的资源的边际收益相等，即不可能通过将资源从制度创新转移到技术创新或相反而使社会的总收益增加。（2）在系统资源配置的制度集合中，各种制度安排之间不存在结构性矛盾，

---

① 约翰·H. 霍兰：《隐秩序：适应性造就复杂性》，上海科技出版社2011年版，第24—26页。

对行为约束的目标是一致的。制度安排之间没有相互冲突和抵制的部分，不可能通过对现有的资源配置制度安排的调整使制度集合的功能增强或减弱。（3）在满足了条件（1）后，分配于制度创新的资源被确定，这时在制度集合内部的分配上，用于每个具体的制度安排上资源的边际收益相等，而不可能通过资源进行再配置而使整个制度集合的收益增加。当系统资源配置制度集合满足了这三个条件就可以认为系统制度配置是处于耦合状态。

区域协同创新系统是一种典型的复杂系统，系统中的创新主体在一定的区域内聚集，既相互竞争又相互合作，既彼此独立又彼此依赖。区域之间不断进行的人才、信息、物资和技术的交换和流动，从而引发协同创新行为的产生。不断变化的外部环境中，环境的多样性为区域协同创新提供了机会和发展空间。区域内企业、高校、政府及相关机构的相互作用，以自身的目标和需求、资源和优势为标识聚集，为适应环境而对自己行为规则作出相应的调整。

协同创新系统不是固定不变的"死"态，系统内部各要素不断合作、融合、发展，系统与外界环境处于密切交融互动的"活"态系统，其生态化表现以开放式创新和网络化创新为基础，系统各要素有序聚集融合，系统网络节点互为依存、沟通共享、反馈交流、共生共存的局面，在不断地适应与反应进程中，在自身成长与外界帮扶下，子系统与整体系统都在不断地演进与升华，超越自我本体功能，催生整体效应。

因此，区域协同创新要求区域内不同的创新主体之间产生互动耦合。这种耦合机制在系统内表现为区域不同创新主体的耦合关联；在系统整体上表现为区域创新要素的耦合互动。区域创新耦合机制运行的要素主要包括圈内企业、科研院所、高等院校、中介和政府等。耦合机制运行过程主要是通过区域城市之间的要素耦合功能，加速技术创新扩散，产生增值效应。

川渝协同创新过程中，需要在跨行政区区域中形成良好的耦合协调机制。一是形成区域创新发展的布局原则和区域发展规则；二是开放共同市场，促进创新要素流动和交换；三是建立协调的基础设施网络，统一开发利用自然资源，统一整治和保护环境；四是建立协调与管理制度，在户籍制度、住房制度、就业制度、医疗制度、教育制度、社会保障制度等改革方面加强行政协调，联手构建统一的制度架构和实施细则，以此协调各地区的政策行为；五是在招商引资、土地批租、外贸出口、人才流动、技术开发、信息共享等方面，营造无特别差异的政策环境，待时机成熟再将这种规则上升为区域发展与管理规章条例，实现区域创新发展制度架构的融合。

三、竞争协作

竞争是区域创新网络各行为主体通过激烈的争夺，实现组织生存和进化目的的活动；协作是各行为主体之间通过合作共赢的方式，采取一种较温和的组织进化方式协作共进、共同发展的过程。

在市场经济大潮中，竞争是不可避免的，同时竞争主体之间的协作也是必要的。

区域协同创新主体是复杂的系统，也是竞争与合作的对立统一体，区域创新主体之间形成一个竞合协作关系，共同促进事物的动态演化和发展。

竞争与协作相互作用机理如图 6-2 所示。

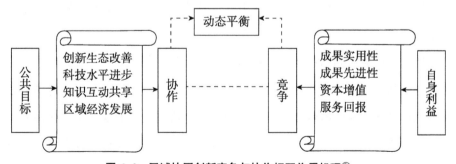

图 6-2　区域协同创新竞争与协作相互作用机理①

---

① 陈继琳：《京津冀协同创新效应评价及其机制优化研究》，河北工业大学 2017 年学位论文。

一方面，创新主体之间差异性的存在，决定了协同创新竞争机制的存在。区域创新主体在创新资源、新技术、新产品市场的占有量不同，由此引发各方创新主体为了占有更多的资源优势而展开争夺行为；同时，创新主体所追求的效益目标的不一致从根本上决定了竞争的不可避免：地方政府之间目标函数不一致，本区域利益成了考虑协同的必要性和可行性的出发点，也是地方政府制度政策的惯性使然；企业的主要目标是从区域协同创新中获得技术成果并最终取得市场利润，进而获得更大的市场份额，主要看重的成果的可转化与可应用性；高校和科研机构的主要目标是提升创新能力，获得先进的科技成果；政府的主要目标是通过协同创新实现产业结构的优化及经济发展水平的提升；科技中介机构及金融机构的目标则是获得资本增值并获取科技服务相应的回报。

另一方面，区域不同创新主体之间存在共同的利益追求又决定了其合作机制的产生。当单个创新主体无法仅仅通过竞争完全满足自身需求时，则需要通过不同主体间的协作行为来获取仅凭一己之力单打独斗所不能产生的成果。不同主体间存在着公共目标，包括创新生态环境的改善、科技水平的进步、增进知识互动共享以及区域经济发展，而公共目标的实现程度会最终影响自身目标的实现。如果公共目标的实现最终使创新主体各自的利益得到更好的满足，那么系统中就会产生强烈的协同愿望和协作行为；反之，"协同剩余"不够充分时，则各创新主体缺乏协同创新积极性，更多地表现为各自为政的相互竞争态势。总之，区域协同创新就是在创新主体寻求公共目标与自身目标之间的动态平衡过程中螺旋式向前演化发展的。[①]

创新主体协同是创新系统中的多个主体共同参与、协同互动、交互催化的过程，其协同维度如图 6-3 所示。

---

① 吴昊、杨梅英、陈良跃：《合作竞争博弈中的复杂性与演化均衡的稳定性分析》，《系统工程理论与实践》2004 年第 2 期，第 90—94 页。

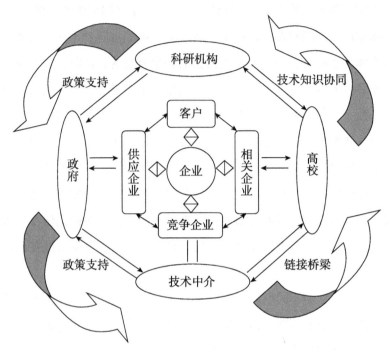

图 6-3　创新主体协同效应维度①

　　其中，企业作为技术创新的主体，系统中的创新中心，处于主导位置。其主要选择协同方式有合作研发、战略联盟、共建技术创新标准等。包括产业链上的利益相关者为企业提供市场信息，使企业不断调整战略，把握市场动态。同时企业也具有提供信息反馈的作用，通常与市场需求紧密相关，使科研活动有更准确的研究方向。

　　高校和科研机构是知识创新的主体，高校具有人力、科研等优势，是创新资源集聚和扩散的重要载体。主要的协同方式有技术援助、技术转移、人才培训、专利许可等，由此产生知识和技术的扩大效应。

　　技术中介是创新链环节的关键纽带。中介机构是知识流动、技术转移、信息传递的桥梁和纽带，同时也提供其他的辅助服务，如咨询服务、鉴定评

---

① 陈继琳：《京津冀协同创新效应评价及其机制优化研究》，河北工业大学 2017 年学位论文。

估、知识整合等，促成协同创新中不同主体相互沟通、了解与合作，是区域协同创新过程中的关键环节。其中，技术中介包括孵化机构、技术转移中心、科技信息中介、行业协会等。完善中介服务体系，可增进其他创新主体与中介机构协同所产生的技术转移或链接的中介效应。

政府则是制度创新的主体，扮演着协调者和管理者的角色。政府间的制度协同方式主要指跨区域层面的政府协作，例如建立跨区域组织机构、跨区域联合会议等，对于其他创新主体则可以采取提供资金扶持、制定政策法规进行引导、支持或协调。

正是由于区域协同创新是多主体、跨行业、跨行政区的合作，因此在竞争合作机制同时并存的条件下，只有协调好参与者的关系，进行有效分工，权责明确，才能保障协同创新的有序运行。一是要明确各利益主体的权利、责任、义务、作用；二是要通过制定和修订章程、制度或签订合约等措施把利益主体的权益和责任制度化、规范化；三是在重大决策或其他重要工作中要尊重不同利益主体的意见，建立民主协商机制；四是通过下达工作任务书和签订责任书等方式使利益各方的任务明确化。

具体来说，政府通过科学的规划，综合运用财税、金融、法律等多种政策手段，弥补市场在协同创新发展进程中出现的缺陷，使区域协同创新朝着更加合理、科学、稳定的方向发展。企业也是区域协同创新的需求者和受益者，需要根据自身发展情况向科研人员以及机构提供科研项目需求，做好支持工作，并且企业之间也需要进行技术研发交流活动，实现优势互补。高校和科研机构作为创新体系引领者，能够为创新体系落实提供较为全面的技术和人才支持，因此，高校、科研机构需要与重点行业以及龙头企业进行合作，实现产学研教学目标，为企业运行奠定技术支撑，让科技成果能够实现高效转化，并且高校以及科研人员还可以通过创新体系对知识以及技术进行转移，提高自身科研水平。

总之，各协同创新参与主体分组织内部要围绕整体系统目标与本组织参与目标设计协同创新的相关行动，同时要积极与其他参与组织密切配合，形成高度紧密的协作关系。

四、资源共享

协同创新的优势就是将整体系统的资源科学有效地进行分配，统一协调，实现各要素资源优势放大和劣势改善，形成整体协同效应。资源吸纳与分配坚持各子系统相似资源合并、稀缺资源加大投入、信息及时互通、付出与收益相匹配，平衡参与主体的利益诉求，放大协同创新效能。

区域协同创新资源指区域内与知识创新、技术创新直接相关的资源要素，具体包括知识资本、人才资本、货币资本、物化资本及信息资本等创新资源要素及其相关联的创新功能要素、创新环境要素等。创新资源的丰裕程度反映了区域开展创新活动、促进发展基础性的资源保障程度。

知识资本是区域协同创新的关键要素，包括知识和知识创造，是区域协同创新过程中的重要资源。其中，知识主要是指与创新直接相关的科技知识，知识创造就是在对现有知识进行有效整合后，通过学习研究创造出新的知识。知识创造首先要有创新主体的存在，同时结合创新资源的投入，产生新的知识，而新知识的呈现通常以某种形式为载体，其产出形式主要有科研论文、专著、发明专利等。人力资本是创新活动的执行者，其丰富程度决定了其区域协同创新的结果与可持续性，其中人力资源的重要组成部分是指科技研究人员存量；货币资本指的是当前累积支出的科研经费，经费的来源是政府及社会其他渠道；物化资本指的是与创新相关的物化资本，比如科研设备、大型仪器以及其他与创新有关的固定资产存量；信息资本是指创新活动中所需要的各种信息资源，包括知识信息、技术信息、产业信息等。在信息化时代，信息资本的重要性也越来越受到关注。信息资本的投资和运营，涉及信息技术、信息产业、知识产权等多个领域，需要创新主体和投资者具备较高的信息化素养和技能。信息资本区域协同创新有着重要的影响。创新资源为区域创新活动提供基础性的资源保障。

在区域协同创新中，创新资源最基本的特征在于动态性和交互性，体现了区域创新中知识、技术、信息等基础要素的互动状态和区域创新的活力。协同创新的直接目的就是促进基础资源要素在不同创新主体之间的流动和共享，有效整合区域创新资源，实现资源共享，降低创新成本，规避创新风险，提高创新效率。

实现创新协同配置的相应行为方式主要有：政策互惠、服务共享、知识合作和技术转移等。政策互惠就是在资源共建共享中，区域之间制定相应政策和实施办法，明确资源的供给、使用和收益方法，使得资源使用和共享有章可循。服务共享就是要建立资源利用和共享的平台，实现资源使用与共享的便捷化。这些资源包括人员、经费、物质（实验室与实验仪器等）、信息（知识与科技信息）等，要针对不同资源的特征构建制度体系和实施办法，从而实现对各类资源的优化配置和整合利用。知识合作是依托非完全外部市场交易机制实现知识溢出效应，一般体现在企业之间、企业与高校、研究机构之间，并且由科技创新为中心展开，具体的合作方式诸如科研论文的协作，科研人员的相互沟通、发明专利的合作、面向科研的相互资金支持等；技术转移则主要分布在外部市场机制下的技术交易，由此增进知识、技术、人才、信息等要素的快速流动、扩散与传播。

总之，通过上述行为方式形成创新资源的优化整合配置、促进创新要素在区域内充分流动和共享，从而产生价值增值，增强区域创新优势。

五、互利共赢

在协同创新过程中，利益分配是关系创新协同绩效最重要的、最直接的因素，利益分配机制不完善、不合理将造成协同创新动力不足。[1] 影响协同体

---

[1]　蒋兴华：《高校面向行业产业协同创新困境化解》，《中国科技论坛》2016 年第 2 期，第 18—19 页。

系的构建。可以说，合理有效的利益分配机制的建立是区域协同创新体系的关键所在。因此，区域协同创新要实现深度、持久的协同，必须打破各自为政和利己主义的藩篱，实现利益共享共赢和责任共担机制。

区域协同创新是一个复杂的系统，是不同目标的利益主体相互协作和博弈的过程。

协同主体具有相互独立性，因此协同利益的公平分配问题，是合作双方之间引发冲突的实质性因素，也是影响合作创新成败的关键因素和核心问题。如果利益分配不公平，就会影响到协同创新的积极性，进而影响协同创新的结果。在协同系统中，不同的主体有着不同的价值观和目标追求。政府最关心创新成果是否真正解决本地社会经济和科技问题，追求区域经济的发展、自身形象的提升和区域文化进步；高等学校和研究机构要考虑经济回报等直接收益和社会影响力、科研声誉等隐性收益；企业关注创新成果能否带来生产力提升和销售收入增加多少等直接的效益，还需保证参与的研究人员从协同创新中获得合理的利益分配，调动其积极性和主动性。协同创新系统是各创新主体实现利益最大化的有效途径，各个主体在与其他主体就共同利益目标达成一致意见的基础上，以各自的利益目标为导向，通过整合创新要素，切实发挥区域内高校、企业、政府、科研机构的资源及能力优势，围绕核心技术和知识进行优势互补、分工合作，使得创新系统产生的效益大于各主体参加者之和的效益。

互利共赢是区域协同创新利益分配机制的根本法则。根据各主体对协同创新过程中的贡献程度，享有不同的创新效益。协同创新不同于单个主体完成的创新活动，它本身是复杂的多元主体参与的社会协作过程，利益分配要兼顾公平与效率，即以效率为先进行基础分配，同时确保分配的公平，并遵循地位平等原则、协商互惠原则等衡量创新产出中产品、产业和环境的价值。

跨区域协同创新的利益分配机理如图6-4所示。

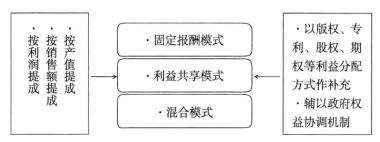

图 6-4 区域协同创新的利益分配机制

跨区域协同创新的复杂性和动态性,通常需要经过各方主体平等协商来确定相应的利益分配原则。一般来讲,常用的利益分配方式包括三种:固定报酬模式、利益共享模式以及混合支付模式。固定报酬模式是根据各创新主体所完成的创新任务,承担的创新风险,按照事先契约中的约定,从协同总收益中支付固定的报酬;利益共享模式是指各创新主体按照一定的比例系数从协同总收益中按产值、销售额或利润提成来进行分配;混合支付模式是前两种分配方式的结合,创新主体既得到一笔固定报酬,同时也从区域协同总收益中按提成分配,这样既避免了固定报酬模式带来的资金压力,又将各创新主体的利益捆绑在一起。

协同创新的效益不仅体现在直接经济价值上,还包括专利成果、市场占有率、管理经验、品牌商标等众多的无形资产,有形收益是协同创新各主体所追求的可量化性收益,但无形收益对于整个创新系统也具有重要的意义。所以补充版权、专利、股权、期权等收益分配方式,使利益分配机制更加完善。而仅靠市场运作不能完全避免利益冲突,因此需要政府建立利益协调机制,构建合理而又有效的利益调节、沟通机制,通过给予资金、技术、人才等创新要素支持和政策补偿手段,使各参与主体相对公平地获得协同创新的产出效益。

公平、客观、科学的利益分配制度对创新参与者积极参与创新活动有着重要意义,是维持协同创新动力系统有效运行的关键。高校参与区域协同创新的活动，要强化服务区域发展的意识，树立服务观念，变被动适应为主动引导，不仅要传授知识，更要创造知识。深入行业，对行业中关键技术、应用基础和战略问题进行系统、持续研究，从全局的角度出发，以超前于企业的眼光和思维，迎接新一轮的技术革命，真正达到引领行业发展的境界和高度。企业要培育以信任为基础的协同创新价值观和道德准则，促进不同企业之间，以及企业与高校、政府之间的合作。从长远目标出发，与高校建立广泛的合作关系。通过联合科技攻关，解决企业面临的实际问题，增强企业的竞争力。政府主导区域内不同利益追求的创新主体的联合，并从政策、资金层面为区域协同创新组织的建立提供保障，协调各方利益分配。

川渝协同创新体系的形成和有效运作，也必须要有与之相适应的新型的区域利益分享和补偿机制。川渝协同创新的出发点是两省市通过协同来优化配置两省市的创新资源，共享创新整体利益、谋求双赢。但协同结构中总有优势一方，势必打破原有的创新资源布局，从而影响区域发展格局。以产业创新为例，在协同创新发展过程中，形成区域合理的产业布局和产业分工体系是题中应有之义，因此，有些地区可能必须从某些产业中退出，去重新定位自己的优势产业，而另一些地区则可以乘机扩大市场规模，进一步壮大自身的产业优势；有些地区生产的可能是低附加值的上游产品，有些地区生产的可能是高附加值的下游产品，于是发生了地区利益从劣势一方流向优势一方的问题。这就需要合作优势一方给劣势一方以必要补偿，让区域内所有的地方都共享合作的收益。这就需要有一个与此相适应的区域利益分享和补偿机制，以达到区域在平等、互利、协作的前提下，通过规范的制度建设来实现地方之间的利益转移，从而实现各种利益在地区间的合理分配。

第二节　川渝协同创新运行机制

现有研究认为，协同创新运行机制是指"在协同创新复杂系统中各要素间产生的内在规定性和控制方式，是促使系统整体良性循环的规则和程序的总和"①；协同创新运行机制是指各主体在实践协同创新过程中形成的动力、规则及程序总和②，是各活动主体从最初萌发组建协同创新联盟意愿，到协同创新利益分配结束全过程各个环节的运行机理、相关制度与作用方式。③

协同创新运行机制主要包括调控机制、实现机制、协作机制、治理机制等方面。

一、调控机制：政府主导

政府是区域协同创新的主导者。政府作为科技协同目标、管理制度制定者和科技资源分配者，在科技协同机制中占据中心地位。在区域创新活动中，政府始终发挥调动激励创新要素的集成作用和统筹协调各方主体的引导作用，以改革创新调动企业、高校等各方主体活力，以机制创新加大区域科技创新投入力度，推动区域协同创新体系建设。政府是构建区域协同创新系统的关键要素，相关政策制度的制定、规范、完善和执行监督，以及资源的合理配置、创新主体间的利益协调和保障等问题，无一不需要政府来出面进行组织和调节。

川渝的合作，历史上就是通过政府间合作，依靠一致性的行政力量、政府的政策资源和法规去推动区域经济一体化，形成区域经济联合体。这也是在现行体制下实现川渝区域经济发展的方向性选择。

---

① 解学梅、左蕾蕾、刘丝雨：《中小企业协同创新模式对协同创新效应的影响——协同机制和协同环境的双调节效应模型》，《科学学与科学技术管理》2014 年第 5 期，第 72—81 页。

② VARRICHIO P, DIOGENES D, JORGE A, et al. Collaborative networks and sustainable business: a case study in the Brazilian system of innovation [J]. Procedia Social and Behavioral Sciences, 2012 (52): 90-99.

③ 吴琨、殷梦丹、赵顺龙：《协同创新组织模式与运行机制的国内外研究综述》，《工业技术经济》2016 年第 4 期，第 9—16 页。

（一）战略引领

在西部大开发、长江经济带发展行动计划、成渝经济区、成渝城市群和成渝地区双城经济圈等国家发展战略及区域发展战略的支撑下，川渝协同创新具备鲜明而坚实的战略引领。

如《成渝地区双城经济圈建设规划纲要》（以下简称《规划纲要》）明确提出要提升区域协同创新能力，推动区域协同创新。要求川渝之间要加强战略协同、规划联动、政策对接，联合开展技术攻关，以"一城多园"模式与重庆共建西部科学城，建设全国重要的科技创新和协同创新示范区；支持四川天府新区、成都高新区与重庆两江新区、重庆高新区协同创新，促进毗邻区域融合创新；支持川渝高校、科研机构和企业共建联合实验室或新型研发机构，联合实施川渝科技创新合作计划；强化创新链产业链协同发展，促进产学研用深度融合。

（二）政策铺路

政府政策是区域协同创新的支持系统。政府在党委的领导下，通过制定一系列政策法规，从宏观上为区域创新创造了制度上的条件。政府可以在区域协同创新规划、融资、技术转化、创新资助、税收优惠等方面进行规定，为协同创新铺垫好坚实的发展之路。

2020年以来，川渝党政全面落实党中央、国务院《规划纲要》的要求，出台了一系列政策举措，聚力推动协同创新，共建具有全国影响力的科技创新中心。

协同，从绘制好"规划图"开始。截至2020年11月，川渝配合国家部委编制完成7个规划和方案，双方共同编制规划和方案13个，内容涵盖交通建设、现代高效特色农业带等诸多领域。围绕成渝地区双城经济圈建设，川渝地区联合出台、密集实施政策文件100余个（节选见附录1）。据统计，自

2020 年 1 月 3 日中央财经委员会第六次会议召开以来，仅 2020 年两地已签署 200 多个合作协议，平均 1.5 天就"握手"一次。

有关创新发展的部分政策文件及协议如表 6-1 所示。

表 6-1 川渝地区协同创新发展相关政策一览表（部分）（2020—2023）

时间	名称	发布主体
2020.4.14	《进一步深化川渝科技创新合作 增强协同创新发展能力 共建具有全国影响力的科技创新中心框架协议》及三个子协议	重庆市科学技术局与四川省科学技术厅
2020.4.21	成渝两地签订《成渝地区双城经济圈人才协同发展战略合作框架协议》	两省市
2020.4.27	《推动成渝地区双城经济圈建设教育协同发展的框架协议》	重庆市教委与四川省教育厅
2020.4.29	《重庆高新区 成都高新区"双区联动"共建具有全国影响力的科技创新中心战略合作协议》	重庆高新区、成都高新区
2020.7.27	《川渝毗邻地区合作共建区域发展功能平台推进方案》	两省市政府办公厅
2020.8.24	《关于推动成渝地区双城经济圈建设的若干重大改革举措》	重庆市委全面深化改革委员会、四川省委全面深化改革委员会
2021.1.4	《推动成渝地区双城经济圈建设重点规划编制工作方案》；《成渝地区双城经济圈便捷生活行动方案》	两省市政府办公厅
2021.1.9	《关于协同推进成渝地区双城经济圈"放管服"改革的指导意见》	两省市政府办公厅
2021.3.26、3、31	《四川省优化营商环境条例》；《重庆市优化营商环境条例》	四川省人大常委会、重庆市人大常委会
2021.4.15	《关于促进成渝地区双城经济圈建设合作协议》	中国贸促会与四川、重庆政府签署
2021.5.22	《关于建设具有全国影响力的重要经济中心的实施意见》《关于建设具有全国影响力的科技创新中心的实施意见》《关于建设改革开放新高地的实施意见》《关于建设高品质生活宜居地的实施意见》	四川省委、省政府办公厅

时间	名称	发布主体
2021.6.25	《汽车产业高质量协同发展实施方案》《电子信息产业协同发展实施方案》《加强重庆成都双核联动引领带动成渝地区双城经济圈建设行动方案》	两省市政府办公厅
2021.8.2	《推动成渝地区双城经济圈建设　深化人力资源社会保障战略合作协议》	人力资源和社会保障部与两省市政府签署
2021.10.20	《成渝地区双城经济圈建设规划纲要》	中共中央、国务院
2021.10.20	《成渝现代高效特色农业带建设规划》	两省市政府办公厅
2021.11.29	《成都都市圈发展规划》	成都市政府
2021.11.30	《成渝地区双城经济圈体制机制改革创新方案》	两省市政府办公厅
2021.12.14	《关于支持川渝高竹新区改革创新发展若干政策措施》	两省市政府办公厅
2021.12.17—18	《落实成渝地区双城经济圈建设重大决策部署　唱好"双城记"　建强都市圈战略合作协议》等"1+5"合作协议	成都市、重庆市相关部门
2021.12.30	《成渝地区双城经济圈建设规划纲要》联合实施方案	重庆市委、市政府四川省委、省政府
2022.1.18	《成渝地区双城经济圈优化营商环境方案》	两省市政府办公厅
2022.1.20	《成渝地区双城经济圈便捷生活行动事项（第二批）》	两省市政府办公厅
2022.1.24	《增强协同创新发展能力行动方案》	四川省政府办公厅
2022.1.30	《共建成渝地区工业互联网一体化发展示范区实施方案》	两省市政府办公厅
2022.3.30	《川渝电网一体化建设方案》	两省市政府办公厅
2022.4.18	《成渝地区建设具有全国影响力的科技创新中心总体方案》	两省市政府办公厅
2022.7.26	《成渝地区联手打造内陆开放高地方案》	两省市政府办公厅
2022.8.9	《推动川渝能源绿色低碳高质量发展协同行动方案》	两省市政府办公厅
2022.8.11	《重庆都市圈发展规划》	两省市政府办公厅

时间	名称	发布主体
2022.10.31	《加强重庆成都双核联动　引领带动成渝地区双城经济圈建设工作机制》	重庆成都两市政府
2023.2.2	《推动成渝地区双城经济圈市场一体化建设行动方案》	两省市政府
2023.3.2	《推动川南渝西地区融合发展总体方案》	两省市政府
2023.3.23	《重庆市推动成渝地区双城经济圈建设行动方案（2023—2027年）》	重庆市政府
2023.4.22	《成渝地区共建"一带一路"科技创新合作区实施方案》	两省市政府

相关政策的颁布与实施，为推进川渝创新发展共建有影响力的科技创新中心指明了方向，也是推进实施川渝协同创新的定海神针。

（三）推动实施

自2020年1月3日中央财经委员会第六次会议召开后，1月6日，中共四川省委常委会、中共重庆市委常委会同步召开扩大会议，传达学习中央财经委员会第六次会议精神，研究川渝贯彻落实意见，川渝推动成渝地区双城经济圈建设的大幕由此打开。

1月17日，四川省发展改革委领导率队奔赴重庆，与重庆市发展改革委召开深化川渝合作推动成渝地区双城经济圈建设工作对接会。会上，双方研究了推动成渝地区双城经济圈建设第一次联席会议方案，讨论了深化川渝合作推动成渝地区双城经济圈建设工作方案、2020年度重点任务清单、川渝两省市共同争取国家支持的重大事项清单及工作机制等文件。

双方议定，要全面贯彻落实中央财经委员会第六次会议精神，按照两省市党委政府安排部署，围绕"两中心两地"目标定位和七项重点任务及相关工作要求，深化细化量化共同争取国家支持的重要事项，共同谋划一批具有突破性、引领性、标志性的重大工程项目、重大政策、重大改革举措，积极争取纳入国家规划。

自 2021 年 10 月 16 日中共中央政治局审议通过《成渝地区双城经济圈建设规划纲要》后，10 月 18 日、19 日中共重庆市委、中共四川省委会召开常委会议，传达学习贯彻中央政治局会议精神，研究部署成渝地区双城经济圈建设工作。12 月 30 日，中共重庆市委、中共四川省委、重庆市人民政府、四川省人民政府日前印发了《重庆四川两省市贯彻落实〈成渝地区双城经济圈建设规划纲要〉联合实施方案》，并发出通知，要求两省市各级各部门结合工作实际，认真抓好贯彻落实。

川渝各自成立推动成渝地区双城经济圈建设暨推进区域协调发展领导小组，建立了高规格、多层次的会商制度。如四川重庆党政联席会议、四川重庆常务副省市长协调会议、两省市发展改革委主任调度会，成立川渝协同创新专项工作组，定期召开专项工作组会议。

建立党政联席会议机制，统筹推进战略合作落实，研究审议重大规划、重大政策、重大项目和年度工作安排，协调解决重大问题和跨区域合作难点（见表 6-2）。

表 6-2 推动成渝地区双城经济圈建设四川重庆党政联席会议一览表（2020.1—2023.6）

时间	次数	主要内容	会议地点	参会人员
2020 年 3 月 17 日	第一次	强调构建跨省市合作机制和谋划先期推动事项。 审议了《深化四川重庆合作 推动成渝地区双城经济圈建设工作方案》《推动成渝地区双城经济圈建设工作机制》《四川重庆两省市共同争取国家支持的重大事项》和《深化四川重庆合作 推动成渝地区双城经济圈建设 2020 年重点任务》。	视频会议	重庆市领导吴存荣、张鸣、王赋、莫恭明、段成刚、陆克华、屈谦、李明清、李波，四川省领导范锐平、王宁、甘霖、王铭晖、王正谱、杨兴平、杨洪波、

时间	次数	主要内容	会议地点	参会人员
2020 年 3 月 17 日	第一次	审议两省市推动成渝地区双城经济圈建设工作方案及 2020 年重点任务等文件。	视频会议	尧斯丹、王一宏、李云泽、王凤朝，成都市领导罗强，两省市有关部门、部分中央驻渝驻川机构和部分两省市国有企业负责同志等分别在重庆市、四川省会场参加会议。
2020.12.14	第二次	审议了《成渝地区双城经济圈重点规划编制方案》《成渝地区双城经济圈便捷生活行动方案》《重庆四川两省市领导联系成渝地区双城经济圈建设重点项目工作机制》。	电视电话会议	
2021.5.27	第三次	共同审议的《成渝地区双城经济圈汽车产业高质量协同发展实施方案》明确，共同打造汽车万亿级产业。审议了《成渝地区双城经济圈汽车产业高质量协同发展实施方案》《成渝地区双城经济圈电子信息产业协同发展实施方案》《加强重庆成都双核联动引领带动成渝地区双城经济圈建设行动方案》。	重庆市永川区	

续表

时间	次数	主要内容	会议地点	参会人员
21.12.14	第四次	审议了《成渝地区双城经济圈共建世界级装备制造产业集群实施方案》《共建成渝地区工业互联网一体化发展示范区实施方案》《关于支持川渝高竹新区改革创新发展的若干政策措施》《成渝地区双城经济圈碳达峰碳中和联合行动方案》《共建成渝地区双城经济圈口岸物流体系实施方案》《成渝地区双城经济圈便捷生活行动第二批事项》《重庆四川合作推动成渝地区双城经济圈建设2021年重点任务完成情况及2022年重点任务考虑》《共建成渝地区双城经济圈2021年重大项目推进情况及2022年重大项目考虑》。 唐良智通报重庆市经济社会发展情况，介绍《成渝地区双城经济圈碳达峰碳中和联合行动方案》《共建成渝地区双城经济圈口岸物流体系实施方案》《成渝地区双城经济圈便捷生活行动第二批事项》有关情况；黄强通报四川省经济社会发展情况，介绍《成渝地区双城经济圈共建世界级装备制造产业集群实施方案》《共建成渝地区工业互联网一体化发展示范区实施方案》《关于支持川渝高竹新区改革创新发展的若干政策措施》有关情况。川渝两省市有关方面还介绍了推动成渝地区双城经济圈建设2021年重点任务完成情况、重大项目推进情况及2022年重点任务、重大项目的考虑。	四川宜宾	重庆市委书记陈敏尔出席会议并讲话，四川省委书记彭清华主持会议并讲话。重庆市委副书记、市长唐良智，四川省委副书记、省长黄强分别通报有关情况。重庆市领导王赋、莫恭明、李明清、段成刚、熊雪，四川省领导施小琳、罗文、罗增斌、王一宏、罗强，川渝两省市有关部门和地方负责同志，部分中央驻川机构负责同志等参加会议。

续表

时间	次数	主要内容	会议地点	参会人员
22.6.29	第五次	会议深入学习贯彻习近平总书记关于成渝地区双城经济圈建设重要讲话精神，总结2022年以来成渝地区双城经济圈建设重点任务、重大项目进展情况，研究审议成渝地区双城经济圈特色消费品产业协同实施方案、能源绿色低碳协同行动方案、支持市场主体健康发展政策措施、共建"一带一路"科技创新合作区实施方案以及成渝共建西部金融中心工作领导小组工作机制等文件，部署下一步重点工作。	重庆市	
22.12.30	第六次	讨论了《推动川渝共建重点实验室的实施意见》，提出双方将围绕川渝两地科技重点发展方向，在人工智能、先进制造、大健康、节能环保和现代农业等五大重点领域，统筹布局一批川渝共建重点实验室。提出将共同提升基础研究创新能力等5项重点任务、人工智能等5个重点领域、创新联合共建等5项运行机制，以及加强组织领导等4项保障措施。	成都	
2023.6.26	第七次	明确了成渝双核联动重点合作事项，包括联合开展应用技术协同攻关，实施研发合作项目。	重庆市璧山区	

中央财经委员会第六次会议召开以来，川渝两地的科技部门也积极行动起来，四川省科技厅与重庆市科技局成立川渝协同创新工作组织——川渝协

同创新专项工作组，双方建立了协同创新的合作新机制，商定《成渝地区协同创新工作要点》，推动一系列协同创新合作。通过建立工作机制，建立联席会议制度，联合组建协同创新专项工作组，定期召开会议商定川渝协同创新重大事项清单和工作清单，共同推进编制重大规划、重大科创平台建设、重大项目实施和重大政策制度。共同争取一批国家科技创新平台布局川渝。三年来，川渝协同创新机制不断完善，两地签订"1+6"科技创新合作协议，全方位深化创新合作。

川渝科技协同创新专项工作组召开会议情况见表6-3。

表6-3　川渝科技协同创新专项工作组会议一览表（2020—2022）

时间	次数	主要内容	参会人员	会议地点
2020.5.28	第二次	商定《川渝两地科技部门共同争取国家支持的重大事项清单（第一批）》和《2020年川渝两地科技部门协同创新工作清单》，共同研究具有全国影响力科技创新中心建设相关举措。商定《川渝两地科技部门共同争取国家支持的重大事项清单（第一批）》《2020年川渝两地科技部门协同创新工作清单》，通过共同争取国家科技资源、打造协同创新共同体、推进关键核心技术攻关、开展科技成果转移转化，加快推进西部科学城建设，打造具有全国影响力的科技创新中心。	四川省科技厅党组书记、厅长刘东，重庆市科技局党委书记、局长许洪斌出席会议并讲话。四川省科技厅副厅长田云辉、重庆市副局长陈军分别就"两张清单"作了说明。重庆两江新区管委会副主任李顺、重庆高新区管委会主任商奎分别介绍了两江新区协同创新示范区、西部（重庆）科学城建设发展情况。	重庆

时间	次数	主要内容	参会人员	会议地点
2021.4.23	第三次	双方商定了《2021年成渝地区协同创新工作要点》，签署了《川渝大型科研仪器设备数据开放共享合作协议》，成立成渝地区高新区联盟、技术转移联盟，共同研究加快推进全国影响力科技创新中心建设相关举措。	四川省科技厅、重庆市科技局主要负责人、两省市科技部门有关领导。	重庆
2022.6.22	第四次	总结了2021年以来川渝协同创新工作开展情况，审议了《川渝毗邻地区首届科技协同创新发展大会建议方案》《川渝高竹新区外国人才来华工作许可互认试点实施方案》，举行了绵碚科技协同创新示范基地授牌仪式，成立成渝地区双城经济圈科研院所联盟和大学科技园协同创新战略联盟，并研究部署了下一阶段重点工作。	重庆市科技局党委书记、局长、专项工作组组长明炬，一级巡视员陈军，二级巡视员杨莉，四川省科技厅党组书记、厅长、专项工作组组长吴群刚，副厅长景世刚，厅党组成员、机关党委书记赵敏，绵阳市市委常委、科技城党工委副书记、管委会常务副主任、市国资委党委书记黄朝阳出席会议。	四川绵阳
2022.12.29	第五次	总结了2022年川渝科技协同创新工作，对下年工作进行了研究部署。共同审议了《万达开技术创新中心建设方案》，听取了万达开协同创新示范区建设思路汇报，举行了万达开协同创新示范区建设协议、川渝地区生态环保领域科技协同创新合作协议签约仪式。	四川省科技厅党组书记、厅长吴群刚，重庆市科技局党委书记、局长，重庆市万州区、开州区、云阳县和四川省达州市政府分管领导，两省市科技部门有关领导。四川省科技厅党组书记、厅长吴群刚，重庆市科技局党委书记、局长明炬出席会议并讲话。重庆市万州区、开州区、云阳县和四川省达州市政府分管领导，两省市科技部门有关领导参加会议。	视频会议

时间	次数	主要内容	参会人员	会议地点
2023.10.10	第六次	会议听取了"一带一路"科技交流大会筹备情况汇报,审议了《川渝共建重点实验室建设与运行管理办法》《川渝毗邻地区融合创新发展带三年行动计划》《川渝科研机构协同创新行动方案》,共同总结了川渝协同创新的工作推进情况,研究部署了下一步重点工作。	四川省科学技术厅党组书记、厅长、专项工作组组长吴群刚和重庆市科技局党委书记、局长、专项工作组组长明炬出席会议并讲话。科技厅党组成员、副厅长陈学华,厅党组成员、机关党委书记赵敏,二级巡视员王建伟,重庆市科技局党委委员、副局长许志鹏,局党委委员、副局长王伟出席会议。	

二、实现机制:多元协同

(一) 促进产学研协同发展

川渝地区围绕创新链、产业链,不断强化创新链与产业链协同发展,建立以企业为主体、市场为导向、产学研深度融合的技术创新体系。在政府的宏观调控下,川渝地区以市场为导向,以产业链为基础,引导企业、高校、科研机构进行产学研合作,开展跨区域、跨部门多项目协作,建立协同创新联盟或战略联盟,构建稳定、富有活力、可持续的协同创新运行机制。高校、企业、科研机构作为科技协同的主要参与主体,依据战略规划、科技实力、资源丰富程度进行协调互动,双向选择,开展技术联合攻关,实现资源优化配置。

川渝地区协同推进高校院所交流互动,构建高等学校协同创新体系,聚焦新一代信息技术、人工智能、生物医药、先进制造等领域,建设环成渝高校创新生态圈;推动高校院所在两地互设研究机构和研究型大学,协同开展高水平研究活动。

川渝地区共同打造特色优势产业集群，共建产业创新联盟，促进新一代信息技术、人工智能、工业互联网、高新技术服务等新兴产业上下游加快对接。实施科技创新合作计划，开展关键核心技术联合攻关。支持两地领军企业联合产业链上下游企业、高校院所和技术创新联盟等组建创新联合体，合力开展技术创新和产品研发。联合拟制成渝产业链全景图和产业技术路线图，开展强链补链科技项目招引，做强全产业链优势。

完善企业研发投入后补助政策，落实研发费用税前加计扣除等政策措施，引导企业加大研发投入。实施高新技术企业倍增计划、科技型中小企业和专精特新"小巨人"企业培育计划，培育一批创新型中小企业、创新型头部企业、单项冠军企业和隐形冠军企业。鼓励引进创新型企业，支持大中小企业融通发展，推动企业与高校院所共建联合实验室或新型研发机构。发挥企业"出题者"作用，整合行业创新资源，组建龙头企业牵头、高校和科研院所支撑、各创新主体相互协同的创新联合体，推进产学研用一体化。

为了协力打通科技成果转化过程中的堵点难点，让更多科技成果转化为现实生产力，川渝构建了八大产业创新联合体，支持领军企业联合高校、科研院所、行业上下游组建产业创新联合体，政产学研联动开展关键核心技术攻关，共同承担国家重大科技项目，推动产业链上中下游、大中小企业融通创新。以智能网联汽车产业创新联合体为例，川渝联合开展智能网联汽车共性关键技术的研究和应用，探索建立以企业为主体、产学研结合、市场化、多元化投融资和成果转化的有效机制，打造产学研用多赢的科技创新平台。主要围绕政策和战略研究、关键共性技术研发、标准法规、测试示范、产业化推广、学术交流与产业合作、人才培养等方面开展工作。

川渝积极推进区域创新成果技术转化。2021年5月27日，重庆四川首届技术转移转化大会在重庆举行。现场发布川渝两地41项产学研创新成果，集中展示288项技术标准，涵盖信息通信、智能制造、资源环境等领域，各类"黑科技"令人脑洞大开。成都市标准化研究院与重庆市质量和标准化研究院，成都市科技协同创新促进会与重庆市产学研合作促进会，分别签署合作协议，合作各方将围绕科技成果转移转化、技术标准制定等方面展开合作。

2022年6月30日，第二届重庆四川技术转移转化大会发布了一批川渝产学研创新成果，其中有不少两江新区企业和科研院所的身影。如重庆长安新能源汽车科技有限公司和重庆大学、泸州容大智能变速器有限公司等单位合作的"高性能电气化动力总成设计与控制关键技术及产业化应用"。

川渝联合设立"川渝产学研创新成果奖"。为表彰在产学研协同创新工作中做出突出贡献的川渝科技工作者，重庆市产学研合作促进会和四川省科技协同创新促进会制定《川渝产学研创新奖评奖办法》，联合设立"川渝产学研创新成果奖"。依据《川渝产学研创新成果奖评奖办法（试行）》的相关细则，经评审委员会评审，2020—2022年川渝共评选出79项科技成果获得年度"川渝产学研创新成果奖"，其中2020年度31项，2021年度31项，2022年度17项，见表6-4、表6-5、表6-6。

表6-4　2020年度川渝产学研创新成果奖名单（节选）

项目名称	项目单位	等级
标准引领重庆市汽车产业转型发展研究	中国汽车工程研究院股份有限公司	
住宅小区智能化系统工程技术标准制定与应用	国药集团重庆医药设计院有限公司、重庆市建筑节能协会、重庆理工大学、重庆能源职业学院、重庆梯联智能技术有限公司、重庆光年感知科技有限公司、重庆第二师范学院、重庆标能瑞源储能技术研究院有限公司	一等

续表

项目名称	项目单位	等级
电梯智能运维大数据与应急救援公共服务平台研发与推广应用	眉山市特种设备监督检验所、重庆理工大学、重庆能源职业学院、重庆梯联智能技术有限公司、重庆光年感知科技有限公司、重庆标能瑞源储能技术研究院有限公司、重庆第二师范学院	一等
人造黑色素材料的关键性能提升及在非苯胺类染发领域的应用	四川大学	一等
智能网联汽车协同感知和控制关键技术及示范应用	重庆邮电大学、重庆车辆检测研究院有限公司、招商局重庆交通科研设计院有限公司	一等
川渝地区道地中药材品质评价和安全高效生产技术研究	绵阳市农业科学研究院、西南大学	一等
3D 指静脉身份识别仪	重庆电子工程职业学院、重庆大学、华为技术有限公司	一等
梯度结构沉淀硬化马氏体不锈钢的制备技术	中国核动力研究设计院、重庆理工大学、西南大学	一等
大型铸锻件机器人智能磨抛系统	四川工程职业技术学院、中国第二重型机械集团公司	一等
果蔬保鲜减害的天然活性物纳米制剂	西南大学、重庆市滔禾园林技术开发有限公司、北部湾海洋新材料研究院	一等

表 6-5 2021 年度川渝产学研创新成果奖名单（节选）

项目名称	项目单位
高性能电气化动力总成设计与控制关键技术及产业化应用	重庆大学、重庆长安新能源汽车科技有限公司、泸州容大智能变速器有限公司、重庆小康工业集团股份有限公司、重庆青山工业有限责任公司
微纳波导增强型红外光谱探测系统	重庆大学、中国科学院重庆绿色智能技术研究院、四川大学、中电科技集团重庆声光电有限公司
易扩展硅基光开关阵列芯片关键技术	北京理工大学重庆创新中心、重庆大学、重庆意诺光电有限公司、电子科技大学、北京理工大学
高性能镁合金板材制备及其关键技术应用	重庆科技学院、重庆大学、重庆长安汽车股份有限公司、长江师范学院、西南交通大学
生物启发无机纳米颗粒抗菌涂层的构建及其应用	西南大学、重庆迈联医疗科技有限公司、重庆纳作沔尔医药科技有限公司、成都泰尚科技有限公司
基于"人—车—环境"多参数智适应隧道按需照明节能控制技术	招商局重庆交通科研设计院有限公司、四川藏区高速公路有限责任公司、重庆沪渝高速公路有限公司、四川泸石高速公路有限责任公司、重庆渝黔高速公路有限公司
面向复杂通信环境的认知无线网络鲁棒资源管理与网络优化技术	重庆邮电大学、航天新通科技有限公司、四川西南联盛通信技术有限公司、重庆市质量和标准化研究院

表 6-6 2022 年度川渝产学研创新成果奖名单（节选）

项目名称	项目单位	等级
特异性结构材料催化氧化协同处置高浓度难降解有机废水关键技术及应用	四川轻化工大学、海天水务集团股份公司、四川海天生环科技有限公司	一等

续表

项目名称	项目单位	等级
川渝地区页岩气钻井微纳米封堵材料的研发与应用	西南石油大学、重庆威能钻井助剂有限公司、中石化西南石油工程有限公司钻井工程研究院、四川上之登新材料有限公司、西南大学、西南大金牛钻井液有限公司	一等
基于市场化条件下的天然气区块动态估值评价与实践	中国石油天然气股份有限公司西南油气田分公司勘探开发研究院、重庆大学、西南财经大学、成都理工大学	一等
外差式太赫兹接收芯片技术研究	航天科工通信技术研究院有限责任公司、东南大学	二等
三轴霍尔传感器芯片设计	电子科技大学、中国振华电子集团有限公司、成都华微电子科技有限公司	二等
高端装备关键部件螺栓预紧力超声波检测关键技术	西南交通大学、四川优安协创科技有限公司、三峡金沙江川云水电开发有限公司、国家管网集团西南管道有限责任公司、航空工业成都飞机工业（集团）有限责任公司	二等
集成机器学习的自然植被对气候变化响应研究	成都信息工程大学、电子科技大学	二等

川渝联合认定产学研合作创新示范基地。为进一步推动产学研用紧密结合，提升科技创新意识，提高产学研合作质量，为构建技术创新公共服务平台努力，充分发挥先进典型的示范和导向作用，重庆市产学研合作促进会、四川省科技协同创新促进会制定《川渝产学研合作创新示范基地评选办法》，评审"川渝产学研合作创新示范基地"（见表6-7、表6-8）。如2022年明月湖产学研合作基地被授予重庆市川渝产学研合作创新示范基地。该基地功能定位为构建协同创新平台，深化产学研合作。明月湖产学研合作基地依托两江新区的产业优势和两江协同创新区已有的46所高校科研院所的科研优势，把院校的科技成果和龙头企业进行更好地产学研链接。

表 6-7　2021 年度川渝产学研合作创新示范基地名单（排名不分先后）

名称	运营单位
天府智能制造产业园	成都市新津区天府智能制造产业园管委会
光谷·智创园	重庆中电光谷科技产业发展有限公司
重庆市北碚国家大学科技园	重庆市北碚大学科技园发展有限公司
感知科技孵化园	重庆感知科创智能技术研究院有限公司

表 6-8　2022 年度川渝产学研合作创新示范基地名单（四川）

名称	运营单位
电子科技大学科技园（天府园）	电子科信投资发展有限公司
普拉斯产教融合智创研发中心	四川省宜宾普拉斯包装材料有限公司
宜宾三江新区智能终端产业园	宜宾三江新区临港经济技术开发区智能终端产业园

　　川渝联合认定川渝产教融合创新示范基地。为深化产教融合，推进产学研合作，重庆市产学研合作促进会、四川省科技协同创新促进会、成渝地区双城经济圈产教融合发展联盟共同研究制定《川渝产教融合创新示范基地认定和指导办法（试行）》，建议每年开展"川渝产教融合创新示范基地"认定工作，见表 6-9。

表 6-9　2021 年度川渝产教融合创新示范基地名单（排名不分先后）

名称	建设单位
四川航空材料检测产教融合创新示范基地	四川航检科技有限公司、四川工程职业技术学院、中国航发北京航空材料研究院
重电—华为 ICT 产教融合实训基地	重庆电子工程职业学院
成都中德职教创新集聚区工业 4.0 产教融合创新示范基地	四川省成都市蒲江县教育局
重商职院京东产教融合创新基地	重庆商务职业学院

（二）协同发展科技金融

川渝协同发展科技金融，共同打造多元化、具有竞争力的跨区域科技创新投融资体系。

联合设立创新基金。成渝两地国有创投联合发起设立总规模 50 亿元的成渝地区双城经济圈科创母基金，采用"子基金+直投"方式，通过直接投资或设立子基金的方式，构建覆盖天使期、种子期、成长期及成熟期的全链式基金体系。

支持通过股权与债权相结合等方式，为企业提供融资服务，支持符合条件的创新型企业上市融资、在境内外发债融资。设立 20 亿元西南首只成果转化股权投资基金。鼓励科技成果转化投资引导基金、院士基金等加大对早中期、初创期科技型企业的支持。推广"盈创动力""天府科创贷""双创"债务融资、知识产权质押融资等科技金融创新服务模式。举办科技金融对接活动，提升金融赋能科技创新发展的服务水平，打造西部高新技术产业融资中心。

推进建立完善的金融机构体系。协同支持境内外大型金融控股集团、银行集团、保险集团在成渝地区布局区域总部，设立后台服务中心、资产管理中心、产品研发中心等功能性中心；协同引导小额贷款公司、商业保理公司、融资租赁公司、融资担保公司等地方金融组织规范发展；探索建立成渝地区双城经济圈联合授信机制等。

金融机构持续开展深度合作。比如，重庆农村商业银行与四川省农村信用社联合社开展战略合作，加强银团贷款、金融科技、渠道建设等合作，加大对成渝地区重大项目金融支持力度；成都交子金控集团与重庆渝富等共同发起设立成渝地区双城经济圈发展基金，这是全国首只以成渝地区双城经济圈命名的基金，总规模达 100 亿元，重点投向集成电路、智能制造、新型显示、新材料、新能源、生物医药、大健康等产业；中国银行与重庆市政府签署《成渝地区双城经济圈建设全面战略合作协议》，出台《中国银行支持成渝地区双城经济圈建设行动方案》，中国银行重庆市分行与四川省分行共同制定发布《推动支持成渝地区双城经济圈建设共同行动纲领》，共同成立双城经济圈建设推进工作小组，实现客户互荐、资源共享，到2022年3月，两家分行为川渝合作共建重大项目金融支持30.5亿元。

川渝两地全力打通跨区域投融资通道，利用"创富天府""高新金服"平台，围绕两区域科研机构成果转化及企业发展的融资需求开展投融资对接；合作共建多元化、跨区域的投融资体系，提升金融资源配置效率。

川渝两地积极建设区域金融中心。1993年国务院对成都的定位就是"三中心两枢纽"，其中一个中心就是指金融中心。2007年，成都首次将西南金融中心上升为建设西部金融中心。数据显示，目前成都拥有的金融机构数量，位居中西部第一。从银行、证券和保险三大板块来看，总量仅次于北京、上海和广州。2023年4月以来，成都提出"全面建成具有国际影响力的西部金融中心"，重庆定位建设长江上游金融中心。四川天府新区肩负成渝共建西部金融中心的重任，正加速构筑起一个现代化、国际化、科学化的国际一流现代金融产业生态圈，打造天府国际基金小镇、天府国际金融科技产业园两个产业聚集区，抓好健全金融服务体系、聚集股权投资基金、发展金融科技产业三大重点工作。两地强化科技金融服务，增强金融资本对成果转化的催化能力，构建"股+债+中介+资本市场"的新金融服务体系天府模式，成立天府科创投公司，打造天府国际基金小镇，管理社会资金总规模超过5700亿元。重庆成立两江产业创新基金、明月湖科创基金和两江红证协同创新产业基金。

（三）协同推进成果转化与技术交易

一是协作深化科技成果产权制度改革。川渝协作深化赋予科研人员职务、科技成果所有权或长期使用权改革，开展职务科技成果转化前非资产化管理试点，推动职务科技成果退出或部分退出国有资产管理清单，探索建立高校和科研院所职务科技成果国有资产管理新模式。

二是协同推进科技成果转化。川渝签订《协同推进科技成果转化专项合作协议》，明确双方将围绕协同开展科技成果权属改革试点、协同推进科技成果转化对接、协同培育技术转移机构和技术经理人、协同开展创新创业活动、协同推进一体化技术市场建设等5个方面进行深入合作。川渝协同建设科技成果转化示范区。《增强协同创新发展能力行动方案》中指出，支持川渝毗邻地区建设一批科技成果转移转化示范区，促进科技成果跨区域转移转化。

三是协同发展技术要素市场，成立技术转移联盟。2022年10月，成渝地区双城经济圈技术转移联盟成立。川渝积极发挥联盟功能，建好国家技术转移西南中心及各分中心，打造技术转移服务核心聚集区，构建"1+4+N"技术转移体系。联动建设川渝国家科技成果转移转化示范区。加快建设国家级和省级技术转移示范机构，培育技术转移示范机构。推进国家技术转移人才培养基地建设，落实技术经纪（理）人才职称评审政策，建设专业化技术转移服务人才队伍。建立科研成果市场化社会化评价制度，成渝地区科技成果交易信息联合发布机制。

四是搭建科技成果转化平台。川渝两地开放共享科技成果转化平台，推动重庆环大学创新生态圈、天府国际技术转移中心等高能级成果转化平台深度合作，探索科技成果跨区域转移转化机制；探索建立拍卖、挂牌、招投标等市场化的科技成果定价机制和交易模式，协同共建技术转移服务平台联盟，打造一体化技术交易市场。协同推进科技成果转化对接，定期召开细分领域的科技成果转化对接活动，加速科技成果在两地转化和产业化。

截至2022年6月30日，重庆四川已举办两届技术转移转化大会。两江新区推进科技成果区域协同转化的动能正愈发强劲，举办了技术经纪人培训班，促进和完善产学研用体系建设。2023年3月10日，第二届成渝地区双城经济圈（遂宁）高新区和大学科技园科技成果转化对接会在遂宁高新区召开，会议推介四川云上科技馆发布及促进技术交易措施和易智网平台、重庆大学锂电及新材料遂宁研究院、遂潼仪器共享平台及10个成渝地区科技成果，征集科技成果转化技术需求 133 项，发布成果 258 项。

三、协作机制：协商联动

（一）多层次协商

在组织机制方面，为加快推动成渝地区双城经济圈建设，川渝分别设立推动成渝地区双城经济圈建设暨推进区域协同发展领导小组，分别由省（市）党委书记为组长、省（市）长为副组长，并在两省市发展改革委共同设立人员互派、一体运行的联合办公室。联合办公室每两个月召开一次联合办公室主任调度会，领导频繁互访，积极沟通，日常保持热线对接。成立半年来召开 3 次调度会、双方发展和改革委领导互访 10 多次。截至 2022 年 9 月，双方已召开 15 次会议，协调推动两省市党委政府安排部署落地落实。

围绕推动成渝地区双城经济圈建设，按照"统一谋划、一体部署、相互协作、共同实施"的要求，川渝之间建立了推动成渝地区双城经济圈建设两省市党政联席会议、两省市常务副省市长协调会议、两省市发展改革委联合办公室、两省市专项工作组四级合作机制。

成渝地区双城经济圈建设川渝党政联席会议是川渝两地最高行政级别的联席会议。该制度设立的初衷就是为了推动成渝地区双城经济圈建设"统一谋划、一体部署、相互协作、共同实施"。截至 2023 年 6 月，川渝召开 7 次推动成渝地区双城经济圈建设重庆四川党政联席会议、7 次常务副省市长协调会议，每次会议都有重要举措推出。

2020 年初以来，川渝科技部门加强协作，建立了协同创新的合作新机制，多次召开川渝协同创新专项工作组会议。按照两地党政联席会议重要部署，两地加强创新政策的协同，重大规划的协同，对上争取的协同，技术创新的协同，核心载体的协同，开放创新的协同，努力打造全国重要的科技创新和协同创新示范区。

建立西部科学城联席会议机制。在科技部和重庆市科技局、四川省科技厅的指导下，两地建立西部科学城联席会议制度，统筹推进战略合作落实，研究审议重大规划、重大政策、重大项目和年度工作安排，协调解决重大问题和跨区域合作难点。

在政策协同方面，川渝政府起到了积极的引导（调控）作用，双方建立了七大政策协同机制，分别是：重大战略实施研究协同机制——充分发挥两地党委政策研究部门职能作用，围绕成渝地区双城经济圈建设实施情况，定期协同开展跟踪式、评估式调研；政策问题调研协同机制——针对需要川渝两地协同推进的重大政策、重要举措、重点问题，政府组建联合调研组，共同开展专题调研；全面深化改革协同机制——包括改革会商协调机制，定期磋商谋划全局性、长远性、跨省（市）的重大改革事项、重要改革举措；建立日常联系制度，开展常态化工作对接与合作；建立改革协同推进机制，加强重要领域和关键环节改革协同，研究协同推进的重大改革事项；建立改革调研联动机制，加强两地改革调研协同，相互支持配合开展双城经济圈建设重大改革问题研究。两地聚焦万达开川渝统筹发展示范区建设、川渝合作示范区建设、民生领域改革等重大事项，协同开展联合调研，推动调研成果转化运用；建立改革宣传信息交流机制，促进改革信息资源共享。此外，还积极建立研究成果转化共享机制、重要会议服务协调机制、重点工作通报协调机制、定期互访工作交流机制和干部交流互派机制。

在专项工作方面，川渝相关部门围绕《规划纲要》确定的重点任务共同设立基础设施互联互通、产业协作共兴、科技协同创新、国土空间、生态环境、体制创新、公共服务7个联合专项工作组，形成川渝合作推动成渝地区双城经济圈建设决策层、协调层、执行层上下贯通的三级运行机制。

在协同对上争取方面，出台《川渝两地科技部门共同争取国家支持的重大事项清单》，争取国家技术创新中心、重点实验室等国家级创新平台布局建设。2020年以来，国家新一代人工智能创新发展试验区、国家生猪技术创新中心、国家川藏铁路技术创新中心、国家应用数学中心获批建设；共建川渝重点实验室 5 个。

在协作机制上，两地建立了川渝两省市党政联席会议制度、政府层面推动协调会商机制、两省市发展改革委调度会制度等，共同研究重大合作事项，协商解决重大问题。成渝地区双城经济圈科技协同机制根据参与主体可分为一级协同、二级协同和交叉协同（见图 6-5）。

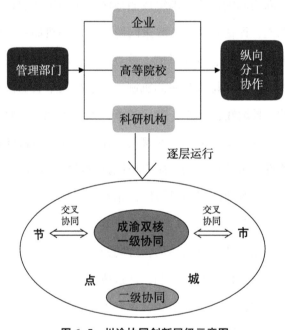

图 6-5　川渝协同创新层级示意图

管理主体主要为地方政府，同时主体内部实行分层级管理。成都、重庆双核为一级管理部门，成都、重庆之间的协同为一级协同；双城经济圈绵阳市、雅安市、德阳市、眉山市、乐山市、南充市、合川区、自贡市、内江市、达州市、遂宁市、潼南市、铜梁区、资阳市、双桥区、万州区等节点城市为二级管理部门，它们之间的协同为二级协同；成都、重庆与节点城市的协同为交叉协同。下级地方政府服从上级政府管理并协助工作，同时互为监督方。

管理主体从信息、财务、资源等方面进行管理与分配，并分区域制定协同任务与战略目标。科技信息管理方面，各管理主体合力搭建科技信息服务平台，各参与主体信息审核通过后成为平台成员，管理主体与各协同主体整合的资源均可在平台审核后内部公开使用。财务管理方面，制订完整的预算管理计划，合理规划各地区科技资源建设，根据预算审批资金支持力度，形成长期稳定的科研投入安排。资源管理方面，根据各地区各主体现有条件及其发展实际需求分配资金、技术、人才与科技要素等资源，在科技协同的动态发展中改变资源配置方式与评估依据。

协同的参与主体主要有科技创新型企业、高等院校与科研机构。各单位从自身利益出发，结合管理主体制定的政策与目标参与科技创新活动。国有企业与科研机构是战略性科研活动的主研方，诸如重大科技基础设施与公共科技实验平台的研发与构建，这主要是由单位性质、运营方式与资源获取实力决定的。由于研发投入高、所需周期长、成果转化对于社会生产与科技进步影响力度大，规模较小的单位无力全面承担此项活动。但根据科技协同战略，民营企业与其他科技创新型企业以及各高校也需要参与到具体分工中，形成纵向合作格局。当新型科技成果问世，中心城市相较落后的科技设施与技术可向上过渡区转移，依据已有知识、经验与技术，首先实现邻近地区科技水平的提升，依次再是过渡区的协同效应，逐层递进至全区域协调同步。

对于各协同主体的目标，科技创新型企业与营利性科研单位主要为通过科技创新扩大市场份额、提升经营利润，国有企业与非营利性科研单位主要为提升整体科研水平与社会生产力；高等院校主要是培育科技后备人才。各个分目标最终汇聚成总目标——提升区域整体科技水平，建立有影响力的科技创新中心，再发挥溢出效应实现中心与边缘逐渐协调同步。

（二）多领域合作

川渝两地开启了多个领域的务实合作，勠力同心，相向而行，推动成渝地区双城经济圈建设进入"快车道"。除了双方党委政府，川渝各个部门、各个市州区县、各个领域，也开展了一系列交流、互动、签约，其数量之多、规模之大、层级之宽、范围之广、密度之高、气氛之热，同样前所未有。川渝两省市间如此高规格的频繁交流，在川渝发展史上前所未有。

在共建科技创新中心方面，2020年4月，重庆市科学技术局与四川省科学技术厅签署合作框架协议，着力构建区域协同创新体系，加快建设具有全国影响力的科技创新中心。2021年12月，重庆市科技局和成都市科技局签订合作协议，聚焦增强科技创新、协同创新、产业创新能力，合力打造全国重要的科技创新和协同创新示范区。

在产业协作方面，2021年12月17日，重庆、成都两地相关部门和单位分别签署了5个合作协议，围绕科技创新、汽车产业、文旅发展等开展全方位、深层次合作，提升"双核"发展能级，增强辐射功能，推动双城经济圈建设取得新的更大发展。

在共同争取国家科技资源方面，川渝两地配合国家有关部委联合编制成渝地区建设具有全国影响力的科技创新中心规划，联合制定共同争取国家科技资源清单事项，争取一批重大项目、重大工程、重大改革、重大政策纳入相关规划，争取国家技术创新中心在川渝落地。

在共同打造协同创新共同体方面，川渝两地按照"一城多园"模式编制西部科学城建设方案，建立高新区联盟、中国西部物联网联盟，联合搭建大型科学仪器设备共享服务平台，探索建立川渝两地科普基地、科普专家等科普资源开放共享机制，共同推动出台创新人才跨区域流动的政策措施。

在共同推进关键核心技术攻关方面，川渝双方联合申报国家科技重大专项，共同申报国家自然科学基金区域创新发展联合基金，聚焦人工智能等领域联合实施一批重点研发项目，共同推进国家新一代人工智能创新发展试验区建设。

在共同开展科技成果转移转化方面，川渝继续共同开展职务科技成果所有权或长期使用权改革试点；建好一体化技术交易市场，联动建设川渝国家科技成果转移转化示范区，联合打造川渝特色成果对接活动品牌，共同加速科技成果转化和产业化。两地联合举办科技成果对接活动，联合组织军民两用技术成果对接活动；共同推进建设"一带一路"科技创新合作区和国际技术转移中心，布局建设一批"一带一路"国际技术转移机构，共同谋划"一带一路"科技交流大会；联合举办创新创业活动。

（三）"三制"一体

除在重大会议、活动上的持续发力，川渝两地建立起科技协同创新"责任制+清单制+项目制""三制"一体的工作机制，以明确工作任务，落实工作责任，确保时间进度，共同打造川渝协同创新品牌，推动科技创新中心建设有动作、有效果、有影响，推进川渝协同创新工作全面提速、整体成势。

2020年5月，重庆市科学技术局和四川省科学技术厅通过《2020年川渝两地科技部门协同创新工作清单》，确定了4个方面、16项工作事项；《川渝两地科技部门共同争取国家支持的重大事项清单（第一批）》确定了6个方面、30项重大事项清单。通过共同争取国家科技资金、打造协同创新共同体、推进关键核心技术攻关、开展科技成果转移转化，加快推进西部科学城建设，打造具有全国影响力的科技创新中心。

2021年5月，通过《2021年成渝地区协同创新工作要点》，双方将共同推进编制重大规划、建设重大科技创新平台、实施川渝合作重大项目、开展关键核心技术攻关、建设创新联盟、扩大科技创新开放合作、共建共享科技资源、推进川渝毗邻地区创新合作等9个方面、22项合作事项。

2022年7月，《2022年度川渝科技协同创新工作清单》共分为重大会议及活动、重要文件、重要任务及特色亮点工作四大类，共计41项；其中备受关注的川渝科技创新合作计划继续展开，聚焦重点领域开展关键核心技术联合攻关。

（四）人员互通

成渝地区双城经济圈建设是个系统工程、长期工程，人才交流是重要的途径。川渝之间开展横向对接，创造性地建立了干部互访、人才互认、人员互派的工作推进机制。

1. 干部互访

2020 年 4 月，四川省委组织部、重庆市委组织部联合签署《成渝地区双城经济圈人才协同发展战略合作框架协议》，重点任务之一即是建立川渝两地互派年轻干部长效机制。根据《成渝地区双城经济圈建设规划纲要》川渝联合实施方案及《推进西部科学城建设实施方案》，双方开展干部人才双向交流。每年根据实际工作需要和干部队伍建设需求，互相选派一定数量的各层级机关和企事业单位专业人才开展顶岗锻炼或挂职。

2020 年 9 月，包括 50 名重庆干部和 51 名四川干部在内的首批 101 名互派干部陆续到岗。一年时间，互派干部谋划、推动了一批重大项目落地，助力川渝两地持续形成"储备一批、开工一批、加快建设一批、竣工见效一批"的良好局面，他们用心用情用力架起了川渝融合"连心桥"。与此同时，通过一年的挂职锻炼，让首批挂职干部业务水平得到了提升，沟通协调和系统思维的能力也不断增强。2020 年 9 月 16 日，川渝两地各选派 51 名、50 名优秀年轻干部互派挂职（顶岗）工作。2021 年 9 月，川渝互派的第二批共 100 名优秀年轻干部接过首批挂职干部的"接力棒"，在各自的岗位上发奋图强。2022 年 10 月，两省市选派第三批 100 名优秀年轻干部互派挂职（顶岗）工作。

2. 人才互认

作为毗邻地区，近年来，广安市携手重庆市渝北区，积极发挥成渝地区双城经济圈建设"桥头堡"和"前沿阵地"作用，以推动人才一体化发展为突破口，促进两地政策互通互融、人才联引联育、服务共建共享，为跨省域人才一体化政策互认提供探索实践。

一是出台跨省域人才政策，政策互认，变"邻而不通"为"互融互通"，为区域赋能。两地依托川渝高竹新区建设，深化人才发展体制机制改革，将人才一体化内容纳入两地人才发展"十四五"规划，共同编制《川渝高竹新区人才一体化发展五年行动计划》，共建跨省域人才一体化发展先行区。出台跨省人才一体化互认政策，与重庆联合印发《渝北广安人才一体化发展先行区政策互认暂行办法》，制定并发布《激励川渝高竹新区干部干事创业六条措施》，实现两地人才优惠政策叠加。在川渝高竹新区探索开展外国专业人才工作许可互认试点，推动川渝两地外国人才资源和引智成果共享。

二是搭建跨省域协同平台，变"偶有来往"为"常来常往"。共建高端人才数据库，实现人才和企业双向推送需求和岗位，择优遴选10名优秀企业家、法律专家、政府部门骨干组建"创业导师团"，放大"人才—企业—产业"新经济增长点的链式效应，纵深推进人才管理制度重塑和流程再造。协同渝北区组建川渝高竹新区专家智库，聘任重庆市综合经济研究院等单位的16名专家为智库成员，定期举办"圆桌会议"，紧扣需求精准帮扶，研究解决跨省域人才一体化发展面临的困难问题，联合举办专家人才国情省情市情研讨班等，组织人才讲座、人才沙龙活动7次，惠及各类人才400余名。

三是优化跨省人才服务，变"拴心留人"为"近悦远来"。设立"招聘专区"，联办招聘会、推介会，落地人才项目20余个，引进一大批优秀人才并为15名高端人才发放"小平故里英才卡"、渝北区"临空英才服务卡"。设立人才服务站，建设人才服务中心，共同制定人才政策、服务事项等宣传折页，提供两地金融贷款、出行旅游、子女入学、医疗保障等50项人才专属服务。签订人力资源和社会保障合作协议，推动专业技术人员继续教育公需科目学时（学分）互认，取消跨区域流动专业技术人才职称确认手续，实现人才政务服务事项"一网通办"，开通人事档案、社保关系转移接续等人才创业创新全周期服务网上平台，解决人才流动后顾之忧，提升人才归属感。

2023年4月7日，在遂宁举行的2023遂潼川渝毗邻地区人才协同发展大会发布了《遂潼人才一体化发展规划》。根据《规划》，遂宁市和重庆市潼南区将在建立合作机制等六方面开展合作，着力建设协同共谋、同招共引、互训共学、协作共用、平台共建、服务共享的人才一体化发展机制，打造人才一体化发展示范区。

目前，川渝流动人才职称两地互认服务政策也得到进一步落实。

3. 人员互派

推动成渝地区双城经济圈建设，在加强科技特派员合作上，成渝也已在人才共用、团队共建、平台共创、成果共享等方面取得初步成果。两地科技部门还开展川渝科技特派员互选互派试点，推进毗邻地区科技特派员互派互认，探索科技特派员互派工作"川渝模式"、科技特派员利益共享机制、科技特派员服务制造业等。

川渝人员互通有助于促进川渝融合发展、畅通沟通机制、加深双方互信，这一机制将为成渝地区双城经济圈建设和创新发展带来更充沛的动力和活力。

四、治理机制：共建共享

为更好开展协同创新，川渝地区积极推动两地基础设施互联互通，基本公共服务普惠共享，增强优质公共服务供给能力。把搭建平台作为突破口，联合攻关，加快探索建立全方位、深层次、立体化的全面合作新机制。

（一）互联互通

根据《成渝地区双城经济圈建设规划纲要》及川渝两省市的实施方案，川渝地区加快基础设施高效连通。坚持优化提升、适度超前的原则，形成相互通达、快捷高效、管理协同的基础设施体系。

交通方面：一是共建轨道上的双城经济圈。加快成渝中线高铁、渝万高铁、渝西高铁、成南达万高铁建设；构建快速、便捷城际交通网络，实现成渝城际一小时直达。二是航空方面，提速建设"重庆航空双枢纽协同、成渝四大机场联动"的世界级机场群，共同打造国际航空门户枢纽。三是公路方面，完善内联外畅的公路体系。完善省际高速公路网络体系，加密毗邻地区高速路网，加强毗邻地区快速物流通道、普通国省道等干线公路建设衔接，加快低等级路段升级改造，打通"断头路""宽窄路""瓶颈路"，探索毗邻区县开行城际公交，实行公共交通"一卡通"。消除省际普通国道干线公路瓶颈，提升高速公路、干线公路与城市道路衔接转换效率，畅通运输服务微循环网络。四是航运方面，推进长江、嘉陵江、涪江、乌江、渠江等高等级航道建设，形成干支直达的航道网络；促进重庆果园港、江津珞璜港、涪陵龙头港、万州新田港与泸州港、宜宾港等联动发展。五是共建内陆国际物流枢纽。整合成渝地区航空、航运、铁路等资源，加快构建"通道+枢纽+网络"的现代物流运行体系。

能源方面：构建安全高效能源保障体系。推动川渝电网一体化建设和川渝电力市场一体化。共同加快论证藏电、青电入川渝。双方建立电力、天然气、成品油、煤炭等能源运行保障协作，加强能源要素宏观指导、日常协调、总量平衡、紧急调度，提高能源保供水平。推动四川水电在川渝两地就近消纳，完善四川水电外送方式。推进成渝地区氢走廊建设，加快氢能产业发展。建设天然气千亿立方米产能基地。

新基建方面：协同建设新一代信息基础设施。加快建设物联网、区块链、工业互联网、卫星互联网等新型基础设施。加快建设5G和光纤超宽带"双千兆"网络，开展6G网络试验验证。共建区域性国际数据中心、全国一体化大数据中心国家枢纽节点、中新（重庆）国际互联网数据专用通道和国际信息通信枢纽、国家量子通信网络"成渝干线"。共建成渝工业互联网一体化发展示范区。建设区块链"星火·链网"超级节点和骨干节点，拓展"蜀信链"服务基础设施城市节点和行业节点，打造国家级区块链发展先行示范区。积极建设全面覆盖、泛在互联的城市智能感知网络，加快交通、物流等基础设施智能化升级，实施车联网试点示范建设工程。

共建对外开放大通道。推进西部陆海新通道建设，全面提升与东盟地区互联互通水平，加密开行四川、重庆至北部湾出海口铁海联运班列，加快融入中国—中南半岛、孟中印缅等南向国际经济走廊。协同提升中欧班列（成渝）运营效能，打造重庆兴隆场、成都北中欧班列枢纽节点，建成对接中蒙俄经济走廊的综合交通走廊。畅通川渝长江黄金水道，开通往返主要港口的"水上穿梭巴士"和铁水联运班列，建成通江达海、首尾联动的东向国际开放通道。

（二）开放共享

合力推进公共服务共建共享。出台双城经济圈便捷生活行动方案，联合发布政务服务"川渝通办"事项清单，共建国家区域医疗中心和国家医学中心。以一体化政务服务平台为枢纽，加快构建川渝政务服务"一张网"。如四川省正打造"1+N"（1 个应用中台，PC 端、移动端、自助终端、电视端、融媒体等 N 个服务渠道）同源多端政务服务矩阵，已建成"1+5"政务服务运营新体系，覆盖 53 个省直部门、省市县乡村 5 级共 4.47 万个站点。2022 年，川渝地区"企业开办"等 81 个"一件事"落地可办，电子证照、户籍证明等简单事项"秒批秒办"，311 项高频事项实现川渝两地通办，办件量超 1300 万件，跨省户籍实现"一站式"迁移，重庆中心城区和成都主城区实现公交"一卡通"，20 类电子证照实现川渝两地亮证互认。2023 年 5 月，首次推出川渝"一件事一次办"和"免证办"事项清单，推动"川渝通办"从"能办"向"好办""易办"转变。积极探索打造新一批川渝跨区域数字化场景应用试点，提升数字化服务效能，为企业群众办事添便利增动力。

共同打造科技资源共享服务平台。联合建立成渝地区科技基础资源、大型科研仪器共享共用机制，支持大型科研仪器设备出租、出借或作价投资及开放共享。2021 年，《川渝科技资源共享合作协议》明确要加强科技资源共享合作，打造"川渝科技资源共享服务平台"，形成重庆基地和成都基地为主的"一平台，两基地"格局，激发区域创新活力，服务区域经济社会高质量发展。目前平台已经运行，实现"单点登录、全网服务"。此外，围绕科技资源共享激励机制，探索建立资源共享协调、科技创新券在川渝跨区域"通用通兑"政策协同、仪器设备共享市场化等机制。

共享科技专家资源。根据2021年《科技专家库开放共享合作协议》，川渝将共享3万余名科技专家资源，其中高级职称占比90%以上，院士、学术带头人和享受国务院政府特殊津贴等各类高层次人才2000余名，涉及智能制造、信息技术、新材料、人口健康等多个领域。双方将充分依托科技专家库专家开展科研项目评审、科技奖励评审、科技评估评价和技术咨询论证等各类科技活动。同时，加强科研诚信管理，两地专家科研诚信记录实行互通互用。该项协议的签订，打破了两地专家信息共享壁垒，有利于弥补双方高端专家不足的短板，促进高端人才流动和集聚。同时，有利于打通技术需求与专家服务的对接通道，为各类创新主体提供线上线下专家服务，为科技活动专家服务"精准匹配"提供有力支撑。此外，围绕人才交流合作，组织学术讲座、创新比赛等，鼓励两地人才联合开展关键核心技术攻关，培养专业化、市场化人才队伍。

推动教育资源共享。完善集团化办学体制机制，扩大普惠性幼儿园供给，深化中小学学区制管理改革，共享优质教育资源。加快重庆职业教育创新发展高地、中国西部（重庆）职教城、成都国际职教城、达州西南职教园等建设，推动宜宾开展国家产教融合型城市试点、永川建设西部职教基地、璧山打造产教融合生态区（大学城西区），共建一批职业教育集团，培养两地产业发展急需人才，塑造"巴蜀工匠"品牌。组建高校联盟，联手开展"双一流"建设，互相对等增投招生来源计划，共同争取区域外优质招生计划，推动高校向区域性中心城市、重要支点城市布局。提高中外合作办学水平，共建国际合作教育园区，加快推进中外人文交流试验区建设。[①]

---

① 重庆四川《成渝地区双城经济圈建设规划纲要》联合实施方案。

此外，川渝之间还应加强生态环境信息共享，实现生态环境质量、污染源、环境承载力等数据信息互联互通，建立统一的生态环境监测信息发布和共享机制；协同推进公共卫生监管和应急响应，建立卫生监督执法联动、信息互通、联合培训等合作机制。

（三）共建共用

共建创新资源共享平台。建立成渝地区科技基础资源、大型科研仪器共享共用机制，支持大型科研仪器设备出租、出借或作价投资及开放共享。扩大科技创新券使用范围，支持科技型中小企业利用重大科研基础设施和大型科研仪器共享平台等服务平台开展研发活动。推动川渝科技信息资源整合，推进科技专家库、科普资源等共享共用。[①] 比如，共建共享重大科技基础设施，推动重庆高新区直管园、四川天府新区成都科学城协同布局大科学装置、国家（重点）实验室、技术创新中心等重大科技创新平台，联合推动成都超算中心、中国自然人群生物资源库等重大科技基础设施跨区域共享共用。[②]

共同建设重点实验室。重点实验室是科技创新体系的重要组成部分。共建重点实验室，川渝早有探索，早在 2012 年，重庆市科委（现重庆市科技局）与四川省科技厅联合批准设立特色生物资源研究与利用川渝共建重点实验室（以下简称特色生物重点实验室），由四川大学、重庆金佛山高等研究院以及重庆市药物种植研究所共同组建。该实验室也成为当时全国首个省际共建重点实验室。2020 年后，川渝共建重点实验室被再次提上议事日程。经过自主申报和多轮评审，2021 年 5 月，重庆市科技局和四川省科技厅联合认定 5 个川渝共建重庆市重点实验室，名单包括川渝共建特色食品重庆市重点实验室、川渝共建中国酱腌菜科技创新重庆市重点实验室、川渝共建乡

---

① 《增强协同创新发展能力行动方案》。
② 《加强双核创新联动推进共建具有全国影响力的科技创新中心合作协议》。

土植物种质创新与利用重庆市重点实验室、川渝共建古生物与古环境协同演化重庆市重点实验室、川渝共建感染性疾病中西医结合诊治重庆市重点实验室。

2022年6月22日，推动成渝地区双城经济圈建设科技协同创新专项工作组第四次会议召开，会议提出推进天府实验室、金凤实验室等创新载体建设，联合争取一批"国字号"创新资源落户川渝，以重点突破带动川渝区域协同创新体系建设。2022年12月30日，记者从推动成渝地区双城经济圈建设重庆四川党政联席会议第六次会议上获悉，围绕川渝两地科技重点发展方向，川渝两地将在人工智能、先进制造、大健康、节能环保和现代农业等五大重点领域，统筹布局一批川渝共建重点实验室。2023年2月，《四川省人民政府重庆市人民政府关于推动川渝共建重点实验室建设的实施意见》（以下简称《意见》）出台，不久后，由重庆市科技局和四川省科技厅联合起草的《川渝共建重点实验室建设与运行管理办法》正式出台。这意味着，川渝共建重点实验室不仅有了"规划图"，也有了"施工图"。预计到2023年底，川渝两地将在重点产业领域试点运行2—3个川渝共建重点实验室，探索形成实验室共建模式、运行机制和管理方式。到2025年底，一批川渝共建重点实验室将挂牌运行，基本建成创新引领、综合集成、区域协同的科技创新高地和产业支撑高地。川渝共建重点实验室是川渝两地组织开展高水平基础研究、应用基础研究、前沿技术研究，实现关键核心技术突破、会聚培养优秀创新人才、开展高水平合作的科技创新基地，是川渝两地实验室体系建设的重要组成部分。川渝共建重点实验室，从过去的"散打"式建设变得更聚焦、更强调协同，有助于实现跨学科、跨区域、跨领域的产学研融通创新，对成渝地区经济社会高质量发展起到了积极的辐射带动作用。

共同建设成渝综合性科学中心。川渝为落实高水平科技自立自强要求，以"一城多园"模式合作共建西部科学城，推动两江新区与天府新区、重庆高新区与成都高新区等重点园区全面对接。2021年5月，两地共同举行成渝综合性科学中心建设开工仪式，40 个项目总投资超千亿元。①

共建川渝毗邻地区融合创新发展带。川渝启动建设川渝高竹新区等 10 个区域合作平台，联合举办川渝毗邻地区首届科技协同创新发展大会，积极推动万达开、合广长、泸永江等毗邻地区合作功能平台建设，协同打造川渝毗邻地区融合创新发展带。②

共建成渝地区双城经济圈产业合作示范园区。2022 年以来，川渝产业园区发展联盟围绕企业供需配套、产业链上下游合作、园区合作开发建设、产业布局协同、公共平台共建、人才交流培养应用等方面，对四川省内首批 10 个成渝地区双城经济圈产业合作示范园区进行了沟通调研，收集整理了产业合作需求及企业供需信息 50 余条。

共同推动金融基础设施互联互通。具体包括推动金融综合统计数据共享，共同提升金融统计数据处理能力；推动政务数据与金融数据融合共享；推动信用体系一体化、市场化建设，在行业政策制度体系框架下，逐步形成统一的区域信用政策制度和标准体系；推动地方征信平台互联互通，建立信用信息共享机制，依法加大信用信息归集、共享和开发利用力度；推动成渝地区深化中新互联互通项目金融合作等。③

（四）联合攻关

联合实施重点研发项目。为集聚优势科技资源，川渝共同推进关键核心技术攻关，联合实施川渝科技创新合作计划。在重点领域合作方面，聚焦人工智能、航空航天、资源环境、量子科技、生物医药、轨道交通、大健康、现代农业及生态环保等领域；在关键核心技术攻关方面，聚焦工业软件、智能传感器、新材料、装备制造领域。重庆市科技局与四川省科技厅 2020 年、

---

① 《成渝地区双城经济圈建设规划纲要》。
② 《成渝地区双城经济圈建设规划纲要》。
③ 重庆四川《成渝地区双城经济圈建设规划纲要》联合实施方案。

2021 年连续两年联合实施重点研发项目。累计已出资 6000 万元，单个项目的资助额度最高达到 200 万元。

协同实施国际大科学培育计划。围绕核技术、信息技术、生物技术、脑科学、地理信息等领域，在成渝地区实施一批国际科技合作重大项目。积极争取更多国家战略性科技创新合作、政府间科技创新合作等重点项目在川渝布局。支持川渝高校、科研院所和企业联合参与国际大科学计划和大科学工程，加强前沿领域国际科技联合攻关。[1]

共同争取国家重大科技项目。共同申报国家科技重大专项，联合申报国家自然科学基金区域创新发展联合基金，积极争取、共同承担国家重大科技（科研）计划项目，合力突破"卡脖子"技术，打造具有核心竞争力的重大战略产品，共同推进国家新一代人工智能创新发展试验区建设。

联合展开各类科技攻关。川渝通过联合科技攻关，解决企业面临的实际问题，增强企业的竞争优势。川渝区域高等科教资源为协同创新主体合作提供了客观条件。企业通过提供研究实践基地和资金投入的方式与高校和科研院所合作，紧跟产业转型和市场规律，围绕国家特别是区域支柱产业和企业生产中的关键与核心技术问题，通过项目对接、项目招标等多种形式，促进科研机构与企业间的密切合作，将研究成果转化为企业的实际生产，不断推动产学研的发展。

第三节　川渝协同创新运行模式

简而言之，模式就是事物的标准样式。协同创新模式是指创新主体在协同创新实践过程中形成的基本行为方式。三年来，川渝协同创新行为模式归纳起来呈现以下样式。

---

[1] 《增强协同创新发展能力行动方案》。

一、政府 CP 式

近年来，川渝多地利用地缘优势"结对子""找朋友"，乘着成渝双城经济圈建设的东风，开展深度合作。

2020 年 4 月，重庆市北碚区与四川省绵阳市高调"官宣"，两地结为友好城市，并签署《四川省绵阳市人民政府重庆市北碚区人民政府推动成渝地区双城经济圈建设合作三年行动计划（2020—2022 年）》，联手晋级之路由此开启。不久后，两地科技局又签订了《推动成渝地区双城经济圈建设协同创新合作协议》，在四个方面达成了 13 项合作内容，奏响了绵碚协同推进科技创新的华美乐章。

作为推动成渝地区双城经济圈建设的两股重要力量，北碚、绵阳这对跨越 300 多公里的"天作之合"，在两地党委、政府的共同推动下，围绕科技创新等多个领域展开合作，谋求优势互补、携手共进。北碚坐拥两江新区、重庆高新区、中国（重庆）自由贸易试验区"三区叠加"优势，拥有西南大学等高等院校，科技产业发展势头强劲；而绵阳作为中国科技城，拥有中国工程物理研究院等国家级科研机构，以及西南科技大学等多所高等院校，科技资源可谓"家底殷实"。背景条件相似，却又各具优势，绵碚两地志同道合，在彼此身上看到了巨大的合作潜力和广阔的发展前景。2023 年 2 月 14 日，绵阳市、北碚区召开 2023 年第一次科技创新合作座谈会，双方商定将继续支持推进军民两用技术交易中心、大型仪器平台等共享共用，依托"创新金三角智汇科技城"系列活动、中国（绵阳）科技城国际科技博览会，连接两地科技创新资源，促进两地科技军民融合发展。

2020 年 5 月 26 日，重庆市巴南区人民政府与成都市温江区人民政府签订《战略合作协议》，双方将充分利用自身优势资源，全面推进两地互动、互补、互惠发展。根据协议，两地在产业协同发展、城乡融合发展、资源联动共享、推进人才合作以及教育、医疗卫生领域深化合作。巴南、重庆两地勠力同心、相向而行，充分利用两地优势资源，推动多个领域的务实合作，取得了一系列合作成果。

目前，巴南区和温江区已经正式签约共建成渝地区双城经济圈（巴南·温江）数字农业科技园和种苗科技园项目。联合推动种苗科技园和数字农业科技园建设，联手开展"种苗+"全产业链技术研究和集中连片示范，率先探索成渝地区现代高效特色农业发展"温巴路径"。联合举办"生物医药协作峰会"，携手共建"成渝双城"生物医药产业高地，重庆国际生物城 GCP 临床试验（温江）中心成功挂牌。

二、平台搭桥式

平台是成渝地区双城经济圈建设的重要载体，也是川渝协同创新的重要载体，起着至关重要的创新试验、示范引领作用。

（一）共建创新平台

创新平台是集聚创新资源要素、承担创新功能的重要载体。

共建西部科学城。以"一城多园"模式高标准建设西部科学城，打造全国重要的科技创新和协同创新示范区。统筹成都高新区、天府国际生物城、未来科技城等资源，聚焦电子信息、航空航天、生命科学、智能制造等领域，建设西部（成都）科学城。瞄准新兴产业设立开放式、国际化高端研发机构，建设重庆两江协同创新区。依托重庆高新区，联动高校和科研院所，夯实新一代信息技术、先进制造、大健康、高技术服务业发展基础，建设西部（重庆）科学城。高水平建设中国（绵阳）科技城，规划建设绵阳科技城新区。推动国家自主创新示范区以及各类开发区、高新区、新区等协同参与西部科学城建设。建立工作推进机制，积极开展横向对接，建立干部互访、人才互认、人员互派工作机制，建立职能部门、重点园区全方位合作对接机制，确保西部（重庆）科学城、西部（成都）科学城科技创新和产业发展规划衔接、政策协同、资源共享、配合密切。2021年12月，西部（重庆）科学城管理委员会与西部（成都）科学城管理委员会签订战略合作协议，围绕开放共享科技成果转化平台、全力打通跨区域投融资通道、共同打造特色优势产业集群等10个方面加强合作，共建成渝科创走廊，辐射带动整个西部地区的科技水平跃迁。

共建国家实验室和重大科技基础设施。战略科技平台是"国之重器"，重点承担原始创新和关键核心技术攻关任务，最具代表性的是国家实验室和重大科技基础设施。川渝共同建设重大科技创新平台，协同构建实验室体系。加快中国科学院成都科学中心、中国科学院重庆科学中心建设，支持国家科技创新汇智平台。支持建设天府实验室、金凤实验室，联合重组优化国家重点实验室；协同争取布局建设一批国家重点实验室、国防科技重点实验室、高级别生物安全实验室。① 西部（重庆）科学城金凤实验室自2022年6月揭牌投用以来，该单位加快打造高能级创新平台，取得积极进展。至2023年上半年，金凤实验室建成明月湖科创园300亩、创新空间超70万平方米。② 2022年11月23日，西部（成都）科学城四川天府实验室天府锦城实验室、天府绛溪实验室正式揭牌，意味着包括天府兴隆湖实验室、天府永兴实验室在内的4家实验室组成的天府实验室整体进入实体化运行阶段。

积极创建国家级创新中心。川渝协同推动国家工程技术研究中心转建国家技术创新中心，共建矿产资源开发、碳中和等技术创新中心。高质量建设国家川藏铁路技术创新中心。积极创建高端航空装备、网络安全等国家技术创新中心，精准医学、钒钛新材料等国家产业创新中心，工业云制造等国家制造业创新中心。加快建设同位素及药物国家工程研究中心，创建一批国家企业技术中心。③

---

① 《增强协同创新发展能力行动方案》。
② https：//cj.sina.com.cn/articles/view/1664221137/6331ffd10200191o8.
③ 《增强协同创新发展能力行动方案》。

打造成渝国家技术创新中心。围绕共同争创成渝国家技术创新中心，川渝双方将按照"中心+若干专业化技术创新机构"的组织架构，集聚优势创新资源，统筹布局建设若干专业化技术创新机构，形成大协作、网络化、立足成渝、面向西部的技术创新和产业创新策源地。[1] 在四川天府新区布局建设电磁驱动聚变大科学装置等重大科技基础设施以及川藏铁路技术创新中心、西南天然药物与临床转化综合研究平台、成都超算中心、先进微处理器技术国家工程实验室等高能级创新平台。在重庆加快建设超瞬态实验装置等重大科技基础设施以及分布式天体雷达、卫星互联网等国家重点实验室。引进国际国内高水平大学、科研机构和创新型企业，推动重大设施共建共管共用，建成全球创新网络的重要节点、国家创新体系的基础平台。[2]

（二）打造产业平台

川渝协同优化提升重大产业平台体系。发挥重庆两江新区、四川天府新区旗舰作用，加快重庆高新区、重庆经济技术开发区、成都高新区、海峡两岸产业合作区、成都国际铁路港经济开发区等开发区建设。推动涪陵、綦江—万盛、合川、资阳、遂宁、宜宾等创建国家级经济技术开发区和国家高新技术产业开发区，创建一批国家新型工业化产业示范基地、川渝产业合作示范园区。2020 年 5 月以来，产业园区合作共建已成为四川、重庆贯彻落实成渝地区双城经济圈建设国家战略部署的重要举措，是两地推进制造业协同发展的重要抓手。目前，川渝已授牌 35 个成渝地区双城经济圈产业合作示范园区。产业合作示范园区将为推动成渝地区双城经济圈制造业协同发展奠定坚实基础。推动自贡等老工业城市转型升级，建设新时代深化改革扩大开放示范城市。建设产业转移集中承接地，高质量承接东部地区和境外产业转移，支持有条件的园区大力发展"飞地经济"。深化与央属军工企业战略合作，建

---

[1] 《加强双核创新联动推进共建具有全国影响力的科技创新中心合作协议》。
[2] 重庆四川《成渝地区双城经济圈建设规划纲要》联合实施方案。

设银河 596、核技术产业基地等一批特色军民协同创新产业园区。

近年来，两江新区先后打造了两江协同创新区、礼嘉悦来智慧园、两江数字经济产业园三大创新平台，形成了从研发到应用的完整场景。双方积极推进中新（重庆）战略性互联互通示范项目、中日（成都）城市建设和现代服务业开放合作示范项目，加快建设中法、中德、中韩、中瑞（士）、中意等双边合作园区。共建巴蜀文化旅游走廊。①

此外，两地还要高水平建设国家和省级"双创"示范基地，推进建设一批"双创"支撑平台项目。发挥西部双创示范基地联盟引领作用，促进成渝地区 17 家国家双创示范基地融通发展。

（三）构建功能平台

川渝围绕突出特色优势、集聚特色资源、发展特色经济，率先探索经济区与行政区适度分离改革，建设川东北渝东北地区、成渝中部地区、川南渝西地区布局规划毗邻区域合作功能发展平台。2020 年 7 月，重庆市政府办公厅联合四川省政府办公厅出台《川渝毗邻地区合作共建区域发展功能平台推进方案》，规划在川渝毗邻地区建设 10 个合作平台。

两地围绕川东北渝东北地区一体化发展，规划建设万达开川渝统筹发展示范区、明月山绿色发展示范带、城宣万革命老区振兴发展示范区；围绕成渝中部地区协同发展，规划建设高竹新区、合广长环重庆主城都市区经济协同发展示范区、遂潼一体化发展先行区、资大文旅融合发展示范区；围绕川南渝西地区融合发展，规划建设内荣现代农业高新技术产业示范区，泸永江融合发展示范区。加上《成渝地区双城经济圈建设规划纲要》提出规划建设川南渝西融合发展试验区，川渝毗邻地区合作共建的"9+1"个区域发展功能平台全部出炉。

---

① 重庆四川《成渝地区双城经济圈建设规划纲要》联合实施方案。

截至 2023 年上半年，川渝 10 个毗邻合作平台总体方案全部出台，川渝高竹新区等 8 个平台总体方案已由川渝两省市联合印发，万达开川渝统筹发展示范区等 2 个平台建设方案已由川渝两省市政府联合上报国务院。万开云同城化破题起势，綦江—万盛一体化发展扎实推进，跨区域合作平台打造持续优化。

（四）搭建交流平台

两地共同打造形式多样的"双创"交流平台。《增强协同创新发展能力行动方案》提出，建立成渝地区创业孵化"双城联动"合作机制，深化成都菁蓉汇、重庆创新创业大赛等品牌"双创"活动之间的协作，分层分类协同组织创新创业大赛、创新挑战赛、高峰论坛等各类"双创"活动，构建成果转化常态化对接机制，定期组织成渝地区科技成果转化对接活动，办好西博会、绵阳科博会等大型展会。

近年来，川渝地区创新创业大赛发展如火如荼，举办了一系列高水平的比赛。如重庆两江新区两江协同创新区举行的明月湖国际创新创业大赛、温江—巴南"赋能杯"科技创新大赛、"创青春"川渝青年创新创业大赛以及重庆市江津区携手永川区、四川省泸州市共同举办的成渝地区双城经济圈首届"专精特新"创新赋能大赛等。明月湖国际创新创业大赛获得 3 亿元产业扶持以及 N 个重磅政策支持，设立 5 亿元明月湖科创基金。温江—巴南"赋能杯"科技创新大赛已连续举办了两届，多个科技创新项目在两地落地转化。

三、产业联动式

（一）共育世界级产业发展集群

川渝协力提升先进制造业国际竞争力，培育世界级产业发展集群。川渝两地在同一天发出消息：要携手打造国家重要先进制造业基地。双方发挥两地政策、资源等比较优势，强化产业联动，共建产业园区，优化产业布局，在推动汽车、电子等重点领域延链补链强链上取得新突破，全面提升川渝地区制造业竞争力和产业带动力，携手打造国家重要先进制造业基地。

川渝两地根据在汽车、笔记本电脑、集成电路、新型显示等方面形成的产能基础和在国内外的影响，瞄准建设世界级产业集群的目标，联合编制《成渝地区双城经济圈电子信息产业协同发展实施方案》和《成渝地区双城经济圈汽车产业高质量协同发展实施方案》。双方以新能源和智能网联汽车为主攻方向，在规划协同、技术攻关、产业配套等方面展开合作，共同培育世界级汽车产业发展集群。为推动上述措施落地落实落细，成渝两市经信部门还将成立工作专班，研究出台专项扶持政策，支持两市汽车产业相关组织进行对接、推广、交流等活动，建立健全配套服务平台。同时整合提升汽摩整车、航空航天、轨道交通、能源装备、环保制造、工业机器人、仪器仪表、数控机床等优势产业，打造世界级装备制造产业集群。2022年，川渝双方优化汽车、电子信息产业链供需对接平台，川渝汽车供应链"白名单"企业约500家，累计上云企业超过3500家。统计数据显示，2022年川渝电子信息、汽车、装备制造、消费品产业规模分别达到2.2万亿元、7500亿元、1万亿元和1.48万亿元，共生产汽车318万辆，同比增长17%。汽车、电子信息产业更加强大。

共同构建现代产业体系。重庆沙坪坝区与四川40余家零部件企业深化新能源汽车产业链合作，打造新型智能网联车，共建高水平汽车产业研发生产制造基地。2023年8月，沙坪坝区携手成都武侯区深化招商引资联动，共同推动国鸽航空、激光超控技术研发基地、动脉网数字疗法孵化平台、光辉城市数字孪生总部优质项目等落地发展。会同成都武侯区、青白江区等地区签订合作协议，其中器官生物智能智造工程研究中心、歌乐山·磁器口文化旅游街区、智能网联新能源汽车产业基地三个项目入选重庆市成渝地区双城经济圈"十项行动"重大项目清单。

（二）合力打造数字产业新高地

川渝发挥集成电路、新型显示、智能终端、软件与信息服务等产业优势，培育"芯屏器核网"全产业链，构建"云联数算用"全要素群，打造具有国际竞争力的电子信息产业集群。建设西部数据资源和数字资产交易平台，培育数据要素市场。推动新一代信息技术与实体经济深度融合，发展平台经济和数字商务，建设国家数字经济创新发展试验区、国家新一代人工智能创新发展试验区和国家数字服务出口基地。加快推动重庆软件园与成都天府软件园深度合作，共创成渝软件名城。在地市级以上城市建立数字化管理平台。提升重庆和成都重要数据灾备中心功能，打造"双城多园"国家级网络安全产业园。2022年5月，由川渝两地联合申报的"国家网络安全产业园区（成渝）"日前获工信部批复，成为继北京、长沙之后全国第三个获此国家级称号的地区，这也是国内首个跨省域国家级网络安全产业园区，发挥了试点示范引领带动作用。

（三）共建现代高效特色农业带

川渝发挥特色农业资源优势，打造国家优质粮油保障基地、国家优质商品猪战略保障基地、渝遂绵优质蔬菜生产带、全国优质道地中药材产业带、长江上游柑橘产业带、安岳潼南大足柠檬产区、渝南绵蚕桑产业带，打造全球泡（榨）菜出口基地及川菜产业、茶产业、竹产业基地。加快建设国家农业高新技术产业示范区，高水平建设重庆主城都市区和成德眉资都市现代高效特色农业示范区。

（四）共推城乡产业融合发展

川渝坚持以工促农、以城带乡，高质量推进农村产业发展，增强农村内生动力。打造城乡产业协同发展先行区，重点优化提升特色小镇、特色小城镇、美丽乡村和各类农业园区，推动"农业+文化""农业+旅游""农业+电商""农业+康养""农业+科普"等产业融合，创建国家农村产业融合发展示范园，建设巴蜀美丽乡村示范带。推动龙头企业、农民合作社、家庭农场、专业大户组建农业产业化联合体。开展国家数字乡村试点。

（五）共建产业创新联合体

川渝两地城市之间、行政区之间、产业之间分别自发组建联盟，围绕汽车制造、电子信息、科技创新、文创会展、现代金融、数字经济、总部经济、生物医药等领域，以产业协作的方式构建错位发展、有序竞争、相互融合的现代产业体系。

此外，在能源产业、铝产业、旅游产业、文化产业等领域，川渝都在加强协同发展，出台专门方案，成为产业联动的重点和样板。[①] 通过组建行业产业联盟和打造跨省园区，川渝两地在数据治理、旅游文化推广、生猪生产等领域先后成功牵手。

"十四五"期间，川渝两地将围绕主导产业，坚持优势互补，加强招商协作，扩大区域内产业分工，提升区域内部配套水平，推动重点产业成链集群，共同打造电子信息、装备制造、消费品、优质白酒等世界级产业集群，共建全球重要的汽车研发、制造、应用基地和国家重要医药基地。

四、服务共享式

（一）科技创新服务

川渝建成线上科技资源共享服务平台，实现成渝两地专家库资源开放共享，推动"天府英才卡""重庆英才服务卡"等8项服务内容对等互认。在科

[①] 详见《推动川渝能源绿色低碳高质量发展协同行动方案》《川渝出台铝产业链协同发展方案》等。

技资源服务方面，双方充分利用大型科研仪器设备资源，集聚围绕大型科研仪器开展的检验检测、研究开发、技术咨询等服务，打通川渝两地用户需求与服务对接通道，为两地交流合作、科技创新等提供重要支持。实现大型科研仪器设备数据标准化、智能化和互联互通，并探索形成大型科研仪器设备跨区域开放共享的服务机制。

(二) 协同保护知识产权

川渝协同打击知识产权侵权行为，加强驰名商标保护，规范商标恶意注册和非正常专利申请，将故意侵犯知识产权行为纳入企业和个人征信记录。完善跨部门跨区域快速协同保护机制，完善知识产权案件行刑衔接机制，积极完善和推广跨市（州）行政执法协作机制。争取设立成都知识产权法院，推广知识产权刑事案件受理"双报制"，对专利、集成电路布图设计、商业秘密、计算机软件等专业技术性较强的知识产权案件实行跨区域集中审理。

(三) 共建现代金融服务体系

川渝共同构建支持高质量发展的现代金融服务体系。共同推动开展绿色金融改革创新，打造绿色金融数字化发展平台。支持成渝地区符合条件的地方法人银行业金融机构转制为绿色生态科技银行；支持符合条件的境内外金融机构在成渝两地设立普惠金融专营机构，创新普惠金融产品和服务；依托重庆国家金融科技认证中心，推动成渝两地在金融科技认证、标准化服务等方面协同发展。

(四) 共促公共服务便利化

川渝实行"市场准入异地同标"受理办理，推动政务服务一体化平台互联互通互认，推行"天府通办""渝快办"，实现"一网通办"。推进跨省城际客运公交化和重庆成都公交地铁"一卡通"，推进高铁公交化和月票制。推动两地通信一体化。推进住房公积金互认互贷。[①]

（五）推进公共文化服务便民共享

川渝探索共建共享的公共资源配置机制，推动能源、电信、医疗、卫生等行业跨行政区布局建设和高效服务。[②] 共同推出以居民身份证或社保卡为载体的"惠民一卡通"等公共文化服务共享产品，构建跨区域公共图书馆、文化馆协作联盟，开展馆际交流合作，促进两市公共文化服务资源共享，优质公共文化服务项目共建。

五、项目合作式

项目是协同创新的重要抓手，因此成为川渝协同创新的重要着力点。

（一）设立实施科技创新合作发展计划项目

川渝两地还将联合实施川渝科技创新合作计划，开展新一代信息技术、人工智能、航空航天、资源环境、量子科技、生物医药、轨道交通、现代农业等重点领域联合攻关。在集成电路、软件、智能装备、新材料等重点领域组织实施军民科技协同创新项目。[③] 目前，成渝科技创新合作计划累计联合实施攻关核心技术项目115项，财政资金超过1亿元。

（二）发布《共建成渝地区双城经济圈共建重大项目清单》

川渝围绕贯彻落实《成渝地区双城经济圈建设规划纲要》，推动双城经济圈建设联合办公室每年印发《共建成渝地区双城经济圈共建重大项目清单》。

2020年，川渝先后在6月和9月两次推出两批共同实施的重大项目31

---

① 重庆四川《成渝地区双城经济圈建设规划纲要》联合实施方案。
② 重庆四川《成渝地区双城经济圈建设规划纲要》联合实施方案。
③ 《增强协同创新发展能力行动方案》。

个，概算总投资 5563 亿元。

2021 年，川渝两省市明确攻坚重大项目 67 个，估算总投资 15673 亿元。

2022 年，两省市紧扣合力建设现代基础设施网络、协同建设现代产业体系、共建科技创新中心、共建巴蜀文化旅游走廊、生态共建共保、公共服务共建共享六大重点共建任务，发布标志性重大项目 160 个，总投资超 20367 亿元、年度计划投资 1835 亿元。在共建科技创新中心方面，加快布局建设重大科技基础设施，积极构建产业创新平台，着力优化创新空间布局，合作共建西部科学城。共涉及项目 30 个、总投资约 750 亿元。截至 2022 年，成渝地区双城经济圈建设 3 年来，推动出台 20 项规划方案，滚动实施三批次 160 个重大合作项目。

2023 年 2 月 10 日，推动成渝地区双城经济圈建设联合办公室正式印发《共建成渝地区双城经济圈 2023 年重大项目清单》，共纳入标志性重大项目 248 个、总投资 3.25 万亿元，年度计划投资 3395.3 亿元。项目涵盖现代基础设施、现代产业、科技创新、文化旅游、生态屏障、对外开放、公共服务等七大重点领域。共建科技创新中心项目 30 个，估算总投资 750 亿元，2023 年计划投资 127 亿元。

（三）建立成渝地区双城经济圈建设项目储备库

双方建立成渝地区双城经济圈建设项目储备库，推动建立川渝两省市领导联系重大项目机制，按月协调调度、全程动态服务，推动项目实施。项目储备库计划布局建设 100 个以上科技创新重大项目。

（四）联合实施重点研发项目

为集聚川渝优势科技资源，共同推进关键核心技术攻关，为加快推动成渝地区建设具有全国影响力的科技创新中心，2020 年起，重庆市科技局与四川省科技厅组织实施了年度"川渝联合实施"重点研发项目。每个项目必须有川渝双方的单位参与。

2020年，川渝两地首次联合实施研发项目。双方共同出资2000万元，聚焦人工智能、大健康两个领域共性关键核心技术，共立项资助项目15个。其中，重庆立项资助8个，四川立项资助7个，积极探索科研资金跨省使用模式，包括现代基础设施网络、现代产业体系、巴蜀特色的国际消费目的地、长江上游生态屏障、城乡融合发展、公共服务六大类（见附录2）。

2021年8月，两地发布了2021年度川渝联合实施重点研发项目拟立项清单。为加快推动成渝地区建设具有全国影响力的科技创新中心，2021年四川、重庆两地重点聚焦人工智能、大健康、生态环保、现代农业4个领域共性关键核心技术联合组织重点研发项目。经重庆市科技局2021年第11次局长办公会审议通过，拟立项项目15项（见附录3）。

2022年9月，川渝已启动2021年度川渝联合实施重点研发项目申报工作，在管理体制、机制上进一步完善。

川渝联合实施重点研发项目旨在集聚川渝优势科技资源，共同推进区域协同创新，深入推进成渝地区科技创新合作计划，加快推动成渝地区建设具有全国影响力的科技创新中心。

川渝联合重点研发项目单个项目的资助额度最高达到200万元，项目的实施有力地推动了川渝协同创新。

此外，川渝各地、各行业也积极开展项目合作，开展成果转化。比如，资阳市第一人民医院与重庆医科大学合作开展"利用ECT成像技术和病理实验技术在评估糖尿病视网膜病变与心血管疾病和糖尿病肾病的相关性研究"；资阳市气象局与潼南气象局、大足气象局共同开展"基于GIS的川渝柠檬种植金三角生态气候适宜性区划及服务平台开发"，为川渝两地柠檬种植提供专业化气象信息；四川红旗丝绸有限公司与重庆普特斯机械有限公司共同开展"多层往复式大蚕饲养关键技术及设备研发"项目，推动实现大蚕饲养过程的机械化、自动化生产。

六、联盟发展式

联盟发展是区域协同创新的重要形式。成渝地区双城经济圈建设三年来，川渝两地深入实施创新驱动发展战略，成立川渝高校、高新区、产业园区、创新基地等联盟40余个。

2020年3月，泸州、内江、永川、荣昌四地高新区签订了《"泸内荣永"国家高新区产业联盟合作协议》，成立"泸内荣永"国家高新区产业联盟。旨在抓住推进成渝地区双城经济圈建设契机，用好用活四地产业相近、地理紧邻的优势，做到资源共享、优势互补，相互交流，增进共识，开展协同合作。

2020年4月，成渝地区双城经济圈产教融合发展联盟成立。该联盟由成渝两地入选国家"双高计划"的18所高职院校牵头，联合西永微电子产业园、华为、科大讯飞等13家科研机构、企事业单位共同组建，助力成渝地区双城经济圈建设。旨在深入贯彻落实《国家职业教育改革实施方案》，顺利推进国家"双高计划"建设，主动服务成渝地区双城经济圈国家战略，凸显职业教育在区域经济社会发展中的责任与担当。

2020年5月，成渝地区双城经济圈高校联盟成立，由四川大学和重庆大学牵头，电子科技大学、西南交通大学、西南财经大学、西南石油大学、成都理工大学、四川农业大学、成都中医药大学、四川师范大学、成都信息工程大学、西华大学、西南科技大学等12所省内高校与西南大学、重庆邮电大学、重庆交通大学、四川外国语大学、中国人民解放军陆军军医大学、西南政法大学、重庆医科大学等8所重庆高校共同参与。联盟以创新、协调、绿色、开放、共享的发展理念为指引，以将成渝地区双城经济圈打造成为具有全国影响力的重要经济中心、科技创新中心、改革开放新高地、高品质生活宜居地为己任，以推动实现成渝地区高等教育内涵式发展为目标，旨在推动联盟各高校间开展全方位的友好合作，为推动成渝地区双城经济圈战略目标实现提供人才保障、智力支持和科技支撑。

2020 年 5 月 18 日，"成渝地区双城经济圈时尚产业联盟"成立大会在成渝两地顺利举行。该产业联盟由重庆广播电视集团（总台）重视传媒有限责任公司、重庆重报传媒有限公司、重庆萌梓影视传媒股份有限公司、集采（重庆）文化传播有限公司、重庆艺术工程职业学院、成都市国际时尚联合会、成都传媒集团、成都微时文化传播有限公司、成都市楼宇经济促进会、成都纺织高等专科学校等 10 家单位共同发起，联合 54 家与时尚产业相关的企事业单位、社团组织、高等院校、研究机构等共同成立。联盟以"优质互补、资源共享、协同创新、合作共赢"为宗旨，旨在推动双城融合联动发展，把成渝双城区位优势变为发展优势，重点打造成渝时尚产业示范项目和高水平大型时尚类活动，助推文化建设和经济发展。

2020 年 6 月，成渝地区双城经济圈创新创业联盟成立。该联盟由川渝 23 个市区县、28 所高校、11 个高新区（园区）及 7 家企业联合发起成立，旨在凝聚成渝地区双城经济圈高校、投融资机构、科技企业、园区与社会各界力量，充分发挥高校人才和智力优势，吸引社会资源，提供优质创新创业服务，构建良好的创新创业生态。

2020 年 7 月，成渝地区双城经济圈高校艺术联盟成立。该联盟成员高校有四川美术学院、重庆大学、西南大学、四川音乐学院、四川大学、西南交通大学等 68 所艺术类院校或院系。旨在共同发展成渝艺术教育、艺术创作和艺术产业，共同打造成渝艺术走廊、共同为推动成渝地区双城经济圈建设服务。

2021 年 4 月，成渝地区双城经济圈高新技术产业开发区协同创新战略联盟。该联盟由两地的 12 家国家级高新区、26 家省（市）级高新区共同发起，组成"超强高新联盟"。联盟以协同、创新、绿色、发展为宗旨，将推动两地高新区在更大范围、更高层次上开展经济、科技合作，为成渝地区双城经济圈建设提供坚实支撑。

2021 年 4 月，成渝地区双城经济圈技术转移联盟成立。该联盟由四川省科技厅和重庆市科技局联合推动，四川省技术转移中心和重庆技术评估与转移服务中心联合发起设立。联盟旨在共同搭建全产业链产学研合作的高端平台，并发挥平台、导向和桥梁作用，共同推动川渝一体化技术市场建设，推动两地科技成果双向转移转化。

2021 年 4 月，重庆两江新区、四川天府新区启动成立八大产业旗舰联盟。两个国家级新区在汽车制造、电子信息、科技创新、文创会展、现代金融、数字经济、总部经济、生物医药八大产业领域联合成立产业旗舰联盟。联盟依托于两地高校科研院所、企业、创新服务机构资源聚集优势而组建，宗旨是为推进两地科技协同创新，扩大深化交流，促进协调、绿色发展，营造共生共荣的创新创业生态，提升区域内优势产业及技术创新整体实力。八大产业旗舰联盟的成立，不仅可以助力成渝地区双城经济圈产业协同，做强做大先导产业和主导产业集群，促进战略性新兴产业发展，共同打造内陆开放门户，更能够助力成渝地区打造中国经济增长第四极、建设战略大后方强大支点和经济腹地中心陆地崛起。

2021 年 12 月，成渝地区双城经济圈国际科技合作基地联盟成立。该联盟由成渝地区 1 家国际创新园、4 家国际技术转移中心、18 家国际联合研究中心和 54 家示范型基地共计 77 家国际科技合作基地组成，涵盖生命科学、信息技术、汽车摩托车、新材料、生态环保、医药卫生等领域。旨在深化川渝国际科技合作交流，促进川渝协同扩大全方位高水平开放。

2022 年 6 月，成渝地区双城经济圈大学科技园协同创新战略联盟成立。该联盟在重庆市科技局、四川省科技厅推动下由成渝两地 10 家国家大学科技园共同发起。旨在加快高校专业化技术转移和知识产权管理运营机构建设，推动高校打造环大学创新生态圈。

2022 年 7 月 13 日，成渝地区双城经济圈汽车产教融合联盟在渝成立。该联盟由重庆市经济和信息化委员会和四川省经济和信息化厅指导，由成渝地区大型汽车企业、职业院校、科研院所等 26 家单位共同成立。旨在培育一批推动成渝地区汽车产业高质量发展的技能人才；探索建立政校企联动、产学研协同的有效机制，打造产学研创新平台，提升成渝地区汽车产业的核心竞争力和社会影响力。

2022年9月，成渝地区双城经济圈智库专家联盟在重庆成立。该联盟由重庆工商大学成渝地区双城经济圈协同发展中心发起设立，旨在进一步整合智库专家资源，更好地发挥智库资政建言功能，服务成渝地区双城经济圈建设的国家战略需求，助力成渝地区双城经济圈的高质量发展。首批入库专家学者共有90名，其中智库专家79名，智库青年专家11名。专家学者分别来自高校、党校、科研单位、党政机关、新闻媒体、社会团体和企业，涵盖北京、天津、河北、上海、广东、江苏、安徽、湖北、广西、重庆、四川、贵州、云南、陕西等14个省（区、市）。

2023年4月7日，成渝地区双城经济圈科研院所联盟成立。该联盟由川渝科技部门推动，重庆市科学技术研究院、重庆市农科院等20余家科研院所，四川省建筑科学研究院、中国测试技术研究院等40余家科研院所参与。联盟立足科研院所资源优势，旨在加强两地院所科学技术合作，共同开展基础研究和应用基础研究，带动川渝两地产业技术升级和成果转化，助推产业协同发展。

2023年5月23日，成渝地区双城经济圈轨道交通产教协同发展联盟筹建启动暨校企合作签约仪式在重庆工信职业学院举行。旨在牢固树立以产促教、以教助产的成渝产教融合一体化发展理念，深入贯彻落实党中央关于成渝地区双城经济圈建设的重大战略部署，创新构建两地园区企业联动机制，推动两地轨道交通产业协调同步，共同实现高质量发展。

2023年5月25日，川渝两地12个园区共同签订了《成渝地区双城经济圈静脉产业园区发展联盟合作框架协议》。①

2023年6月28日，成渝地区双城经济圈轨道交通行业产教融合共同体在

---

① 静脉产业即资源再生利用产业，它以节约资源和保护环境为前提，运用先进技术实现各类废物的再利用和资源化，包含废物转化为再生资源及将再生资源加工为产品两个环节。

重庆公共运输职业学院成立。共同体由重庆城市交通开发投资（集团）有限公司、四川蜀道铁路运营管理集团有限责任公司作为牵头企业，重庆公共运输职业学院与四川铁道职业学院作为牵头院校，在"西南轨道交通职业教育集团"和"西南铁道职业教育集团"基础上共同成立。联盟将持续深化成渝地区轨道交通行业企业和院校产教融合、校企合作，促进成渝地区职业教育高质量发展。

七、毗邻融合式

毗邻地区一体化经济协同发展为成渝地区双城经济圈发展中的"重头戏"。川渝毗邻地区，即四川省6市17县（市、区）和重庆市13个区（县），具有地缘相近、山水相连、人文相通、经济相融的特征，天然具备融合发展的地利之便，因势利导打破行政壁垒深化联动发展，必然能够对成渝地区双城经济圈建设走深走实注入强大助推力。

（一）共建川渝毗邻地区发展功能平台

《成渝地区双城经济圈建设规划纲要》联合实施方案提出要推进川渝毗邻地区联动发展。近年来，川渝不断强化毗邻地区合作，打造一体化发展的功能性平台，并已纳入川渝国民经济和社会发展第十四个五年规划和2035年远景目标纲要。

2020年8月，重庆市人民政府办公厅和四川省人民政府办公厅联合印发了《川渝毗邻地区合作共建区域发展功能平台推进方案》。方案指出，探索经济区与行政区适度分离，推动川渝毗邻地区合作共建区域发展功能平台，是深化川渝合作推动成渝地区双城经济圈建设的创新举措，有利于建立更加有效的区域协调发展新机制、打造我国高质量发展重要增长第四极。

在成渝地区双城经济圈北翼川东北渝东北一线，加快万达开川渝统筹发展示范区建设，共建合川广安长寿协同发展示范区、城宣万革命老区振兴发展示范区，打造高滩—茨竹产城融合新区，推动梁平、垫江、达川、大竹、开江、邻水等地区打造明月山绿色发展示范带；在成渝地区双城经济圈中部遂潼一线，共建遂宁潼南川渝毗邻地区一体化发展先行区、资阳大足文旅融合发展示范区；在成渝地区双城经济圈南翼川南渝西一线，协同建设包括江津、永川、荣昌、自贡、泸州、内江、宜宾等川南渝西融合发展试验区，共建内江荣昌现代农业高新技术产业示范区，支持泸州永川江津以跨行政区组团模式建设融合发展示范区。

目前，十大功能区的规划方案均已通过。功能区内融合发展态势良好，生机盎然，川渝一家亲的事例不断上演。2021 年 12 月，遂宁正式与重庆潼南区共同揭牌遂潼川渝毗邻地区一体化发展先行区涪江创新产业园。根据定位，这个总规划 450 平方公里的跨省园区，将成为遂宁与潼南两地推进特色产业规模化集群化发展的"排头兵"；在内江，与重庆荣昌区共同打造的"国字号"生猪产业园正在加速建设，与重庆毗邻的四川 6 市 17 县（市、区）土地上，"一体化""融合发展"的故事正在不断上演。

（二）探索全面融合、一体化发展的体制机制

在共建川渝毗邻地区发展功能平台的同时，川渝积极探索全面融合、一体化发展的体制机制。加快探索经济区与行政区适度分离的体制机制，先在规划统筹、政策协调、协同创新、共建共享等方面取得实质性突破。川渝高竹新区是川渝两省市共同批准设立的第一个新区，也是全国唯一的跨省域共建新区。川渝高竹新区成立了全国首个跨省域税费征管服务中心、全国首个跨省域医保经办服务平台、川渝首个跨省办电机构，成功入选 2021 年中国城市新区"五新"潜力 50 强。广安邻水"渝广共建机电产业园"70%企业来自重庆、80%产品为重庆配套。[①]

---

① 陈志：《推进成渝地区双城经济圈协同创新的建议》，《科技中国》2021 年第 5 期，第 76 页。

（三）深化毗邻地区交流互动

川渝毗邻地区历来交流互动频繁。双方在持续促进民间交流基础上，全面深化双方交流互动。2020 年以来，重庆渝北、巴南、江津、大足、潼南等十多个区县工商联分别与四川部分市县工商联缔结友好工商联，建立交流互访机制，特别是毗邻地区工商联交往密切，组织民营企业参加各类商务考察、技术交流、项目推介、经贸论坛等活动，促进共同发展。受益"川渝通办"等系列改革举措实施，已有 1.28 万个市场主体在川渝两地异地兴办企业；超3 亿元税款实现异地办理。2023 年 4 月 27 日，遂潼川渝毗邻地区人才协同发展大会在安居举行，遂潼市（区）委组织部门联合发布遂潼人才一体化发展规划，旨在实现产业链、创新链、人才链有机衔接，加快推进"特色产业人才集聚地"建设。强化重庆都市圈和成都都市圈互动，目前，四川广安已全面融入重庆都市圈规划。

八、新区并进式

（一）两大国家级新区建设全面对接

两江新区与天府新区两大国家级新区是成渝地区双城经济圈建设科技创新中心的重要主体，承载了大多重大功能。《成渝地区双城经济圈建设规划纲要》第五章指出，"发挥重庆两江新区、四川天府新区旗舰作用"。

协同是二者实现双赢、达成国家和区域战略目标的必由之路。川渝两地主动作为、积极作为，定期召开新区党政联席会议，推动两江新区与天府新区全面对接。作为科技创新重要平台，两大国家级新区正加快开放式创新、协同创新、产业创新，助力成渝地区打造全国重要的科技创新和协同创新区。

重庆两江新区、四川天府新区坚定地以成渝地区双城经济圈建设为战略引领，紧密协作、相向而行。两江新区有条路叫"天府路"，天府新区有条路叫"两江路",体现了两区之间的协同互通。

重庆两江新区和四川天府新区是川渝共建国家级科技创新中心的桥头堡。

2021年4月29日,作为成渝地区双城经济圈非毗邻区域合作协同的代表,两江新区、天府新区第三次联席会议在天府新区召开。会上两江天府确立了"九个联动",即在开放、创新、产业、改革、城市、人才、治理、生态、党建方面联动发展,通过项目化、专班化推进,场景化、可视化展示,推动成渝合作走深走实。联手成立了包括汽车、电子信息、科技创新、文创会展、现代金融、数字经济、总部经济、生物医药在内的八大产业联盟,将全方位整合双方优势资源,发挥产业"旗舰"作用,共同助力成渝地区建设成为具有全国影响力的重要经济中心、科技创新中心、改革开放新高地和高品质生活宜居地。上述8个合作领域覆盖了两江新区、天府新区的优势产业体系,双方将着力打造世界级产业集群。

2021年10月22日,重庆两江新区、四川天府新区协同创新区八大产业旗舰联盟(以下简称"联盟")第一次大会在两江协同创新区举行。联盟的主要任务包括搭建双创交流平台、深化科研合作、提升科技成果转化效率。在搭建双创交流平台方面,联盟将围绕"菁蓉汇""智汇两江""明月湖"等双创品牌打造,发挥两地科技企业、高校、科研院所、新型研发机构、创新创业载体各自的科技创新资源优势,不定期举行双创论坛、双创大赛、学术论坛、专题讲座、项目路演、技术推介会等活动。在深化科研合作方面,联盟鼓励两地企业、高校、科研院所、新型研发机构、创新创业载体加强对接。聚焦集成电路、基础软件、新材料等领域,积极向国家争取"十四五"期间共同承担国家重大科技专项和重点研发计划项目等,协同开展"卡脖子"技术研发。推动双方各类创新平台、相关企业联合联盟成员单位开展科研攻关及合作。在科技成果转化效率方面,联盟依托两地现有成果转移转化服务平台,广泛征集两地科技成果和技术需求,定期开展成果转移转化对接会,促进科技成果转化交易。双方还积极探索,共同打造集信息共享、技术交易服务、技术金融创新、技术转移、技术转移经纪人培育、知识产权服务、技术转移大数据于一体的"江天一色"科技创新地图,促进两地科技资源转移联动。

近年来,在两大国家级新区的推动下,川渝两地的创新企业、科研院所互动频繁。当前,各联盟已集聚会员企业近500家,川渝两地越来越多的企业依托产业联盟强强联手,不断深化产业链耦合度。上海交通大学在两江新区、天府新区分别布局了重庆研究院和四川研究院,由上海交通大学相关人员,同时担任重庆研究院和四川研究院的院长一职,还在本校成立上海交通大学川渝研究院。

不仅如此,两大协同创新区还构建多层次、多要素联动的产业创新生态,塑造产业高质量发展新优势,针对探索期、种子期、成长期、成熟期等不同发展阶段的创新型企业,设立产业创新基金、科创基金和创新产业基金等。

重庆两江新区、四川天府新区坚定以成渝地区双城经济圈建设为战略引领。当前,两大协同创新区紧密协作、相向而行,正在从人才服务、研发服务、产业服务、协同创新氛围打造、创新管理等方面着手,加快构建全链条全要素创新生态系统。两江新区与天府新区一道努力,协同打造区域协作的高水平样板。以建设"科技创新中心核心承载区"为引领,高标准高质量建设协同创新区,通过"科创+产业",加速培育高端高质高新产业,积极参与国内国际经济双循环,努力成为高质量发展引领区。两年多来,在发展能级等方面实现了许多看得见、摸得着的可喜变化。

(二)成都高新区与重庆高新区共同示范引领

2020年,重庆高新区、成都高新区签署《重庆高新区成都高新区"双区联动"共建具有全国影响力的科技创新中心战略合作协议》。重庆高新区被赋予建设中国西部(重庆)科学城的战略定位和发展使命,是成渝地区双城经济圈建设非常重要的部分。按照合作协议,重庆高新区将与成都高新区共同发挥创新极核引领作用，从而形成"1+1>2"的规模效应，释放出更大的发展潜力。

当前，成都高新区与重庆高新区共同发挥引领示范作用，构建"两极一廊多点"创新格局，以提升科技创新能级为导向，实施"六个一"重点任务，共同推进西部科学城、成渝科创走廊、内陆自贸港等建设，打造西部地区创新资源最为集中、双创生态最为活跃、产业发展质量最优、协同创新效率最高的标志性区域，成为成渝地区高质量发展的强大引擎，全面支撑和引领建设具有全国影响力的科技创新中心。

2021年3月17日，《西部（重庆）科学城管理委员会西部（成都）科学城管理委员会共同助推西部科学城建设战略合作协议》正式签订，共同制定城市机会清单，在城市大脑、智慧园区、智慧生态等领域相互开放应用场景。

九、部门推动式

（一）四川省科技厅与重庆市科技局

2020年以来，重庆市科技局与四川省科技厅成立川渝协同创新专项工作组，签订专项协议，协同开展双创活动、开展创业孵化，成立成渝地区双城经济圈创新创业联盟、技术转移联盟，举办各类活动十余场，并推动成立成渝地区双城经济圈大学科技园区联盟，双创工作成效显著。

重庆市科技局与四川省科技厅签署《进一步深化川渝科技创新合作增强协同创新发展能力共建具有全国影响力的科技创新中心框架协议》及三个子协议，制定《成渝地区协同创新工作要点》，为川渝科技创新协同发展描绘了蓝图，列出了清单，制定了措施。

2020年5月28日，重庆市科学技术局和四川省科学技术厅在渝召开协同创新专项工作组第二次会议，商定了《2020年川渝两地科技部门协同创新工作清单》，确定了包括共同争取国家科技资源、共同打造协同创新共同体、共同推进关键核心技术攻关及共同开展科技成果转移转化 4 个方面的 16 项工作事项。

2021 年 4 月 23 日，重庆市科技局与四川省科技厅在重庆召开川渝协同创新专项工作组第三次会议，商定双方在 2021 年共有 9 个方面、22 项合作事项，包括共同推进编制重大规划、建设重大科技创新平台，共同推进川渝合作重大项目、关键核心技术攻关、创新联盟建设，共同扩大科技创新开放合作，共同推进科技资源共建共享、川渝毗邻地区合作等。

2022 年 6 月 22 日，四川省科技厅和重庆市科技局在绵阳召开推动成渝地区双城经济圈建设科技协同创新专项工作组第四次会议，双方确定突出抓好"十个共同"，推动协同创新：共同建设重点实验室、共同开展关键核心技术攻关、共同建设西部科学城、共同加速科技成果转化和产业化、共同建设"一带一路"科技创新合作区、共同建设川渝毗邻地区融合创新发展带、共同推进高新区高质量发展、共同推进军民协同创新、共同推进创新资源共享、共同推进高端人才招引。

2022 年 12 月 29 日，四川省科学技术厅和重庆市科技局推动成渝地区双城经济圈建设联合办公室科技协同创新专项工作组第五次会议，商定双方 2023 年将共同抓好布局建设成渝中线科创大走廊，支撑引领成渝地区中部崛起；加快推进万达开技术创新中心建设，打造川渝毗邻地区协同创新平台；务实推动西部科学城建设，联合争取国家重大平台、重大工作落地川渝；深化"一带一路"科技创新合作区建设，尽快将科技创新合作区从蓝图变为现实；高水平举办川渝毗邻地区科技协同创新发展大会，协同打造川渝毗邻地区融合创新发展带。

四年来，重庆市科技局与四川省科技厅在推动川渝合力加强西部科学城建设、推动重大科技创新平台布局，共同推进综合性国家科学中心建设；合力建设区域学盟创新体系，开展关键核心技术攻关；合力打造优质创新创业生态，建设高质量创业载体，促进创新创业要素共享互通等方面成效显著。

（二）四川省经济与信息化厅与重庆市经济和信息化委员会

川渝两地经信部门积极推动川渝打造先进制造业产业集群。

2020年4月30日，为推动成渝地区双城经济圈建设，落实四川重庆党政联席会议部署，成渝地区双城经济圈产业协同发展（制造业）专项工作组第一次会议暨战略合作框架协议签约仪式在成都举行。会议上，两地经信部门签署了战略合作协议。该协议指出，双方将切实履职尽责，强化协调联动，确保国家战略在川渝地区落地落实。要继续加强工作沟通和战略谋划，加强两地制造业发展思路、重大项目布局、重大政策制定的对接衔接。要共同打造先进制造业产业集群，强化区域产业链协同配套，提升产业层级、技术水平和规模效益。要高水平建设产业合作园区，努力创建国家新型工业化产业示范基地和产业转移示范基地。要加强要素保障协调，扩大制造企业融资规模，优化两地能源要素配置。在具体合作中，双方建立了常态化工作机制，成立了专项工作组和工作专班，共同推动成渝地区双城经济圈制造业协同发展，全面提升川渝地区制造业全球竞争力和产业带动力，打造中国制造"第四极"。

2020年6月4日，成渝地区八方协同建设世界级先进装备制造产业集群暨地方产品（德阳）推介会及一系列活动在四川省德阳市召开。成渝地区八方经信部门围绕装备制造等产业及产业功能区进行推介，聚焦成渝两地全产业链合作，共同发布《成渝地区八方地方产品目录》，八方产业功能区签署合作协议，八方装备制造企业发出共推装备制造产业集群建设倡议。

在川渝两地经信部门共同推动下，中德（蒲江）中小企业合作区、德阳经济技术开发区、四川青神经济开发区、资阳高新技术产业园区、重庆空港工业园区、重庆港城工业园区、重庆江津工业园区、永川高新技术产业开发区、八方装备制造重点产业功能区共同签署《构建成渝装备制造产业生态圈》合作协议。全面提升成渝地区装备制造全球竞争力和产业带动力，助力成渝地区打造成中国制造"第四极"。

(三) 四川省、重庆市人力资源和社会保障部门

推动川渝公共就业创业服务。为全面强化就业优先政策新要求，推动落实川渝公共就业服务重点任务，2020 年 5 月 26 日川渝两地人社部门联合发起成立成渝地区双城经济圈就业创业协同发展联盟，两省市就业局签订了《共同推动成渝地区双城经济圈建设川渝公共就业创业服务合作协议》。以"共建共享、互联互通、务实包容、协同发展"为原则，着力构建川渝一体区域就业和创新创业市场，推进公共就业创业服务协同，优势互补协力落实"稳就业""保居民就业"任务，更好助推成渝地区成为具有全国影响力的重要经济中心、科技创新中心、改革开放新高地、高品质生活宜居地。

大力推进川渝人社公共服务。2021 年 5 月 28 日，四川省人力资源和社会保障厅与重庆市人力资源和社会保障局签署《大力推进川渝人社公共服务"十件实事"合作协议》，从推进失业保险关系转移接续"零障碍"、养老保险缴费年限"相互认"、劳动权益救济"协同办"、到人才流动公共服务"两地通"等十个方面大力推进公共服务深度合作，进一步提升两地企业和群众获得感。川渝人社公共服务"十件实事"围绕打造高品质宜居地目标，坚持"共建共享、互联互通、务实包容、协同发展"的原则，以落实第二批"跨省通办""川渝通办"任务为基础，以强化信息化建设为支撑，聚焦两地企业群众办事现实需求，突出"实事办好、好事办实"，让企业群众办事更加方便快捷。

大力推进川渝人力就业。2021 年 3 月 24 日，由重庆市就业工作领导小组、四川省就业工作领导小组指导，重庆市人力社保局、四川省人社厅主办的首届成渝地区双城经济圈就业创业活动周在中国（重庆）职业技能公共实训中心开幕。开幕式上，川渝两地人社部门签署了《"十四五"就业重点项目合作协议》。同时，重庆市人力社保局发布了 2021 年度重庆市公共人力资源市场就业岗位需求、2021 年度重庆市"就业十件实事"和重庆市"十四五"

期间十大就业重点工程。

（四）四川省教育厅、重庆市教育委员会

推动成渝地区双城经济圈教育协同发展。2020 年 4 月 27 日，四川省教育厅与重庆市教育委员会签署推动成渝地区双城经济圈建设教育协同发展框架协议，将强化重庆和成都的中心城市带动作用，加快推动成渝地区双城经济圈教育协同发展。按照合作协议，双方将推动教育资源共建共享，加快构建教育协同发展合作机制。共同编制实施《成渝地区教育协同发展行动计划》，紧紧围绕国家有关成渝地区双城经济圈发展战略规划，参与共建西部科学城和长江教育创新带，优化成渝地区教育资源、功能布局，组建学前教育、基础教育、职业教育、高等教育等多领域教育联盟，推行学区化管理、集团化办学。在签署教育协同发展框架协议后，四川省和重庆市将组建成渝地区双城经济圈教育协同发展工作领导小组，设立教育协同发展工作办公室，推动构建分管省市领导定期会商机制，完善定期沟通协商和对接机制。

构建川渝高校协同创新体系。在人才培养方面，推动两地高校协同发展，牵头成立《成渝地区双城经济圈高校联盟》，共同构建成渝高校协同发展平台，成渝高校实行课程互选、学分互认，开展"双一流"学科联建，合作共建创新平台，打造国际化引才平台，实施博士后联合培养计划，协同实施人才计划（工程），开展人才双向互聘交流，联合共建专家团队，联合举办重大人才交流活动，推动人才发展政策协同创新、人才资质互认和服务共享、人才发展体制机制重大改革等，实施聚才平台共建工程。协同开展招才引智，构建高等学校协同创新体系，建设环成渝高校创新生态圈，支撑西部科技创新中心建设。

推动两地高校就业创业协同发展。2020 年 10 月 27 日上午，由重庆市教育委员会、四川省教育厅主办，四川大学承办的成渝地区双城经济圈高校就业创业协同发展行动方案签约仪式暨联盟成立大会顺利召开，成渝地区有 180

余所高校加入联盟。成立成渝地区双城经济圈高校就业创业联盟是贯彻落实党中央关于推动成渝地区双城经济圈重大决策部署的一项重大举措，两地教育部门将同心协力促发展、两地高校携手并进抓实干、两地专家精准指导见实效，进一步解放思想，改变观念，不断提升大学生求职技能和本领，切实推动两地高校毕业生更加充分、更高质量的就业。

（五）四川省经济合作局、重庆市招商投资促进局

2020年4月10日，四川省经济合作局、重庆市招商投资促进局在重庆签署产业协同招商战略合作协议书。根据协议，双方将对标国内发达地区，加强招商引资政策的研究分析，相互学习借鉴形成政策合力。围绕汽车、智能制造、电子信息等重点产业和数字经济创新发展、巴蜀文化旅游走廊打造等重点领域，研究产业协作的空间、重点、前景，谋划推动产业协作的机制、办法、平台。川渝两地还将成立产业协同招商领导小组，建立定期联席会议制度，每半年召开一次联席会议，就产业协同工作进行商谈研究和交换意见。

2021年6月17日，成渝地区双城经济圈全球投资推介会在上海举行，大会以"共建双城经济圈·共享发展新机遇"为主题，面向长三角地区中外知名企业、商协会和机构，推介成渝地区双城经济圈投资新机遇。此次活动由四川省人民政府、重庆市人民政府联合主办，四川省经济合作局、重庆市招商投资促进局联合承办，是川渝两地首次对外开展产业协同招商。推介会介绍了川渝两地电子信息、食品饮料、医药健康、汽车、装备制造、新材料六大产业投资机遇。

本次全球招商主要有三个特点：第一，川渝联合打破过去"单打独斗、你拼我抢"的竞争格局，形成"优势互补、合作共赢"的新默契，抱团出击、相向而行，开展跨地域联合招商，这在两地招商史上尚属首次。第二，本次没有选择在双城经济圈内举行招商会，而是选择上海，主要是借助上海的国际影响力，向境内外企业发出川渝邀请、传递川渝声音，充分展示两地对标

发达地区、共建改革开放新高地的信心决心。第三，两地首创联合推介方式，各自选取川渝三个优势产业，整合打包，整体推介，既全面介绍两地产业基础、市场容量、投资方向，又通过这种方式系统梳理了产业链缺失、薄弱和互补配套环节，增强了推介的针对性和精准性。

两地将协同开展双向集群招商、产业链互补招商，联合引进跨国公司地区总部，促进产业链、创新链、供应链、价值链协同融合；以"巴蜀一家亲"为主题，创新设计合作形象品牌，力争每年共同组团赴国（境）外开展一次招商推介活动，在东部发达地区开展一次大宣传招商活动，提升"双城记"国际国内影响力。两地以共建共享西博会、智博会等开放平台，共同推动创建合作示范园区，共用招商引资数据信息等方式实现两地产业的协同发展。

2023年4月26日，重庆市招商投资促进局、四川省经济合作局联合承办招商引资大会。大会以"远见者鉴未来"为主题，来自美国、韩国和中国香港等10余个国家（地区）的130多家知名企业、商协会和机构，川渝两地20余个市（区、县）相关负责人参会。会上，成渝地区共同发布"双城双百"产业投资机遇清单，推出投资项目规模约1.2万亿元。大会还发布成渝地区双城经济圈协同招商十条，从区域整体协同招商、毗邻地区联动招商、示范园区精准招商、创新矩阵宣介招商四个层次，务实推进，双核联动，深化产业合作，协同打造成渝地区双城经济圈世界级产业集群。

近年来，川渝两地吸引外资走在中西部前列，"投资西部、首选川渝"已成为外国投资者共识。据统计，"十三五"期间，川渝两地外商直接投资（FDI）到资233.61亿美元。其中，2020年川渝两地FDI到资额占西部12省（区、市）到资总量的57.98%。2022年，川渝两地外商直接投资（FDI）到资额占西部地区总量的49.22%，已经成为西部地区经济社会发展、改革创新和对外开放的重要引擎。外资企业发展情况良好，根据2020年外商投资年度信息报告显示，川渝两地存量外商投资企业数量6741家，占西部省份的42.97%。截至2021年，川渝两地存量外商投资企业数量21606家，占西部省份的39.4%。

十、"内外并举"式

川渝协同创新不是封闭而是开放式的，而是实行内外并举，"内育"与"外引"相结合。

所谓"内育"，指双方将以现有科技力量为基础，整合吸引科技资源，加快区域协同创新体系建设。如依托西部科学城共同推进综合性国家科学中心建设，构建成渝协同创新共同体，即以"一城多园"的模式错位联动开发建设西部科学城，支持西部（成都）科学城"一核四区"网络安全和航空航天错位发展、生命科学及其他关键技术领域，配套西部（重庆）科学城内"一核四片"，多点错位开发集成电路、医药健康及其他关键技术方面，并以此为依托，建设西部（成都）科学城、西部（重庆）科学城、绵阳科技城，共同做强西部科学城。

"外引"即把区位优势转化为协同创新优势，在"双循环"的新型发展模式中，主动融入"一带一路"的发展，把建设西部科学城作为主要载体，多种形式吸聚国家"一带一路"先进创新成果；利用科技资源和产业集群优势，通过引进高端研发机构及企业集聚平台，打造面向国际市场的国际化科研基地。同时基于两横三纵的节点，积极争取和粤港澳、长三角与其他区域协同创新与合作情况，力求跨区域的人才、经费、技术和其他创新要素自由移动，深入国家创新系统建设。通过"内外并举"，形成了由政府主导和市场驱动相结合的多元主体协同创新模式。

两地将共同建设高能级开放平台。共建成渝自贸试验区协同开放示范区，打造双城经济圈战略性支撑性平台；积极整合川渝两地市场要素资源，协同建设"一带一路"进出口商品集散中心；深化会展平台协作，共同打造两地提出的"国际会展之都""国际会展名城"。还将共同发挥好两地领事馆资源优势，在招商引资、缔结经贸合作关系、推动经贸合作等领域协同联动，共同争取重大外经贸促进活动落地成渝，进一步扩大国际合作"朋友圈"。

第七章　川渝协同创新水平测度与绩效评价

科技协同创新不同于其他领域的合作，很难看到立竿见影的效果。尽管如此，川渝两地仍通过努力的探索，展现出一批特色亮点。本章通过计量分析方法，对川渝协同创新水平和绩效进行测度和评价。

第一节　川渝协同创新水平测度

一、指标体系构建与数据来源

（一）指标体系构建

协同创新是各个区域利用创新要素在不同空间、不同组织上流动，实现区域协调发展、缩小区域差距和提升整体的创新水平。[①] 川渝地区协同创新的最终目的是实现地区间更好的创新发展，因此不仅要注重川渝地区区域间整体创新水平的提高，同时还要加强区域协同合作，否则会造成无效、低效率、不均衡的区域协同发展。

本章通过构建协同创新水平的指标体系，对川渝地区协同创新水平进行测度。该指标体系包括协同创新基础和协同创新水平2个一级指标、3个二级

[①]　王志宝、孙铁山、李国平：《区域协同创新研究进展与展望》，《软科学》2013年第27期，第5页。

指标、20 个三级指标（见表 7-1）。

表 7-1 2012—2021 年川渝协同创新评价指标

一级指标（A）	二级指标（B）	三级指标（C）
协同创新基础（A1）	创新资源（B1）	高新技术产业投资额/亿元（C1）
		规模以上工业企业 R&D 经费/万元（C2）
		R&D 人员折合全时人员/人（C3）
		R&D 经费投入强度/%（C4）
	创新环境（B2）	人均 GDP（元/人）（C5）
		普通高校数量/个（C6）
		研发机构数量/个（C7）
		人均拥有公共图书馆藏量/册（C8）
		政府科技经费支出/万元（C9）
	创新成果（B3）	国内三种专利申请有效数/件（C10）
		规模以上工业企业新产品销售收入/亿元（C11）
		高新技术产业主营业收入/亿元（C12）
		科技论文发表数/篇（C13）
协同创新水平（A2）	主体协同创新水平（B4）	研发机构内部经费支出占企业投入比重/%（C14）
		高校内部经费支出占企业投入比重/%（C15）
		研发机构专利所有权转让及许可收入/万元（C16）
		高校专利所有权转让及许可收入/万元（C17）
	区域协同创新水平（B5）	技术市场合同成交额/万元（C18）
		技术流向地域合同成交额/万元（C19）
		技术输出地域合同成交额/万元（C20）

如表 7-1 所示，本指标体系包含协同创新基础和协同创新水平 2 个一级

指标层（总则层），在一级指标层下包含 5 个二级指标层（准则层）和 20 个三级指标层（细则层）。

一级指标协同创新基础（A1）包括 3 个二级指标：创新资源（B1）、创新环境（B2）、创新成果（B3），用于衡量川渝地区整体的创新水平。其中，创新资源（B1）是创新成果的前提条件，因此创新水平越高的地区往往创新资源投入越多，其具体包含 4 个三级指标来衡量：高新技术产业投资额（C1）、规模以上工业企业 R&D 经费（C2）、R&D 人员折合全时人员（C3）及 R&D 经费投入强度（C4），用于衡量产业资本、人力资本、物质资本等创新资源的投入情况；创新环境（B2）是区域的协同创新的重要保障。一个地区的社会人文环境对区域协同创新具有决定性作用，是影响区域创新和增长的重要因素。① 基于对川渝地区社会人文环境影响因素的综合考虑，此处选取了人均 GDP（C5）、普通高校数量（C6）、研发机构数量（C7）、人均拥有公共图书馆藏量（C8）、政府科技经费支出（C9）等 5 个三级指标对川渝地区创新环境进行测度；创新成果是衡量一个地区创新水平的重要指标。创新成果（B3）包括知识和技术成果，要推动川渝地区经济高质量发展，需要不断推动实现科技成果实现产业化，并且在市场进行广泛的技术交易。② 因此，选取了国内 3 种专利申请有效数（C10）、规模以上工业企业新产品销售收入（C1）、高新技术产业主营业收入（C12）、科技论文发表篇数（C13）4 个三级指标来代表科技创新成果。

一级指标协同创新水平（A2）包括 2 个二级指标：主体协同创新水平（B4）和区域协同创新水平（B5），分别用于衡量川渝高校、研发机构等主体及川渝区域的协同创新水平。不同主体、不同区域在经济、文化和制度形成

---

① 孙瑜康、李国平：《京津冀协同创新水平评价及提升对策研究》，《地理科学进展》2017 年第 36 期，第 9 页。

② 张燕：《技术创新对工业经济增长的贡献研究——基于不同的工业化发展阶段》，《技术经济与管理研究》2017 年第 6 期，第 25—29 页。

的联系紧密，能够不断地产生知识的扩散。① 其中，主体协同创新水平（B4）选取了研发机构内部经费支出占企业投入比重（C14）、高校内部经费支出占企业投入比重（C15）、研发机构专利所有权转让及许可收入（C16）、高校专利所有权转让及许可收入（C17）4 个三级指标来反映高校和研发机构受到企业的资助情况以及转让专利所获得的收入；区域协同创新水平（B5）选取了技术市场合同成交额（C18）、技术流向地域合同成交额（C19）、技术输出地域合同成交额（C20）3 个三级指标来代表各个区域在技术引进和转让方面的联系。

（二）数据来源

成渝地区双城经济圈是加快西部大开发，推动"一带一路"发展的重要举措。成渝双城的发展经历了成渝经济区到成渝城市群再到成渝地区双城经济圈的发展历程。本章基于成渝地区双城经济圈的发展背景下对川渝地区协同创新水平进行测度，主要数据来源于 2011—2021 年间的《中国科技统计年鉴》《中国统计年鉴》《四川省统计年鉴》以及《重庆统计年鉴》，部分数据来源于《重庆市国民经济和社会发展统计公报》《四川省国民经济和社会发展统计公报》，其中部分统计数据缺失，采用插值法计算获取。

二、测度方法

（一）熵值法

熵值法是一种客观赋权法，用于判断指标的离散程度，通过计算各指标的信息熵以及各指标的差值进行赋权，从而获得相应的权重。② 其熵值越大，指标的离散程度越小，该指标对综合评价的影响越大。

---

① Cooke P. Regional innovation systems: Competitive regulation in new Europe [J]. Geoforum, 1992 (23): 365–382.

② 黄寰、况嘉欣、张秋凤、秦雪婧：《成渝地区双城经济圈的协同创新发展能力研究》，《技术经济》2021 年第 40 期，第 31—38 页。

（1）对指标数据进行归一化处理

$$正向指标：O_{ij} = \frac{C_{ij} - \min(C_{ij})}{\max(C_{ij}) - \min(C_{ij})} \tag{1}$$

$$负向指标：O_{ij} = \frac{\max(C_{ij}) - C_{ij}}{\max(C_{ij}) - \min(C_{ij})} \tag{2}$$

其中，O_{ij} 表示 i 年的第 j 个指标，C_{ij} 表示归一化的值，其中 $\max(C_{ij})$ 和 $\min(C_{ij})$ 分别表示 O_{ij} 的最大值和最小值。

（2）熵值计算

$$D_j = -\frac{1}{\ln a} \times \sum_{i=1}^{n} Q_{ij} \times \ln Q_{ij}(i = 1,2,\cdots,n)。 \tag{3}$$

（3）计算第 j 指标的差异系数 B_j

$$B_j = 1 - D_j, \quad (j = 1,2,\cdots,m) \tag{4}$$

（4）计算各个指标的熵权

$$E_j = \frac{B_j}{\sum_{j=1}^{m} B_j}, j = 1,\cdots,m \tag{5}$$

（5）计算各子系统的得分

$$W_i = \sum_{j=1}^{c} E_j O_{ij} \tag{6}$$

（二）Dagum 基尼系数分解

Dagum 基尼系数分解是用于分析区域差异的关键方法，能够从区域内差异、区域间差异及超变密度贡献三大维度系统考量区域发展差距情况。[①] 本章

---

① 邢宇、边卫军：《中国绿色金融发展效率的区域差异与动态演变趋势》，《新疆社会科学》2023 年第 2 期，第 62—72 页。

基于 Dagum 基尼系数分解来对川渝地区协同创新水平差距进行研究。Dagum 基尼系数的定义式如式（7）所示，在进行基尼系数分解时，根据川渝两地协同创新水平的均值进行排序，如式（8）所示。

$$G = \frac{\sum_{j=1}^{k}\sum_{h=1}^{k}\sum_{i=1}^{k}\sum_{r=1}^{k} = |y_{ij} - y_{hr}|}{2n_y^{2-}} \tag{7}$$

$$\overline{Y}_h \leq \cdots\overline{Y}_j \leq \cdots\overline{Y}_k \tag{8}$$

式（7）中 y_{ij} 和 y_{hr} 是 j 和 h 地区内任意一省的协同创新水平，y 是各省市协同创新水平的平均值，n 是省市的个数，k 是划分的地区个数，n_j 和 n_h 是 j 和 h 地区内省份的个数。Dagum 基尼系数的分解方法是将基尼系数分为三部分，即区域内贡献率、区域间贡献率和超变密度贡献率。超变密度是划分子群时由于交叉项的存在对总体差距产生的影响。三者的关系式如式（9）所示。

$$G = G_w + G_{nb} + G_t \tag{9}$$

$$其中：G_W = \sum_{j=1}^{k} G_{jc}P_c S_c \tag{10}$$

$$G_{jc} = \frac{\sum_{i=1}^{n_c}\sum_{r=1}^{n_c} |y_{ci} - y_{cr}|}{\overline{y}2n_c^2} \tag{11}$$

$$其中：G_{nb} = \sum_{j=2}^{k}\sum_{e=1}^{j-1} G_{je}(P_j S_e + P_e S_j)D_{je} \tag{12}$$

$$G_{je} = \frac{\sum_{i=1}^{n_j}\sum_{r=1}^{n_e} |y_{ij} - y_{er}|}{n_j n_e} \times \frac{1}{(\overline{Y}_j + \overline{Y}_e)} \tag{13}$$

$$其中：G_t = \sum_{j=2}^{k}\sum_{e=1}^{j-1} G_{je}(P_j S_e + P_e S_j)(1 - D_{je}) \tag{14}$$

$$D_{je} = \frac{d_{je} - p_{je}}{d_{je} + p_{je}} \tag{15}$$

$$d_{je} = \int_0^{\infty} dF_j(y)\int_0^y (y - x)dF_e(x) \tag{16}$$

$$d_{je} = \int_0^\infty sF_e(y) \int_0^y (y-x) dF_j(y) \tag{17}$$

式（10）和（11）中的 G_{jc} 和 G_w 指 c 地区的基尼系数和区域内的贡献率；式（12）和（13）中的 G_{je} 和 G_{nb} 和分别表示 j、e 地区的基尼系数和区域间的贡献率；式（14）中的 G_t 表示超变密度的贡献率。

式（15）中的 D_{je} 为 j 和 e 地区间单位协同创新水平的相对影响，$P_j = \dfrac{n_j}{n}$，$S_j = \dfrac{Y_j}{n} \times n_j$（j=1,2,…,k）；$d_{je}$ 和 p_{je} 的计算公式如式（16）、（17）所示。F_j 和 F_e 分别为 j 和 e 地区的累计密度分布函数，分别测算和分解川渝两地 2011—2021 年协同创新水平的总体基尼系数、区域内及区域间的基尼系数与贡献率和超密度贡献率。

三、基于熵值法的川渝地区协同创新水平实证分析

（一）计算川渝协同创新水平指标熵权值

根据式（1）—（5），利用 stata 软件计算各个指标的熵权，结果如表 7-2 所示。

表 7-2　2012—2021 年川渝协同创新指标熵权

一级指标（A）	二级指标（B）	三级指标（C）	熵权
协同创新基础（A1）0.6359	创新资源（B1）0.0996	高新技术产业投资额/亿元（C1）	0.0317
		规模以上工业企业 R&D 经费/万元（C2）	0.0382
		R&D 人员折合全时人员/人（C3）	0.0316
		R&D 经费投入强度/%（C4）	0.0367
	创新环境（B2）0.2117	人均 GDP（元/人）（C5）	0.0315
		普通高校数量/个（C6）	0.0563
		研发机构数量/个（C7）	0.0718
		人均拥有公共图书馆藏量/册（C8）	0.0418
		政府科技经费支出/万元（C9）	0.0626

一级指标（A）	二级指标（B）	三级指标（C）	熵权
	创新成果（B3） 0.3246	国内三种专利申请有效数/件（C10）	0.0427
		规模以上工业企业新产品销售收入/亿元（C11）	0.0322
		高新技术产业主营业收入/亿元（C12）	0.0220
		科技论文发表数/篇（C13）	0.0555
协同创新水平（A2） 0.3641	主体协同创新水平（B4） 0.1606	研发机构内部经费支出占企业投入比重/%（C14）	0.0553
		高校内部经费支出占企业投入比重/%（C15）	0.0362
		研发机构专利所有权转让及许可收入/万元（C16）	0.0450
		高校专利所有权转让及许可收入/万元（C17）	0.0591
	区域协同创新水平（B5） 0.2035	技术市场合同成交额/万元（C18）	0.0954
		技术流向地域合同成交额/万元（C19）	0.0591
		技术输出地域合同成交额/万元（C20）	0.0954

由表7-2可知，川渝地区协同创新水平中协同创新基础的熵权最大。从协同创新基础来看，创新成果的熵权最大，其次为创新环境和创新资源。创新资源中规模以上工业企业R&D经费的熵权最大；创新环境中研发机构数量的熵权最大；创新成果中科技论文发表数的熵权最大。从协同创新水平来看，区域协同创新水平的熵权最大，其次为主体协同创新水平。整体协同创新水平中高校专利所有权转让及许可收入的熵权最大；各省市协同创新水平中技术市场合同成交额和技术输出地域合同成交额的熵权最大。

（二）川渝整体协同创新水平分析

根据式（6），基于表7-2，利用stata软件计算川渝地区各个指标的综合得分并计算出川渝地区整体协同创新指数，计算结果见表7-3。

表7-3 2012—2021年川渝地区整体协同创新指数

年份	2012	2013	2014	2015	2016	2017	2018	2019	2020	2021
协同创新基础	0.199	0.214	0.260	0.311	0.374	0.434	0.479	0.547	0.653	0.783
创新资源	0.021	0.035	0.047	0.064	0.092	0.127	0.146	0.168	0.205	0.244
创新环境	0.147	0.133	0.150	0.166	0.186	0.202	0.218	0.247	0.275	0.316
创新成果	0.031	0.046	0.063	0.081	0.097	0.106	0.115	0.132	0.174	0.224
协同创新水平	0.159	0.158	0.140	0.153	0.175	0.234	0.302	0.390	0.373	0.468
主体协同创新水平	0.146	0.131	0.096	0.111	0.096	0.158	0.106	0.187	0.159	0.181
区域协同创新水平	0.013	0.027	0.044	0.043	0.078	0.076	0.196	0.203	0.214	0.287
川渝协同创新指数	0.358	0.372	0.400	0.465	0.549	0.668	0.781	0.937	1.026	1.251

根据表7-3得到2012—2021年川渝地区协同创新基础和协同创新水平的变化趋势图，分别见图7-1、图7-2。

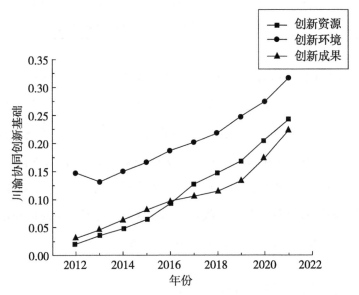

图7-1 2012—2021年川渝地区协同创新基础变化趋势

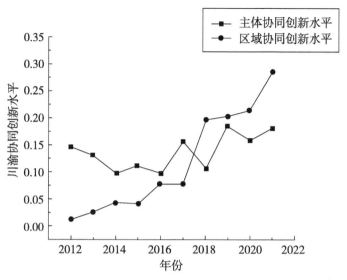

图7-2　2012—2021年川渝地区协同创新水平变化趋势

由表7-3及图7-1、图7-2可知：川渝地区协同创新指数从0.358增长至1.251，整体的协同创新水平有了显著的提升。从内部结构来看：首先，川渝地区协同创新基础从0.199增长至0.783，增长了近4倍。其中，创新资源从0.021增长至0.244，创新环境从0.147增长至0.316，创新成果从0.031增长至0.224，说明川渝地区近10年来创新资源、创新环境、创新成果都有明显的提升。其次，川渝地区协同创新水平从0.159增长至0.468，增长了近3倍，其中主体协同创新水平呈现出"三起三落"的特征。2012年至2014年主体协同创新水平呈现下降趋势，从0.146下降至0.096；2014年至2015年呈上升趋势，从0.096增长至0.111；2015年至2016年呈下降趋势，从0.111下降至0.096；2016年至2017呈增长趋势，从0.096增长至0.158；2017年至2018年呈下降趋势，从0.158下降至0.106；2018年至2019年呈现出增长趋势，从0.106增长至0.187，至此川渝地区主体协同创新水平达到10年间的峰值；2019年至2020年下降至0.159，截止到2021年增长至0.181。而区域协同创新水平从2012年的0.013增长至2021年的0.287，除2015年、2017年比上年略有下降外，基本呈持续上扬趋势，说明近十年来川渝区域协同创新水平不断提高。总体上，2012—2021年，川渝地区主体协同创新水平起伏不定，甚至有较为明显的退步情况；而区域协同创新水平在持续提升。

（三）川渝各省市协同创新水平分析

1. 川渝两地协同创新指数变化情况

根据式（1）—（6），利用 stata 软件分别计算川渝两地的协同创新指数（见表7-4），并绘制变化趋势折线图（见图7-3）。

表7-4 2012—2021年川渝两地协同创新指数

地区	2012年	2013年	2014年	2015年	2016年	2017年	2018年	2019年	2020年	2021年
四川	0.291	0.297	0.336	0.381	0.390	0.457	0.549	0.685	0.736	0.888
重庆	0.067	0.075	0.064	0.084	0.159	0.211	0.231	0.252	0.290	0.363

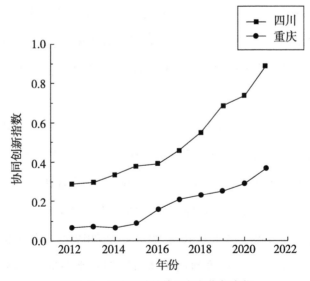

图7-3 川渝两地的协同创新指数变化

由表 7-4、图 7-3 可知，川渝两地的协同创新指数差距较大。从 2012 年至 2017 年，四川省和重庆市的协同创新水平差距逐渐缩小，但差距仍然较大。2018 年至 2021 年，川渝两地的协同创新水平差距快速增大。截至 2021 年，四川省协同创新指数是重庆市的 2.45 倍。

2. 川渝两地协同创新基础分析

（1）创新资源分析

2012—2021 年川渝地区创新资源及创新基础情况如表 7-5 及图 7-4、图 7-5 所示。

表 7-5　2012—2021 年川渝地区创新资源情况

年份	省份	高新技术产业投资额/亿元	规模以上工业企业 R&D 经费/万元	R&D 人员折合全时人员/人	R&D 经费投入强度/%
2012	四川	643.6	1400000	98010	1.47
	重庆	371.6	1200000	46122	1.40
2013	四川	823.6	1700000	109708	1.52
	重庆	415.1	1400000	52612	1.39
2014	四川	733.7	2000000	119676	1.57
	重庆	563.3	1700000	58354	1.42
2015	四川	768.5	2200000	116842	1.67
	重庆	770.9	1700000	61520	1.57
2016	四川	916.1	2600000	124614	1.72
	重庆	1031.1	2400000	68055	1.72
2017	四川	1582.2	3000000	144821	1.72
	重庆	1201.9	2800000	79149	1.87
2018	四川	1531.2	3400000	158847	1.81
	重庆	1212.8	3000000	91973	2.01
2019	四川	1857.4	3900000	170777	1.87
	重庆	1431.1	3400000	97602	1.99

续表

年份	省份	高新技术产业 投资额/亿元	规模以上工业企业 R&D 经费/万元	R&D 人员折合 全时人员/人	R&D 经费投入 强度/%
2020	四川	1862.9	4300000	189829	2.17
	重庆	1811.7	3700000	105712	2.11
2021	四川	2029.0	6200000	197143	2.26
	重庆	1964.0	4700000	123446	2.16

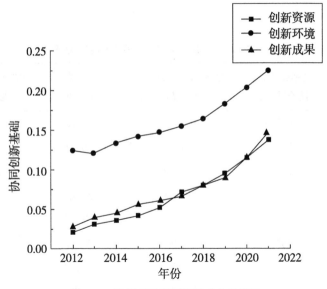

图 7-4　四川省协同创新基础变化情况

　　根据表 7-5 及图 7-4、图 7-5 可知，创新资源方面，四川和重庆呈稳定上升的趋势。创新资源对一个地区的创新成果有着极其重要的支撑，创新成果需要物质资源和人力资源的投入。[①] 从物质资源的投入情况来看，从 2012 年至 2013 年，四川的高新技术产业投资额是重庆的 2 倍。从 2015 年至 2016

---

　　① 祝尔娟、何晶彦：《京津冀协同创新水平测度与提升路径研究》，《河北学刊》2020 年第 2 期，第 137—144 页。

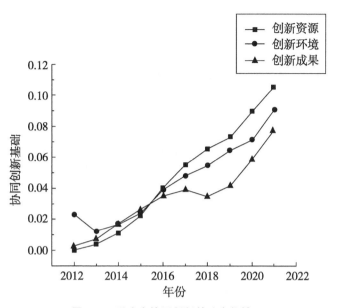

图7-5　重庆市协同创新基础变化情况

年，川渝两地在高新技术产业投资额差距逐渐缩小，2016年重庆的高新技术产业投资额超过四川；2017年至2021年，四川的高新技术产业投资额仍占据大的优势并且高于重庆。四川和重庆在2012年至2021年的规模以上工业企业R&D经费的年均增长率分别为18%和16.4%；四川的R&D经费投入强度从1.47%增长至2.26%，而重庆R&D经费投入强度1.40%增长至2.16%。说明这10年来川渝两地物质资源的投入增长较快。从人力资源的投入情况来看，四川的R&D人员折合全时人员从98010人增长至197143人，而重庆的R&D人员折合全时人员从46122人增长至123446人。与物质资源相比，人力资源的积累是保持地区创新水平的核心要素，有利于提高生产效率以及加快吸纳新技术的速度从而促使经济增长。[①]

因此，近10年来，川渝两地在创新经费方面的投入不断加大，人力资源

---

① Benhabib J, Spiegel MM. The role of human capital in economic development: Evidence from aggregate cross-country data. JOURNAL OF MONETARY ECONOMICS. 1994.

的投入虽然有明显的增长，但仍需要持续加大投入。

（2）创新环境分析

2012—2021 年川渝地区创新环境情况如表 7-6 所示。

表 7-6　2012—2021 年川渝地区创新环境情况

年份	省份	人均 GDP（元/人）	普通高校数量/个	研发机构数量/个	人均拥有公共图书馆藏量/册	政府科技经费支出/万元
2012	四川	29559	99	170	0.42	1700000
	重庆	38742	60	30	0.52	231000
2013	四川	32393	103	169	0.38	1500000
	重庆	42615	63	31	0.38	241133
2014	四川	35057	107	172	0.39	1900000
	重庆	47679	63	27	0.42	232515
2015	四川	36632	109	171	0.41	2300000
	重庆	52104	64	27	0.43	364514
2016	四川	39555	109	170	0.43	2400000
	重庆	58210	65	37	0.48	440241
2017	四川	44544	109	169	0.46	2500000
	重庆	63412	65	31	0.54	507509
2018	四川	48769	119	155	0.47	2900000
	重庆	65650	65	30	0.58	602411
2019	四川	55661	126	160	0.50	3200000
	重庆	75555	65	31	0.61	697312
2020	四川	58056	132	160	0.52	4200000
	重庆	77916	68	33	0.62	778101
2021	四川	64323	134	160	0.55	5200000
	重庆	86832	69	33	0.73	858890

根据表 7-6 及图 7-4、图 7-5 所示，创新环境方面，四川呈稳步上升的

趋势，重庆呈波动上升趋势。其中，重庆在 2012 年至 2021 年间快速增长，是由于 2011 年 5 月国务院颁布了《成渝经济区区域规划》，为重庆的发展注入了强劲的动力。从川渝创新环境情况来看，四川占据相对优势，包括文化、教育、医疗资源等，其中研发机构数量和高校数量分别是重庆的 5 倍和 2 倍。由于四川和重庆的人口差距，从 2012 年至 2015 年重庆的人均图书馆藏量与四川接近，2016 年至 2021 年重庆的人均图书馆藏量超过四川。从 2012 年至 2021 年，重庆的人均 GDP 均高于四川，这是重庆的发展经历了从 "成渝经济区" 到 "成渝城市群" 再到 "成渝地区双城经济圈"，在国家的政策支持以及新科技和新产业的发展，重庆的经济高速发展。[①] 然而，在文化、科技、教育方面，四川和重庆仍需要加强完善和发展。

（3）创新成果分析

2012—2021 年川渝地区创新环境指标情况如表 7-7 所示。

表 7-7　2012—2021 年川渝地区创新成果情况

年份	省份	国内三种专利申请有效数/件	规模以上工业企业新产品销售收入/亿元	高新技术产业主营业收入/亿元	科技论文发表数/篇
2012	四川	66312	2096. 0	3962. 1	61407
	重庆	53383	2430. 0	1883. 4	32024
2013	四川	119531	2475. 9	5160. 5	62419
	重庆	66208	2696. 1	2624. 2	31362
2014	四川	135209	2711. 3	5486. 6	65736
	重庆	73780	3610. 8	3433. 7	33244
2015	四川	169203	2892. 5	5171. 7	73564
	重庆	94975	4535. 1	4028. 8	32168

---

① 龚勤林、宋明蔚、韩腾飞：《成渝地区双城经济圈协同创新水平测度及空间联系网络演化研究》，《软科学》2022 年第 36 期，第 28—37 页。

续表

年份	省份	国内三种专利申请有效数/件	规模以上工业企业新产品销售收入/亿元	高新技术产业主营业收入/亿元	科技论文发表数/篇
2016	四川	193737	3044.7	5994.4	74180
	重庆	116201	5014.4	4896.0	34891
2017	四川	215601	3683.1	5313.8	75022
	重庆	121604	5322.7	5100.5	35485
2018	四川	259008	3576.3	6942.9	83103
	重庆	140064	4216.3	5304.9	36695
2019	四川	292273	4211.8	7761.1	83431
	重庆	158176	4365.4	5777.3	40804
2020	四川	358830	4969.9	9433.5	95651
	重庆	187340	5880.7	6472.1	44487
2021	四川	462124	6140.0	11471.0	107871
	重庆	239004	6995.2	7793.0	47933

根据表7-7及图7-4、图7-5可知，在创新成果方面，四川呈稳定上升趋势，重庆呈复杂波动上升趋势。四川在科技创新成果仍占据优势，重庆在创新成果方面快速增长。创新成果包括国内三种专利申请、规模以上工业企业新产品销售收入、高新技术产业主营业收入和科技论文发表数。四川省在2012年至2021年期间每年发表的科技论文大约是重庆的2倍。由于四川大量的研发机构和高校数量为知识创新提供的良好基础；四川和重庆在国内三种专利申请方面，2012年差距较小，从2013年至2021年差距逐渐拉大。四川和重庆的高新技术产业主营业收入在2012年至2021年间年增长率分别为12.5%和17.1%。虽然重庆处于高速增长阶段，但与四川的差距仍然较大。重庆在工业企业新产品销售收入方面超越四川，但与四川的差距较小，首先与重庆作为国家重要的老工业基地之一，具有良好的制造业基础有关；其次与重庆

传统制造业成功转型升级有关。

3. 川渝两地协同创新水平分析

（1）主体协同创新水平分析

2012—2021 年川渝地区主体协同创新水平情况如表 7-8 所示，川渝协同创新水平变化情况如图 7-6、图 7-7 所示。

表 7-8　2012—2021 年川渝地区主体协同创新水平

年份	省份	研发机构内部经费支出占企业投入比重/%	高校内部经费支出占企业投入比重/%	研发机构专利所有权转让及许可收入/万元	高校专利所有权转让及许可收入/万元
2012	四川	2.10	0.23	717.6	2324.3
	重庆	1.27	0.14	1433.5	613.0
2013	四川	2.00	0.21	62.0	966.3
	重庆	1.21	0.12	2800.0	854.1
2014	四川	2.03	0.20	728.0	1939.7
	重庆	1.16	0.10	0.5	300.8
2015	四川	2.06	0.19	615.9	3503.5
	重庆	1.21	0.09	33.6	1467.4
2016	四川	1.92	0.16	966.8	2530.3
	重庆	1.24	0.11	146.0	518.7
2017	四川	1.77	0.15	495.2	7579.4
	重庆	1.23	0.11	3901.7	2343.7
2018	四川	1.74	0.16	809.1	1782.6
	重庆	1.27	0.12	1571.0	1535.5
2019	四川	1.71	0.15	1144.8	12302.6
	重庆	1.26	0.12	2142.3	6011.3
2020	四川	1.85	0.15	1182.0	7183.4
	重庆	1.23	0.11	2534.0	3754.2
2021	四川	1.99	0.14	1219.0	10846.0
	重庆	1.21	0.10	2925.7	2932.0

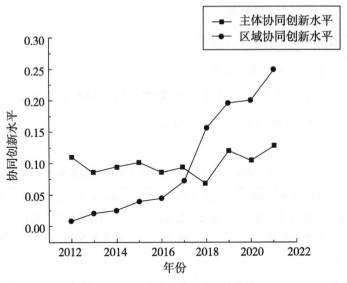

图 7-6　四川省协同创新水平变化情况

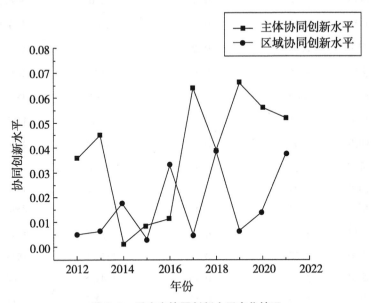

图 7-7　重庆市协同创新水平变化情况

根据表 7-8 及图 7-6、图 7-7 可知，主体协同创新水平方面，四川省在 2012 年至 2018 年呈缓慢的下降趋势，2019 年至 2021 年呈波动上升趋势。

2012 年至 2021 年重庆市呈复杂的波动趋势。区域主体对区域协同创新水平有重要影响，其中区域主体包括高校、企业、研发机构。产学研一体化指学校、企业和研发机构利用优质资源所开展的社会经济活动，对创新人才培养、创新成果产出、创新要素组合优化以及相关产业发展等具有促进作用。[①] 四川省在 2012 年至 2020 年研发机构内部经费支出占企业投入比重从 2.10%下降到 1.85%，2021 年上升至 1.99%。重庆市在这 10 年间呈复杂波动趋势，起伏较小。2012 年至 2014 年处于下降趋势，从 1.27%下降到 1.16%，2015 年至 2016 年呈上升趋势，从至 1.21%上升至 1.24%，在 2017 年下降至 1.23%，2018 年上升至 1.27%，从 2018 年至 2021 年呈下降趋势，从 1.27%下降至 1.21%。从高校内部经费支出占企业投入比重来看，四川省在 2012 年至 2021 年呈下降趋势，从 0.23%下降至 0.14%。重庆市在 2012 年至 2015 年处于下降趋势，从 0.14%下降至 0.09%达到了 10 年间的最低值，从 2016 年至 2019 年处于稳定增长阶段，从 0.09%增长至 0.12%，2020 年至 2021 年呈下降趋势，下降至 0.10%。四川省和重庆市在研发机构与高校专利转让收入呈复杂波动趋势。这与高校和研发机构产学研一体化进程缓慢，过度依赖政府和企业投资，同时与企业的合作进程缓慢有关。即便知识创新成果丰富，也无法形成完整的产业链，最终难以实现成果产业化。

（2）区域协同创新水平分析

2012—2021 年川渝地区区域协同创新水平情况如表 7-9 所示。

表 7-9　2012—2021 年川渝地区区域协同创新水平情况

年份	省份	技术市场成交额/万元	技术流向地域合同成交额/万元	技术输出地域合同成交额/万元
2012	四川	1100000	1400000	1100000
	重庆	540000	2300000	540000

---

① 徐树鹏：《基于科技创新的产学研合作成效提升研究——评〈产学研合作成效及其提升路径〉》，《科技管理研究》2022 年第 4 期，第 237 页。

续表

年份	省份	技术市场 成交额/万元	技术流向地域合 同成交额/万元	技术输出地域 合同成交额/万元
2013	四川	1500000	2700000	1500000
	重庆	902760	1600000	902760
2014	四川	2000000	2300000	2000000
	重庆	1600000	1900000	1600000
2015	四川	2800000	2900000	2800000
	重庆	572366	1800000	572366
2016	四川	3000000	3300000	3000000
	重庆	1500000	5200000	1500000
2017	四川	4100000	5400000	4100000
	重庆	513581	2300000	513581
2018	四川	10000000	5900000	10000000
	重庆	1900000	5200000	1900000
2019	四川	12000000	8100000	12000000
	重庆	566518	2500000	566518
2020	四川	12000000	8800000	12000000
	重庆	1200000	2300000	1200000
2021	四川	14000000	13000000	14000000
	重庆	1800000	5200000	1800000

根据表7-9及图7-6、图7-7可知，区域协同创新水平方面，四川省呈波动上升趋势，重庆市呈复杂波动趋势。在成渝地区双城经济圈背景下，知识、技术、信息、人才要素等在四川和重庆两个区域之间流动加快。四川在2012年至2021年技术交易成交额、技术流向地域合同成交额、技术输出地域合同成交额，年均增长率分别达32.7.1%、28.1%、32.7%。重庆在2012年至2021年技术交易成交额和技术输出地域合同成交额呈急剧上升和急剧下降，2012年至2013年期间，每年平均差值为632760万元，2013年至2020年，每

年平均差值为 1600000 万元。技术流向地域合同成交额在 2012 年至 2016 年呈快速增长趋势，并且在 2016 年达到最高峰，年均增长率为 22.6%；2016 年至 2017 年呈急剧下降趋势，年均下降率为 44.2%；2017 年至 2018 年快速上升趋势，年均增长率 126%；2018 年至 2020 年呈急剧下降趋势，年均下降率为 33.4%；2020 年至 2021 年呈急剧上升趋势，年均增长率为 126%。在成渝地区双城经济圈发展背景下，四川省发挥"虹吸效应"，输出和引进了大量的技术，技术交易规模较大。但对重庆的带动作用不大，导致重庆技术引进和输出交易起伏不定，规模较小。

第二节　川渝两地协同创新水平地区差距及来源

一、川渝两地协同创新水平的地区差距及分解

根据式（7）—（17），利用 MATLAB 软件计算川渝协同创新水平的总体基尼系数、区域内及区域间的基尼系数与贡献率和超密度贡献率，结果如表 7-10 所示。

表 7-10　2012—2021 年川渝协同创新水平的地区基尼系数及分解

年份	总体差异	区域内差距		区域间差距	贡献率		
		四川	重庆	四川 VS 重庆	区域内	区域间	超变密度
2012	0.801	0.755	0.829	0.816	0.393	0.088	0.320
2013	0.789	0.764	0.795	0.804	0.388	0.137	0.265
2014	0.771	0.743	0.785	0.783	0.380	0.096	0.295
2015	0.804	0.752	0.812	0.838	0.385	0.207	0.212
2016	0.802	0.753	0.832	0.816	0.394	0.066	0.342
2017	0.821	0.775	0.822	0.855	0.394	0.236	0.192
2018	0.834	0.806	0.818	0.859	0.405	0.217	0.212
2019	0.859	0.809	0.823	0.907	0.406	0.332	0.122

续表

年份	总体差异	区域内差距		区域间差距	贡献率		
		四川	重庆	四川 VS 重庆	区域内	区域间	超变密度
2020	0.850	0.801	0.804	0.899	0.401	0.318	0.132
2021	0.838	0.791	0.813	0.880	0.398	0.279	0.161

为了进一步了解川渝两地协同创新水平的地区差距，绘制了川渝两地总体的基尼系数的折线图，如图 7-8 所示。

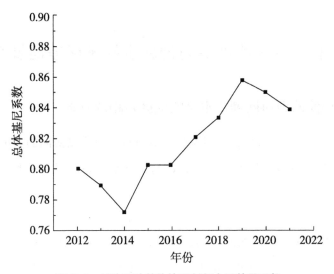

图 7-8　川渝两地整体协同创新水平基尼系数

由表 7-10 及图 7-8 可知，川渝两地整体协同创新水平差距呈复杂的波动趋势。2012 年至 2014 年，总体基尼系数从 0.801 下降至 0.771；从 2014 年至 2019 年呈上升趋势，总体基尼系数从 0.771 增加至 0.859，并且在 2019 年达到最高峰；2019 年至 2021 年呈下降趋势，总体基尼系数从 0.859 下降至 0.838。从区域内差距来看，四川协同创新水平的基尼系数在 2012 年至 2019 年期间呈上升趋势，从 0.755 上升至 0.809，在 2019 年至 2021 年呈下降趋势，从 0.809 下降至 0.791。重庆协同创新水平的基尼系数在 2012 年至 2021 年期间呈复杂波动趋势，从 2012 年的 0.829 下降至 2014 年的 0.785；从 2014 年至 2016 年呈上升趋势，从 0.785 上升至 0.832；从 2016 年至 2020 年呈下降趋势，从 0.832 下降至 0.804；在 2020 年至 2021 年呈上升趋势，上升至 0.813。与四川相比，重庆的协同创新水平差距更大。从区域间的差距来看，四川和重庆之间协同创新水平的基尼系数从 2012 年的 0.816 下降至 2014 年的 0.783；从 2014 年至 2015 年呈上升趋势，上升至 0.838；在 2016 年下降至 0.816，2016 年至 2019 年呈上升趋势；从 0.816 上升至 0.907，并于 2019 年达到 10 年间的最高峰；到 2021 年呈下降趋势，下降至 0.880。表明四川和重庆的协同创新水平差距逐年加大，因此，缩小川渝两地之间的协同创新水平差距尤为重要。[①]

二、川渝地区协同创新水平差距来源

川渝地区协同创新水平的地区差距贡献率的变化趋势见图 7-9。

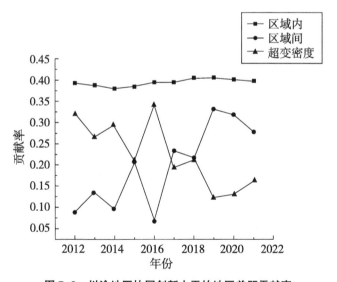

图 7-9　川渝地区协同创新水平的地区差距贡献率

---

① 杨明海、卢晓杨、孙亚男：《三大经济支撑带创新能力地区差距及分布动态演进——利用 Dagum 基尼系数和非参数估计方法的实证研究》，《科技进步与对策》2017 年第 7 期，第 34—42 页。

如图 7-9 所示,区域内贡献率呈平缓起伏趋势,区域间贡献率和超变密度呈复杂波动趋势并且均在 2016 年现出最低峰和最高峰,原因是 2016 年 4 月国务院正式批复同意《成渝城市群发展规划》,支持成渝城市群发展的具体政策,增强成都等西部地区经济中心、科技中心、文创中心、对外交往中心和综合交通枢纽功能,在成渝城市群发展背景下促进川渝协同创新水平的提高。2012 年至 2021 年区域内贡献率的均值为 39.4%,区域间贡献率的均值为 19.8%,区域内贡献率均值高于区域间贡献率均值。2012 年至 2021 年期间,区域内贡献率高于超变密度,表明这 10 年间区域内的差距是川渝两地协同创新水平差距的主要来源。虽然区域间贡献率对整体差距的贡献率较低,但在 2017 年以后处于快速上升趋势,表明从 2017 年以后区域间的差距开始对川渝两地协同创新水平的差距有重要的影响。超变密度揭示了四川和重庆通过交叉统计对川渝两地协同创新水平差距的影响,反映了四川和重庆协同创新水平的区域内差距和区域间差距的交互作用。超变密度在 2012 年至 2021 年期间呈复杂的波动趋势。2012 年至 2015 年呈下降趋势,从 0.320 下降至 0.212,在 2016 年达到最高峰,峰值为 0.342;从 2016 年至 2019 年呈快速下降趋势。从 2016 年的 0.342 下降至 2019 年的 0.122;2020 年至 2021 年,从 0.132 上升至 0.161。表明随着时间的推移,区域内和区域间的交互作用逐渐减弱,对川渝两地协同创新水平差距的影响越来越小。因此,在 2012 年至 2021 年期间,区域内的差距是川渝协同创新水平差距的主要来源;区域间的差距在 2017 年至 2021 年期间开始对川渝协同创新水平差距产生影响,川渝协同创新水平差距的主要来源仍然以区域内的差距为主。

第三节　川渝协同创新绩效评价

本章将基于复合系统,利用 DEA-BCC 模型对川渝协同创新投入产出效率进行评价。

一、川渝协同创新投入产出指标体系构建

运用 DEA-BCC 模型需要选择投入指标和产出指标，需遵循简洁有效的原则，因此本章选取研究与试验发展（R&D）经费、R&D 人员折合全时人员、政府科技经费支出作为投入变量。国内三种专利申请有效数、科技论文发表数、研发机构专利所有权转让及许可收入、高校专利所有权转让及许可收入作为产出变量，具体指标如表 7-11 所示。

表 7-11　2012—2021 年川渝协同创新投入产出指标

变量类型	变量说明
投入指标	研究与试验发展（R&D）经费/亿元
	R&D 人员折合全时人员/人
	政府科技经费支出/万元
产出指标	国内三种专利申请有效数/件
	科技论文发表数/篇
	研发机构专利所有权转让及许可收入/万元
	高校专利所有权转让及许可收入/万元

二、评价方法

（一）复合系统协同度模型构建

1. 子系统有序度模型

川渝协同创新复合系统由两个子系统构成，设为 S_1、S_2，分别表示四川省创新子系统和重庆市创新子系统，通过两个子系统相互作用的有序程度来测度复合系统的有序度。设子系统的序参量为 $e_{ij} = (e_{i1}, e_{i2}, \cdots, e_{in})$，$n \geq 1$，$\alpha_{ij} \leq e_{ij} \leq \beta_{ij}$，其中 α_{ij}，β_{ij} 分别为序参量 e_{ij} 的上限和下限，本文采取序参量 e_{ij} 的 1.1 倍作为其上限和下限。区域创新子系统中序参量 e_{ij} 的有序度计算公式如下：

$$u_j(e_{ij}) = \begin{cases} \dfrac{e_{ij} - a_{ij}}{\beta_{ij} - \alpha_{ij}}, i \in [1, l] \\[3mm] \dfrac{\beta_{ij} - e_{ij}}{\beta_{ij} - \alpha_{ij}}, i \in [l+1, j] \end{cases} \tag{18}$$

由式（18）可知，$u_j(e_{ij}) \in [0, 1]$，其值越大，则对区域创新子系统从无序到有序的贡献越大。子系统序参量的系统有序度一般采用线性加权和法与几何平均法进行集成，计算公式如下：

$$u_j(e_i) = \sqrt[n]{\prod_{j=1}^{n} u_j(e_{ij})} \tag{19}$$

$$\text{或} \ u_j(e_i) = \sum_{i=1}^{n} w_i u_j(e_{ij}), \ w_i \geq 0, \ \text{且} \sum_{i=1}^{n} w_i = 1 \tag{20}$$

由式（19）、（20）可知，$u_j(e_i)$ 为序参量 e_{ij} 的系统有序度，且 $u_j(e_i) \in [0, 1]$，本章采用线性加权和法，即式（20）对序参量的系统有序度进行集成。

2. 复合系统协同度模型

假设创新子系统 S_i（$i=1, 2$）在初始时刻 t_0 时刻的有序度为 $u_0(e_i)$，当系统演化到 t_1 时刻时，系统有序度为 $u_1(e_i)$，则复合系统协同度为：

$$C = \varphi \sum_{i=1}^{n} \eta_i \left[\mid u_i^1(e_i) - u_i^0(e_i) \mid \right] \tag{21}$$

$$\text{式中}, \varphi = \frac{\min[u_i^1(e_i) - u_i^0(e_i)]}{\mid \min[u_i^1(e_i) - u_i^0(e_i)] \mid}, [u_i^1(e_i) - u_i^0(e_i)] \neq 0 \tag{22}$$

$$\eta_i \geq 0, \sum_{i=1}^{n} \eta_i = 1 \tag{23}$$

复合系统整体协同度 $C \in [-1, 1]$，其值越大，说明复合系统的协同度越高，反之，系统协同度越低。参数 φ 的作用是，当且仅当 $u_i^1(e_i) - u_i^0(e_i) > 0$ 时，复合系统才会有正的协同度。

一般情况下，若一个子系统的有序度上升幅度较大，而另外一个子系统的上升幅度较小或有所回落，那么整个复合系统则处于不稳定或不协调状态，此时 $C \in [-1, 0]$。

（二）协同投入和协同产出测算

区域间协同度代表不同区域之间的联系紧密程度，而协同投入和协同产出正是这种协同关系的客观体现。因此，要测算川渝的协同创新效率，就需要利用川渝的协同投入和协同产出及区域协同度，来计算川渝协同投入和协同产出，计算公式如下：

$$CI = (IT_a + IT_b) \times C_{ab} \tag{24}$$

$$CO = (OT_a + OT_b) \times C_{ab} \tag{25}$$

式（24）、（25）中，CI、CO 分别表示 ab 两地之间的协同投入和协同产出，IT_a、IT_b 分别表示 a、b 两地的创新投入，OT_a、OT_b 分别表示 a、b 两地的创新产出，C_{ab} 表示 ab 两地之间协同创新复合系统的协同度。

（三）DEA-BCC 模型

DEA（数据包络分析方法）通常被用来测算决策部门的生产效率，该方法无须对生产函数及指标权重做出假设，无须对指标单位进行转换，评价结果比较科学客观。DEA 方法有两种基本模型：第一种是美国 A·Charnes 和 W·W·Cooper 在 1978 年提出的数据包络分析法，简称 DEA-CCR 模型，此模型是基于规模报酬不变（CRS），得出总效率。第二种是 Banker 等人对其进行扩展，基于规模报酬可变（VRS），将 CCR 模型中的技术效率分解为纯技术效率与规模效率乘积，以此得出生产效率的 BCC 模型。由于创新作为五大新发展理念之首，是引领发展的第一动力，各地区高度重视协同创新发展，其发展规模不断扩张，因此，本文选用基于可变规模报酬的 DEA-BCC 模型，对川渝协同创新发展效率进行评价，其基本线性规划模型为：

$$\min \left[\theta - \varepsilon \left(\sum_{j=1}^{m} s^- + \sum_{j=1}^{r} s^+ \right) \right] \begin{cases} \sum_{j=1}^{n} \lambda_j x_j + s^- = \theta_{x_0} \\ \sum_{j=1}^{n} \lambda_j y_j - s^+ = \theta_{y_0} \\ \sum_{j=1}^{n} \lambda_j = 1 \\ \lambda_j, s^-, s^+ \geq 0, j = 1,2,\cdots,n \end{cases} \quad (26)$$

式（26）中，求解得到的 θ 即为第 j 个决策单元的效率值，若 $\theta<1$，则该决策单元非 DEA 有效；若 $\theta=1$，则可认为该决策单元位于前沿面上，该决策单元 DEA 有效。即 θ 越接近于 1，则该决策单元的相对效率值越高。

三、基于复合系统的川渝协同创新绩效评价

（一）效率分析

根据式（18）—（20），分别计算 2012—2021 年四川和重庆两个子系统有序度，计算结果如表 7–12 所示。

表 7–12　2012—2021 年四川和重庆子系统有序度

年份	2012	2013	2014	2015	2016	2017	2018	2019	2020	2021
四川	0.2198	0.2019	0.2753	0.3145	0.3309	0.3760	0.4280	0.5817	0.6799	0.8522
重庆	0.1576	0.1895	0.2153	0.1852	0.4559	0.4047	0.5946	0.5356	0.6476	0.8390

根据式（21）—（23），基于表 7–12，以 2012 年为基期，计算川渝复合系统协同度，计算结果如表 7–13 所示。

表 7–13　2012—2021 年川渝复合系统协同度

年份	2012—2013	2013—2014	2014—2015	2015—2016	2016—2017	2017—2018	2018—2019	2019—2020	2020—2021
协同度	0.0239	0.0435	0.0344	0.0665	0.0481	0.0994	0.0952	0.1049	0.1816

根据式（24）—（25）以及表7-13，计算出川渝创新投入和创新产出数据如表7-14所示。

表7-14　2013—2021年川渝协同投入和协同产出数据

年份	国内三种专利申请有效数/件	科技论文发表数/篇	研发机构专利所有权转让及许可收入/万元	高校专利所有权转让及许可收入/万元	研究与试验发展（R&D）经费/亿元	R&D人员折合全时人员/人	政府科技经费支出/万元
2013	4430.96	2237.22	68.28	43.43	13.75	3872.28	42198.50
2014	9089.54	4304.93	31.68	97.45	28.32	7743.07	94155.34
2015	9075.87	3632.44	22.31	170.78	25.76	6127.66	91616.05
2016	20602.46	7250.26	73.97	202.68	57.40	12807.26	189078.74
2017	16222.81	5316.45	211.53	477.40	48.23	10775.11	142556.00
2018	39652.65	11903.39	236.49	329.69	114.00	24921.97	348950.13
2019	42890.16	11829.22	312.99	1743.78	145.19	25554.03	369289.35
2020	57289.42	14699.50	389.78	1147.28	165.95	31000.16	522376.74
2021	127334.20	28296.09	752.73	2502.21	330.23	58223.31	1104529.34

根据式（26），基于表7-14，借助DEAP软件，对川渝2013—2021年川渝协同创新效率进行测算，具体结果如表7-15所示。

表7-15　川渝协同创新效率

年份	综合效率	纯技术效率	规模效率	规模收益
2013	1.000	1.000	1.000	不变（—）
2014	0.958	1.000	0.958	递减（drs）
2015	1.000	1.000	1.000	不变（—）
2016	0.959	1.000	0.959	递减（drs）
2017	1.000	1.000	1.000	不变（—）
2018	0.818	1.000	0.818	递减（drs）

年份	综合效率	纯技术效率	规模效率	规模收益
2019	1.000	1.000	1.000	不变（一）
2020	0.906	0.980	0.925	递减（drs）
2021	0.948	1.000	0.948	递减（drs）
平均值	0.954	0.998	0.956	

由表 7-15 可知，从整体来看，首先，川渝协同创新的综合效率、纯技术效率和规模效率的平均值为 0.954、0.991 和 0.956，均趋近于 1，这说明协同创新效率较高，但并未达到最优状态。其中，纯技术效率值和规模效率值均小于 1，说明在现行状况下，川渝协同创新各项投入结构和规模存在不合理的地方，需要及时调整以达到最高效率。其次，综合效率值也小于 1，说明川渝协同创新的协同度还不高。其中，2013 年、2015 年、2017 年、2019 年川渝协同创新的综合效率、纯技术效率和规模效率均为 1，说明这四年处于生产前沿，即 DEA 有效状态，拥有较高的协同创新效率，表明在川渝地区经济发展实际情况下，协同创新投入和协同创新产出达到了最优状态；2014 年、2016 年、2018 年、2021 年川渝协同创新效率的纯技术效率为 1，规模效率小于 1，说明这四年的投入结构相对合理，但规模效率还需要进一步提高，应进一步扩大协同创新规模以提高规模效率。2020 年川渝协同创新的综合效率、纯技术效率和规模效率均小于 1，说明这一年投入结构和规模不合理，应适当地精简规模以促使收益的增加。

（二）投影分析

DEAP 软件在给出效率结果的同时给出了各地的投影分析结果，即投入冗余与产出不足情况。因纯技术效率衡量产业结构合理性，故表 7-15 中纯技术效率为 1 的年份不存在投入冗余与产出不足，而纯技术效率不为 1 的其余年份则存在投入冗余与产出不足情况。其结果如表 7-16 所示。

表 7-16　2013—2021 年川渝协同创新效率投影分析

年份	投入冗余				产出不足		
	研究与试验发展（R&D）经费/亿元	R&D 人员折合全时人员/人	政府科技经费支出/万元	国内三种专利申请有效数/件	科技论文发表数/篇	研发机构专利所有权转让及许可收入/万元	高校专利所有权转让及许可收入/万元
2013	0	0	0	0	0	0	0
2014	0	0	0	0	0	0	0
2015	0	0	0	0	0	0	0
2016	0	0	0	0	0	0	0
2017	0	0	0	0	0	0	0
2018	0	0	0	0	0	0	0
2019	0	0	0	0	0	0	0
2020	-3.315	-619.168	-10433.464	1508.669	0	0	0
2021	0	0	0	0	0	0	0

从表 7-16 可以看出，投入冗余相对于产出不足更加严重，同时资金冗余更甚于人员冗余。从投入角度看，2020 年，R&D 经费投入过多，R&D 人员冗余背后究其实质也是对于 R&D 资金缺乏管理所致。不仅浪费资金，同时增加了各创新主体的负担，导致川渝协同创新效率低下。因此，应更加注重要素投入的合理性与适度性，改变以前经费与成果成正比，认为研发经费投入越多越能出成果的思想，要注重经费和人员的配比问题，使要素投入达到最优配置，才能提高整体效率。从产出角度来看，存在专利授权不足的情况，说明相对于投入来说，产出没有达到最优效果。主要可能在于创新产出具有滞后性，投入的资源无法立刻就有大量的产出成果。本章是基于四川省和重庆市两个区域的协同投入和协同产出来测算川渝的协同创新效率。单独来看，四川和重庆两个省（市）各自的创新效率要高得多，但如果将川渝结合为一个整体来看，由于两地在资金、人力、政策等各方面存在较大差异，在协同创新的过程中，就存在投入浪费的情况，从而使得产出存在相对不足。

第八章 川渝协同创新存在的
不足及对策建议

尽管空间上的邻近为川渝协同创新提供了基础条件，但川渝协同创新仍存在一些制约因素。在基础研究、前沿科学及前瞻研究领域等源头创新协作，以及在电子信息、装备制造、轨道交通等产业领域的创新协作、科技成果转化、科技合作与交流、科技资源和数据共享等创新机制及政策顶层设计等方面，尚未形成畅通的链接通道。适合两省市协同创新发展的体制机制和创新环境还需要优化。川渝协同创新亟待全方位加强和深化。本章旨在考察当前川渝协同创新存在的问题、困境，分析原因，并找到破解的路径。

尽管川渝地区协同创新共同体建设取得了明显成效，但与国家重大战略定位目标相比仍有很大差距。目前，川渝地区在地区间的政策协同、产业合作、要素流动、利益分配、推动落实等方面还存在一定障碍，成为当前阻碍协同创新共同体建设的突出问题。

第一节　存在的不足

一、行政协同不足

川渝地区的合作历史源远流长，但两地一体化进程却不尽如人意。尽管出台了很多一体化发展规划和设想，在宏观层面签署了若干合作协议，但川渝地区尚缺乏高质量的区域科技规划研究和科技政策制定，在协同创新方面尚缺乏统一政策的强制性力量。区域政府之间协同行政、协同治理力度依然不足，缺乏可落地的政策支持和长效机制，导致系统要素之间协同不够。

（一）缺乏相应的制度法规保障

目前，川渝地区协同创新发展机制还是以对话式会议协调为主，缺乏权威的、认可度高的协调机制与公共政策法规保障，开展合作及签署协议主要依靠双边领导间的关系及互动进行推进，易受其他因素的影响。由于企业、高校、科研机构等创新主体在知识协同过程中均有各自的评价标准，权责不明，出于维护自身利益的本能，这种评价尺度的差异极易引发诸如产权纠纷等利益分配问题，进而影响产学研协同创新的进程。虽然川渝之间出台了一系列《合作协议》《合作备忘录》，但大多为倡导性文件，缺乏刚性约束和具体指导，尚未形成行之有效的财政保障机制、管理运行机制、基层人才培养机制、分工协作机制和监督评估机制，难以解决经费保障、机构协调、人员统筹、服务对接等诸多现实壁垒。

（二）川渝地区科技政策体系一体化程度不足

区域之间缺乏认可度高的通用性协同创新政策法规。与发达城市群相比，川渝地区在标准制定、联合研发、共同拓展市场、金融创新、服务贸易等领域的合作不足，在工商、质检、建筑市场、食品药品监管、经贸交流、科技、人才等领域合作较少，导致两地科技成果转化率低、科技投入方式单一，甚至基本没有实现科技成果双向转移转化，严重制约了川渝地区科技创新的发展，对高水平产业协同发展造成了一定制约。

（三）川渝地区创新政策差异

两地在先行先试、科技人才资源流动、高新技术企业认定、新技术新产品区域采购等方面的政策尚未有效衔接。如天府新区、两江新区先行先试政策难以在川渝全域推广应用，新技术新产品政府采购市场相互开放不够，高新技术企业认定政策未能实现互认等，直接影响着协同创新效果。

此外，还存在川渝地区即使具有相同的创新政策，但在不同城市、地区实施过程中会出现不协调、不融合的问题。

二、产业协作不足

当前川渝两地在宏观层面签署了若干合作协议，但在产业发展顶层设计上缺乏一体化布局，更缺乏可落地的政策支持，区域协同创新机制、产业融合机制、交通一体化发展等机制均不健全。川渝之间产业有一体化融合的历史基础，但内部协作紧密度不足。

(一) 区域产业定位尚未形成合理产业布局

目前成渝地区双城经济圈正在形成以成都为核心的医药、化工、能源以及服务业集聚地和以重庆为核心的汽车摩托车制造、物流运输基地，产业异构明显，客观上增加了产业对接和科技合作的难度。但同时也存在产业同构带来的内部竞争与封锁，如成都和重庆均以电子信息和汽车制造为经济支柱产业，区域内其他城市大都以机械、冶金、电子等产业为支柱各自为战，缺乏有效分工，产业协同尚未实现。产业异化和同构同时并存，但耦合协调程度不高。

(二) 产业链各个环节互补优势未得到有效发挥

大部分城市还没有完成从产业价值链低端向高端的跨越，存在"高端产业、低端环节"的问题。成渝两地在集成电路、新型显示、智能终端、新一代信息技术、汽车制造等细分领域存在同质化竞争和资源错配现象，企业主要集中在加工制造环节，推动产业价值链跃升的能力还不够强，互补优势未得到有效发挥，尚未形成跨区域产业联动协同发展模式。各个地区政府对自身定位不同导致其发展空间受限制，无法形成互补合力来促进地区经济快速增长，进而影响整个社会经济可持续发展。

（三）产业联动效应不显著

各地区各自为政现象严重制约着彼此间产业集聚效应发挥及整体竞争力提升。当前成渝地区产业合作多局限于要素合作和项目合作，上下游产品配套和供应链过于专注本地区域，缺乏产业链优势环节合作。供应链领域成渝合作利用较少，跨区域优势产业链供应链体系尚未有效形成。各节点城市一些重点领域的企业相对处于单打独斗、各自为政的状态，以致有的即使占主导地位的高端装备制造产业，其前导技术研发、后续技术转移和专业服务等也没有在传统产业优势上形成专业服务力量，尚未聚合成由交互关联的多个产业相互促进的大型产业集群，联动效应不明显，难以发挥产业集群中的共性技术创新优势。据调查，重庆长安汽车目前几百家配套企业一多半来自重庆本地，另一部分则来自江浙等地区，在成都甚至四川的配套企业仅三十余户。

（四）创新价值链尚未形成

一些重点发展产业尚未形成完备的产业链和价值链，尚未建立起高效的产业和技术梯度转移对接路径。成渝两市作为双城经济圈的"双核"，两地产业布局趋同，创新链、产业链和服务链对接融合不够充分，科技创新缺乏产业集群的坚实基础。川渝地区创新与产业之间也未形成良好的市场协作，市场融合效应不显著，制造业产业联系度低，结构性问题和矛盾较为突出。比如，重庆是全国汽车重要生产基地，但对四川尤其是成都市场与服务的依存度却较低。

(五) 成渝产业同质化和同构化现象突出

主要表现为成都产业生态圈和重庆产业生态圈的相似性过大，差异化发展不明显。从产业结构来看，2018 年成都和重庆的三次产业结构分别为 3.4∶42.5∶54.1 和 6.8∶40.9∶52.3，产业结构较为接近。农业构成同质化，2000—2018 年，重庆的第一产业结构分别从 59∶3∶34∶4 转变为 63∶5∶25∶5，成都的第一产业结构分别从 61∶1∶35∶2 转变为 63∶2∶28∶4，第一产业结构具有一定的相似性，同时其发展过程也有类似之处。工业构成同质化，在过去的 15 年里重庆的制造业飞速发展，产量占全国比例超过 3% 的品类有原盐、天然气、纯碱、合成氨、中成药、汽车、摩托车、计算机、显示器和手机。尤其是计算机相关的制造业，几乎是从无到有地成长至占据全国接近四分之一的市场份额。[1] 四川和重庆在全国具有比较优势的行业中，汽车配件、新一代电子信息等 9 个行业领域都有重叠，如何细化双圈产业链分工实现区域内协同发展，已成为成渝地区双城经济圈发展进程中亟待解决的问题。[2]

三、要素流动不畅

地方政府政绩的非共享性和排他性，形成创新要素流动的天然边界。川渝地区是我国大西南创新资源最富集的地区之一，但由于要素市场的自然分割，要素分布不均衡，流动不畅，创新资源结构固化严重，主要表现为成都、重庆主城区富集而其他城市匮乏，严重阻碍了城市群内各种创新要素的自由流动和有效组合，要素集聚效应在城市群内难以充分发挥。

---

① 杨雪玲等：《基于成渝地区双城经济圈的重庆现代产业体系研究》，《重庆统计》2021 年第 6 期，第 15—21 页。

② 黄寰、况嘉欣、张秋凤、秦雪婧：《成渝地区双城经济圈的协同创新发展能力研究》，《技术经济》2021 年第 6 期，第 31—38 页。

（一）川渝地区经济社会资源相对集中

由于川渝两地经济社会发展水平存在差异，成都、重庆人均 GDP 高、工资收入高等产生的"虹吸效应"短期内难以消除，区域内资本、技术、成果、人才等资源主要集中在成都和重庆主城区，难以有效流动，严重影响川渝地区创新协同发展。

（二）要素市场体系不发达

由于行政区划和体制机制障碍，川渝地区统一开放的人力资源、资本、技术、土地、产权交易等各类要素市场尚未有效建立，造成创新要素自由流动的市场机制难以形成，人流、物流、资金流、信息流跨区域有序自由流动一定程度上仍受到制约。

（三）城市交流强度不够

从区域外部来看，成渝地区缺少承载科学研究和运用的平台，成都、重庆与发达国家和国内一线城市互动较少，导致成渝地区难以聚集高能级的创新要素，尤其是高层次、尖端人才。从区域内部来看，由于成渝双城极核效应，周边城市更多是与中心城市交流，其余城市间相互交流相对较少。

（四）创新要素互联互通机制不完善

主要体现在基础设施不完善，通达程度较低。两地公共服务平台、信息共享平台功能不够强大，制约了协同创新要素在空间上的自由流动，阻碍了区域协同创新主体之间的沟通交流与融合发展。高校、科研院所与企业的传递渠道收窄。高校、科研院所科技信息向企业供给传递的渠道不够畅通，企业向高校、科研院所挖掘需求成果的渠道单一，大多局限于企业孤身挖掘、单线沟通，机构间缺乏资源、信息互通流动渠道和信息设备、人才资源的共用共享机制。科技信息共享服务单一。如重庆科技资源共享平台的主要功能仍旧集中在科技型企业的项目申报等科技政务办理的集成和实现上，科技资源共享和创新创业服务基本处于静态化。

（五）人才交流合作深度不够

川渝之间虽然建有人才共享机制，但由于人才资源匮乏，同质竞争严重，人才政策整体性、系统性不强。没有建立良好的长效的人才引进、服务机制，高端人才、海外人才引进难、留不住，人才引育陷入窘境。人才交流合作平台缺乏，尚未健全供需对接、技术交易、人才交流平台，难以吸引有影响力的外国科学家、国内高端科研团队、行业专家开展技术研讨和交流合作。

四、协同工具有限

从区域层面讲，协同创新的治理工具主要包括三个方面：要素整合、平台搭建以及管理方法，如图 8-1 所示。

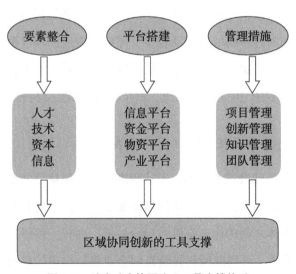

图8-1　地方政府协同治理工具支撑体系

首先，创新要素整合是区域协同创新发展的基础要件。目前，成渝城市群内部创新要素整合程度还不高，人才、技术、资本以及信息等资源基本属于各自行政区域，要素之间分配的不均，造成要素无形的浪费。

其次，平台建设是区域协同创新发展的关键。当前，成渝城市群协同创新平台建设还比较缺乏，城市群内部还没有一个对要素进行整合的综合平台，信息平台、资金平台、物资平台及产业协同平台建设还有待各个要素整合之后的进一步发展，这是区域协同创新发展的关键。

最后，管理措施是实现区域协同创新的直接工具。成渝城市群在协同创新过程中缺乏一套专业的管理措施，如项目管理、创新管理、知识管理以及团队管理等，使得政府在协同创新的具体操作层面有时束手无策。

在区域协同创新治理过程中，关于工具的具体运用，无论是要素整合，还是平台搭建以及管理方法的运用，都需要在"互联网+"思维与方式的指导下进行，通过借助信息技术以及互联网平台，构建属于城市群发展中协同创新的专业平台。

五、协同水平不高

（一）协同层次较低

当前，成渝城市群协同创新的组织和落实主要通过跨区域党政联席会或相关部门沟通会等方式。由于没有严格的法律法规进行规范和约束，更多是一种形式上的会议，不能达到解决实质性问题的目的，也难以在更大范围内进行协同，导致规划和设想虚置，所以协同创新政策的实施效果并不是特别明显。如成渝城市群专利协同申请、高新技术产业协同发展等，协同层次均没有达到一定的深度和广度。

（二）协同形式单一

协同创新包括人才资源、学科资源、科研资源及产业资源等的协同，同时包括牵头单位与协同单位之间的协同、高等学校内部的协同、校企之间协同以及各个平台之间的协同。但当前协同方式主要是由双方联合牵头组成混合式项目小组，沟通形式单一且趋于形式化，虽然签署了合作协议，但在运行过程中仍存在单打独斗、协同形式单一的情况。

(三) 资源共享程度不高

川渝地区资源共建共享仍处于探索阶段。由于政策环境不一致，合作协调机制不健全，缺乏明确的制度保障，部分领域尚未建立常态化的沟通渠道，"协而不同"现象依然存在。目前，川渝科技创新资源浪费与严重缺乏并存，资源配置存在行政化倾向，不同程度地呈现出分散、重复、封闭、低效等问题，科研成果难以转化为现实生产力。据现有资料分析，四川、重庆尚未建立统一、开放、共享的创新服务平台体系，资源配置仍然各自为政，彼此隔离。据实际体验，重庆市科技局官网协同创新信息资料较少，科技服务平台登记注册程序烦琐，基本收集不到有价值的科技信息。

(四) 科技服务效率不高

成渝地区科技创新合作主要是靠政府在推动，但是像知识产权保护机制、科技成果转化和科技中介服务机构等能够有效促进政、产、学、研合作方面的主题还没有出现，目前川渝地区科技服务平台分散，服务效率亟待提高。第一，平台各自运作，科技服务力量分散。成渝地区双城经济圈科技服务平台数量较多，平台运作中，各地区、各产业各自为政，导致科技服务力量分散，出现了资源与平台分散、平台之间功能交叉重叠、资源配置效率低下的现象。以四川省科技业务综合服务平台为例，该平台功能上侧重于文献资源共享、科技创新孵化和科技奖励申报，从综合科技服务平台的角度看，缺少质量检测、金融融资、技术研发服务等功能，综合性较差。第二，异构分布协同差。由于政治体制和行政区划的影响，川渝两地科技服务平台的产业布局趋向于同质，大多科技服务机构结构类似，功能趋同，且未能与产业布局形成功能互补、机构协同的关系。第三，综合服务能力与效率低下。成渝两地科技服务机构规模普遍较小、结构欠优、业务定位不明确、服务内容单一、核心竞争力不强，缺乏持续稳定的服务业务、特色业务。2017年总收入超过10亿元的机构不足50家，占服务机构数不到0.1%。

（五）开放度不高

成渝地区地处相对偏远的内陆，对内对外开放程度不高。对内与长三角地区、粤港澳大湾区及"一带一路"沿线国家（地区）的科技合作不多，对外缺乏全球视野，开放程度不高。北京、上海、深圳等都着眼于全球布局，联合周边地区共建全球技术交易大市场和国际化开放型创新功能平台。目前成都、重庆国际交流合作载体不足，缺乏国际化、品牌化、常态化的国际科技交流、技术转移平台，产业园区开放辐射能级不高。

此外，由于缺乏完善的利益机制引导，川渝地区联合科技攻关项目大多是公共类研发项目，如环境等领域，呈现出明显的共性需求，而在产业科学技术领域相对匮乏。

六、协同程度不深

（一）川渝之间科技互动不深

实施成渝地区双城经济圈战略以前，成渝两地以往签署的众多合作协议中，大多都聚焦于与经济发展和民生就业等高度相关的公共交通基础设施、物流通道建设等领域，关于跨区域科技创新合作的协议很少。2016年印发的《成渝城市群发展规划》提出过"西部创新驱动先导区"这样的定位，但涉及融合与合作的可操作性举措并不多。实施成渝地区双城经济圈战略以来，尽管川渝各级政府迅速行动，提前筹谋、探索构建协同创新工作机制，但目前协同的深度和广度仍有待加强。成渝地区之间的科技创新合作大多还是以各自行政区域之内的合作为主，地区之间跨行政区域的科技创新合作还较弱。而大多是与成都和重庆主城之间的联系，与其他城市或区县的创新合作联系并不够紧密。成渝地区之间的科技创新合作大多还是以各自行政区域之内的合作为主，表明成渝地区之间跨行政区域的科技创新合作还较弱。总之，在成渝地区科技创新合作社会网络中，成都节点对外的科技创新合作联系最为紧密，重庆主城区域节点之间的科技创新合作也相对密切，但网络中其他节点的合作联系还比较弱。总体而言，成渝地区之间的科技创新合作联系还不够紧密。

川渝城市群内部各城市间协同发展范围主要涉及战略合作、经济、交通、环境等领域（约占88%），科技领域涉及较少。[1]

（二）各级城市之间创新协同合作不足

成都与重庆两核之间已经建立较为紧密的联系，但与重庆主城区域之间的联系比与重庆其他区域的联系更为密切；重庆主城各区域之间的科技创新合作与其他区域相比更为密切。成都与省内其他城市、重庆各主城区与其他区域之间的协同创新合作不足。目前，成渝地区双城经济圈的科技创新交流合作大部分还是局限于各级城市行政区内部，形成了两端联系密集、中部协作稀疏的格局。从区域内各级城市的角度看，成都市与重庆市之间的创新交流合作占主要地位，但成渝双城和区域内其他城市的科技创新合作相对不足；从创新投入主体的角度看，科技协同合作大多数还是处于高校之间、科研院所之间，企业之间的创新合作还较少，产学研融合深度较低。

成渝地区双城经济圈科技创新城市合作网络如图8-2所示。[2]

---

① 陈志：《推进成渝地区双城经济圈协同创新的建议》，《科技中国》2021年第5期，第76页。
② 曹晨等：《成渝地区双城经济圈科技创新合作现状分析——基于社会网络与LDA主题模型》，《软科学》2022年第1期，第101页。

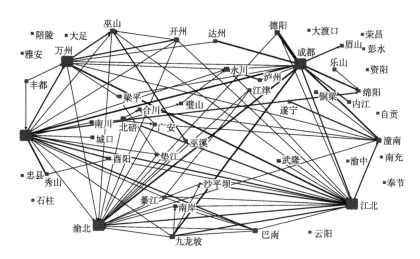

图 8-2 成渝地区双城经济圈科技创新城市合作网络

根据图 8-2 可以看出，成渝地区之间科技创新合作网络整体上呈现双核结构，成都、重庆主城区域在网络中处于核心地位，网络中的联系大多是与成都和重庆主城之间的联系，与其余非核心的节点城市或区县的创新合作联系不够紧密。

网络密度可以反映网络成员之间联系的紧密度。网络密度越大表示网络成员之间的联系越紧密。曹晨等研究发现：成渝地区双城经济圈的科技创新合作联系密度仅为 0.159，表明成渝地区科技创新合作关系还不够紧密。① 究其原因，主要在于：第一，在建设具有全国影响力的科技创新中心过程中，需突破体制机制障碍、全面深化科技体制改革，与先进省市相比，川渝在联合争取加大西部高新技术企业税收优惠、探索设立科研保税区、更开放的人才政策等方面的工作力度不够，政策的突破性还不足；第二，重大科技创新平台建设、重大项目联合实施、创新链互通互补等方面还缺乏整体规划，联合争取国家实验室、国家重点实验室等重大科技基础设施方面合作还有待加

---

① 曹晨等：《成渝地区双城经济圈科技创新合作现状分析——基于社会网络与 LDA 主题模型》，《软科学》2022 年第 1 期，第 98—107 页。

强；第三，川渝科技创新政策颁布与执行尚未同步，虽然各有亮点，但在研发财政补贴、研发成果奖励、科技成果利益分配等方面政策衔接性还不够；第四，川渝行政边界阻隔明显，城市间协调联动不足，科技互动不够。科技创新平台、科研机构创新力量不足，资源整合共享、信息开发共享互动、技术成果交易服务的力度不足。高校、研究机构与产业主体的跨区域合作机制还不够完善，难以发挥城市群经济效益。

（三）成渝地区双城经济圈内政、产、学、研合作力度不够

当前，川渝创新合作机构包含的大多为高校、科研院所和政府部门名称，如财政局、民政局、税务局、四川大学、人民政府等，但涉及的产业、企业名称较少，这表明成渝地区政、产、学、研等主体合作模式还较为单一，主要集中于政、学、研之间的科技创新合作，产业、企业的合作参与还较为缺乏，政、产、学、研的结合还不紧密。

七、协同方式不足

（一）尚未形成整体协同创新模式

目前，川渝地区的整体协同创新方式还不成熟。虽然各个城市之间尤其是成渝之间已经出台了一系列的合作措施，但合作方式基本上都属于"点对点"的基础合作方式。区域主要是局限于成都和重庆双核之间的合作，而并非按照川渝整体组团的协同方式，并未从区域之间的创新链条的角度来考虑整体创新交流与合作活动的开展，以至于川渝整体共同进行创新交流与合作活动力度不够。

（二）缺乏成熟的科技资源聚合模式

目前川渝科技资源分散，成果价值亟待唤醒。表现在：一是科技成果亟

待整合转化。川渝两地科技成果较多，但规范化分类整合、高效转化运用的科技成果仍然较少，特别是交叉学科科技成果的分类整合直接影响成果转化应用的承担主体和目标市场，科技成果价值亟待深入挖掘并有效转化。二是科技信息亟待优化利用。川渝两地各有侧重，但也均有交叉重合，未能形成清晰的科技信息体系，科技信息暂未能转化形成科技创新所需的战略资源、经济资源、技术资源，导致企业等创新主体意识不强，科技信息利用率低。三是科技人才亟待激励任用。川渝两地人才资源较密集、人力资源素质较高，但人才激励机制还不够健全，人才适岗任用还不够成熟，科技人员服务科技创新的积极性还未能充分调动。

（三）科技信息供求方式僵化

目前川渝科技信息供求模糊，传递渠道亟待拓展。一方面，共享信息以政府主导为主，市场运作力量薄弱。成渝两地科技服务机构政府出资较多，民间资本参与较少，市场化程度低。以重庆孵化器为例，2017 年重庆有 25 家孵化器获得 6.15 亿元的财政支持，占到孵化器投资建设的 45.84%；另一方面，科技信息共享服务供给单一。科技资源共享主要依靠政府平台实现，但平台功能仍然以项目申报等科技政务办理为主，科技资源共享和创新创业服务匮乏。科技中介服务机构、科技经纪人等市场化模式进展程度缓慢。

（四）科技金融服务对创新支撑不足

以万达开川渝统筹发展示范区为例。

一是尚未健全创业孵化资金池。没有成熟配套的金融扶持体系引导资本或者基金开展创业投资业务，导致社会资本不能更好更多地参与三地的项目投资、股权投资。

二是没有引导金融机构设立科技金融专营机构。对知识产权质押、股权质押等信贷业务给予相应的政策性引导、财政性支持力度不大，政府支持科技金融引领产业发展方面相对滞后，对吸引金融机构在产业园区聚集、支持科技型中小企业技术创新、推进科技金融领域重大基础设施建设缺乏具体措施。

三是对于企业利用多层次资本市场缺乏相应的引导。没有建立对早期投资、创业投资的风险补偿机制，没有有效的措施支持企业通过科技信贷产品融资、开展债券和商票融资。

此外，还一定程度存在科研和产业脱节现象。现有的科技创新研究力量主要在产业前中端，后端工程化应用力量相对缺乏，还没有国家级产业创新中心、技术创新中心等，如攀钢研究院等的研发重点还是在产业前中端，后端研发能力相对不足。高校、科研机构、企业在基础研究、实验室研究、小试、中试、产业化、应用示范等创新环节没有有效衔接，特别是科研和产业脱节现象还一定程度存在。从科技成果转化的角度来看，成渝城市群的企业、科研机构和大学尚未建立将知识创新、技术研发与成果转化紧密结合的有效机制，出现科技成果转化率低的现象。

八、协同动力不足

协同创新过程中需要将具有不同目标的主体聚集在一起。尽管地方政府可以鼓励和引导参与各方将自身利益升华为共同利益，但协同框架中的参与方之间固有的竞争性以及价值观和使命的差异性使得目标一致性的实现变得格外困难。①

（一）地方政府协同创新的态度"上热下冷"

为推动双城经济圈科技创新高地建设，重庆市政府与成都市政府作为协同创新战略的发起者，其他各级地方政府作为战略实施者，每个层级的地方

---

① 谭穗：《成渝城市群发展中地方政府协同治理的困境及化解研究》，西南大学 2017 年学位论文。

政府作用缺一不可。但在成渝城市群的发展过程中，各级地方政府在协同创新的态度上截然不同，表现出"上热下冷"。"上热"主要是指战略发起者往往对协同创新的作用认识很到位，且表现出极高的协同治理热情；"下冷"主要是指战略实施者对于协同治理重要性及必要性的认识不足，为了各自区域内的发展而忽视整个协同治理，影响了区域协同创新的广度和深度。同时，重庆、成都两个核心城市协同创新协调合作机制仍需健全，空间发展战略缺乏充分对接，高端发展平台的谋划和建设竞争大于合作。

（二）地方政府间"权责利"关系划分不清

目前，在成渝城市群内部，由于"权责利"三者划分不清，即权力如何分配、责任如何归属以及利益如何分配的问题还未得到解决，各级地方政府为了追求自身利益最大化而存在一定的竞争关系。此处的利益从内容上分为经济、政治以及社会利益，经济利益是指可以利用货币进行衡量的一种生产成果，主要包括 GDP、财政收入、人均 GDP、就业率等经济发展指标；政治利益主要表现为有利于当地发展的制度政策制定与实施；社会利益包括科教文卫体的发展、社会治安以及社会保障等。地方政府的利益既是地方政府协同治理的根本原因，也是地方政府协同治理困境的根源。当各级地方政府与成渝城市群利益一致的时候，各级地方政府会选择协同创新；但是当各级地方政府与成渝城市群的利益发生冲突时，地方政府便会背离协同创新。

（三）创新投入力度不足

投入不足往往是协同难以推进的主要障碍。成渝城市群对协同创新的财政支持力度不够，协同创新主体获取创新资金的渠道不多，导致区域协同创新主体的创新投入少。2021 年，重庆和四川的研究与试验发展经费投入分别为 603.8 亿元和 1214.5 亿元，分别占地区生产总值的 2.16% 和 2.26%，投入强度低于北京（6.53%）、深圳（5.49%）、上海（4.21%）、广东（3.22%）、江苏（2.95%）等经济和科技发达地区，也低于全国平均水平（2.44%）。成渝地区服务于创新的科技金融体系不健全、资本市场欠发达，创业投资和风险投资等对科技创新的力度不足。

此外，成渝城市群内协同创新主体的知识产权没有得到充分的保护，导致创新成果被借鉴而没有得到相应的回报，降低了创新主体的协同创新意愿。

第二节　原因分析

一、思想观念层面存在一定障碍

思想认识障碍是制约川渝合作不可忽略的重要因素。影响川渝协同创新的意识障碍有：

一是市场意识不足。仍有一些部门或人员思想保守、目光短浅、畏首畏尾、市场意识差，习惯于按照计划经济的模式观察和处理问题；不少政府部门还习惯于直接干预企业的经济活动，行政管制还很多，审批制还在经济生活中起主导作用。

二是创新意识不足。认为重庆是直辖市，与四川属于不同的行政体制，不善于或不愿意再进行川渝之间的协同发展。对协同创新需要政府之间打破行政区划限制，构建新的协同模式缺乏认识，缺乏主动创新作为。

三是机遇意识不强。从成渝经济区、成渝城市群到今天的成渝地区双城经济圈战略，一些党政部门和市场主体仍未意识到重大的发展机遇，仍按旧习惯、旧方式办事，没有充分意识到川渝协同创新对本地区经济社会发展的推动作用，对"两中心两地"建设的重大意义认识不够。不能及时开展部门之间、地区之间跨省市交流合作，在事关经济发展的一些重大举措上往往行动迟缓、贻误合作时机。

四是合力意识不足。在现行行政体制和官员考核机制下，不同行政区域的利益诉求和目标函数都具有明显的地域特色，导致双方对合作、协同的重要性认知不足，认为短期内合作效应不显著，甚至认为 1+1 会小于 2。官员执政行为短期化成为普遍现象。

五是地方保护主义思想难以消除。在成渝城市群内协同治理过程中，由于行政区划的限制，一直存在着割裂市场的政策壁垒，地方保护主义思想长期存在。川渝之间"诸侯经济"现象尚未消除，一盘棋、一体化、一家亲的思想尚未真正树立。

以上思想及观念障碍直接影响了川渝之间的合作与创新的执行力。早在 2004 年 2 月川渝双方高层官员就签署了"1+6"合作协议，但落实力度欠佳，个别部门对合作协议的落实工作仍然停留在文本上，实质性可操作性工作不多，部分重大合作项目由于涉及地方利益，影响了工作进程，尤其在能源、资源开发和公路建设等方面的合作项目，协调难度大，进展不顺利。虽然两地当前已出台了一系列促进协同创新的政策、文件、协议，但在具体工作中，有关职能部门缺乏有效的沟通和协调配合，力量比较分散，难以充分整合资源，对项目的组织策划、推介实施、跟踪落实不力，川渝合作的统计分析等基础工作不扎实，难以推进重大问题的解决和重大项目的实施，不利于川渝合作工作更加深入地开展。目前摆在川渝各方政府面前的是面对推动区域经济良性发展的认识问题。不管是否有着明确意识，随着川渝政府间经济协作工作发生的变化，如何推动两地协同创新良性发展的问题已经摆在各方政府面前。

二、协同创新能力不足

（一）创新指数较低

根据《中国城市科技创新发展报告（2022）》显示，2022 年，中国城市科技创新发展指数排名前 20 位的城市依次是北京、上海、深圳、广州、杭州、南京、苏州、武汉、天津、西安、合肥、长沙、成都、珠海、常州、东莞、无锡、济南、青岛和重庆。其中，北京连续多年保持第1；上海首次超越深圳，跻身全国第2；重庆市首次进入20强；东莞市和济南市重返20强。重庆、四川分别列13、20位，均未进入前十。2022年中国城市科技创新发展指数排名前20位如表8-1所示。

表8-1　2022年中国城市科技创新发展指数排名前20位

城市	总指数	排名
北京市	0.7312	1
上海市	0.5733	2
深圳市	0.5533	3
广州市	0.4517	4
杭州市	0.4475	5
南京市	0.4404	6
苏州市	0.3806	7
武汉市	0.3710	8
天津市	0.3257	9
西安市	0.3150	10
合肥市	0.3070	11
长沙市	0.3058	12
成都市	0.3038	13
珠海市	0.3036	14
常州市	0.2915	15
东莞市	0.2906	16
无锡市	0.2787	17
济南市	0.2778	18
青岛市	0.2764	19
重庆市	0.2581	20

从地理区位看，省区（市）的科技创新水平整体呈现"东南强、西北弱"的特征。

从七大区域排名来看，从高到低依次为华东地区、华北地区、华南地区、华中地区、西北地区、西南地区、东北地区。其中，华东地区、华北地区、华南地区总指数得分高于七大区域均值。

从省区（市）排名来看，2022年，城市科技创新发展指数排名前5的省区（市）为北京、上海、天津、重庆和江苏。

在9个国家中心城市的科技创新发展指数排名中来看，由高到低依次为北京、上海、广州、武汉、天津、西安、成都、重庆和郑州。尽管成都、重庆在9个国家中心城市分别排名第7、8位，但其科技创新发展指数分别为0.3038、0.2581，均未达到总指数平均值0.3971。

从城市群来看，2022年19个城市群总指数均值为0.3064。其中，珠三角城市群科技创新发展水平具有领先优势，总指数得分为0.8143；长三角城市群、京津冀城市群紧随其后，总指数得分分别为0.6599、0.5453。天山北坡城市群、呼包鄂榆城市群和山东半岛城市群总指数高于城市群均值。而成渝地区成都0.3038，重庆0.2581。如此看来，川渝与其尚有较大差距。

2022年全国36个省会与副省级城市的科技创新指数如图8-3所示。

图8-3显示，36个省会与副省级城市的科技创新整体水平偏高，排名前10位的城市依次是北京、上海、深圳、广州、杭州、南京、武汉、天津、西安和合肥。成都仅排名第12位。

2022年全国地级市科技创新发展总指数排名前20位如图8-4所示。

从地级市排名看，2022年，全国地级市科技创新发展总指数排名前20位的城市中，川渝仅绵阳市上榜，排名第19位。苏州市连续多年保持地级市排名第1。

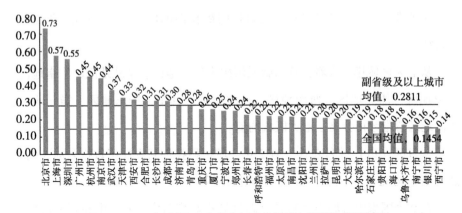

图 8-3　2022 年全国 36 个省会与副省级城市的科技创新指数

城市	总指数	全国排名	组内排名
苏州市	0.3806	7	1
珠海市	0.3036	14	2
常州市	0.2915	15	3
东莞市	0.2906	16	4
无锡市	0.2787	17	5
佛山市	0.2432	24	6
舟山市	0.2422	25	7
嘉兴市	0.2378	26	8
湖州市	0.2293	27	9
芜湖市	0.2226	28	10
南通市	0.2127	33	11
镇江市	0.2104	34	12
丽水市	0.2047	37	13
绍兴市	0.2003	40	14
扬州市	0.1990	42	15
惠州市	0.1981	43	16
温州市	0.1964	44	17
威海市	0.1951	45	18
绵阳市	0.1917	47	19
东营市	0.1908	48	20

图 8-4　2022 年全国地级市科技创新发展总指数排名前 20 位

（二）专利授权与发达地区差距较大

成渝地区在专利数量方面已经基本达到先进城市发展水平，但在专利产出效率、质量以及科技成果转化层面与北京、上海和深圳等存在着明显差距。如 2018 年成渝两地 PCT 专利申请量合计约 800 件，远低于深圳的 18000 件和北京的 6500 件。2021 年，重庆市专利授权量 70206 件（其中发明专利 9413），四川专利授权量 146937 件（其中发明专利 19337），远低于北京的 198778 件（其中发明专利 167608），上海 179317 件（其中发明专利 32860），广东 872209 件（其中发明专利 102850）。川渝人均专利申请量在国内相对落后。

（三）区域协同创新水平有待提升

打造以双城经济圈为基础的科技创新中心需要统筹兼顾，内外协调。从内部看，成渝地区建设科技创新中心涉及跨省市协作。基于科技资源分布不均衡及成渝地区城镇化进程处于大中城市向都市圈加速转型推进阶段，对于提升城市核心能力的科技资源，需求普遍大于供给。从外部看，成渝地区地处相对偏远的内陆，与长三角地区、粤港澳大湾区及"一带一路"沿线国家（地区）的科技合作不多，区域协同创新的引领能力有待增强。

（四）创新人才不足

创新人才不足是川渝协同创新的致命弱点。相比京津冀、长三角、粤港澳大湾区，目前成渝地区的创新人才总量仍较小，2020 年，川渝两省份 GDP 总量为 7.36 万亿，占全国 GDP 总量的 7.24%，而 R&D 人员仅占全国的 3.7%，人才总量仅占人口总量的 13.9%，人才对社会经济发展的支撑作用相对较弱。

从规模以上工业企业 R&D 人员全时当量来看，2021 年上海 93966 人年，是重庆 83845 人年的 1.12 倍；广东 709119 人年，江苏 612676 人年，四川

95650 人年，广东、江苏分别是四川的 7.41 倍、6.40 倍。[1]

三、行政体制分割造成阻碍

成渝地区双城经济圈内的各级城市未能完全打破空间位置和行政区域的壁垒，在区域之间未能建立起跨区域创新合作平台。在以成都市和重庆市为核心的双城经济圈内，核心城市注重与自身行政区内以及核心城市之间的创新交流合作，下级城市受到的创新资源外溢性影响较小，川东地区城市和重庆市之间更由于存在跨省的行政区划分，在地区创新合作方面亟须加强。地级市之间受制于自身创新资源要素较少的问题，也难以在学科链、产业链上建立起创新合作联动机制。

（一）统筹协调力度不强

目前，川渝一体化发展统筹协调力度不强。三大城市群与国家部委建立了部级工作制度，成渝尚未完全建立国家部委及两地部门间的合作机制。京津冀、长三角、粤港澳大湾区协同发展战略实施均与国家有关部委建立了部级联席会议工作制度和省市层面的定期会商制度，而成渝地区虽建立了省市党政联席会议制度，但与有关部委的部际联席会议制度和两省市部门间的协商合作机制尚未完全建立，一体化、多层级的协同发展工作机制不健全，区域整体创新协作关系仍较薄弱。京津冀、粤港澳大湾区均构建了区域协调发展顶级配置，由国务院牵头成立了"京津冀协同发展领导小组""粤港澳大湾区建设领导小组"，均由中共中央政治局常委、国务院副总理韩正担任组长。

英国著名学者曾提出经典的"负协同理论"，即若区域政府之间行政、制度上的障碍导致协议的缺乏，将会产生所谓的"负协同效应"（系统要素之间呈现的消极关系）。当前川渝正面临这样的状况，各行政区在制定地方发展政

---

① 数据来源：国家统计局数据。

策时均"自说自话"，缺乏沟通协调，区域内缺少一个统一的领导架构来定位各城市的发展方向，协调各城市的利益冲突。川渝之间存在较为严重的信息障碍，比如没有协同的信息网站，统计信息获取困难，重庆科技统计资料基本查不到。

（二）跨区域协同创新的组织障碍

成渝城市群发展中地方政府协同治理的组织障碍主要表现在两个方面：

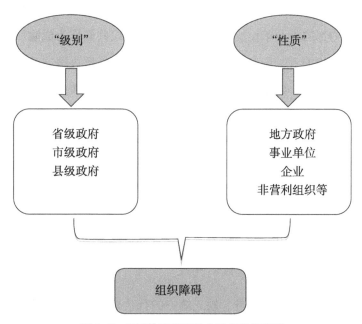

图 8-5　区域协同创新地方政府组织障碍

一方面，各层级地方政府"级别"不同（见图 8-5）。成渝城市群内部的各层级地方政府在纵向上呈现出"金字塔"的结构，而在横向上缺乏有机的联系，呈现出"格子式"的结构，这样的政府结构划分有利于提升行政效率，但是造成了成渝城市群内部地方政府间协同治理的困难。由于成渝城市群内部被多个行政区域所分割，根据我国地方政府的相关法律法规规定，各级地方政府对本行政区域内部的经济、社会、文化等事务具有管理权，也就是说各级地方政府对成渝城市群中的一部分具有独立的行政管辖权，这就会对成渝城市群发展中地方政府协同治理带来许多消极的影响：一是难以统一步调，有效开展统一的行动，不利于整个成渝城市群的发展；二是成渝城市群整体性的规划在实践中难以落实落地；三是成渝城市群内各地方政府为争夺资源而展开恶性竞争的状况难以缓解。

另一方面，成渝城市群内部的地方政府、事业单位、企业以及非营利组织等创新主体的"性质"差异。成渝城市群中的地方政府协同治理遵循的是一种整体性的思维，虽然地方政府在协同治理过程中起主导性的作用，但是成渝城市群内部的事业单位、企业以及非营利组织共同作为成渝城市群发展过程中的利益相关者，只有通过多方的协同行动才能解决地方政府协同治理所面临的各种问题。如在地方政府协同治理过程中，当涉及地方政府之间政治、经济以及社会利益的时候，就会出现僵持不下的局面，事业单位、企业以及非营利组织作为第三方力量①，可能有助于打破这种僵局。由于地方政府、事业单位、企业以及非营利组织在性质上的不同，在谈判或者联合行动过程中不同类型的组织话语权不同，导致成渝城市群发展中地方政府协同治理出现困境。

（三）区域政府目标函数不一致

川渝之间由于级别有差异，缺乏统一的行政架构，在发展格局上一直是竞争大于合作。成渝二核在行政地位、经济实力以及发展水平方面存在很多的不匹配之处，这就造成成渝二核在协调双方城市方面难度进一步加大。二者在"西部第一城"的争夺始终未曾停止。

各地政府目标具有多元性。政府的特殊需求，或为了追求短期行为，或为了实现"政绩工程"，导致各地政府目标函数出现偏差，地方目标高于区域

---

① 本文的第三方力量是指除了各级地方政府之外的第三方组织的作用，如事业单位、企业以及非营利组织等。

整体目标，不再以整体目标作为第一目标，从而竞争大于合作，忽略投入多、耗时长、风险大的研发创新活动，行为短期化，以致偏离共同目标越来越远。政府目标的多元性和行为短期性往往成为协同创新的重要阻碍。比如，当前各级地方政府对热门产业具有强烈的发展冲动，且各级地方政府没有良好的沟通渠道和协调机制，造成成渝城市群内部产业结构趋同且互补性不强，无法进行很好的产业分工与合作，地方政府之间没有太多的相互需求，因此影响地方政府推动协同创新的积极性和效率。行政区划对于成渝城市群整体发展的约束，不仅仅引起各个城市之间恶性竞争，还会导致地方政府之间各自为政的现象，难以形成成渝城市群内各级地方政府之间协同治理。

技术交易市场各成体系，科技金融制度存在地区壁垒，行政边界的阻隔造成了财政、投资及金融方面体制壁垒，各区域间的政策衔接不足。

四、地方政府利益冲突

区域内不同城市的利益分割将极大地限制区域协同创新的发展，尤其是各个城市基于自身利益考量而采取的单方面的自主创新行动，看似是积极的地方性发展，但事实上相对于该城市所处的区域而言，则很可能一种片面的、非理性、浪费资源和缺乏效率的发展。

（一）行政分权导致区域利益导向偏差

"利益"与地方政府官员考核目标和区域发展目标息息相关，是驱使地方政府进行协同治理的根本原因。在成渝城市群发展中，各级地方政府官员作为理性的"政治人"，往往只遵循"自身利益"的最大化而非成渝城市群"共同利益"。当各级地方政府的利益与成渝城市群"共同利益"发生冲突的时候，地方政府往往会选择自身的利益而背弃地方政府间的协同治理，这就使得成渝城市群发展中地方政府的协同治理困难重重。

（二）利益分享边界不明引发协同困境

目前，川渝地区没有形成成熟的创新成果扩散系统和利益协调机制，利益共享机制仍不够明确，不能有效促进科技要素和科技产品跨区域流动。尤其是缺乏弥补市场功能不足的创新利益分配机制，还有沟通机制、统一的技术标准规范等，尚无法充分协调与保障各方的利益诉求。在现行体制下，省市还是某种程度的利益主体，行政区之间存在着行政分割的利益分歧，存在大于合力的分力，利益难以共享，以致这些协作区还远远没有充分发挥协同创新区的作用。

其原因主要表现在以下三个方面：一是成渝城市群的共同利益无法直接计入各级地方政府的绩效中，上级政府对于下级政府的考核主要是根据当地的经济和社会发展而定，而不是根据对成渝城市群发展的贡献程度；二是在成渝城市群发展过程中，由于各级地方政府在协同治理中究竟支付了多少成本以及产生了多少利益无法量化，很难对协同治理的收益进行合理且公平的分配，必然会丧失各级地方政府协同治理的动力；三是各级地方政府作为理性的"经济人"，都有"搭便车"① 的心态，一部分地方政府在享受协同治理成果的同时而不愿意支付相应成本，此时另一部分地方政府由于协同治理的成果被侵吞而影响了继续协同治理的积极性。成渝城市群中各级地方政府由于上述冲突，导致其协同治理的动力不足，地方政府协同治理的困境便由此产生。

在现行税收体制和分别独立考核的制度框架下，川渝地区的利益诉求和利益目标不尽相容，创新收益和协同红利难以在彼此间实现对等共享，创新资源高密度地区不可能突破"一亩三分地"的自利考量，也不愿意把资金投

---

① 搭便车理论首先由美国经济学家曼柯·奥尔逊于1965年发表的《集体行动的逻辑：公共利益和团体理论》（*The Logic of Collective Action Public Goods and the Theory of Groups*）一书中提出的，其基本含义是不付成本而坐享他人之利。

入其他地区，很难实现创新成果和创新收益在地区间的转移流动，制约了区域整体创新能力的提高。

（三）地方保护主义难以根除

在历史和现实中，成渝城市群内部各级地方政府之间的矛盾和地方政府"自身利益"与成渝城市群"共同利益"的冲突依然存在，在产业布局和创新布局上成渝两地仍然会存在竞争，区域流动共享会受到影响，甚至四川省内部成德绵的协同也存在一定困难。

在实际操作中，各市各自为政、行政分割、地方保护主义、数字化政绩至上的现象并不少见。甚至受地方利益驱动，区域内各城市陷入了招商引资"倾销式"的竞争中。如为吸引外资，各地方政府竞相许诺超额的政策、税收、地价福利，唯恐外资被周边县市以更优惠的条件抢走，导致政绩相对下滑，最终促使自己陷入囚徒困境，而外资企业则渔翁得利；再如某些城市地方保护主义思维严重，对异地投资企业实行比本地企业严苛的征税政策；或者为了本区域的利益，资源配置厚此薄彼这种违背市场规律的做法一定程度上阻碍了企业的跨地区发展、兼并和重组，影响了各种生产要素和商品在城市间的自由流动，对双城经济圈建设可能存在不利影响。

五、区域协同创新机制不足

客观来讲，川渝地区尚未建立起强有力的协同创新体制机制。目前成都和重庆两个核心城市协调合作机制仍需健全，背向发展的现象仍然存在。

（一）利益冲突引发协同创新机制失灵

首先，监督机制的缺乏。川渝之间进行协同创新监督渠道缺乏，还未能形成体系；成渝城市群发展中大多涉及的是平行的或者是不相隶属的地方政府之间的协同治理，在我国长期以来对于横向政府间的法律法规完全是一片空白，更没有所谓横向监督机制的存在。监督机制的缺失使得不相隶属的各级地方政府由于利益竞争不愿意进行协同发展，而由于没有完善的监督机制，各级地方政府之间的权责利无法准确定位，容易进一步激化地方政府之间的矛盾。其次，协调机制失效。目前，由于成渝城市群内部没有专门的地方政府协同治理组织机构、相关的法律制度缺陷以及资金的缺乏，跨行政区域的沟通会是当前地方政府采用的主要形式，但是最终实质性的决策权并不归跨行政区域的沟通会所有，一旦讨论的问题涉及各方的利益时，最终会因为很大的意见分歧导致地方政府协同治理没有丝毫进展。最后，沟通机制不畅。在成渝城市群内部，各级地方政府为了达到协同治理的目标需要形成信息互通的系统。成渝城市群内部的各层级地方政府由于政策、经济以及地理等因素的影响，导致信息分布的不均衡，由于缺乏完善的信息互通系统，拥有信息优势的地方政府为了维护自身的利益不愿意分享其信息，不能从全局思考地方政府协同治理的问题。

(二) 资源配置行政化倾向仍须改善

从总体上看，川渝地区政府行为仍然没有摆脱一靠红头文件、二靠政策手段、三靠保护垄断这样一种行政支配的行为模式。在现实的经济运行过程中，确实存在着政府对市场的过度替代问题，一些应由市场起作用的仍然由政府包办，而应该由政府职能到位的一些领域却没有真正管起来。现在问题比较突出的是地方政府行政审批中存在的问题。一些直接参与或者干预微观经济的政府部门，仍然大量存在，导致现实生活中的行政审批事项的过多过滥。

(三) 缺乏有效的产学研协同创新机制

首先，科研成果权属不明朗。由于科研成果所有权、使用权、收益权没有分离，导致成果持有方缺少交易动力，再者缺乏合理的市场定价机制，易造成交易双方的矛盾纠纷，影响科技成果转化市场的长期稳定和效率。其次，校企合作信心不足。主要体现在企业对高校科研成果转化及产业化的主观迫切性不强，尤其对市场前景不明确、产品化程度不高、前期投入较大的前瞻性科研成果孵化积极性不高。再次，校企供需信息不对称。学校科研往往缺乏明确的市场目标，使得学校科研产出的小成果多、大成果少，特别是企业急需的产业化技术成果就更少，不能满足生产的实际需求。最后，研究和市场需求联系不紧密。在现行职称评定和激励机制下，教师和科研工作者更多把精力专注在论文、著作发表的数量和获得的奖励上，而对课题选择、成果的市场需求以及能否转化为现实生产力的重视程度还不够。

（四）缺乏协同创新长效机制

当前川渝地区协同创新的制度化程度比较低，绝大多数地方政府之间都是靠地方政府领导的承诺来保障，缺乏法律效力，不具有稳定性，领导职务的变动就会导致之前形成的协同治理机制失效。由于目前成渝城市群内部各级地方政府间的主要协同治理形式是进行集体磋商，一旦触碰到自身的实质利益时就会导致协同治理的失败，如成渝城市群内部各城市的产业趋同较为严重，但是产业布局的变动会涉及地方政府自身的利益，所以导致地方政府协同治理进入举步维艰的状态。

六、企业创新主体地位不强

三螺旋理论认为，企业是连接创新活动与市场推广的最重要的主体。在协同创新中，要大力提高市场在创新资源配置中的主导作用，持续完善企业创新软硬件环境，切实保护和提升企业创新动力、活力，加快促进形成企业创新正反馈机制，使企业成为社会创新的强大主体。但目前川渝协同创新中，企业的主体地位还比较薄弱。

（一）企业创新投入占比不高

根据 R&D 经费内部支出的三大主体的经费来源，政府是科研机构和高等院校的科研经费主要来源，侧重于基础科学领域的研究；企业对科技创新的支出则来源企业自身，更侧重于应用型技术的研究和技术成果转化。在经费支出的三大执行主体中，高校的 R&D 的投入执行效率是最高的，而研究机构的 R&D 的执行效率最低，并且研究机构的低效率导致了我国区域的 R&D 投入绩效偏低。① 在成渝地区双城经济圈中，四川省内的研发投入属于"政府+企业"双轮驱动模式，重庆市的研发投入则是以企业为主、政府为辅的模式。与东部发达地区相比，四川省内政府的研发经费投入占有更大的比例。2020年浙江省和江苏省的企业研发经费支出占 R&D 经费总支出的比例分别为75.2%和79.23%，而同期四川省内的企业研发经费支出仅占总研发投入的52.17%。四川省内企业科技研发投入所占的比例还处于较低的水平，企业还未能作为创新发展的主动能，区域内对战略新兴产业的发展支持力还有待提升。

（二）企业创新能力有待提升

整体来看，川渝地区企业开展研发活动、设立研发机构的比重、研发经费投入强度，以及企业研发人员、研发经费在全社会中的比重仍处于较低水平，创新能力建设仍有较大的提升空间。据 2022 年度四川省科技创新统计监测结果显示，规模以上工业企业研发投入强度比上年下降 0.03 个百分点，是监测中为数不多的下降指标，较全国平均水平低 0.44 个百分点，仅居 31 个省区市第 19 位；企业 R&D 活动支出占全社会总量的 52.3%，比全国平均水平低24.6 个百分点。企业创新能力建设方面仍有较大提升空间。

---

① 尹伟华：《三大执行主体视角下的区域 R&D 投入绩效评价研究》，《科学学与科学技术管理》2012 年第 10 期，第 58—66 页。

（三）创新产业化水平较低

一个突出表现是知识产出与市场需求脱节。目前，川渝地区协同创新的经济有效性比较低，甚至在知识效率比较高的成渝地区，其经济效率依然不够高，这反映出川渝地区创新知识产出与市场需求没有得到很好结合与统一。创新知识产出没有很好地满足市场需求，可以推断是因为企业在这一过程中没有很好地发挥应有的连接职能。

川渝地区的科技企业在产学研的合作上能动性、自主性不足。[①] 主要表现在企业和企业家缺乏创新的动力，对高校和科研机构的科技成果缺乏热情和市场战略眼光，导致高校、科研机构研发出的大量科研成果转化率非常低。[②]一方面，川渝地区整体民营企业发展落后，大多数国有企业内部尚未形成有效的创新激励机制；另一方面，高校、科研机构的科研成果研发缺乏相应的融资、经营渠道，难以推进科技成果产业化发展。

川渝地区在吸纳技术成交额等方面在国内相对落后，与发达地区存在较大的差距，如表8-2所示。

表8-2　北京等六省市规模以上工业企业新产品情况[③]

指标/城市	北京	上海	广东	江苏	四川	重庆
规模以上工业企业新产品项目数（项）	15199	24859	201009	116152	26218	19752
		1.26	7.67	4.43		
规模以上工业企业开发新产品经费（万元）	6066577	10765301	46369762	33574354	5720504	4904174
		1.24	2.20	8.1	5.87	

---

① 马文华：《长江上游经济带人力资本问题与对策》，《合作经济与科技》2007年第3期，第20—21页。

② 熊升银：《成渝地区双城经济圈高质量发展内涵与评价指标体系研究》，《攀枝花学院学报》2021年第4期，第67—72页。

③ 数据来源：国家统计局数据。

续表

指标/城市	北京	上海	广东	江苏	四川	重庆
规模以上工业企业新产品销售收入（万元）	82529591	105748814	496849026	426223729	61387535	69951788
规模以上工业企业新产品出口销售收入（万元）	20891453	13650361	142962987	96307299	5674694	14289567

从规模以上工业企业新产品项目数（项）来看：2021 年，上海为 24859 项，重庆为 19752 项，上海是重庆的 1.26 倍；广东为 201009 万元，江苏为 116152 万元，四川为 26218 项，广东、江苏分别是四川的 7.67 倍、4.43 倍。

从规模以上工业企业开发新产品经费来看：2021 年，北京为 6066577 万元，上海为 10765301 万元，重庆为 4245267 万元，北京、上海分别是重庆的 1.24 倍、2.20 倍；广东为 46369762 万元，江苏为 33574354 万元，四川为 5720504 万元，广东、江苏分别是四川的 8.1 倍、5.87 倍。

从规模以上工业企业新产品销售收入来看：2021 年，北京为 82529591 万元，上海为 105748814 万元，重庆为 69951788 万元，北京、上海分别是重庆的 1.18 倍、1.51 倍；广东为 496849026 万元，江苏为 426223729 万元，四川为 61387535 万元，广东、江苏分别是四川的 8.09 倍、6.94 倍。

从规模以上工业企业新产品出口销售收入来看：2021 年，北京为 20891453 万元，重庆为 14289567 万元，北京、上海分别是重庆的 1.46 倍；广东为 142962987 万元，江苏为 96307299 万元，四川为 5674694 万元，广东、江苏分别是四川的 25.1 倍、16.97 倍。

在协同创新中，如果企业没有成为区域协同创新体系中的真正主体，无法与高校和科研院所进行有效、积极的互动合作，创新的知识成果得不到有效利用和转化，那么高校与科研院所主体的积极性必然得不到激发，整个区域的协同创新体系将会出现恶性循环。

七、创新生态环境有待完善

成渝二核均属于创新生态城市第二梯队。根据德勤中国发布的《中国创新生态发展报告2019》，在中国创新生态城市排名中，成都和重庆分别位列第7位和第11位，属于第二梯队。第一梯队的北上广深，及其联结的京津冀、长三角、珠三角区域，在科技创新体制建设方面值得成渝地区借鉴。比如，重视基础科学研究、重视科技成果转化、区域内各地政府的沟通协作以及在扶持创新产业发展、优化创新环境方面的服务和引导等。与第一梯队相比，成渝地区双城经济圈科技创新发展不平衡不充分的问题较为突出，协同创新能力有待进一步提升，需要借鉴先进经验，在实践中不断完善科技创新体制建设，激发更多的科技创新活力。

成渝城市群内部的交通设施不完善的问题尚未完全消除，川渝间节点城市、重庆至四川节点城市、成都至重庆节点城市通达性仍不乐观。目前，已经实现了"双核"——成都与重庆两地之间1小时到达，但是"核心城市与次级中心城市1小时到达、城市群内所有次级中心间2小时到达"的目标还未实现，如表8-3所示，"双核"到达区域的部分中心城市耗时在两个小时以上，这就对成渝城市群发展中地方政府协同治理造成一定的影响。以物流为例，重庆保税区的物品到四川南充，直发时间不过2.5小时，但现行物流模式还需要先发到成都再转送到南充，时间跨度超过5天。

表8-3　成渝"双核"至各区域中心城市耗时表

起　止	耗　时
重庆—黔江	3小时30分
重庆—宜宾	3小时30分
成都—宜宾	3小时30分
成都—泸州	3小时
成都—南充	2小时30分
重庆—南充	2小时

川渝两地城镇化发展水平相对较低。从城乡、区域一体化发展的角度来看，川渝地区整体明显落后于长三角、京津冀地区，川渝两地城镇化发展水平相对较低，城乡发展差距较大。重庆市虽为单列直辖市，但是与另外三个直辖市相比，重庆市拥有大量乡村，城镇化程度较低。截至 2020 年，重庆市乡级行政单元依然有 177 个，远高于上海地区。与此同时，重庆市城镇化率比上海市低 20 个百分点左右。同时，四川的城镇化率与江苏和浙江等地区相比程度大幅落后，甚至低于发展水平更低的安徽。这就导致川渝的城乡差距大幅高于长三角地区，而且川渝两地内部地区的差距更加明显。就地区内部城市之间的人均 GDP 来看，重庆和四川两地城市人均 GDP 差距达 4—5 倍，然而位于长三角地区的浙江、江苏和安徽三省分别只有 2.2 倍、3.1 倍和 4.5 倍，这进一步说明川渝地区的城乡发展与区域一体化发展程度明显低于长三角、京津冀地区。除此之外，在城镇体系环境完备化程度上川渝地区也显著低于长三角、京津冀区域，在城镇体系环境的培育和建设方面，川渝地区明显弱于长三角、京津冀区域，这就进一步阻碍了川渝地区协同创新发展环境建设。

八、双核虹吸效应大于辐射效应

城市经济学认为，"万千百"目标是一个重要的城市辐射力评判标准。指当某地经济总量突破 1 万亿，常住人口突破 1000 万，市场主体突破 100 万，地方一般预算收入突破 1000 亿时，城市就具有核心辐射力，而成都市和重庆市都达到了这一标准。

在成渝城市群中，重庆和成都作为双核城市，无论是经济资源还是创新资源，都有着无可替代的作用。2020—2022 年，成都 GDP 分别占四川省总量的 36.52%、36.82%、26.3%；重庆主城区 GDP 分别占全市总量的 39.27%、39.16%、39%。从城市的人口和经济体量来看，除了成渝两地以外，成渝地区双城经济圈没有出现规模与之相当的"次中心"城市。其他甚至很难达到城市辐射力评判标准目标的五分之一，更不要说在市场规模和活力上进行比较。缺少次级城市削弱了成都市和重庆市的"辐射效应"，甚至加剧了两地的"虹吸效应"，这对双城经济圈的经济协同发展将会带来相当大的负面影响。而相对地，在珠三角城市群内就涌现出的佛山、东莞等活跃度远超我国一些副省级城市甚至某些省会的城市，这类城市一方面向中心城市供给生产要素，另一方面可以通过与之合作升级自己在产业链上的位置，从而实现经济的协同发展。

相对来说，成渝城市群内部的各中小城市经济发展存在着不平衡的现象。成渝城市群中各中心城市的 GDP 差距较大，2022 年，在《成渝城市群发展规划》中定位的中心城市绵阳市、宜宾市、南充市、泸州市、乐山市、万州区以及黔江区中，GDP 最高多是绵阳市，为 3626.94 亿元，最少是黔江区，为281.67 亿元①，反映出各中心城市间的经济发展是极不均衡的。近年来，资源向成渝地区单向聚集的势头尚无逆转趋势。当前，成渝地区双城经济圈"双核共振，中位塌陷"已是不争的客观现实。可见，双核对川渝其他地区的虹吸效应依然显著。

通过分析 2020 年成渝地区各地市（区县）R&D 经费投入强度、万人发明专利拥有量局部莫兰指数发现，重庆中心城区的渝北、江北、九龙坡、巴南、沙坪坝以及周边璧山、江津等研发能力强的区县形成小范围聚集，成都和绵阳科技资源丰富但未带动周边区域科技能力提升，大部分地市（区县）科技能力与相邻区域相关性弱，表明川渝各地市（区县）科技资源与邻近区域的共享作用还不明显。②

---

① 数据来源：四川、重庆地方统计数据整理。
② 舒巧：《川渝科技资源对比及协同共享简析》，《重庆统计》2022 年第 6 期，第 12—15 页。

第三节 对策建议

一、理念协同

川渝要建设创新高地和科技创新中心，打造全新的有竞争力的区域协同创新系统，需要地方政府在行政上充分沟通、有效协同，并从思想上根本转变，倡导树立协同发展的理念，克服地方保护主义的思想，从而充分发挥政府的引导作用和创新主体的作用，实现协同效应。在理念上，川渝要牢固树立以下发展理念。

（一）牢固树立一体化发展理念

川渝两地要树立合则兴、分则衰的理念，相向发展，共同做强。创新合作的过程中，要进一步打破条块分割的行政体制、打破地区封锁，消除"诸侯经济"现象，协调好行政层级和行政权力之间的关系，真正树立一盘棋、一家亲的理念，形成统一的、具有创新示范和带动作用的区域统一市场。两地还要突出"一体化"发展，要强调打破行政壁垒。国内外湾区及城市群在协同创新体系建设中，都将打破行政壁垒作为核心关键，更加注重顶层设计的协同性、机制的联动性。因此，成渝地区协同创新体系建设要打破行政边界和部门管理壁垒，在技术创新、产业联动、空间布局、体制机制等方面形成一体化发展的创新生态体系。构建双方名牌产品互认、质量技术监督互认等区域创新公共服务平台，实现以科技为核心的包括产品、产业、制度、商业模式等在内的全面创新，形成大众创业、万众创新的新局面。

（二）牢固树立竞争与合作并存的发展理念

在市场经济大潮中，竞争是不可避免的，但是，如果区域间一味只强调竞争而忽视合作，只会形成组织内的严重内耗，造成经济资源的极大浪费，从而制约区域经济、社会和文化的快速发展。博弈论中经典的"囚徒困境"证明，区域内各城市间无谓的恶性竞争不仅不会为自身带来超额利益，反而会浪费大量相关资源，加重地方政府的负担，降低城市之间的信任感，严重影响后续协同的可能性。在竞争和合作之间失之偏颇将对川渝两地的发展、整个西部地区的开发乃至全国经济和社会发展都会产生极大的负面影响。因此，川渝两地应该认清形势、因势利导，走川渝创新合作、发展合作之路，在竞争中寻求合作，在合作中促进竞争。两地政府的使命是优化营商环境，让企业自己去选择。

（三）牢固树立协同的发展理念

在区域科技协同创新发展的顶层设计上，要将协同思想融入双城经济圈内每一个城市社会经济发展的每一个领域。在协同发展中，地方政府更多地遵循"共同利益"为重的发展逻辑，只有互利共赢的"博弈"才能达到成渝城市群内各地方政府的协同治理。通过建立与地方政府协同治理相关的法律法规，保证地方政府协同治理环境，从根本上打破成渝城市群内部以行政区划为主体的发展方式，加速推动成渝城市群的全面发展。加强舆论引导，增强社会各方对协同创新发展的认同感和积极性，汇聚形成共同促进和支持成渝地区协同创新体系建设的强大合力。以双城经济圈两中心两地为目标引领，实行任务导向。根据中央部署和《实施方案》的精神，明确川渝协同创新的目标任务，将协同创新中心任务进行层层分解，并且通过实行目标管理、全员管理、全程管理等多种科学管理办法，确保协同创新工作围绕中心的目标任务开展。

二、政策协同

政策是行动的指南，政策协同是区域协同发展的基础。政策协同就是从政策入手制定川渝协同创新行动依据。根据川渝协同创新系统的构成，研究设计相对应的政策体系和政策措施，包括政策子系统、政策覆盖范围和相应的政策着力点，并以此作为整体政策架构。

川渝地区要探索政策互通共享，逐步创建"同事项两地同策、同产业两地同规"的新模式，统筹规划、科学布局、优化整合，实现机制协同、政策接轨。尊重市场作用，践行竞争优先理念，清理废除妨碍统一市场和公平竞争的各种政策措施，打破成渝地区产业融合发展的市场壁垒，强化政策及各类标准体系衔接协同，实现成渝地区产业融合发展。

（一）做好协同创新顶层设计及具体部署

川渝地区要立足政策措施顶层设计，重点组建研发创新机构、协同创新平台等创新载体，推动城市间市场整合，推动制度协同。

一是编制高水平战略规划，制订总体建设方案。四川省和重庆市政府要深入研究，科学研判全国、成渝经济形势和区域协同创新发展趋势，精准谋划未来，编制区域创新发展中长期发展规划和总体建设方案，高起点、全方位、多层次、系统性构建推动成渝地区双城经济圈建设的成渝地区双城经济圈协同创新发展战略体系。出台《成渝地区双城经济圈协同创新发展战略规划：2020—2035》，每五年提出建设目标要求。做好顶层设计，打通基础前沿科学研究、技术研发和产业技术应用三大创新环节，统筹协调科技人才、科技成果转化、产业链定位、科技要素布局和财政税收等相关领域政策，形成推动创新发展的巨大合力。

二是制定专项规划和详细部署。成渝地区应该借鉴国内外先进的城市群相关经验，面向十四五规划，颁布一系列推动两地发展的发展规划，人才政策、产业发展、交通运输、法律规章等专项规划，推动建立完整的协同创新体系。促进两地相关政策的协同，形成有利于资金、人才、成果等各类要素自由流动的政策法规体系及产权、技术、人才、信息等一体化市场，营造良好的创新生态系统。

（二）强化法规与政策协同

首先，取消之前制定的不利于成渝城市群协同创新和协同治理的相关法律法规，打破以行政区划为主要依据的歧视政策，有效减弱地方政府保护主义，建立公平且统一的法律法规，推动成渝城市群内部协同创新和协同治理，启动区域层面立法，为协同创新提供法制保障。

其次，针对国家法律和相关政策措施，按照省级行政区域各自组织实施，破解制约区域整合发展的现实问题，建议由国家法制部门牵头或指导川渝法制部门进行区域性立法创新，对制约协同创新和协同发展的行业监管、科技成果转化等方面的相关法律和政策进行调整，消除地区间的政策差异，实现相关法律和政策在川渝的一体化实施。完善协同创新中各创新主体之间协同创新的法律法规，明确协同创新过程中各创新主体间的动能定位和利益分配等政策措施，推动区域协同创新主体间开展多层次、跨学科的合作，以促进区域经济社会的发展。

最后，强化公共政策供给，促进协同创新发展。如研究制定区域内统一普惠的财政税收、金融投资、产权交易、技术研发、政府采购、招商引资、土地批租、外贸出口、人才流动、技术开发、信息共享等创新支持政策，逐步统一区域内企业研发费用加计扣除、高新技术企业互认等执行标准，以便更好地推进川渝协同创新共同体建设。

（三）实现区域制度架构融合

建立协调的公共管理制度。在户籍制度、住房制度、就业制度、医疗制度、教育制度、社会保障制度等改革方面加强行政协调，联手构建统一的制度架构和实施细则，以此协调各地区的政策行为。

完善区域协同创新平台运营制度。区域协同创新平台要制定科学的战略规划目标，完善内部运营的制度体系，实现区域协同创新平台的市场化运营。要明确创新平台内部的工作流程，规范创新平台内部的流程。在研发、产业化及公共服务等创新平台载体的认定、绩效管理、奖励补贴、资源共享以及大型仪器设备购置等方面形成完善的制度体系和规范流程。要完善创新平台服务范围、服务标准、服务流程和服务收费等方面的实施细则、管理制度或标准规范，并且在创新平台的人才队伍建设以及知识产权保护等方面制定统一的配套政策。同时，完善创新平台内部的控制程序和流程，科学有效地运用事前控制、事中控制和事后控制。

政策协同的实际操作过程需要遵循如下原则：一是筛选。在现有众多政策条文中，以川渝协同创新、协同发展为主题对各部门、各地区的相关文件条款逐一进行筛选，将所有相关内容归总形成政策池。二是整合。按政策子系统、覆盖范围和政策着力点将政策池中的内容分别纳入相应部分中去，使内容条理化、系统化、清晰化。三是打通。以协调性为目的，对同一性质的政策条款逐一进行合规性、合理性审核，使同一条款在各地区获得一致性的政策效力。四是补新。对无法从政策池中找到的新体系框架下的政策内容，组织力量重新制定。

三、组织协同

协同创新是各个创新主体要素内实现创新互惠知识的共享，实现资源优化配置，行动最优同步、高水平的系统匹配度。因此，打破行政壁垒，破除行政分割，实现组织协同就显得尤其重要。

具体来说，是指区域内各级政府通过建立一种科学高效的联动性行政架构，与国家层面的相应机构进行对接，综合运用政策性工具、法律法规、经济调节等措施，对涉及区域性发展、公共事务、地方分工、地方或创新主体间利益协调等方面的问题进行合理的调控，以促进区域内部创新要素尽可能实现自由流通和最优化配置。一是成立更高层级的川渝协同创新联合领导小组，由省委省政府主要领导担任组长，进行方向性、关键性问题决策；分管副省长任副组长，负责小组日常管理和一般性问题的审批；一些关键部门、综合部门（如省科技厅、发改委等）的负责人和各市主要负责人任组员，主要任务是共同研制区域发展整体性规划和地方性发展方向，统筹协调，组织实施，监督评价，解决共性的、重大的方针政策问题，优点是可以超越地方利益，宏观把握区域的协同创新，同时对于各地的执行情况做及时客观的监督评价，但还是存在对各市实际情况把握不够细腻，强制的规定性影响地方创新动力等缺点。所以，真正能有效推动川渝实现区域协同创新的现实主体应该是省市联动、多方合作的机构，即川渝区域协同创新联合领导小组和地方政府联席会议办公室双管齐下。二是成立地方协同创新联合领导小组，专门负责地方协同创新的管理和组织。领导小组由各市主要领导人担任组长，直接联合负责，市级分管领导或科技等职能部门领导担任执行组长。地方协同创新联合领导小组对区域协同创新进行调研，拟订协同方案、计划，设立项目，推动协同创新发展。该小组积极发挥重庆、成都"双核"的主导作用，把成渝城市群区域中心城市的创新主体吸纳到这个管理组织中，利用这种"放射性"的模式形成成渝城市群内部整个区域协同创新的发展，真正形成区域协同创新网络。三是实行相关协同创新机构领导人联席会议制度。定期开展有关地方协同创新的重要事项，切实解决地方协同创新遇到的困难和阻碍。在联席会议下设置日常事务处理的机构，方便应对可能遇到的临时紧急的问题。

四、主体协同

区域协同创新主体是大学及科研机构、政府、企业及科技中介组织等。企业的作用主要是产品研发及成果的产业化，政府的作用主要是政策引导，大学及科研机构的作用主要是科学研究、培养人才和服务社会，科技中介组织主要是发挥桥梁和纽带作用。

(一) 明确创新主体的主要职责

协同创新参与主体主要涉及地方政府、创新型企业、高等院校与科研院所。企业是产学研体系中最活跃的要素。应当以企业为主体,深化企业改革,建立和完善现代企业制度,加强企业自身技术创新能力建设。完善技术开发体系,使企业真正成为生产经营、技术创新和成果转化的主体。创新是高校的重要职能,高校应当主动改革传统的管理体制,组织跨专业、跨学科、跨院校的科研力量,主动为企业服务,避免科研成果与企业需求之间的脱节,推动高校高新技术成果向企业现实生产力转化。科研机构承担着服务企业的责任,应当主动深化改革,主动向企业靠拢。为企业发展助力加油。因此,企业应当主动与高校、科研机构联姻结盟,高校、科研机构应当积极为企业服务,在致力于成果转化中真正实现成果的价值。应当在以企业为主体,以高校、科研机构为支撑的基础上,构建协同创新机制,在协同中创新,在创新中协同,实现产学研的共赢。

(二) 打造多元化区域协同创新组织

主要形式包括产业技术创新战略联盟、产业技术研究院、产学研合作联盟及协同创新中心等。产业技术创新战略联盟是区域创新主体以契约为保障,以企业需求和各方利益为基础,形成的优势互补、利益共享、风险共担的技术创新合作组织。产学研合作联盟,实行"高等院校以基础科研为主、应用研究为辅,研究机构以应用基础研究为主、应用开发研究为辅,企业以应用开发研究为主、应用基础研究为辅"的分工策略,在分工协作中实现协同创新。要明确产学研各方的研发职责职权边界,建立各司其职的协同研发机制,让协同创新工作有序、协调发展。

(三) 突出企业在创新产业链中的主体作用

鼓励区域内的企业和大学、科研院所联合建立研发平台,或者联合组建股份制研发机构等，让企业最大限度地进入到科技创新项目研发中，从而帮助企业形成自己的科技队伍，增强科技企业本身的科研力量，这样才能将科技创新成果最高效率转化为生产力，使成渝城市群的创新产业链葆有持久的生命力。对成渝城市群区域内企业的科技创新活动给予财政资金支持，以提高企业的创新积极性，重点则是促使企业改变运行理念和管理模式，提高创新成果转化意识、创新成果评价能力和创新成果补充研发能力。成渝城市群的产学研项目从课题立项到研发过程及最终鉴定，都应增加企业技术专家参与意见的机会，多倾听他们基于实践的看法，有助于减少"学术思维"，真正做到以市场需求为导向，重点扶持能够转化的应用性科研课题的立项。

（四）搭建政产学研融合平台

以各主体共同利益为基础，构建政产学研科技需求综合数据库，搭建政产学研科技协同平台。通过平台充分融合各方优势，通过资源、信息、经验共享分工协作共同开展科技创新活动，让产学研各方进行信息沟通、技术讨论和交流，推进技术创新、利益协调，以提升科技协同效率与水平。科技协同平台主要借助网络运行，实现远距离信息同步，为协同单位简化前期调研过程，实现多方位信息对称，以提升后续科技协同工作的效率。

五、要素协同

川渝地区创新要素富集，但区域内资源统筹困难，协同创新步伐缓慢，很大程度上是因为统一的创新要素市场建设滞后。要紧扣人才、资金、数据、设备等关键创新要素，共同探索更加灵活的创新要素流动机制，打造要素高效配置、便捷流动的核心枢纽，建立统一市场体系。

（一）共聚创新人才

人力资本作为创新活动的核心动能和执行者，其优化配置的程度决定了区域协同创新发展的持续性。川渝两地要打破体制性障碍，加快科技创新人才跨区域的交流与合作。

一是共建川渝两地人才信息共享平台，提高人力资源供需匹配效率。川渝两地要对区域人才资源进行全面系统的梳理和分类，共建川渝地区科技人才信息资源库，包括高端人才信息库、各类专业人才、高校毕业生信息库以及双城经济圈人才供需求库等。应借助互联网技术与信息平台建立与完善两地不同层次人才资源的信息发布与交流机制，推动两地科技人才资源的共用共享，实现双城经济圈专家人才一体化，促进双城经济圈的人才供需高效匹配。

二是加快构建川渝地区双城经济圈人才流动共享机制。深化人才发展体制机制改革，促进人才跨区域、跨所有制流动，强化全维度人才措施配套联动，提高人才配置效能。统一川渝地区人才资格认证标准和人才评判标准，给予双城经济圈人才在住房、医疗、配偶就业、子女教育各方面等同的政策优惠，消除人才在异地创新创业的后顾之忧。对符合条件的高层次人才实行双城经济圈"人才一卡通制度"。协同建设川渝人力资源合作平台，减少川渝地区之间科技人才流动费用，提升成都和重庆高端专业人才吸引力，促进川渝地区科技人才全面流动。建立双城经济圈人才柔性流动机制，拟定川渝地区双城经济圈人力资源市场统一管理措施，统筹平衡川渝地区高考录取制度、户籍制度、社保的衔接等各方面促进人才资源的区域自由流动。

三是要完善双城经济圈创新人才的激励政策。改革创新人才发展体制和机制，推动人才跨区域跨所有制流动，增强人才配置效能。共同制定人才配套服务政策、颁发"双城经济圈人才服务卡"、加强人才全维度服务措施的配套联动。支持科技人才在高校、科研机构与企业之间双向转移。两地联合制定人才引进、培养、评价、服务、激励、流动、使用等配套政策，将双城经济圈创新人才工作目标对标对表清单化、任务化。完善高层次人才市场化认定机制。完善以增加知识价值为导向的分配政策，对急需紧缺高层次人才鼓励用人单位实行年薪制、协议工资制、项目工资制等灵活多样的分配方式。

四是在川渝地区建立人力资源开发和孵化基地。通过基地建设，形成人才协调中心、政策保障中心、人力资源市场以及高级人才运营部门等，加大力度引进和培养高端创新人才，健全区域创新人才交流合作的机制。出台相关激励政策鼓励川渝地区的高校和科研院所设立科技创业、科研助理岗，享受与在编人员同工同酬待遇。

五是合力共创双城经济圈招贤纳士、招才引智的品牌，协同引进高精尖人才。大力支持双城经济圈科技研发团队整合力量"走出去，引进来"，共同打造双城经济圈招才引智品牌。鼓励通过双城经济圈的专家在国内其他地区及"一带一路"沿线国家和地区积极开展科学研究活动，带动国内国外人才双循环，共同引育一批在国内国际都具有影响力的高端项目和高级人才。

（二）共享科技资源

一是加快构建科技资源开放共享机制。建立川渝科技创新平台联盟、川渝大型科学仪器设备资源共享联盟，推动基础科技资源实现全面开放共享。构建网络化的技术转移服务体系，建立川渝技术交易网，为企业提供"一站式"服务。制定和实施科技创新券在川渝互通使用办法，优化配置和高效利用川渝科技资源。建立资源利用和共享平台，实现资源使用与共享的便捷化。这些资源包括人员、经费、物质（实验室与实验仪器等）、信息（知识与科技信息）等，川渝要针对不同资源的特征构建制度体系和实施办法，从而实现对各类资源的优化配置和整合利用。

二是协同推进高校院所交流互动。构建高等学校协同创新体系，建设环成渝高校创新生态圈；推动高校院所在两地互设研究机构和研究型大学，协同开展高水平研究活动；联合搭建校院地协同创新平台，探索在重大项目联合申报、关键共性技术联合攻关、科研仪器开放共享等方面先行先试。设立国家级高等教育改革示范区，推动成渝两地高校在联手打造大学科技园、联合办学、科技人才互通和优质资源共享等方面先行先试。

三是协同打造成渝地区"科创走廊"，促进创新要素集聚。科技创新走廊是城市间协同创新的重要形式。"科创走廊"能形成科技创新要素、高端技术人才的集聚、新兴产业集群，对区域创新协同发展有着重要的支撑作用。成渝地区双城经济圈应围绕产业链布局创新链，在电子信息、生物医药、装备制造、新材料等区域优势产业集群的基础上，规划建设"成—遂—南—广—渝"科创走廊、沿成渝高铁线的"成—内—渝"科创走廊和沿长江沿线的"宜—泸—渝"科创走廊等，促进创新要素的进一步集聚。

四是增加合作交流的渠道与方式，实现创新资源的互补。交流合作的渠道是省市间协同发展的重要联系。要想不断提升区域间的协同合作程度，必须保障合作交流渠道的数量与质量，在各行各业间展开充分的合作交流。同时，对于创新、医疗、文化建设等跨地区的合作交流，创设多种多样的创新合作方式。通过对区域内在治理上的方式创新，促使区域内资源共享、设施共建，为区域发展形成良好的串联，最终提升川渝区域整体竞争力。

（三）共汇科技信息

一是加强科技文献信息共汇，升级打造两地科技信息共享服务平台。以四川省科技文献共享服务平台为主平台，整合重庆科技文献资源，升级打造成渝地区双城经济圈科技文献资源共享服务平台，促进川渝两地科技信息资源的规范化、平台化共享服务。二是拓宽民间参与渠道，推动科技信息全域流动。集聚高校、科研院所科技信息资源，支持中小微企业广泛收集汇聚科技成果需求、技术挖掘需求等技术研发、科技创新信息资源，加速推进高校、科研院所的科技成果、学术论文等文献资源走向园区、创新企业。三是加快汇聚科技人才信息，促进人才适岗任用。加快培养知识产权、技术标准、科技项目管理等方面的紧缺人才和汽车、物联网、集成电路、工程机械等领域的专业人才，加强人力资本信息交流积累，全面系统梳理和分类科技合作领域和相关领域各级人才，利用互联网技术，健全地区各级人才信息公布和交流机制，促进成渝地区双城经济圈科技人才信息共用共享、适岗任用，将人才优势转化成为科技和产业优势。四是联合搭建信息交流互动平台。联合建设川渝科学数据中心，开展科学数据整合汇交，推动科学数据开放共享。共同建设数字科学城信息化平台；打造在线科技要素交易大市场，实现两区域科技创新要素无缝对接和合理流动；推动国际技术转移中心等建立线上服务平台，面向两区域科研单位、企业开展市场对接、技术交易、信息咨询等综合服务。

（四）共促技术转移

共建川渝地区技术转移机制。区域技术转移，实质就是技术成果在区域之间流动与共享。建设区域技术转移机制首先必须订立健全的技术转移法律法规与政策。就技术转移可行性与规范性而言，要制定相应的规定以强化知识产权保护，这一方面能够减少技术转移过程中的风险与交易成本，另一方面有利于保障和维持企业、高校等各类创新主体参与技术转移的动力和热情。

共建川渝地区技术交易市场。加快川渝地区技术成果互联互通，进一步改革科技成果奖励和科研经费分配机制，增加利益分配技术要素比例；成立专门的双城经济圈技术市场管理办公室，牵头举办双城经济圈专业性科技成果展览会、洽谈会、科研项目推介会等，促进知识、技术在双城经济圈的流动和有效转移。

健全川渝地区跨区域技术转移和成果共享体系。构建川渝地区跨区域技术交易市场和常态化的科技信息共享机制，推动双城经济圈技术成果转移转化交易平台互联互通，定期联合组织双城经济圈的高等院校、院所和企业等创新主体开展成果转化对接活动，促进科技成果跨区域、跨主体转移转化，实现成果共享。

（五）共育统一大市场

加快建设统一开放、竞争有序的区域市场体系，打破行政壁垒，发挥各自比较优势，形成分工有序的区域良性发展机制。推动"渝快办""蓉易办"通过政务云联网连通，加快毗邻地区政务服务一体化。促进要素市场跨区域共建共享，完善川渝油气输送管道网络，加快实施川渝毗邻地区的水资源配置工程，建立公共资源交易平台市场主体信息共享与互认机制，推动电力等资源要素"同网同价"，推进天然气市场化改革。对成渝城市群内部的劳动力、技术、人才以及资金等要素进行统一管理，建立统一的市场监管准则，为成渝城市群的发展提供良好的法律环境，提升整个区域的协同发展。

六、机制协同

（一）构建协调机制

协调机制是保证川渝协同创新能够实现并成功实施的首要因素。构建协调机制的首要任务就是建立一个统一的、有力的川渝协同创新协调机构，该机构由两地政府协商或由上级主管部门牵头组成，有权决定协调的必要性和协调进行的时机，并对协调的成绩进行评判，运用一定政治或经济的手段保证协调的顺利进行。协调机构应从川渝协同创新整体利益的角度出发，协调两地创新主体之间多层次的关系，并与政府职能的转变和行政机构的改革结合起来。

区域利益分配是协同创新发展的核心问题。因此，完善域内城市之间的利益协调机制，建立合理的成渝地区协同创新利益共享和风险共担机制，确保共享发展红利是协调机制的重中之重。一是建立政府内部协作机制，破除成渝地区双城经济圈内的流动壁垒。重构两地产业价值链，避免产业过度同构、重复投资，合理配置资源，促进产业高质量发展；加强利益协调机制力度，削弱各种壁垒，加速产业资源的区域流动，提高资源市场化配置效率。二是建立区域外部联动机制。以利益共享、责任共担为目的，加强成渝地区双城经济圈的联动，由点到面向外扩散发展，产业间彼此取长补短，避免出现同质现象，进一步深化区域之间的分工与合作，更好地实现成渝地区产业间协同发展。三是现有利税体制无法满足区域协同发展利益诉求，构建合理的利益分享机制势在必行。建立跨省市投资、产业转移、技术成果转化的区域间税收分享和产值分计机制。以利税分配改革为突破口，在川渝地区试行存量不变、增量分成的财税体制，通过机制设计，解决异地纳税带来的税收与税源背离问题。可以毗邻合作共建区域产业发展功能平台为试点，探索建立对新设企业形成的税收增量属地收入部分实行跨地区分享。制定规范合作的科技成果价格评估体系，细化合作创新的知识产权分享机制，保证各方的合理利益，以有效激发区域协同创新积极性。

在微观协同创新组织中，要实现利益共赢，成果共享。一是建立较为公平公正且较为完善的绩效管理机制。通过绩效管理，一方面建立激励机制，如建立透明化的信息共享和成果分享机制，鼓励参与各方发挥主人翁精神；另一方面建立约束机制，确保中心建设和项目实施受到必要的约束和管制。调动各参与机构和工作人员的积极性。二是建立较为完善的薪酬福利分配机制，按照能力与贡献进行薪酬与福利分配，打破吃"大锅饭"的格局。三是建立成果分享机制，通过构建完善的知识产权、发明专利的申请、保护及其利益回报的制度体系，使得成果分享有章可循。

（二）强化动力机制

川渝协同创新的目标是共同促进双方创新发展，转变发展动能，提升创新能力，增加创新产出，建设全国有影响力的科技创新高地。而协同创新的根本动力是川渝两地能够获取创新红利，因此，必须建立以创新红利为动力源和首要目标的川渝协同创新的动力机制。在市场经济条件下，这种动力是通过竞争机制的激励机制来表现的。首先，要求川渝两地政府从政策、法律和工作指导思想上明确认可创新主体的创新活动，维护区域发展利益，要创造最大限度地激励区域协同创新的内在潜能和追求自身利益的积极性、创造性；其次，完善市场机制，确立竞争原则是川渝市场创新活动运行的最大权威；最后，创造一个良好的社会环境、舆论监督的氛围，确保动力机制的运作和实施。

（三）完善整合机制

区域协同创新具有整体性和开放性的双重特征。一方面，通过合理配置区域各方优势创新资源，可以形成综合优势；另一方面，通过充分利用区域外部资源和条件，加大外部创新资源的整合力度，有助于形成"开放、合作、协同、互动"的区域协同创新格局。川渝地区协同创新可在立足自身科技创新优势基础上，突出联合申报重大项目，联合攻关核心技术、重大技术、"卡脖子"技术等，促进川渝地区整体创新竞争力的提升。

（四）深化合作机制

川渝两地应深入探讨跨越行政边界协同创新合作机制，以"双核共振、节点联动、边缘协作"为抓手，优化双城经济圈协同创新网络结构。

一是双核共振。在成都重庆主城双核间，要强化同频共振，全面推进双核之间高等院校和科研院所建设，加强创新主体与企业产业链合作，加强双核协同创新的辐射力建设，逐步实现成都与重庆两大都市圈1小时双城经济圈的双圈互动机制。

二是节点联动。川渝两地要积极推动双城经济圈节点城市创新联动发展，支持节点城市跨地区合作。形成以成渝双核、区域中心城市和节点城市为支撑的"2+8"双城经济圈城市协同创新核心网络，加快协同创新集群化发展。

三是边缘协作。川渝两地要积极推动双城经济圈边缘地区的创新合作。

鼓励川渝交界地区以地理相邻性为依托开展跨行政区协同创新。探索经济区和行政区适度分离，尽快打破川渝两地的分治有余、互动不足以及相邻抱团的局面。构建川渝毗邻地区构建协同创新共同体，有必要构建毗邻地区统一的市场制度和发展机制。以打造"万达开川渝统筹发展示范区"等毗邻地区功能平台为契机，打破川渝两省市行政区划壁垒，突出跨行政区域平台的主体功能，探索相适应的管理模式、成本共担和利益、税收分享机制，实现集聚创新资源要素和发展区域特色经济的共性目标。

（五）巩固协商机制

高效的协商机制是实现区域协同创新的必要条件。川渝地区在协同创新过程中，要不断优化川渝两地的行政协商机制，营造地方政府协同治理良好氛围。目前，双城经济圈也建立了各级地方政府之间互访、市长联席会议以及双城经济圈内部主要部门负责人的协调会议等机制，但是，这些分散的会议并没有制度性的约束和组织性的保障，时间和空间上缺乏规范性，对重大性、紧迫性问题的行政协商往往落后于实际发展需求，阻滞了协同创新的推进。因此，要建立一个双方共同遵守的、有制度保障的行政协商机制，确保各级地方政府之间为促进区域协同创新作出实质且有效的行动。

（六）创新工作机制

川渝地区要进一步创新协同创新的工作机制。一是川渝两地要加大共同对上争取力度，努力将川渝两地重大发展政策、重大平台、重大改革和重大项目列入国家有关规划；强化川渝之间协调联动，保障川渝实现规划衔接，政策协同，资源共享；压紧压实川渝两地负责协同创新的主体责任，加强工作对接，完善协同创新推进机制。二是川渝两地注重建立健全区域城市协同创新监督机制。实行创新项目化清单化管理，逐项推动落实。双城经济圈有关部门和区域城市要根据行动方案做好协同创新全年工作部署，对协同创新目标任务进行细化分解，确定协同创新项目竣工时间表、路线图。三是建立年度协同创新工作方案及审查机制，川渝协同创新领导小组授权第三方机构对协同创新计划的实施进行考核、追踪和分析；构建川渝协同创新促进实施巡查制度、健全激励和考评机制、形成倒逼制度、增强闭环效应。

七、"三链"协同

创新链是知识的生产创造、创新、应用、转化到产业化的全过程，体现了知识的流动、增值。创新链是动态演变的。产业链是从生产到销售的动态链条，不同的企业参与合作，形成互动体系。资本链为创新链、产业链提供金融支撑。

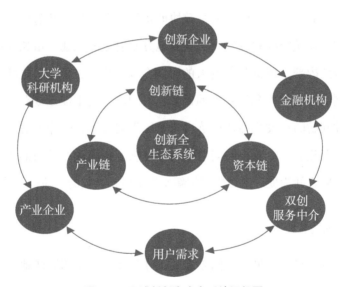

图8-6 区域创新全生态系统运行图

创新链、产业链、资本链三链对接，三链互动，实现科技成果产业化，形成科技创新与产业发展的紧密结合、良性互动，推动区域经济更好更快地发展。成渝城市群要围绕创新链、产业链及资本链，出台政策引导各链条实现有序发展，充分发挥三链的联动关系，筛选优势产业，提高成果转化，完善资本支撑，整合官、产、学、研、金、介、用等创新要素，促进各链条以及各环节实现互动交流、相互促进，为创新链、产业链及资本链融合发展提供环境，打造创新创业主体提供全生态系统。

创新全生态系统内创新链、产业链、资本链之间的互动关系如图8-6所示。

要围绕产业链部署创新链，围绕创新链优化资本链，促进科技创新要素的有效流动，实现科技创新资源的有效分配；围绕产业链部署创新链。围绕产业集群构建研发集群，推进川渝区域产业与科技在更高层面、更大范围、更广领域融合发展。可依托既有优势，提升一批产业协同创新共同体，着力打造一批绿色发展型产业协同创新共同体和研发引领型产业协同创新共同体；围绕资本链助力产业链，依托资本链，通过专业投资，对重点行业，地方企业、中小企业、高技术企业等进行投资和增值服务。通过资源的有效调配，助力产业链发展；围绕创新链完善资本链，可以打造全线基金链，整合地方政府政策资源、学研机构技术资源、其他出资人资源、社会资源等形成母基金，母基金放大为各个子基金，子基金通过专业投资撬动更多社会资源扶持地方企业、中小企业、高技术企业做强做大；同时优化互联网金融，完善金融征信服务、建设金融服务体系、投资服务体系等。

（一）做强创新链

一是加强源头协同创新。川渝应发挥成渝地区科技创新资源的基础优势，采取共谋共建、共谋分建和分建共享的多种手段，努力建设全国综合性科学中心，力争更多的国家重大科技基础设施入驻双城经济圈。川渝两地要联合争取在双城经济圈布局建设网络空间安全、航空航天技术等尖端领域国家实验室；要联合争取在双城经济圈布局高端航空装备、智能网联汽车、绿色制造等领域国家技术创新中心；应共同努力，布局双城经济圈，建立脑信息科学、绿色化学、高选择性合成和交通隧道工程等方面的国家重点实验室。建成川渝地区大型低速风洞、高海拔宇宙线观测站等我国重大的科技基础设施。推动川渝建设国家应用数学中心。

二是加强基础研究和应用基础研究。基础研究和应用研究是做强创新链的重要保证。川渝两地应整合建立区域性自然科学基金并推进实施若干重大基础研究与应用基础研究项目。基础研究方面，双城经济圈可实施一批基础研究三年、五年、十年等阶段性研究计划，加强量子科学、宇宙演化等前沿交叉学科研究；在应用研究方面，川渝两地要加大集成电路、新能源、生物技术和信息网络安全的应用研究力度，研发出更多的原创性成果，真正实现以基础研究和应用研究保障做强创新链。

三是联合攻关突破关键核心技术。川渝地区要聚焦5G、工业互联网、人工智能等新一代信息技术、现代高端装备技术、先进制造、空天技术、核能技术等相关尖端技术，进行联合攻关，力求取得突破。川渝地区要围绕生物技术与医药、信息安全等重点领域，进行超前规划布局，展开联合研究。围绕汽车摩托车、仪器仪表、新能源、新材料、资源环境、现代农业等领域，实施科技协同创新合作发展计划，突破核心技术，发展硬核产品，努力提高产业核心竞争力与产业链的现代化水平。

四是构建重大科技基础设施体系。加快建设大型低速风洞、高海拔宇宙线观测站、电磁驱动聚变大科学装置等国家重大科技基础设施。布局红外太赫兹自由电子激光装置等省重大科技基础设施，加快建设新型空间光学研究装置、超高速轨道交通试验平台。建设科学数据和研究中心。推进省种质资源中心库、成都超算中心、西南天然药物与临床转化综合研究平台等高能级创新平台建设。

五是搭建协同创新平台。协同创新的有效执行关键在于协同创新平台的搭建，可以从以下方面进行宏观布局：一是协同打造高能级创新载体。按照"一城多园"模式合作共建西部科学城，加快重庆科学城、成都科学城、绵阳科技城、天府新区、两江协同创新区等建设，共建成渝科创走廊，构建集群化的协同创新廊道，加快形成成德绵科创走廊、西部科学城、成渝科创廊道等区域集群化协同发展核心体系，注重发挥聚合优势，打造西部创新高地。围绕双城经济圈建设一批创新型城市和创新型县（市），共同推进成渝毗邻地区创新发展。二是联合争取布局建设一批国家实验室、国家重点实验室、国防科技重点实验室、高级别生物安全实验室、国家大科学装置、国家技术创新中心、前沿交叉研究平台落户川渝，联合争取国家级研究院所在川渝设立分支机构。争取中国科学院、中国工程院等国家级科研机构在成渝地区建立分支机构。三是面向产业技术创新，建设国家层面支撑产业技术研发及产业化的综合性创新平台，加快科技成果转化、产业化。特别是面向培育战略性新兴产业的协同创新平台，以重大的高新技术产业化带动新兴产业发展形成未来主导产业，协调相关创新组织，统筹加强科研设施建设和研发投入，促进战略性新兴产业的形成、崛起，形成具有国际竞争力的主导产业，带动产业结构调整。四是共建"一带一路"科技创新合作区，提升创新平台资源集聚能力，联合举办国际科技交流会议，提升川渝科技全球知名度和影响力。

六是共同推进国际科技合作交流。精准对接"一带一路"沿线国家和地区创新需求，共建"一带一路"科技创新合作区和国际技术转移中心，共同举办"一带一路"科技交流大会，开展科技人文交流、共建联合实验室、科技园区合作、技术转移等，积极推进中国—欧盟、中国—东盟、中国—南亚等技术转移中心建设，打造"一带一路"西部科技创新枢纽。共建国际技术转移中心。联合推进中国—欧洲中心、西部国际技术转移中心、中国—匈牙利技术转移中心（重庆）、天府国际技术转移中心等国际技术转移中心建设，形成数据互联互通的技术信息平台和交易体系，共同开展线上线下相结合的成渝地区国际技术转移服务。吸引国际知名技术转移机构在川落户，建设国际联合实验室和国际科技合作基地，共建川渝国际科技合作基地联盟，共同打造国际技术转移中心。

（二）打造产业链

实现产业协同创新是区域协同创新共同体建设的应有之义。成渝城市群要以提高产业技术创新为目标，梳理区域产业布局和产业构成，引导区域创新资源向产业链上游转移，要打造区域协同创新平台，共同攻克核心技术，补足区域产业链短板，要利用区域内部的产业组织机构，形成产业创新联盟，完善区域产业链，从而促进区域产业结构升级。

当前国际产业竞争已经由产品竞争进入到产业链竞争阶段，技术创新由单项突破进入到多技术集成创新阶段，资本投资也由项目直接投资进入到跨国跨领域并购阶段。只有围绕最新技术发展趋势及其内部集成机制，升级产业链，实现"三链"的有机结合，才能促进战略性新兴产业的健康发展。

1. 成渝地区优势产业协同发展重点方向

结合两地基础条件与《规划纲要》明确的重点产业领域，成渝地区应加强电子信息、汽车制造、装备制造、特色消费品等产业领域分工协作，共同推进先进制造业与现代服务业深度融合，着力培育一批具有国际竞争力的产业集群，协同建设现代产业体系。一是共建国家数字经济创新发展实验区，强化电子信息产业分工协作，聚焦集成电路、新型显示、智能终端等领域，联合打造"云联数算用"要素集群和"芯屏器核网"全产业链，共创成渝软件名城，推动共建成渝国内工业互联网一体化发展示范区，协同建设全国领先的"5G+工业互联网"生态。二是以智能网联和新能源为主攻方向，共建高水平汽车产业研发生产制造基地。以"上游联合攻关、中游扩大优势、下游互为市场"为主要方向，强化成渝地区汽车产业链协作和供应链配套，协同开展智能网联与新能源汽车联合技术攻关，联动申报建设燃料电池汽车示范城市群、国家智能网联汽车试点示范区。三是联合培育装备制造业产业集群，协同提升产业基础高级化水平。充分发挥在航空航天、装备制造、能源装备、工业机器人、仪器仪表、数控机床等领域的基础优势，合力突破一批核心基础零部件（元器件）、关键基础材料和先进基础工艺，协同提升产业基础高级化与产业链现代化水平。四是突出成渝地域优势，培育特色消费品产业集群。进一步推动成渝地区消费品企业开展供应链协作，有效整合消费品上下游产业资源，壮大健康食品、精品服饰、特色轻工等产业领域，培育世界级特色消费品产业集群。五是协同推动先进制造业与现代服务业深度融合。在工业设计、科技服务、人力资源服务、检验监测等领域联合打造一批服务品牌。强化重庆、成都国家物流枢纽功能，合力建设国际航空货运中心。在数字经济、核心零部件、智能硬件等领域联合打造一批专业会展品牌。

2. 共同打造产业集群

一是聚焦重点产业领域，打造世界级产业集群。成渝两地要充分利用各自的比较优势和特色产业格局，注重巩固和扩张汽车、物联网、集成电路和工程机械等产业链，实现资源优化组合。完善多种能源要素优势互补的格局，并通过区域内优势资源的开发整合，实现创新服务链的供应方和需求方的有效对接，促进新型产业的融合发展。第一，明确重点产业定位，以"芯屏器核网"全产业链和"云联数算用"为关键领域，聚焦汽车摩托车、电子信息、装备制造、生物医药等优势产业，加快引进和建设战略性新兴产业集群，重点布局建设氢能源、人工智能、集成电路、智能制造等国家战略性新兴产业集群。第二，在汽车制造业领域，引导长安汽车、吉利沃尔沃等两地整车重点生产企业形成西部地区汽车产业联盟，主要以发展新能源和智能网联汽车为主线，加强技术创新协作、促进应用示范融合、推动市场开放互通，加快汽车产业集聚发展，推动成渝地区共同打造成为国内外重要的新能源和智能网联汽车研发、制造、应用基地。第三，在电子信息产业领域应推动川渝强强联合，在全球范围内吸纳集聚要素资源，通过头部企业和重大项目引领带动产业链、价值链向高端迈进，打造世界级电子信息产业集群。

二是共同打造战略性新兴产业集群。成渝地区政府既要推进传统产业智能化改造，促进传统产业转型升级、提质增效；又要选取优势产业和未来新兴产业，统筹推进产业集聚区规划布局和空间拓展，打造具有国际竞争力的产业集群。加快成都建设全国重要的先进制造业创新中心步伐，推动互联网、大数据、人工智能等信息技术集成应用，促进制造业产业模式和企业形态创新。提升重庆主导产业创新发展能力，构建装备制造、医药健康、信息技术等产业技术创新体系。依托成渝地区优势产业创建综合性国家产业创新中心，在成德绵地区积极建设国家高新技术产业带。

三是共同打造特色优势产业集群。整合发展优势产业，加强产业合作，协同打造特色优势产业体系和科技创新体系；共建产业创新联盟，促进新一代信息技术、人工智能、工业互联网、高新技术服务等新兴产业上下游加快对接；共同制定城市机会清单，相互开放应用场景，打造创新产品的试验场。推动两地产业积聚成群，实现生态群落式的互补和融合，形成一种更综合的产业链关系；体现各自优势特色，实现优势互补协作发展，实现各种资源利用最大化，跨界发展新产业新业态；共同做大成渝地区的区域优势产业，着力于协同延长产业链，扩大区域内产业分工，推动产业创新协作"共配"，提升区域内部配套水平。紧扣产业链上下游和左右岸协作分工，共同参与全产业链协同配置，协同强化前沿和未来产业先发优势。

3. 区域内产业差异化协同

区域内产业的差异化协同与城市间的差异化定位发展是相辅相成、异曲同工的。川渝地区现存的城市协同度不高、功能重复的问题扩散到产业上导致的问题就是区域内部产业同质化现象严重，在整个区域巨系统中这就是严重的经济无序。而改善这种无序状况的关键之一就在于以区域战略视野，超越地方利益，立足于长远发展而推进的区域内产业差异化协同，以避免区域内部产业过度竞争，出现创新资源争夺战。

一是差异化定位产业主攻方向。根据川渝地区产业特点和资源分布，理顺产业链条，凝练地方产业方向，优化区域产业布局，形成梯度合理、有序分布、错位发展的区域产业创新格局。川渝地区现有的产业优势，为优化区域产业布局，形成产业错位发展、优势互补提供了基础条件。各市完全可以依托这些优势产业大量集聚其他地区的相关企业和产业支撑机构等资源，通过有效的整合逐渐形成强劲持久的竞争力，打造区域级甚至国家级、世界级的创新产业集群。放眼世界，化"内斗"为"外争"，变"川渝制造"为"川渝创造"。

从"双核"的角度看，成都、重庆要深化区域产业分工，协同做大产业链和产业集群。成渝两地应充分突出各自优势，相互支撑优势产业发展，做到既有竞争又有合作的产业发展模式，形成区域性的产业聚集效应。深化"大产业、细分工"区域产业协作模式，强化错位发展、固链补链、合作建链，增强区域产业配套水平，共同做大汽车、电子信息等产业链条和产业集群，增强与国内其他区域的产业联系与联动，提升区域和全国产业链稳定性。如根据川渝两地电子信息产业发展基础、资源禀赋等，可协商探讨重庆聚焦"终端制造+智能制造"、成都侧重"研发+高端制造"的差异化发展定位。按照"研发+制造""硬件+软件"的思路，推动成都研发优势与重庆制造优势互补，成都高端软件优势与重庆工业机器人优势联动，形成协同发展格局。

从都市圈角度看，成都都市圈地处成都平原，包括成都、德阳、资阳、眉山、雅安等地，主要城市沿岷江、沱江等带状分布，城市和城镇相对密集。要发挥成都主城区的辐射带动作用，以主要交通走廊为纽带，形成以成都主城区为核心，以德阳、资阳、眉山、雅安、乐山等城市为节点，以促进现代服务业、装备制造、电子信息、新材料及特色农业发展，建设城乡一体化、全面现代化、国际化程度较高的都市圈。重庆都市圈包括重庆市的 24 个区县和四川省的 4 个地级市，即重庆主城 9 区（渝中、大渡口、江北、沙坪坝、九龙坡、南岸、北碚、渝北、巴南），潼南、铜梁、大足、璧山、荣昌、永川、江津、綦江、南川、涪陵、长寿、武隆、丰都、垫江及四川省的泸州、自贡、内江、广安。要以打造长江上游地区的金融中心、商贸物流中心、科教文化中心和综合交通枢纽为主要目标。南充城市圈以南充为核心，包括遂宁、广安、合川。要以促进石油天然气精细化工、汽车及零部件、新材料、轻纺服装、有机农产品加工、能源、商贸物流等优势产业发展为主要目标。

从经济带角度看，要重点发展以下几个区域。一是成渝发展轴。主要包括成都主城区、资阳市、内江市、重庆主城区、荣昌、潼南、铜梁、璧山等相关城市和城镇。加快发展现代服务业，打造先进制造业集聚带，培育世界级产业集群，提升现代农业发展水平。二是成绵乐城市发展带。要促进装备制造、电子信息、生物医药、科技服务、商贸物流和特色农业等产业集群发展。三是长江城市发展带。长江城市发展带是长江经济带的重要组成部分，主要包括泸州、宜宾、江津、重庆主城区、涪陵等相关城市。主要发展方向是集聚冶金化工、装备制造、新材料、清洁能源、轻纺食品、商贸物流等产业，加强产业和物流对接，共同开拓货源市场，提高服务区域大重件产品转运能力，共同构建临港产业基地。四是嘉陵江城市发展带。主要包括遂宁、南充、广安、重庆主城区、合川区等相关城市，是成渝城市群发展中基础相对较弱的发展轴线。主要发展方向是促进现代服务、商贸物流、精细化工、装备制造等特色优势产业发展，提高对城市发展带的支撑能力。

二是推进产业有效融合。合则均利，分则均害，但亦要认识到"合"并非简单的协作共赢，而是真正深层次的利益朝向一致的产业一体化以提高综合竞争力。适宜产业融合的方式主要有三种：第一，以资产为纽带，通过参资入股或并购重组等多种方式，推进区域产业链优化整合；第二，朝阳产业与夕阳产业实现互补性的融合，如手机软件开发与传统的报纸新闻业融合成为移动新闻客户端；第三，产业内部优化重组，如第一、第二、第三产业内部进行融合；第四，搭建产业合作载体。川渝共建产业创新载体，构建高新区联盟，共同新建一批科技园区和创新社区，跨省市组建产业技术研究院或创新战略联盟，最终实现产业协同创新带动整体产业结构调整。聚焦汽车摩托车、电子信息、装备制造、生物医药等优势产业集群共建方向，进一步搭建产业合作园区，创新合作模式，完善合作机制，支持各产业园区开展多方式、多层次、多维度的合作共建，将产业合作园区建设成为成渝地区双城经济圈制造业高质量一体化发展的重要载体。

三是推进川渝地区双城经济圈产业融合发展。川渝两地合则双赢，分则双损。但"合"并非简单地加总，它是真正意义上对具有相同利益目标的行业进行深层次一体化整合，从而增强综合竞争力。一般来说，适合区域产业融合发展主要有四种途径：一是通过资产连接，进行投资设立，或通过参资入股或者并购重组促进区域产业链优化整合和一体化；二是要实现地区朝阳产业和夕阳产业的互补性整合。比如手机软件开发和传统报纸新闻业整合，创建移动新闻客户端等；传统产业和"互联网+"的结合催生了新的商业模式和业态。三是区域间产业内部优化重组，如第一、第二、第三产业内部进行融合。四是搭建区域产业合作发展平台载体，促进产业协同创新发展。川渝两地共建产业创新载体，如共建高新区联盟、共建科技园区和产业示范园区、共建双创社区、共同组建跨省市产业技术研究院或创新战略联盟等。

（三）打通资金（本）链

两地应全力打通跨区域投融资通道。加强两地域投资机构与企业、项目对接；利用"创富天府""高新金服"平台，围绕两地域科研机构成果转化及企业发展的融资需求开展投融资对接；鼓励两地投资机构在金融产业集聚区互设机构，合作共建多元化、跨区域的投融资体系，推动项目共享、信息共享、要素共享，提升金融资源配置效率。

1. 拓宽川渝协同创新的投融资渠道

拓宽川渝协同创新的投融资渠道。财政资金方面，争取获得中央财政的直接投入，加强财政部、科技部等国家部委联合投入，设立双城经济圈协同发展专项投资基金、国家科技成果转化基金成渝地区双城经济圈子基金、成渝地区双城经济圈人才发展基金等。金融资源渠道方面，川渝两地要建立完善信用评价体系和信用担保体系，发展多层次资本市场，协同争取商业银行、政策性银行、银团、国际金融机构等对双城经济圈建设提供金融支持。开展川渝地区知识价值信用贷款。鼓励区域内的商业银行积极进行科技金融工具创新，开发新型的融资模式以帮助中小科技创新企业融资，完善区域协同创新的科技创新投入生态，以优秀人才、研发投入、专利权等创新因素建立轻资产股权融资方式，进行高新科技因素交易试点，探寻有效的投融资平台，减少协同创新主体的资金成本和扩张融资方式，促进协同创新主体进行创新，提高成渝城市群系协同创新能力，推动成渝城市群产业结构升级。鼓励商业保险公司大力开展科技保险业务，为科技创新结果不确定性给予补偿。打通资本市场与信贷市场的通道，鼓励双城经济圈金融机构在风险可控的前提下，进行银行资金直接进入股权和资本市场的试点。社会资本渠道方面，川渝两地要发挥多方资本的积极性，在川渝协同创新平台的建设和开发中广泛吸纳社会资本，构建国家和地方及企业联合共建的机制。

总之，川渝两地要形成协同创新财政资金、金融资本、企业融资和社会资本多种投入相结合的方式和渠道，要优化配置各种创新资金，加强资源集成与衔接，避免重复建设。

2. 强化科技与资本对接

一是川渝两地要将金融创新和技术创新结合起来，健全科技与资本对接的机制。将政府资金和风险投资、银行信贷和资本市场相结合，融合对接资本链和创新链，切实推进科技与金融的结合。大力支持发展风险投资、天使基金和私募股权投资，鼓励其对中小创新企业研发发挥孵化器作用；进一步强化中小企业股份转让系统的融资、并购及交易等功能，发展区域性股权市场，为中小型创新企业提供融资服务。

二是要加大税收政策对企业科技创新的激励，完善税制设计，在实行所得税优惠政策的基础上进一步探索科技创新型企业的增值税减免办法，使其更加符合科技型企业智力投入高、进项抵扣少的特点。

三是要把政府资金与风险投资、银行信贷与资本市场有机结合起来，在加大对科技创新财政资金投入的同时，还要加强对企业和社会投入的引导，切实推进科技与金融的结合。完善税收激励政策，针对科技型企业智力投入高、进项抵扣少的特点，在实行所得税优惠政策的基础上探索增值税减免的办法。

3. 成立区域创新风险投资基金

成渝城市群要成立区域协同创新风险投资基金，构建完整的创新资本链。鼓励成渝城市群龙头企业、产业联盟牵头建立以市场为导向的投资基金，引导天使、创业、风险、私募等投资基金重点向创新企业倾斜，为企业的发展提供稳定的资金供给，降低企业创新风险，提高企业研发创新的积极性，提升成渝城市群创新能力，促进成渝城市群产业结构升级。

4. 建立科技金融合作平台，保障科技创新资本链高效运转

川渝应合作搭建川渝科技金融服务平台，实现科技创新融资渠道多元化、融资流程便捷化、融资效率高效化。通过科技金融服务平台，实现双城经济圈企业申请融资资格在线审查和评级，资金供求双方通过互相搜索、查询、交流等方式实现投融资信息的发布、融资担保、线上交易以及信用评价等。鼓励民间资金积极参与到科技金融合作平台上来，做强资金池。

八、服务协同

（一）公共服务

一是促进川渝地区公共服务标准对接。建立完善双城经济圈公共服务标准体系，统筹推进双城经济圈公共服务设施标准化建设，建立双城经济圈公共服务标准的动态调整机制，推进双城经济圈公共服务资源的管理和配置一体化发展。在川渝毗邻地区，积极推进教育考核、人才评估、护理分级、社会救助、医疗报销等重点领域的公共服务标准对接统一。

二是促进川渝两地政府间数据开放对接。协同拟定双城经济圈公共服务

数据共享清单，实现双城经济圈数据标准化、清单化、集成化管理。推动双城经济圈数据资源架构体系统一，促进双城经济圈政府间数据全方位对接。建立健全双城经济圈公共服务数据跨川渝开放制度，明确开放时间表，有序推进建设双城经济圈公共服务政务数据资源的开放共享平台。

三是推动川渝地区公共服务政策有效对接。打破川渝地区的户籍限制，在教育、医疗、住房、就业、创新创业等公共服务方面给予双城经济圈居民同等待遇，执行同等政策。制定和拓展川渝地区"同城化无差别"受理事项清单，推动"渝快办"和"蓉易办"开设"川渝通办"专门窗口，为川渝企业和群众办理企业搬迁、人口迁移、社保转续、异地就医结算等高频事项开辟服务"绿色通道"，实现川渝群众和企业的公共服务事项"异地可办"。

四是搭建川渝公共服务综合平台载体。公共服务平台载体是创新活动的保障支撑体系，是系统工程，服务内容庞大繁杂。公共服务平台载体主要包括产权交易中心、知识产权服务中心、科技数据和科技文献共享服务中心、检验检测中心、产品认证中心和生产力促进中心等。川渝地区通过平台载体，促进双城经济圈数据共建共享和资源互联互通，提升双城经济圈公共服务便利化、标准化、一体化水平。通过平台载体，推动双城经济圈协同共建共享教育、文化、医疗、卫生、养老等公共服务，切实提升双城经济圈公共服务水平，确保人才引进来、留得住，打造成渝双城经济圈人才"第四极"。通过平台载体，助力川渝两地协同创新实现"一网统管""一网通办""一网调度""一网治理"的有机串联，构建川渝地区双城经济圈协同创新发展区域治理平台体系。

（二）科技服务

共享现有创新资源，充分整合汇集两地现有的科技创新资源，线上实现数据开放共享，线下相互开放国家级和省级科技创新基地、科研仪器设备、科技文献，形成科技资源共享服务体系。

1. 共建科技服务资源共享平台，集聚科技服务资源

一是共建川渝科技服务资源共享综合平台。平台的建设在精不在多。川渝两地要避免建成功能单一、实用性差的"面子工程"，要建立一个功能强大的科技服务平台，确保资源齐全，公共认可度高。川渝两地要联合打造川渝地区双城经济圈城市群科技服务大市场。协同共建川渝地区双城经济圈科技服务资源共享平台体系，集成科技创新、科技信息、科技金融、创业孵化、科技成果交易、科技资源共享、科技人才培养、产学研交流合作等多个专业模块，为区域协同创新提供全方位的科技服务。具体包括主门户网站、科技资源、技术研发、创业孵化、科技金融、科技人才等一系列功能子平台。

二是构建川渝科技服务体系，提升川渝科技服务能力。（1）打造"双城经济圈一体化品牌科技服务园区"。以中国西部科学城和中国西部（成都、重庆）科学城为主要载体，利用川渝两地产业资源和区位优势，打造"双城经济圈一体化品牌科技服务园区"，大力吸引国家级科研院所、双一流高校和高科技企业入驻，发挥产业聚集效应，形成高新技术产业集群，提升川渝地区科技服务聚集资源能力。（2）健全双城经济圈产学研区域创新合作体系。政府、高等院校、科研机构及相关企业共同参与，构建政产学研紧密结合的区域创新共同体。川渝通过一定的方式使双城经济圈内的企业与大学、科研院所等建立长期稳定的联系，加强创新主体之间的交流合作，促进产学研结合。（3）构建综合科技服务体系。川渝两地以产业发展为依托，整合两省市现有高新区、经开区、工业园等创新平台、产业平台，打造"综合平台+区域分平台+园区工作站"的科技创新服务体系，提升科技创新服务能力。服务产业方面，综合科技服务体系以汽车、物联网、集成电路和工程机械四大支柱典型产业发展的需求为引领；服务能力方面，综合科技服务体系以研发设计、检测检验、产业园区和科技金融四大核心服务能力为重点；空间载体方面，综合科技服务体系以孵化器空间、展示空间、培训空间、工作空间四大空间配套为支撑。

三是协同共建川渝科技服务联盟。通过联盟，帮助川渝地区优化调整产业结构调整，推动产业技术创新，有效解决川渝地区区域协同创新过程中存在的问题，如高等院校、科研机构与企业之间信息不对称、交流不充分、研究与市场需求脱节、科技资源共享程度低等，推动协同创新目标的达成和区域协同创新体系的建设。

四是构建协同创新科技中介服务机制。推进协同创新，要求双城经济圈要构建完善的、规范化、专业化、网络化的科技中介服务新机制。川渝地区要注重建立和培育一批科技服务型企业和科技中介服务机构，培养一批科技中介服务专业人才，建立健全包含科技成果转化在内的科技服务产业链。加快发展知识服务机构，大力培育市场化、专业化中介服务机构。在科技创新服务中，要制定专业化的科技中介服务标准，健全发明专利中介服务体系，实现检索、评估、交易、咨询、诉讼一条龙全过程服务。

2. 构建科技服务体系，提升科技服务集聚资源能力

一是打造"成渝一体化品牌科技服务园区"。以中国西部（成都、重庆）科学城和中国西部（成都）科学城为主要阵地，利用地区产业资源和区位优势，打造"成渝一体化品牌科技服务园区"，提升科技服务聚集资源能力，吸引一批国家级科研院所、双一流高校和高科技企业入驻，发挥产业集聚效应，形成高技术企业集群，为培育战略性新兴产业打下基础。

二是健全产学研区域创新合作体系。政府、大学、科研机构和相关企业共同参与，形成政产学研紧密结合的区域创新体系。通过一定的方式使平台内的企业与大学、科研院所等建立定向联系，加强平台主体间合作交流，促进产学研结合。

三是构建综合科技服务体系。构建以"四大典型产业（汽车、物联网、集成电路和工程机械）"资源需求为牵引，"四大核心服务能力（研发设计、检测检验、产业园区和科技金融）"为重点，"四大空间配套（孵化器空间、展示空间、培训空间、工作空间）"为支撑的"综合平台+区域分平台+园区

工作站"的综合科技服务体系，辐射成渝创新主体。

四是建立科技服务联盟。服务联盟能够帮助川渝区域内各产业之间进行结构调整，实现技术创新。服务联盟主要是对各类企业、机构进行引导和扶持，让其创新目标以及方向能够更加科学化、合理化，从而有效解决川渝区域协同创新体系建设和落实过程中存在的问题，实现协同创新目标，如高校、科研院所与企业信息不对称、科技资源共享程度较低等。因此，工作人员在进行川渝区域协同创新体系建设时，可以根据不同区域发展特色、实际需求建立服务联盟，为各个参与主体提供个性化的有效服务，对各类主体进行资源共享，提高资源的利用率，帮助企业进行技术创新，确保联盟提供的服务满足企业转型要求，促进企业稳定、长远发展。

五是建立以中介为纽带的产学研合作协同创新服务机制。产学研协同创新需要强化技术中介的服务机制与服务能力建设。技术中介服务是创新链环节之间的关键纽带，是促成协同创新中不同主体相互了解、沟通与合作的重要条件，应当建立优秀中介服务机构的政府推荐制。[①] 注重完善和培育一批科技服务型企业和中介服务机构，建立服务于科技成果转化的科技服务产业链。制定专业化服务标准，健全发明专利的检索、评估、交易、咨询、诉讼等中介服务体系，构建完善的、规范化、专业化、网络化的科技中介服务新机制。发展知识服务机构，加大市场化、专业化中介服务机构的培育。

九、空间协同

建设成渝地区双城经济圈不是圈内双城两家独大，而是强化成渝两个中心城市的带动作用，将其强大的资源优势转为辐射和带动能力，使中小城市在整个双城经济圈发展中更多地分担中心城市职能，发掘中小城市潜力，通过产业转型和经济提升增加公共服务配给和人口聚集。要以成渝双城为核心，

---

① 李祖超、聂飒：《产学研协同问题分析与对策建议》，《中国高教科技》2012 年第 8 期，第24—25 页。

带动引领区域发展，打造多层次、全方位协同创新发展的平衡协作体系，形成区域整体性协同创新发展的良好局面。[①]

（一）优化川渝协同创新空间格局

1. 统筹规划双城经济圈发展空间布局

以成都、重庆主城双极为核心，加强统筹规划双城经济圈基础设施、产业发展、市场建设等领域合理空间规划和布局，高效衔接川渝之间的交通、能源、信息等重大基础设施；构筑以轨道交通为主的区域现代综合交通网络，加快实现双城经济圈的互联互通，促进要素流动，资源合理配置，为区域创新发展赋能。

2. 优化川渝创新空间布局

以成都、重庆主城双极为核心，带动双城经济圈高新区、经济技术开发区、省级新区等创新载体合力建设参与西部科学城（成都、重庆），构建川渝地区"两极一廊三带"的科技创新空间格局，成为成渝一体化双城经济圈的新科技、新产业、新业态等的知识策源地和创新发展动力源。共同推进西部科学城（成都、重庆）建设，协力打造四川天府新区、重庆两江新区两大国家级新区协同创新区建设，促进川渝协同创新发展。推进建设成、德、眉、资同城化都市圈独特的科技创新体系，助力建设成渝国家战略性科技创新中心。共同推进西部科学城（成都、重庆）建设，协力打造四川天府新区、重庆两江新区两大国家级新区协同创新区建设，促进川渝协同创新发展。

3. 优化川渝产业空间分区规划

川渝两地要统筹规划配套完善的产业空间载体，促进双城经济圈产业向集聚化、高端化方向发展。在规划产业形态空间载体时，要覆盖战略性新兴产业、现代服务业、总部经济基地、高新技术产业、先进制造业、优势传统

---

① 何丽：《成渝地区双城经济圈共建协同创新体系的思考及建议》，《重庆经济》2021年第2期，第23—28页。

产业园区等产业空间载体，实现多层次、全方位的优化布局。双城经济圈要以两江新区、重庆高新区、天府新区、成都高新区等重大创新平台为依托，加强在自贸区建设、口岸、物流等领域的合作，推动川渝两地国家级新区协同开放，开放重点区域和重点领域，提升双城经济圈资源利用效率和协同创新水平。

（二）充分发挥核心地区技术溢出效应

要强化区域协同，充分发挥核心区技术溢出效用。一是提升成都、绵阳、重庆三大创新城市的科技资源聚集能力，强化三大创新城市的核心技术输出能力，发挥技术溢出效应，为双城经济圈产业发展提供技术支撑；二是推进重庆两江新区与四川天府新区、重庆高新区与成都高新区等创新型新区之间的科技创新合作，以及北碚区与绵阳市等节点城市之间科技创新合作，积极发挥创新型新区的技术溢出效用；三是深化川渝毗邻地区科技创新合作，如遂宁潼南、川南渝西、万达开等十大功能合作区之间的科技创新合作，不断强化川渝地区区域协同发展。

（三）实现区内城市功能差异化互补

1. 区内城市合理定位，实现功能差异化互补

欲实现川渝区域整体之协同创新，实现各城市的更好更快发展，就需要区域内城市在协同的行政领导下明确区域发展共同目标，各自合理定位，形成各具特色的错位发展，避免恶性竞争导致的额外资源浪费。在区域内部形成特色鲜明、功能互补的合理结构，区域内各系统基础扎实又各有战略侧重点，在强调局部发展的同时也较好地兼顾了整体巨系统的完善，形成了政治、经济、文化、生态等方面全面协调可持续的发展态势。逐渐培养城市间的信任感，搭建起一个稳定的系统结构，并通过子系统之间的功能互补来提升区域综合竞争力，从而在良性竞争与协同合作中实现共赢。

2. 充分发挥成渝双核在协同创新空间布局中的主战场和策源地作用

要遵循科技创新空间集聚规律，充分发挥大城市创新资源和要素聚集和高效率优势。以成渝双核为重点，配合成渝都市圈、城市群的创新集群建设，强化都市圈的创新辐射带动功能，深化建设各具特色的创新型城市。抓好成都市和重庆主城在成渝地区双城经济圈合作中策源地地位，依托四川大学、重庆大学、中科院成都分院等成渝科创主体，共同争取更加前沿的科学研究中心政策和重大科研攻关项目。通过建立国家层面统筹协调机制，加强对各区域协同创新工作的组织领导，积极推进重点实验室和工程技术研究中心的创建工作。

3. 推动成渝地区双城经济圈节点城市创新发展培育成长

以成都市、重庆主城为主要辐射腹地进行合理布局，加快成都科学城、绵阳科技城、重庆科学城和两江协同创新区建设，指导创新的因素、科技要素分别位于德阳市、宜宾市、涪陵区和永川区、荣昌区及其他重要节点城市落地定居，形成具有一定辐射影响力的协同创新桥梁城市。重点支持中部和东北翼发展，着力探索"飞地型"与"共建型"协同创新模式，例如，鼓励成渝双核高技术产学研主体分别在两个区域建立分部；重点加强中西部城市群与东部沿海发达地区之间以及不同类型城市之间的协调合作，构建多层级联动协作体系，打造跨行政区跨部门的综合服务平台，提高西部城市群整体创新能力。对协同创新水平不高的成渝东北翼边缘地带而言，积极培育以梁平区为代表的区域协同创新次中心，鼓励成都高新区发展、重庆高新区与梁平高新区结对，加快打造东北翼合作创新高地。

提升节点城市原创能力，率先打造一批高水平科技教育强市，增强中心城市及其带动的城市群的经济和人口承载能力。

十、环境协同

共同推进创新生态环境营造。川渝两地要协同优化创新环境，优化区域创新生态，营造国际化一流区域创新环境。包括探索构建区域一体化科技创新制度框架，在科技创新信息共享、创新资源开放共享、科技创新券跨区域互认互用、知识产权保护、风险补贴、利益共享方面形成协同机制；打造高效共享的跨区域科技资源公共服务平台，逐步形成跨区域的科技资源共享平台总门户，为区域科技创新提供"一站式"服务；健全区域协同创新的人才保障机制，加快多层次人才数据库建设，促进区域内人才的流动和共享。

（一）硬环境

遵循优化提升、适度超前的原则，统筹规划建设成渝地区双城经济圈基础设施，构建内畅外联、高效快捷、管理协同的基础设施体系，推进区域基础设施互联互通。

1. 推进区域基础设施互联互通

加快基础设施高效连通。要坚持优化提升、适度超前的原则，统筹推进毗邻区域基础设施建设，形成相互通达、快捷高效、管理协同的基础设施体系。加快成渝中线高铁、渝万高铁、渝西高铁、成南达万高铁建设；构建城际快速交通网络，完善省际高速公路网络体系，加强毗邻地区快速物流通道、普通国省道等干线公路建设衔接，加快低等级路段升级改造，打通"断头路""宽窄路""瓶颈路"，探索毗邻区县开行城际公交，实行公共交通"一卡通"。推进长江、嘉陵江、涪江、渠江等高等级航道建设，促进重庆果园港、江津珞璜港、涪陵龙头港、万州新田港与泸州港、宜宾港等联动发展。推动毗邻地区合作组建物流企业，共建区域物流信息平台。

强化交通支撑，构建内畅外联、高效互通、智慧绿色的现代综合立体交通体系。以补齐铁路短板为重点，增强成渝地区交通互联互通能力。深入贯彻落实交通强国战略和《成渝地区双城经济圈综合交通发展规划》，发挥交通基础设施对双城经济圈建设的先导作用，强化川渝共建共享，既要在规划层面协同，也要在实施、管护等层面协同。要更加重视铁路对区域经济发展的引导和带动效应，谋划大的铁路干线、货运通道和城际铁路，推动川渝两省市西部陆海新通道铁路线路紧密对接，畅通双城经济圈内部交通循环，增强对周边区域的交通服务辐射。航空是最快的对外连通方式。成渝应利用航空网络互补叠加的优势，联合打造双城航空辐射地，带动整个中西部客货向成渝地区集中，让交通优势变成物流和经济优势。充分发挥水运优势。在水运建设领域开拓创新，推进乐山、宜宾、泸州港口资源整合，建设长江上游（四川）航运中心。与重庆港口合作，再加上岷江航道升级，长江黄金水道上游的航运物流短板将补齐，成为成渝物流枢纽新体系不可缺失的一环。一是加强岸线管理，建立完善港口合作联盟，充分发挥港口对要素依托水运流动与布局的引领作用。二是大力发展智慧交通绿色交通。探索在合适区域开展线路试点，推动智慧交通"车路云网图"协同发展走在全国前列，巩固发挥重庆水运优势，优化区域综合交通运输结构，提高水路运输占比，减少交通碳排放。三是推动交通与物流等相关产业深度融合。大力推动交通与物流深度结合，以交通带动物流，以物流带动更多产业。从微观层面着力解决物流"最后一公里"问题，切实推动铁路进港口、园区和大型工矿企业，有效提升交通基础设施对产业发展的支撑作用。

信息设施方面，适应数字化时代的新趋势，加快信息基础设施共建共享，推动渝西川东地区通信网络一体化发展。积极推进高速数据通道建设，联手构建区域基础性大型数据库和数据共享平台，促进政务数据共享和利用。加快推进标准统一、互联互通的工业云建设，发展"互联网+"制造，促进"两化"深度融合发展，形成标准统一、网络互通、资源共享、管理互动、服务协同的发展格局。共同推进新一代移动通信、大数据、云计算、物联网、GIS等新技术在城市管理、现代农业、社会治理、居民生活、社会保障等领域应用，共同打造川渝信息一体化发展的示范区。

能源设施方面，加快提升区域能源基础设施水平，增强区域能源保障能力。加强与中卫—贵阳、北内环等天然气长输管线对接，完善潼南天然气骨干网络规划建设。加强与中石油西南油气田分公司对接，研究布局区域性天然气净化厂，进一步降低示范区用气成本。全面优化220千伏电网，实现分层分区运行，220千伏各供区均衡供电，确保区域电力供应。加强对示范区增量配网工作的指导，降低工业园区企业用电成本，提高产业转移的承接能力。

2. 打造高能级创新平台

建设重大科技基础设施集群。以空间集聚和学科关联为导向，完善"五集群一中心"重大科技基础设施布局，打造世界一流的先进核能、空气动力、生物医学、深地科学、天文观测等重大科技基础设施集群，建设科学数据和研究中心。加快建设高海拔宇宙线观测站、转化医学、大型低速风洞等国家重大科技基础设施。集聚优势资源，积极争取建设重大科技基础设施等创新平台。启动建设新型空间光学研究装置、超高速轨道交通试验平台等前沿引领创新平台。

高标准建设重点实验室体系。依托在川高校、科研院所和骨干企业，大力建设国家和省重点实验室。优化重组高分子材料、牵引动力、电子薄膜与集成器件等国家重点实验室，提升基础设施和装备水平，创新营运管理和评价激励机制，突破一批重大原创性科学成果。围绕基础材料、生物医学与人类健康、农业生物遗传、环境系统与控制等领域，布局建设重点实验室、生物安全防护高等级实验室等。聚焦空天科技、生命科学、先进核能、电子信息等领域，加快组建天府实验室，积极参与国家实验室建设。

（二）软环境

1. 优化区域市场环境

建立统一的大市场。力求川渝在招商引资、土地批租、外贸出口、人才流动、技术开发、信息共享等方面，营造无特别差异的政策环境。

成渝城市群要改善市场营商环境，提供生产、分配、交换和消费相关的公共服务，要加强知识产权的保护，科学制定区域创新规划和知识产权保护规划，运用互联网、大数据、人工智能等高新技术提高知识产权的执法效率，健全知识产权的管理模式，维护创新主体的合法权益和鼓励自主创新，为创新链与产业链融合发展提供有利条件。成渝城市群要重视引导区域市场升级，要出台政策引导区域实现产业合理布局，提高生产产品的附加值，要打造区域协同创新平台，推进产品研发创新、产业链升级、消费市场升级相互促进，从而推动创新链与产业链融合以及实现区域产业结构升级。

2. 优化区域创新环境

牢固树立人才资源是第一资源的概念，努力积聚大批从事自主创新的人才。川渝地区应通过努力营造创业发展环境，改善创业生活环境，广泛吸引从事自主创新的国内外各类人才，形成人才积聚效应，努力使川渝成为对各类人才最具有吸引力的区域之一。完善人才激励机制，共享区域资源，留住优秀人才，要赋予科研人员自主权，充分相信和尊重科研人员，给予成渝城市群中企业、高校、科研机构等协同创新主体的科研人员一定的经费使用权，调动科研人员协同创新的积极性。成渝城市群要改革区域协同创新的科研方式，简化科研的预算管理、合并技术验收与财务、进行绿色通道政策试点等改革创新措施，不断有序推进科学研究经费管理进行"放管服"改革，减轻区域协同创新人才负担，增加成渝市群区域协同创新能力，促进成渝城市群产业结构升级。

大力培育创新文化，努力形成"鼓励成功、宽容失败"的社会氛围。要使全社会充分认识自主创新的重大意义，使一切有利于社会进步的创造愿望得到尊重，创造活动得到鼓励，创造才能得到发挥，创造成果才能得到肯定。

进一步加大保护知识产权的力度。应从实施自主创新和科教兴川、科教兴渝战略、建立完善的社会主义市场经济体制的高度充分认识保护知识产权的重要意义。为此，川渝要努力形成知识产权主管部门与工商、文化、公安、法院等部门齐抓共管的局面，进一步加大对侵犯知识产权行为的查处和打击力度，为知识产权提供强有力的保护体系。

营造产学研合作协同创新的良好环境。应当着力构建协同创新的政策环境、舆论环境、文化环境、服务环境。各级政府及其有关部门应当建立和完善知识产权保护体系，建立和完善规范、引导、鼓励产学研合作协同创新的相关法律法规，通过报刊、电视、网络等媒体营造协同创新的文化氛围；企业、高校和科研机构应当培育协同创新意识，从内部营造集成资源、合作创新、协同创新、自主创新的良好环境和氛围。

营造浓厚的创新创业氛围。优化创新创业服务，深化成渝城市群环高校知识双城经济圈建设，鼓励四川大学、电子科大加强与重庆大学、西南大学等高校，按照"一圈多园"模式打造跨区域的环高校知识双城经济圈。充分发挥高新技术企业的带动影响，有效地促进创新合作交流活动的发生与发展。与此同时，还要营造有利于不同类型、不同规模的企业实施各项创新活动的稳定的法制环境，完善创新法律保护机制，对积极创新的企业进行税收优惠，促进企业创新合作与交流的积极性。持续开展创新创业活动，优化成都"创交会""菁蓉会"、重庆"智汇两江"等创新创业品牌。积极培育创新创业文化，培育敢于创新、创业的城市创客文化。在产业集群、创新集群、科技园区等创新资源集聚区打造慢文化。通过水吧、书吧、茶室、咖啡屋、网吧以及文化沙龙等高端服务载体，为创新群体提供沟通、休闲的便利，为缄默知识的流通创造条件。

3. 优化区域生活环境

打造活力开放生活圈。积极构建"3个1小时"生活工作圈目标：成渝两市1小时畅达、两市至区域内主要城市1小时通达、成都与重庆都市圈内1小时通勤。支持轨道交通产业技术研究院等项目落地运行，通过区域内部的资源导入及技术共享，加快打造成渝地区轨道交通技术服务平台，形成服务成渝地区生活工作出行的交通网络。营造开放自由的生活氛围，依托快速的信息网络架构，构建5G网络体系，将公共空间灵活转变为学习交流场所，增强成渝地区科技创新的社会氛围。

附　　录

附录 1　川渝地区协同创新相关政策一览表

时间	名称	发布主体
2020.4.14	《进一步深化川渝科技创新合作　增强协同创新发展能力　共建具有全国影响力的科技创新中心框架协议》及三个子协议	重庆市科学技术局与四川省科学技术厅
2020.4.21	《成渝地区双城经济圈人才协同发展战略合作框架协议》	两省市
2020.4.27	《推动成渝地区双城经济圈建设教育协同发展的框架协议》	重庆市教委与四川省教育厅
2020.4.29	《重庆高新区成都高新区"双区联动"共建具有全国影响力的科技创新中心战略合作协议》	重庆高新区、成都高新区
2020.7.27	《川渝毗邻地区合作共建区域发展功能平台推进方案》	两省市政府办公厅
2020.8.24	《关于推动成渝地区双城经济圈建设的若干重大改革举措》	重庆市委全面深化改革委员会、四川省委全面深化改革委员会
2021.1.4	《推动成渝地区双城经济圈建设重点规划编制工作方案》；《成渝地区双城经济圈便捷生活行动方案》	两省市政府办公厅

时间	名称	发布主体
2021. 1. 9	《关于协同推进成渝地区双城经济圈"放管服"改革的指导意见》	两省市政府办公厅
2021. 3. 26，3. 31	《四川省优化营商环境条例》《重庆市优化营商环境条例》	四川省人大常委会、重庆市人大常委会
2021. 4. 15	《关于促进成渝地区双城经济圈建设合作协议》	中国贸促会与四川、重庆政府签署
2021. 5. 22	《关于建设具有全国影响力的重要经济中心的实施意见》《关于建设具有全国影响力的科技创新中心的实施意见》《关于建设改革开放新高地的实施意见》《关于建设高品质生活宜居地的实施意见》	四川省委、省政府办公厅
2021. 6. 25	《汽车产业高质量协同发展实施方案》《电子信息产业协同发展实施方案》《加强重庆成都双核联动引领带动成渝地区双城经济圈建设行动方案》	两省市政府办公厅
2021. 8. 2	《推动成渝地区双城经济圈建设　深化人力资源社会保障战略合作协议》	人力资源和社会保障部与两省市政府签署
2021. 10. 20	《成渝地区双城经济圈建设规划纲要》	中共中央、国务院
2021. 10. 20	《成渝现代高效特色农业带建设规划》	两省市政府办公厅
2021. 11. 29	《成都都市圈发展规划》	成都市政府
2021. 11. 30	《成渝地区双城经济圈体制机制改革创新方案》	两省市政府办公厅
2021. 12. 14	《关于支持川渝高竹新区改革创新发展若干政策措施》	两省市政府办公厅
2021. 12. 17—18	《落实成渝地区双城经济圈建设重大决策部署　唱好"双城记"建强都市圈战略合作协议》等"1+5"合作协议	成都市、重庆市相关部门

续表

时间	名称	发布主体
2021.12.30	《成渝地区双城经济圈建设规划纲要》联合实施方案	重庆市委、市政府 四川省委、省政府
2022.1.18	《成渝地区双城经济圈优化营商环境方案》	两省市政府办公厅
2022.1.20	《成渝地区双城经济圈便捷生活行动事项（第二批）》	两省市政府办公厅
2022.1.24	《增强协同创新发展能力行动方案》	四川省政府办公厅
2022.1.30	《共建成渝地区工业互联网一体化发展示范区实施方案》	两省市政府办公厅
2022.3.30	《川渝电网一体化建设方案》	两省市政府办公厅
2022.4.18	《成渝地区建设具有全国影响力的科技创新中心总体方案》	两省市政府办公厅
2022.7.26	《成渝地区联手打造内陆开放高地方案》	两省市政府办公厅
2022.8.9	《推动川渝能源绿色低碳高质量发展协同行动方案》	两省市政府办公厅
2022.8.11	《重庆都市圈发展规划》	两省市政府办公厅
2022.10.31	《加强重庆成都双核联动引领带动成渝地区双城经济圈建设工作机制》	重庆成都两市政府
2023.2.2	《推动成渝地区双城经济圈市场一体化建设行动方案》	两省市政府
2023.3.2	《推动川南渝西地区融合发展总体方案》	两省市政府
2023.3.23	《重庆市推动成渝地区双城经济圈建设行动方案（2023—2027年）》	重庆市政府
2023.4.22	《成渝地区共建"一带一路"科技创新合作区实施方案》	两省市政府

附录2　2020年度川渝联合实施重点研发项目拟立项项目清单（节选）

序号	项目名称	申报单位	合作单位	项目负责人	管理机构
1	基于人工智能的新型显示园区监测及产线信耐性测试关键技术研究及应用	重庆京东方显示技术有限公司	绵阳京东方光电科技有限公司、重庆交通大学	刘　磊	高新处
2	低轨卫星定位增强服务关键技术研究及应用	东方红卫星移动通信有限公司	四川交投建设工程股份有限公司、重庆邮电大学、重庆交通大学	张晋升	高新处
3	基于人工智能的复杂电磁环境下无线电信号识别方法及应用研究	重庆会凌电子新技术有限公司	电子科技大学、西华大学、重庆信息通信研究院、重庆电子信息中小企业公共服务有限公司	王任华	高新处
4	光电混合人工智能芯片公共服务平台关键技术研究与应用	联合微电子中心有限责任公司	电子科技大学	张　燕	高新处
5	重大传染病全程智慧管理平台研发及应用	重庆市公共卫生医疗救治中心	四川大学、成都市公共卫生临床医疗中心、重庆市卫生健康统计信息中心、重庆大学	陈耀凯	社发处
6	智能化康复辅具研发与应用	重庆医科大学	布法罗机器人科技（成都）有限公司、电子科技大学、重庆优乃特医疗器械有限责任公司	肖明朝	社发处
7	基于大数据的重点传染病智慧监测预警平台构建及应用研究	重庆市疾病预防控制中心	四川省疾病预防控制中心、四川大学、西南大学、重庆市卫生健康统计信息中心、重庆医科大学	张华东	社发处

序号	项目名称	申报单位	合作单位	项目负责人	管理机构
8	川渝道地药材绿色种植技术研究与应用	重庆市中药研究院	四川五盛药业有限公司、沐川县富民农产品投资有限责任公司、遂宁天地网川白芷产业有限公司、四川省中医药科学院（四川省中药研究所）、四川众鼎中药发展有限公司、重庆市药物种植研究所、重庆祥林中药材有限公司、重庆鼎立元药业有限公司、酉阳县恒福蔬菜种植股份合作社、开县三沃种植股份合作社	李隆云	社发处

附录 3　2021 年度川渝联合实施重点研发项目拟立项项目清单（节选）

序号	名称	申报单位	合作单位	项目负责人	申报机构
1	面向高等级自动驾驶系统的加速仿真测试技术研究及应用	招商局检测车辆技术研究院有限公司	四川云从天府人工智能科技有限公司、重庆交通大学、重庆理工大学、重庆长安汽车股份有限公司、万物双生科技（重庆）有限公司	王戡	高新处
2	路侧超距毫米波雷达感知关键技术与测试评价方法研究	北京理工大学重庆创新中心	电子科技大学、重庆睿行电子科技有限公司、中国汽车工程研究院股份有限公司	金烨	高新处

序号	名称	申报单位	合作单位	项目负责人	申报机构
3	基于激光寻位跟踪技术的大型钢结构智能焊接关键技术研究及应用	中国科学院重庆绿色智能技术研究院	成都卡诺普自动化控制技术有限公司、重庆华数机器人有限公司、重庆创御智能装备有限公司、重庆瑜煌电力设备制造有限公司	林长远	高新处
4	超高速高端模数转换器 IC 技术	重庆吉芯科技有限公司	电子科技大学	徐代果	高新处

参 考 文 献

［1］Chesbrough H, Vanhaverbeke W, West J. Open Innova-tion: Researching a New Paradigm ［M］. Oxford Universi-ty Press, Oxford, 2006.

［2］Green K. National innovation systems: a comparative analysis ［J］. R & D Management, 2010, 26 （2）: 191-192.

［3］Cooke P. Knowledge, industry & environment: Institutions & innovation in territorial perspective ［J］. European Planning Studies, 2004, 12 （8）: 1218-23.

［4］Porter M E. On competition ［M］. Harvard Business Press, 2008. ［19］Huggins R. The Growth of Knowledge-Intensive Business Services: Innovation, Markets and Networks ［J］. European Planning Studies, 2011, 19 （8）: 1459-1480.

［5］Malerba F, Orsenigo L. Schumpeterian patterns of innovation are technology-specific ［J］. Research Policy, 1996, 25 （3）: 451-478.

［6］Cooke P, Morgan K. The Associational Economy: Firms, Regions, and Innovation ［J］. Research Policy, 1998, 32 （6）: 51-62.

［7］Malmberg A, Maskell P. The elusive concept of localization economies: towards a knowledge-based theoryof spatial clustering ［J］. Environment & Planning A, 2002, 34 （3）: 429-449.

［8］Bathelt H, Malmberg A, Maskell P. Clusters and Knowledge: Local Buzz, Global Pipelines and the Processof Knowledge Creation ［J］. Progress in Human Geography, 2002,

28（1）：31-56.

［9］Ferreira J J, Raposo M, Rutten R, et al. Cooperation, clusters, and knowledge transfer ［M］. SpringerHeidelberg, New York Dordrecht London, 2014.

［10］Chesbrough H, Lim K, Yi R. Open Innovation and Patterns of R&D Competition ［J］. International Journalof Technology Management, 2010, 52（3/4）：295-321.

［11］Poetz M K , Schreier M . The Value of Crowdsourcing：Can Users Really Compete with Professionals in Generating New Product Ideas? ［J］. Journal of Product Innovation Management, 2012, 29（2）：245-256.

［12］Baldwin C, Von Hippel E. Modeling a paradigm shift：From producer innovation to user and opencollaborative innovation ［J］. Organization science, 2011, 22（6）：1399-1417.

［13］Padmore T, Gibson H. Modelling systems of innovation：II. A framework for industrial cluster analysisin regions ［J］. Research Policy, 1998, 26（6）：625-641.

［14］［瑞典］克里斯蒂娜·查米纳德、［丹］本特-艾克·伦德瓦：《国家创新体系概论》，上海交通大学出版社 2019 年版。

［15］陈耿宣、凌浩：《成渝地区双城经济圈区域经济协同发展创新研究》，西南财经大学出版社 2021 年版。

［16］［德］赫尔曼·哈肯：《协同学导论》，张纪岳译，西北大学科研处，1981 年。

［17］计晓华、陈涛：《高校科技成果转化的系统分析》，沈阳出版社 2014 年版。

［18］［美］詹姆斯·马奇：《马奇论管理》，东方出版社 2010 年版。

［19］［英］迈克尔·吉本斯等：《知识生产的新模式》，北京大学出版社 2011 年版。

［20］［美］约瑟夫·熊彼特：《经济发展理论》，中国社会科学出版社 2009 年版。

［21］四川省地方志工作办公室主编：《成渝地区双城经济圈建设年鉴》，2021 年 12 月。

[22] 余正军：《提升成渝地区双城经济圈文化软实力研究》，吉林人民出版社 2021 年版。

[23] 陈劲、阳银娟：《协同创新的理论基础与内涵》，《科学学研究》2012 年第 2 期。

[24] 曹清尧：《把成渝地区双城经济圈打造成西部高质量发展重要增长极——学习贯彻习近平总书记关于推动成渝地区双城经济圈建设重要指示的几点心得》，《经济》2020 年第 4 期。

[25] 何丽：《成渝地区双城经济圈共建协同创新体系的思考及建议》，《重庆经济》2021 年第 2 期。

[26] 唐蕊：《成渝地区双城经济圈科技创新协同发展研究——基于京津冀、长三角、粤港澳城市群的比较视角》，《重庆行政》2020 年第 5 期。

[27] 刘亮：《区域协同背景下长三角科技创新协同发展战略思路研究》，《上海经济》2017 年第 4 期。

[28] 李小丽、何榕：《日本 TLO 运行策略研究及启示》，《当代经济》2014 年第 3 期。

[29] 舒巧：《川渝科技资源对比及协同共享简析》，《重庆统计》2022 年第 6 期。

[30] 杨雪玲等：《基于成渝地区双城经济圈的重庆现代产业体系研究》，《重庆统计》2021 年第 5 期。

[31] 黄寰、况嘉欣、张秋凤、秦雪婧：《成渝地区双城经济圈的协同创新发展能力研究》，《技术经济》2021 年第 6 期。

[32] 陈志：《推进成渝地区双城经济圈协同创新的建议》，《科技中国》2021 年第 5 期。

[33] 曹晨、罗强胜、黄俊等：《成渝地区双城经济圈科技创新合作现状分析——基于社会网络与 LDA 主题模型》，《软科学》2022 年第 1 期。

[34] 李月：《成渝地区双城经济圈协同创新发展研究》，《区域经济》2020 年第 6 期。

[35] 段庆锋、蒋保建：《基于 ERGM 模型的技术合作网络结构效应研究》，《现代

情报》2018 年第 8 期。

[36] 王海花、孙芹、郭建杰、杜梅:《长三角城市群协同创新网络演化动力研究:基于指数随机图模型》,《科技进步与对策》2021 年第 14 期。

[37] 曹清峰:《协同创新推动区域协调发展的新机制研究——网络外部性视角》,《学习与实践》2019 年第 10 期。

[38] 王志宝、孙铁山、李国平:《区域协同创新研究进展与展望》,《软科学》2013 年第 1 期。

[39] 孙瑜康、李国平:《京津冀协同创新水平评价及提升对策研究》,《地理科学进展》2017 年第 1 期。

[40] 张燕:《技术创新对工业经济增长的贡献研究——基于不同的工业化发展阶段》,《技术经济与管理研究》2017 年第 5 期。

[41] 祝尔娟、何皛彦:《京津冀协同创新水平测度与提升路径研究》,《河北学刊》2020 年第 2 期。

[42] 杨继瑞、李月起、汪锐:《川渝地区:"一带一路"和长江经济带的战略支点》,《经济体制改革》2015 年第 4 期。

[43] 龚勤林、宋明蔚、韩腾飞:《成渝地区双城经济圈协同创新水平测度及空间联系网络演化研究》,《软科学》2022 年第 5 期。

[44] 徐树鹏:《基于科技创新的产学研合作成效提升研究——评〈产学研合作成效及其提升路径〉》,《科技管理研究》2022 年第 4 期。

[45] 黄彩虹:《城市群协同创新的网络结构演化及经济效应研究——以中国三大城市群为例》,山东师范大学 2021 年学位论文。

[46] 刘健、许卡佳:《区域创新网络的理论基石及其逻辑演进》,《中共中央党校学报》2006 年第 10 期。

[47] 吴燕霞、邵博:《成渝地区双城经济圈交通运输、区域经济、生态环境协同发展研究》,《中共福建省委党校(福建行政学院)学报》2021 年第 6 期。

[48] 夏文汇、李越:《面向成渝地区双城经济圈的川渝物流运输与区域经济协同发展研究》,《重庆理工大学学报》(社会科学版)2022 年第 6 期。

[49] 孙宇岸：《区域经济一体化视域之下成渝地区双城经济圈体育产业协同发展创新策略研究》，《经济管理》2023 年第 4 期。

[50] 卢昱霖：《成渝地区双城经济圈国际旅游区域协同发展的理论逻辑和创新路径研究》，《投资与创业》2022 年第 21 期。

[51] 彭泽平、邹南芳：《成渝地区双城经济圈高等教育协同治理：价值定位、逻辑架构与战略选择》，《高校教育管理》2022 年第 6 期。

[52] 黄鲁成：《宏观区域创新体系的理论模式研究》，《中国软科学》2002 年第 1 期。

[53] 芮超仁、魏青：《协同创新效应运行机理研究——基于都市圈的视角》，《住宅与房地产》2017 年第 10 期。

[54] 范文博、葛婷婷、兰雪：《区域协同创新体系建设布局对成渝地区创新融合发展的启示和建议》，《决策咨询》2021 年第 5 期。

[55] 龙云安、廖晓宇、袁静：《成渝地区双城经济圈科技协同模式与机制研究》，《宜宾学院学报》2022 年第 3 期。

[56] 刘波、邓玲：《双循环格局下成渝贵城市群协同发展影响因素与实现路径研究》，《贵州社会科学》2021 年第 5 期。

[57] 魏良益、李后强：《从博弈论谈成渝地区双城经济圈》，《经济体制改革》2020 年第 4 期。

[58] 锁利铭、位韦、廖臻：《区域协调发展战略下成渝城市群跨域合作的政策、机制与路径》，《电子科技大学学报》（社会科学版）2018 年第 5 期。

[59] 鲍文：《成渝经济区产业发展与城市化空间协调布局战略研究》，《科技管理研究》2011 年第 20 期。

[60] 原媛、邢欣悦：《高技术产业集聚对成渝城市群协同创新的影响——基于空间溢出效应视角》，《资源开发与市场》2022 年第 6 期。

[61] 陈诗波：《将创新共同体打造成为区域协调发展的核心引擎——以成渝双城经济圈为例》，《青海科技》2021 年第 1 期。

[62] 龙开元、孙翊、戴特奇：《科技创新支撑成渝双城经济圈建设路径研究》，

《华中师范大学学报》（自然科学版）2021 年第 5 期。

［63］张思月、党天岳：《成渝双城经济圈协同创新经验以及对京津冀协同创新的启发》，《天津经济》2023 年第 1 期。

［64］唐雨虹、杜乾乾、潘明清：《东中西部地区区域科技协同创新机制构建策略：基于共生理论和地理邻近性的分析》，《财经理论与实践》2019 年第 6 期。

［65］刘振滨、郑逸芳：《农业科技协同创新动力要素体系及运行模式研究》，《科学管理研究》2018 年第 1 期。

［66］高霞：《高等院校科技协同创新的路径分析：以河南省为例》，《科技管理研究》2013 年第 7 期。

［67］俞伯阳、丛屹：《京津冀协同发展视阈下产业结构与就业结构互动机制研究》，《当代经济管理》2020 年第 5 期。

［68］周灵现、彭华涛：《中心城市对城市群协同创新效应影响的比较》，《统计与决策》2019 年第 11 期。

［69］王海花、孙芹、社梅等：《长三角城市群协同创新网络演化及形成机制研究——依存型多层网络视角》，《科技进步与对策》2020 年第 9 期。

［70］徐宜青：《网络视角下长三角城市群协同创新的发展探究》，华东师范大学 2019 年学位论文。

［71］申文青：《粤港澳大湾区城市群创新系统协同度研究》，《中国经贸导刊》（中）2020 年第 1 期。

［72］张宗法、陈雪：《粤港澳大湾区科技创新共同体建设思路与对策研究》，《科技管理研究》2019 年第 14 期。

［73］李人可：《粤港澳大湾区城市群产业互补性分析及协同路径创新》，《新经济》2019 年第 11 期。

［74］金大伟、杨雪：《成渝地区双城经济圈协同创新能力评估与提升研究》，《决策咨询》2022 年第 2 期。

［75］杨顺湘：《构建川渝政府合作的机制及制度创新探析》，《中共四川省委党校学报》2006 年第 2 期。

［76］唐文金：《成渝地区双城经济圈建设研究》，四川大学出版社 2020 年版。

［77］彭劲松：《成渝地区具有全国影响力的科技创新中心建设及协同发展研究》，《城市》2020 年第 4 期。

［78］马奇柯、任家华：《成渝地区双城经济圈协同创新能力提升研究》，《重庆行政》2020 年第 6 期。

［79］雷瑜、马珺：《"新基建"背景下成渝地区科技协同创新发展路径研究》，《营销界》2021 年第 7 期。

［80］李梅、孙艳艳、张红：《京津冀城市群协同创新网络体系构建的问题与对策研究》，《科技智囊》2021 年第 10 期。

［81］吕静韦、蔡玉胜：《京津冀创新要素与经济效能发挥》，《河北工业大学学报》（社会科学版）2021 年第 2 期。

［82］董树功：《京津冀协同创新信用环境建设研究》，《天津师范大学学报》（社会科学版）2020 年第 3 期。

［83］张继蕾：《京津冀区域协同创新体系建设路径研究》，《中小企业管理与科技》2022 年第 1 期。

［84］姚俊超：《协同创新网络下建筑企业核心竞争力评价研究》，河北工程大学 2019 年学位论文。

［85］刘一新、张卓：《政府资助对产学研协同创新绩效的影响——来自江苏省数据》，《科技管理研究》2020 年第 10 期。

［86］黄菁菁：《产学研协同创新效率及其影响因素研究》，《软科学》2017 年第 5 期。

［87］王海花、王蒙怡、孙银建：《社会网络视角下跨区域产学协同创新绩效的影响因素研究》，《科技管理研究》2019 年第 3 期。

［88］俞立平、蔡绍洪、储望煜：《协同创新下产业创新速度的要素门槛效应——基于高技术产业的研究》，《科技管理研究》2018 年第 1 期。

［89］周伟、杨栋楠、章浩：《京津冀城市群产业协同创新驱动要素研究——哈肯模型视域下的分时段动态对比分析》，《中国软科学》2019 年第 S1 期。

［90］郑文江、俞佳敏、黄璐等：《区域科技协同创新体系分析框架研究——以珠江三角洲地区与香港的区域合作为例》，《科技管理研究》2019 年第 24 期。

［91］张鹏：《区域协同创新发展的新特征——基于上海、杭州和天津三地的调查》，《信息系统工程》2019 年第 2 期。

［92］刘辉：《成渝地区双城经济圈内部协同发展水平研究》，辽宁师范大学 2022 年学位论文。

［93］李杰冰：《京津冀区域协同创新能力研究》，天津理工大学 2022 年学位论文。

［94］欧阳才宇：《长三角城市群区域创新网络演化发展研究》，上海社会科学院 2020 年学位论文。

［95］冉隆婷：《成渝城市群区域协同创新与产业结构升级问题研究》，西南财经大学 2021 年学位论文。

［96］谭穗：《成渝城市群发展中地方政府协同治理的困境及化解研究》，西南大学 2017 年学位论文。

［97］陈继琳：《京津冀协同创新效应评价及其机制优化研究》，河北工业大学 2017 年学位论文。

［98］《成渝地区双城经济圈建设规划纲要》［EB/OL］．［2021-10-21］．http：//www.gov.cn/zhengce/2021-10/21/content_ 5643875.htm。

［99］重庆四川两省市印发贯彻落实《成渝地区双城经济圈建设规划纲要》联合实施方案。https：//www.sc.gov.cn/10462/10464/10797/2021/12/31/0d13 d82c 24c145359feb9bb5 dd0da 430.shtml。

［100］单学鹏、罗哲：《成渝地区双城经济圈协同治理的结构特征与演进逻辑》，《重庆大学学报》（社会科学版）2021 年第 2 期。

［101］李佳、赵伟、骆佳玲：《成渝地区双城经济圈人口—经济—环境系统协调发展时空演化》，《环境科学学报》2023 年第 2 期。

［102］黄庆华、向静、潘婷：《成渝地区双城经济圈产业融合发展：水平测度、时空分布及动力机制》，《重庆大学学报（社会科学版）》2023 年第 6 期。

［103］苏斌、薛佳滢、颜利、黄俊、杨锐：《成渝地区双城经济圈经济一体化研究——基于社会网络分析》，《中国科技论坛》2021 年第 12 期。

［104］刘昊、祝志勇：《成渝地区双城经济圈劳动力市场一体化及其影响因素研究》，《软科学》2020 年第 10 期。

［105］胡万达、张立：《成渝地区双城经济圈物流一体化发展的现实逻辑与实现路径》，《经济体制改革》2021 年第 3 期。

［106］成肖：《成渝地区双城经济圈协同创新主体网络结构演化及影响因素研究》，《经济体制改革》2024 年第 2 期。

［107］邓林：《成渝地区双城经济圈制造业同构水平评价与协同发展研究》，重庆大学 2023 年学位论文。

［108］高雅琴：《成渝地区双城经济圈区域一体化政策府际关系研究——基于社会网络分析》，西南财经大学 2023 年学位论文。

［109］吴宇航：《成渝地区双城经济圈立法协同机制研究》，西南政法大学 2023 年学位论文。

［110］陈雪莲：《成渝地区双城经济圈交通—人口—经济—环境系统协调发展研究》，重庆交通大学 2024 年学位论文。

［111］杨毅、许晨杨：《成渝地区双城经济圈区域协调发展的理论逻辑、实践创新与优化路径》，《西南大学学报》（社会科学版）2024 年第 3 期。

［112］王西：《成渝地区双城经济圈协同创新政策驱动研究》，西南科技大学 2024 年学位论文。

［113］叶文辉、伍运春：《成渝城市群空间集聚效应、溢出效应和协同发展研究》，《财经问题研究》，2019 年第 9 期。

［114］王超：《成渝地区双城经济圈协同创新的空间关联效应与耦合机制研究》，《中共乐山市委党校学报》2022 年第 6 期。

［115］陈成：《成渝地区双城经济圈协同创新能力评估与提升研究》，《决策咨询》2021 年第 1 期。

［116］王欣雨、魏静：《成渝地区双城经济圈产业协同创新测度研究》，《科技和

产业》2024 年第 10 期。

[117] 刘莉：《提升成渝地区双城经济圈协同创新能力的思考》，《技术与市场》2024 年第 3 期。

[118] 谭潇、王丹、李昕然：《成渝地区双城经济圈建设背景下高校科协协同创新发展研究》，《中国高校科技》2024 年第 5 期。

[119] 陈豪：《成渝地区双城经济圈高新技术产业集群协同创新网络特征及创新机理研究》，重庆交通大学 2023 年学位论文。

[120] 钟良友、赵博豪、梁元：《成渝地区双城经济圈科技协同与创新能力提升研究》，《技术与市场》2022 年第 10 期。

[121] 王彦茹：《府际关系视角下的创新政策协同研究——以成渝地区双城经济圈为例》，西南交通大学 2022 年学位论文。

[122] 张雨童、张淞瑞、何寿奎：《环境规制、科技创新协同推进经济高质量发展机理研究——以成渝地区双城经济圈 16 个城市为例》，《资源开发与市场》2024 年第 3 期。

[123] 江颖、吴南中、夏海鹰：《协同视角下成渝地区双城经济圈教育创新发展理论架构与推进路径》，《当代职业教育》2021 年第 3 期。

[124] 宋瑛、刘斌、熊兴：《成渝地区双城经济圈人才协同发展研究》，西南财经大学出版社 2023 年版。

[125] 谢蕙岭：《成渝地区双城经济圈科技政策协同研究》，西南科技大学 2023 年学位论文。

[126] 王霞：《区域一体化背景下成渝地区双城经济圈产业协同发展研究》，西华大学 2021 年学位论文。

[127] 黄兴国、彭伟辉、何寻：《成渝地区双城经济圈技术创新网络演化与影响机制研究》，《经济体制改革》2020 年第 4 期。

[128] 何新：《区域一体化背景下成渝地区双城经济圈产业协同发展研究》，《中文科技期刊数据库（全文版）经济管理》2023 年第 7 期。

[129] 杨杰、罗骏：《成渝双城经济圈高校联盟科技协同创新战略研究》，《决策

咨询》2022 年第 1 期。

[130] 陈道平、田盈、陈宇科：《成渝地区双城经济圈一体化发展路径与对策》，《当代经济》2022 年第 3 期。

[131] 雷雨田：《成渝地区双城经济圈产业协同度研究》，四川大学 2023 年学位论文。

[132] 代枝伶：《成渝地区双城经济圈现代产业体系构建中政府协同治理研究》，西南政法大学 2022 年学位论文。

[133] 曾倩稚：《成渝地区双城经济圈政务服务一体化水平评价研究》，重庆大学 2022 年学位论文。

[134] 杨波、李治霖：《成渝地区双城经济圈的跨界问题与协同发展的激励机制设计》，《商业经济》：2020 年第 4 期。

[135] 李诗刚、贺娟、朱峰、叶芸等：《成渝地区双城经济圈电子信息产业协同发展研究》，《中国国情国力》2023 年第 5 期。

[136] 龙云安、黄奕、孔德源：《成渝地区双城经济圈科技策源地协同发展研究》，《攀枝花学院学报》2023 年第 2 期。

[137] 胡雯：《成渝地区双城经济圈区域创新生态构建：现实挑战与突破路径》，《成都行政学院学报》2023 年第 1 期。

[138] 周奋：《成渝地区双城经济圈视域下产业协同发展研究》，《中文科技期刊数据库（全文版）经济管理》2022 年第 5 期。

[139] 李源、龚勤林、肖义：《成渝地区协同创新网络特征及其对创新产出的影响研究》，《重庆大学学报》（社会科学版）2024 年第 5 期。

[140] 乔茹：《成渝经济圈创新共同体构建的路径研究》，电子科技大学 2023 年学位论文。

[141] 王大琼：《成渝地区现代化产业体系协同创新发展研究》，《中小企业管理与科技》2024 年第 1 期。

[142] 杨锓瑶：《成渝城市群产业协同发展问题剖析与对策研究》，西南财经大学 2023 年学位论文。

［143］四川省人民政府办公厅：四川省人民政府办公厅关于印发《增强协同创新发展能力行动方案》的通知（川办发〔2022〕13 号），《四川省人民政府公报》2022年第 4 期。

［144］付正顺：《成渝地区优势产业协同发展机制研究》，重庆交通大学 2024 年学位论文。

［145］刘军跃、罗章梅、李军锋：《成渝地区高新技术产业协同发展研究》，《中国集体经济》2022 年第 34 期。

［146］曾琼：《成渝科技资源及协同创新策略思考》，《中国科技资源导刊》2020年第 52 卷第 4 期。

［147］何寿奎、王俊宇：《政府引导下的科学城政产学研协同创新合作策略演化博弈研究》，《科技与经济》2022 年第 4 期。

后　记

有人说，科研是需要情怀的。作为一个土生土长的四川人，总想为自己的家乡——美丽的巴蜀大地做点什么。可是，做什么呢？建设成渝地区双城经济圈这个国家战略的横空出世，让我在欣喜之余，又为家乡的发展陷入了深深的思索。物华天宝的川渝地区，该如何建设好这个双城经济圈？如何实现那令人振奋的"两地两中心"的战略目标？经过近三年的探索，有了眼前这部拙作。

川渝地区历史悠久，物产富饶，风光绮丽，山美水美，文化璀璨，人杰地灵，钟灵毓秀。大自然在这里洒下神奇和灵秀，独特的地貌构造与自然奇观，造就了川渝的绝世之美。巴蜀文明，星河灿烂。这里是三国之源、丝路原点、红色伟地、长江文化发源地，名胜古迹众多；这里的山水俊秀多情，人民勤劳善良豁达；这里的生活有滋有味，巴适安逸，美人美食美景令人流连忘返。《卜算子·巴蜀情》中就有"少时幸入川，凿壁研书卷""梦绕魂牵巴蜀情，岂可容轻断"的词句；唐代诗人杜甫，曾经在成都旅居4年，写下了二百四十多首绝佳诗篇。

川渝地区地理位置得天独厚，是贯通东西、连接南北的战略要地，是"一带一路"的重要节点，是我国重要的战略大后方。在历史发展中，川渝地区为国家的独立和富强作出了巨大贡献，书写了壮丽华章。从西部大开发、西部开发、成渝经济区、成渝城市群、长江经济带等重要的国家战略可以看出，党和国家对川渝地区的发展寄予了厚望，倾注了大量的财力和物力。在此过程中，川渝人民牢记嘱托，奋发努力，持续奋斗，取得了历史性的巨大成就。如今，蜀道不再难，川渝不再穷，人民不再苦，成渝城市群犹如一颗颗璀璨的明珠，照亮了西南大地，也成为整个西部的耀眼之星。成都、重庆已名列全国重要的特级大城市。

但是，与发达国家和地区相比，我美丽富饶的川渝家乡，却仍然贴着贫穷落后的标签。人均 GDP、人均收入、人均消费，尤其是科技创新水平与发达地区还有相当大的差距。生产要素投入大，产出小，生产效率仍然低下，生产方式仍然落后。一些地方的父老乡亲，仍然是面朝黄土背朝天地辛苦劳作，机械化、现代化水平远远落后于发达地区。

发展才是硬道理，创新是发展的第一驱动力。知识经济时代，协同创新是区域创新发展的制胜法宝。川渝地区科技创新基础雄厚，但各有优势和短板。单打独斗将徒增各自的创新成本，贻误发展机遇，拉大发展差距，两败俱伤；而协同发展，将助力双方优势互补，降低创新成本，增强创新爆发力，实现双赢格局。新时代，在建设双城经济圈战略背景下，川渝两地协同创新发展的号角已经吹响，蓝图已经绘就，川渝儿女唯有珍视机遇，携手同心，只争朝夕，奋发有为，不负重托。

三年的研究探索，既是一段辛苦的学术之旅，也是一段令人倍感沉重、催人深刻反思的探究之旅，更是一段令人获益匪浅的幸福之旅。我深爱自己的家乡，深爱巴山蜀水、川渝大地。欣逢盛世，我希望也相信美丽的川渝地区将变得更美、更富、更强！

课题虽已完成，却并未让我如释重负。因为在区域协同创新、双城经济圈建设方面的研究之路还很漫长。面对浩瀚的文献和纷繁的数据，深感拙作只是沧海一粟。理论总是灰色的，而实践之树常青！

书稿付印之际，要特别感谢四川大学蒋永穆教授的拨冗赐教；感谢人民出版社邵永忠编辑的耐心指导；感谢研究生潘伟、赵桂玉、官毅、李红玲、曹小燕、官雪、陈娇、陈雪、任琴琴、盛洁、刘怡艳、张茜、邓江南、周芊慧等给予的学术帮助；感谢家人的理解与支持！

由于本人才疏学浅，时间精力有限，文中不足之处在所难免，恳请各位专家、学者和读者批评指正！

求索之路没有终点，我将继续前行。

邱　爽

2024 年 3 月 26 日于华凤园

责任编辑：邵永忠

封面设计：胡欣欣

图书在版编目（CIP）数据

成渝地区双城经济圈发展战略背景下川渝协同创新研究 / 邱爽著 . -- 北京 ：人民出版社，2025. 5. -- ISBN 978－7－01－027094－4

Ⅰ. F127.711；F127.719

中国国家版本馆 CIP 数据核字第 2025AX6172 号

成渝地区双城经济圈发展战略背景下川渝协同创新研究

CHENGYU DIQU SHUANGCHENG JINGJIQUAN FAZHAN ZHANLÜE BEIJING XIA
CHUANYU XIETONG CHUANGXIN YANJIU

邱 爽 著

人民出版社 出版发行

（100706 北京市东城区隆福寺街 99 号）

北京中科印刷有限公司印刷 新华书店经销

2025 年 5 月第 1 版 2025 年 5 月北京第 1 次印刷

开本：710 毫米×1000 毫米 1/16 印张：28.75

字数：460 千字

ISBN 978－7－01－027094－4 定价：120.00 元

邮购地址 100706 北京市东城区隆福寺街 99 号

人民东方图书销售中心 电话 (010)65250042 65289539